看图学修电动自行车200问

主编　韩雪涛
副主编　韩广兴　吴瑛

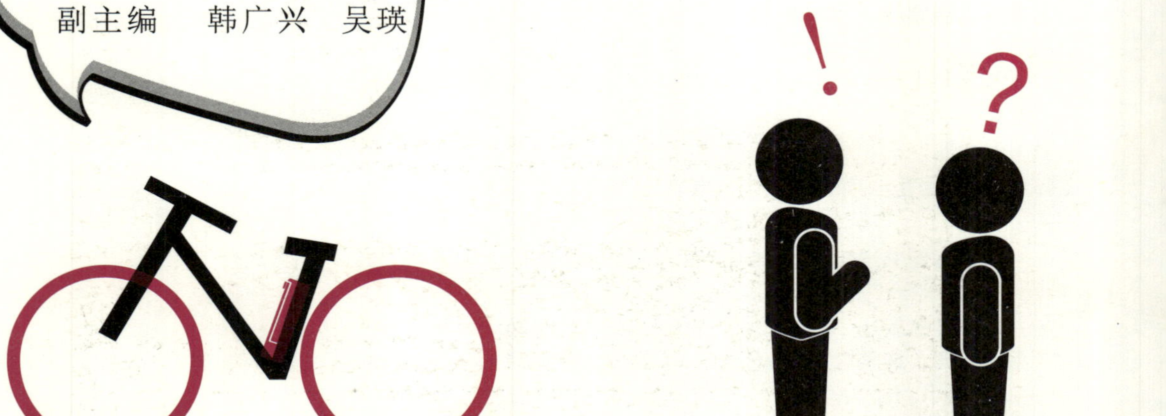

机械工业出版社

本书根据电动自行车维修的技术特点和维修技术人员的实际需求，将电动自行车使用维修中的知识技能采用问答的方式进行归纳、整理、编排。

本书内容包括电动自行车结构、使用、工作原理和维修等各方面的实用知识技能。将电动自行车的电动机、蓄电池、充电器、控制器以及各主要零部件的结构组成、工作原理、拆卸、检测、代换等各个环节的知识点和技能要点都转化成“专项问题”提出，然后再借助“图解演示”的方式进行细致的解答，力求通过这种极具针对性的表达方式，直观、明确的编写手法，让读者在最短时间内掌握电动自行车维修的精髓。

本书编写形式新颖、表达方式独特、图文并茂、通俗易懂，有很强的实用性和可操作性，可作为电动自行车维修职业技能考核认证的培训教材，也可作为职业技术院校相关专业的技能实训教材，同时也适合电动自行车用户及维修人员阅读使用。

图书在版编目（CIP）数据

看图学修电动自行车200问/韩雪涛主编. --北京：机械工业出版社. 2014.4
ISBN 978-7-111-46157-9

Ⅰ.①看… Ⅱ.①韩… Ⅲ.①电动自行车-维修-图解 Ⅳ.①U484.07-64

中国版本图书馆CIP数据核字（2014）第050055号

机械工业出版社（北京市百万庄大街22号 邮政编码 100037）
策划编辑：连景岩　　责任编辑：连景岩 王寅生
责任印刷：乔　宇
北京画中画印刷有限公司印刷
2014年 5月第 1 版第 1 次印刷
184mm×260mm·14.25印张·351千字
0001—4000册
标准书号：ISBN 978-7-111-46157-9
定价：43.80 元
凡购买本书，如有缺页、倒页、脱页，由本社发行部调换

电话服务		网络服务	
社服务中心：	（010）88361066	教材网：	http：//www.cmpedu.com
销售一部：	（010）68326294	机工官网：	http：//www.cmpbook.com
销售二部：	（010）88379649	机工官博：	http：//www.weibo.com/cmp1952
读者购书热线：	（010）88379203	封面无防伪标均为盗版	

编委会

前言

电动自行车是目前广大人民群众广泛采用的交通代步工具。它以其便利、环保、快捷等特点深受消费者的青睐，特别是近几年国家对新能源的大力推广，使得电动自行车的产量和市场占有率得到了高速的增长。电动自行车的品种越来越多，功能也越来越智能。这一切的变化带动了电动自行车生产、销售、维修整个产业链的发展，尤其是电动自行车维修行业更是社会需求明显。

与强烈的市场需求相对比，电动自行车维修行业的从业人群，缺乏必要的技术支持和指导已经成为制约行业发展的最大阻力。尤其是目前电动自行车更新换代的速度加快，机电一体化的特质及电动自行车电路的复杂程度提高了电动自行车的维修难度。针对上述情况，如何能够使用户及维修人员及时、全面地了解电动自行车的结构特点和工作原理，掌握正确、规范的电动自行车使用方法和维修技能便是我们编著本书的主要初衷。

本书在编写形式上采用了全新的图解问答方式。书中所有的问题都是由电子行业的专家以及一线维修技师将日常维修中的培训教程和维修案例进行汇总、筛选，将这些日常维修中必备的知识技能分解成不同的问题，然后直观、明确地提出，力求真实反映学习者的心声和需求。

在问题的解答方面，本书力求采用图解的方式，尽可能通过图解演示来解答问题，摒弃掉繁琐、难懂的语言描述，让读者直接看到维修操作的流程、细节、要点和注意事项。无论是知识层面的问题，还是维修技能方面的问题，本书都在回答的过程中配合图解，确保读者能够在第一时间内轻松、快速地解决心中的疑团。

为确保实用性，本书中所有的问答案例均从实际的培训和维修案例中总结获得，所有的检测数据和电路分析均为实际工作中的真实结果，不仅使读者可以学到真实的电动自行车维修知识，同时也可以将本书作为资料来查询使用。本书中所记录的检测数据可为从事电动自行车维修的技术人员提供有力的技术参考。

本书由韩雪涛担任主编，韩广兴、吴瑛担任副主编，参加编写的还有张丽梅、宋永欣、梁明、宋明芳、马楠、马来、孙继雄、庞明齐、王斌、吴玮、张湘萍、吴鹏飞、韩雪冬、吴惠英、高瑞征、孙涛、周洋等。

为了更好地满足读者的需求，达到最佳的学习效果，本书得到了数码维修工程师鉴定指导中心的大力支持，读者可通过数码维修工程师官方网站（www.chinadse.org）获得技术支持。另外，为了方便学习，我们还专门制作了电动自行车维修的VCD系列教学光盘供教学或自学使用（本书不含光盘，如有需要请按以下联系方式购买）。

读者如果在学习和考核认证方面有什么问题，可通过网络或电话形式与我们联系。

网址：http//www.chinadse.org
电话：022-83718162、83715667、13114807267
E-Mail：chinadse@126.com　　邮编：300384
地址：天津市南开区榕苑路4号天发科技园8-1-401

目录

目录

目录

目录

Q001

电动自行车的款型主要有哪些?

A001

随着技术的发展，电动自行车的款型也由之前的单一标准型，衍生出多种款型，如迷你型、多功能型、折叠型、豪华型等。

标准型电动自行车

多功能型电动自行车

迷你型电动自行车

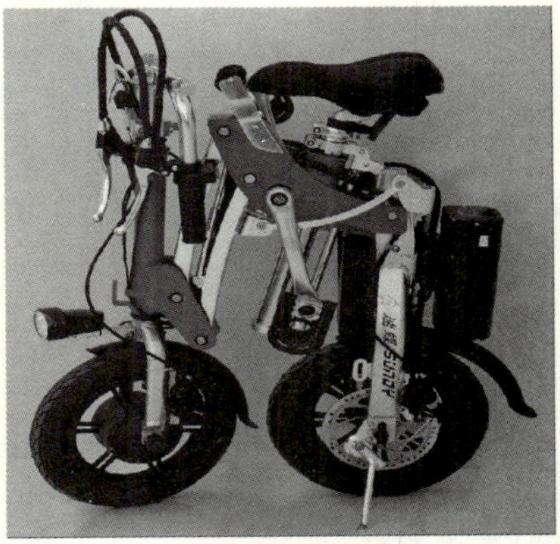

折叠型电动自行车

豪华型电动自行车

Q002

电动自行车是由哪些零部件组成的？

A002

电动自行车的外形介于普通自行车和摩托车之间，在自行车的基础上增加了电动机、蓄电池、控制器、转把等操纵部件以及显示仪表系统，由此我们可以将电动自行车的整机构成划分为机械系统和电气系统两大部分。

电气系统

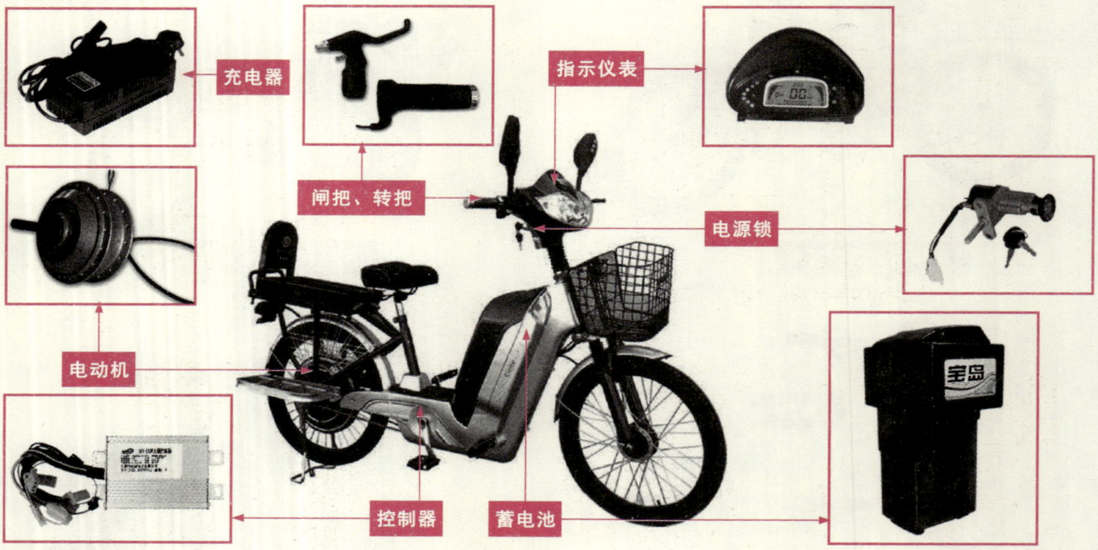

机械系统

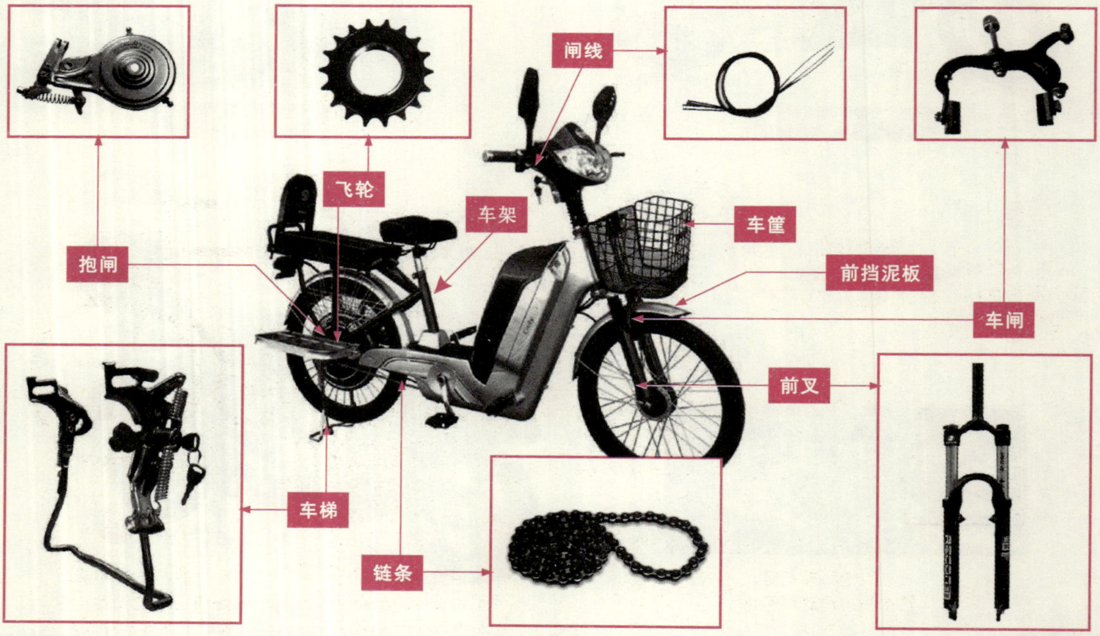

Q003

电动自行车的整机是如何工作的?

A003

电动自行车是用电力驱动行驶的一种交通工具，从工作过程上来说，它主要是由电气系统驱动机械系统工作的，其具体的工作过程可分为行车过程、停车过程和骑行过程。

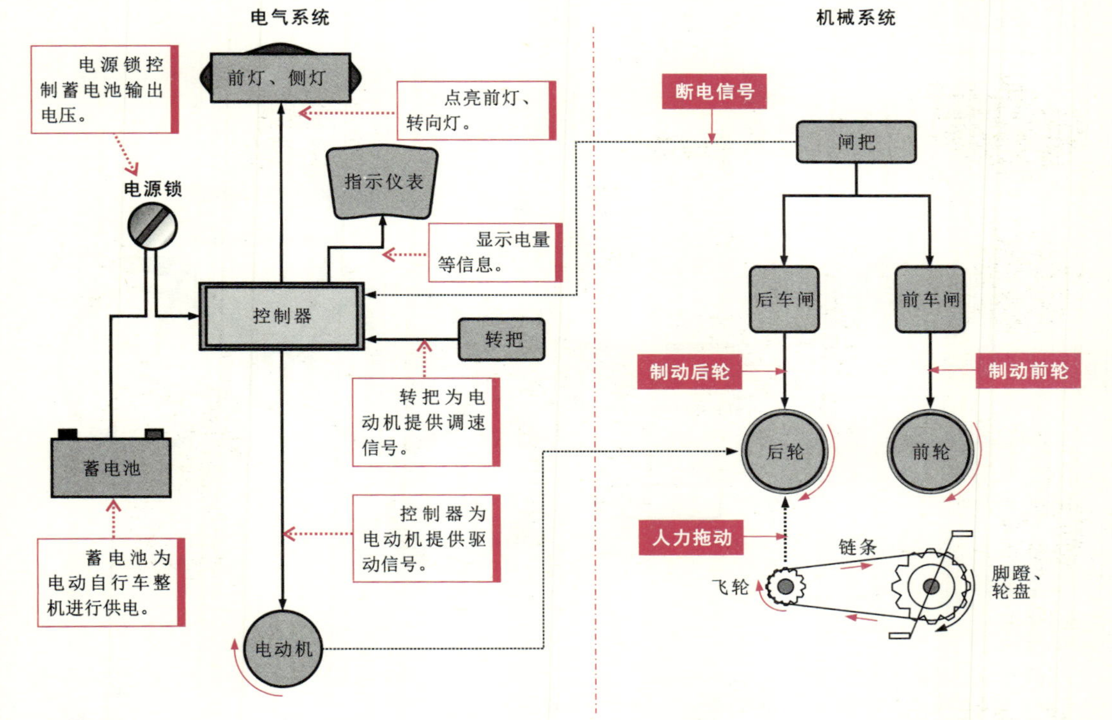

行车过程

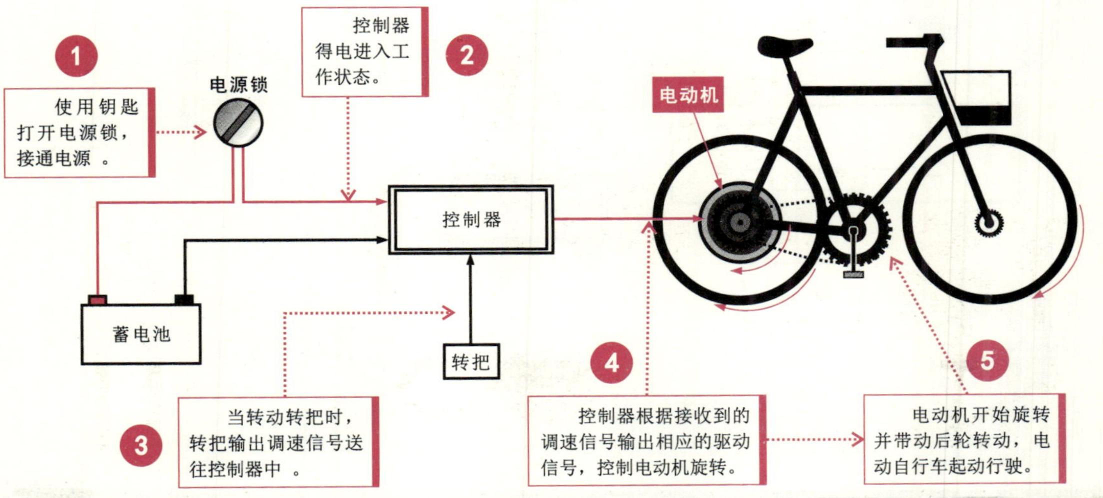

停车过程

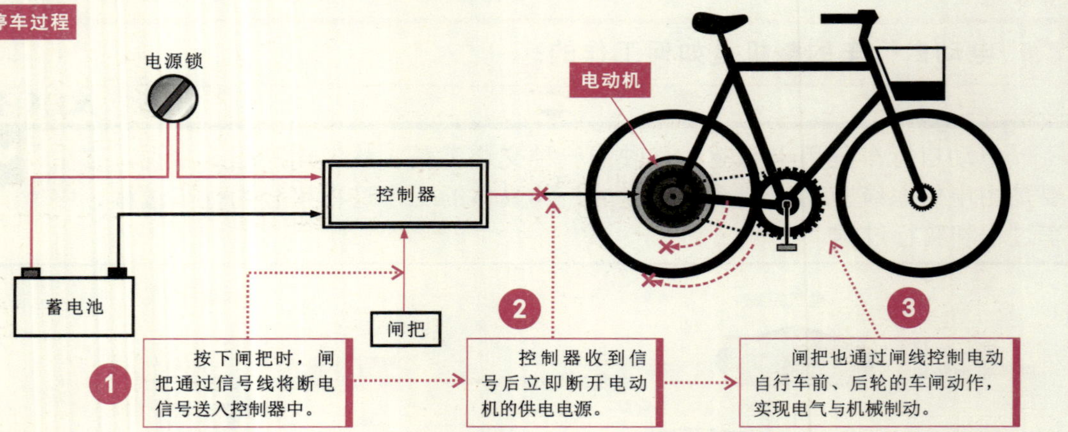

骑行过程

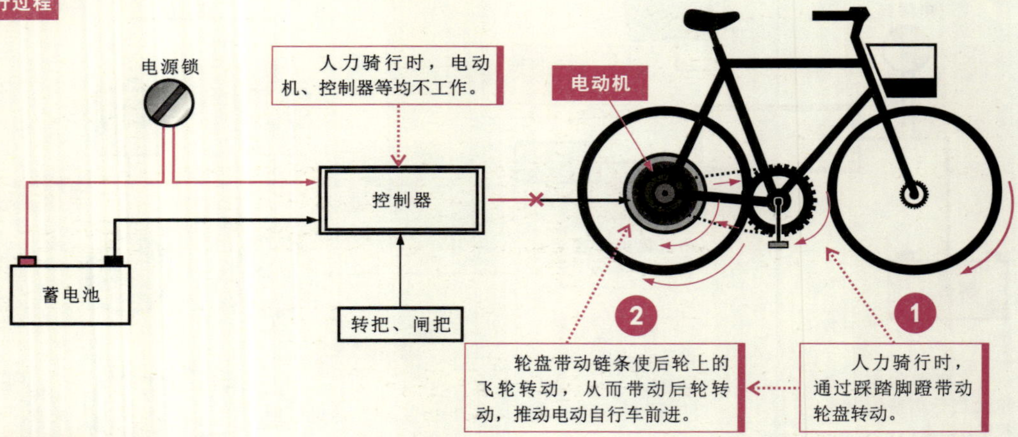

【知识扩展】

通常，习惯上将电动自行车的控制器、电动机、蓄电池、充电器称为电动自行车四大件。从功能上这四个部件是实现电动自行车电动功能的关键部件；从检修角度，在维修过程中，这四个部件也是检修的重点。

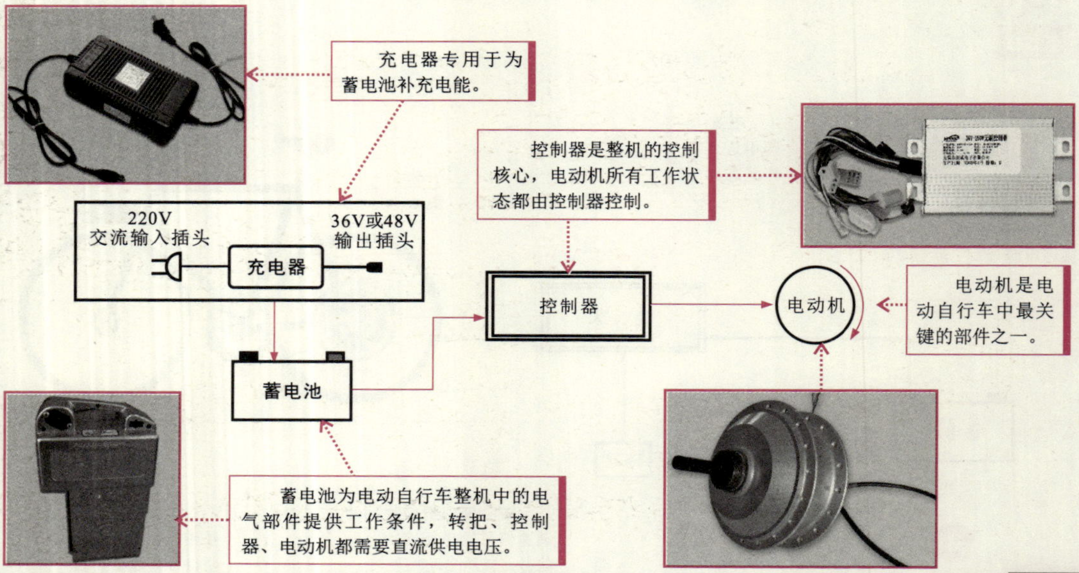

Q004

电动自行车是如何进行供电控制的?

A004

在电动自行车整机供电关系中，蓄电池直接与控制器连接，直流供电电压经控制器内部稳压电路及相关保护电路后为其他电气部件供电。

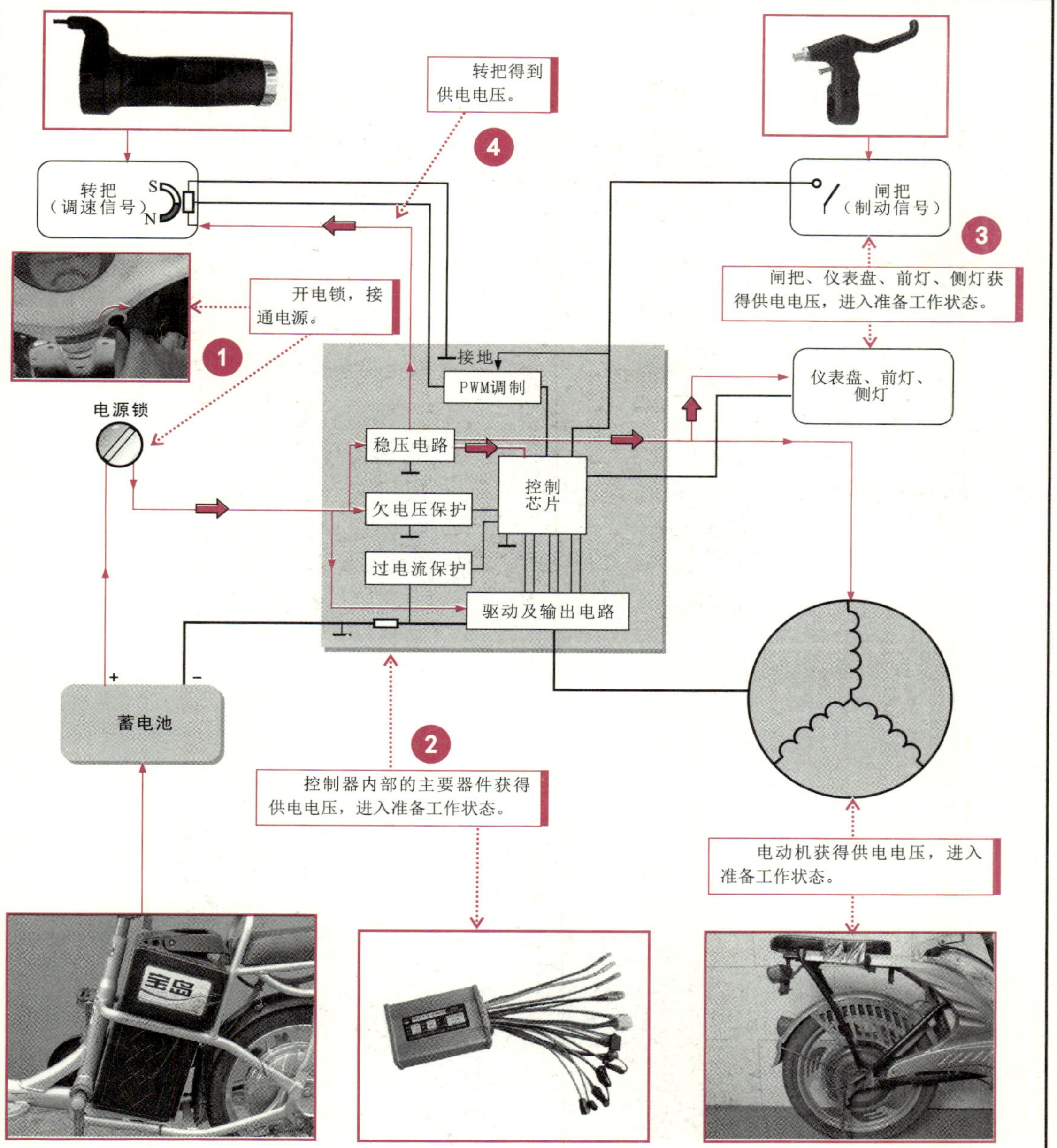

可以看到，在使用钥匙打开电源锁接通电源后，蓄电池输出供电电压送入控制器中。其中一路直接送到控制器中的驱动和输出电路为其提供工作条件；另一路经控制器内部稳压电路处理后，输出多路直流电压为控制器内部电路、转把、闸把、仪表盘、车灯、喇叭等供电。

Q005

电动自行车是如何进行调速控制的?

A005

旋转转把，转把便会输出调速信号（直流电压）送到控制器中，经控制器内部处理后，由驱动及输出电路输出驱动信号，驱动电动机绕组，使电动机旋转。

当转把旋转幅度较大时，电动机绕组通过的电流变大，电动机转速提高；相反，电动机转速便会降低。

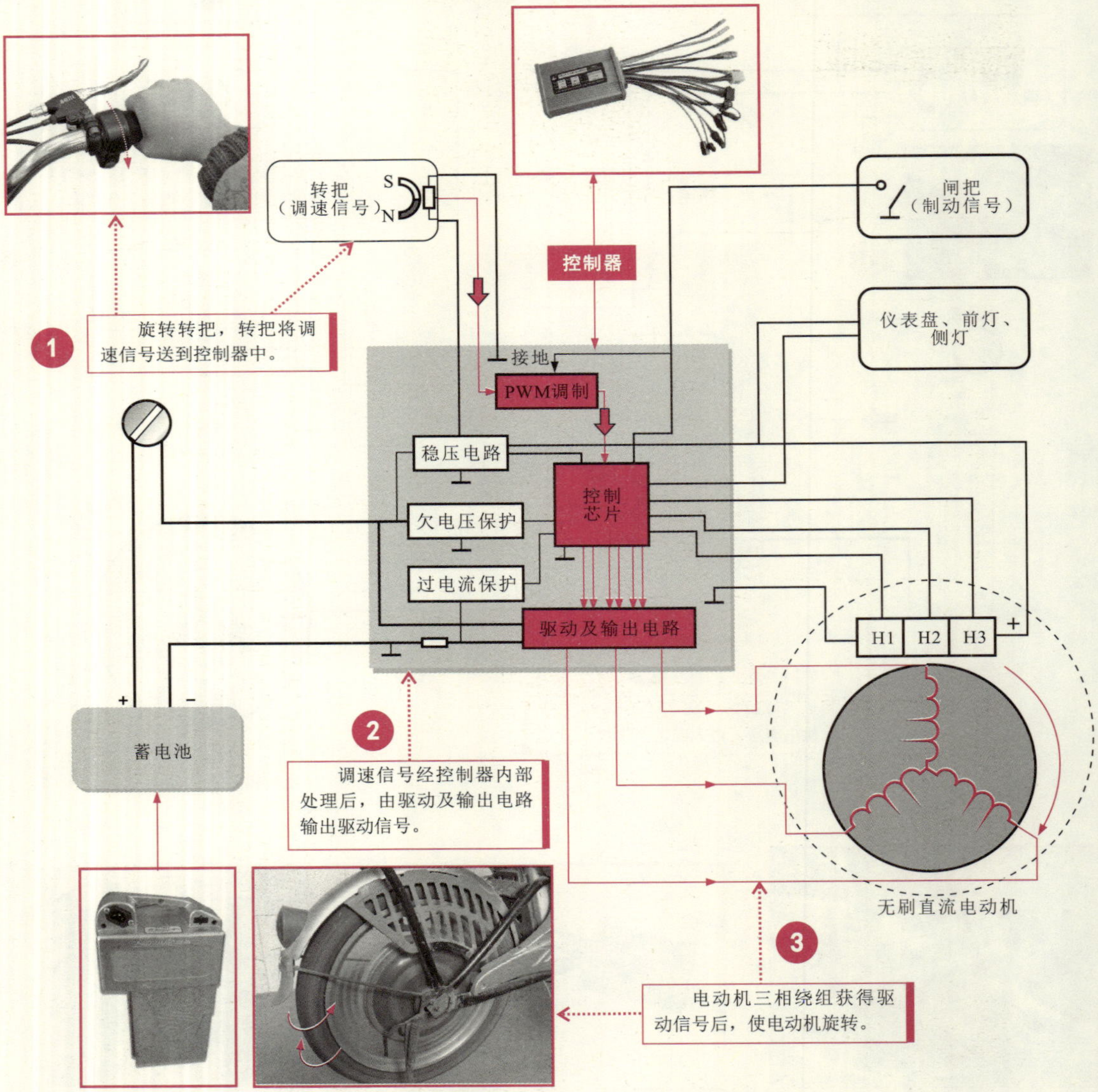

当转把旋至最大角度时，电动机到达最高速，实现高速行驶。当需要减速或变速时，松开转把并轻轻旋动（解除定速功能），转把实时地将调速信号送往控制器，控制器根据接收到的调速信号输出相应的驱动信号，控制电动机转速降低或变化，进而实现电动自行车的减速或变速控制。

Q006

电动自行车是如何进行制动控制的?

A006

电动自行车正常行驶中当捏下闸把时，闸把中的触点动作，为电动自行车控制器输入制动信号，经断电处理后，由控制芯片识别后，停止输出驱动信号，电动机失电停止转动。同时闸把拉动闸线使自行车车闸动作，电动自行车减速直至停车。

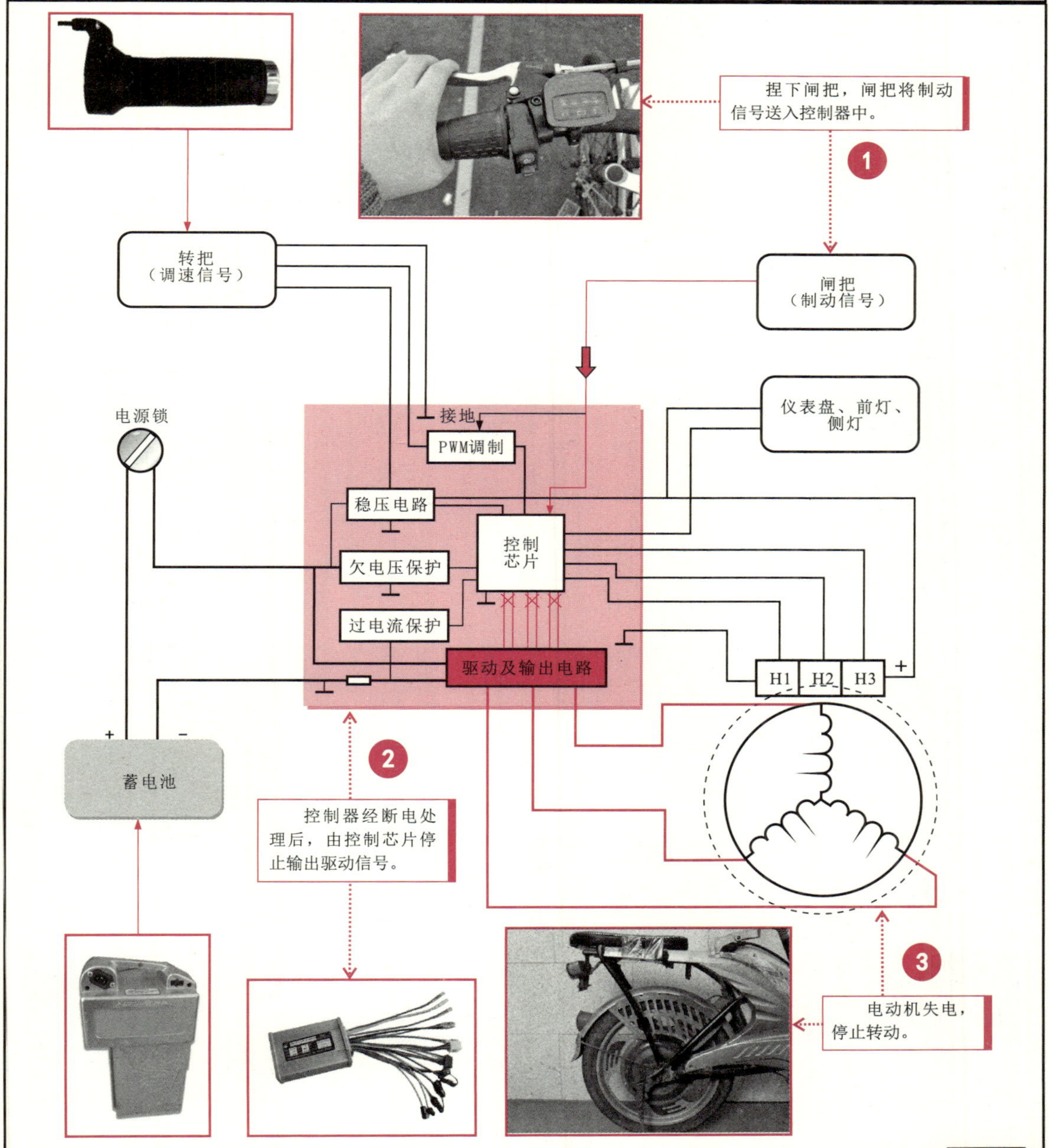

Q007 电动自行车中常用的拆卸工具主要有哪些？

A007

拆装电动自行车时，常会用到螺钉旋具（俗称螺丝刀）、钳子、扳手等工具，这些工具是进行电动自行车拆装时必备的基础工具。

螺丝刀

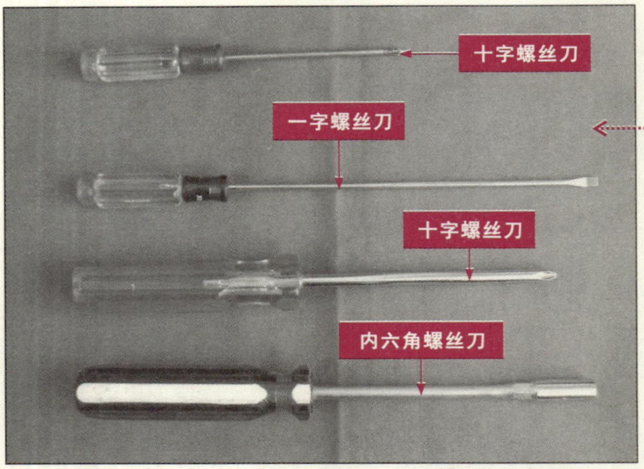

螺丝刀是一种用于拆装带有槽口的螺栓或螺钉的手用工具。常用的有十字、一字和内六角螺丝刀。

使用十字螺丝刀拧下电动车上的固定螺钉。

使用一字螺丝刀撬动电动车的端盖。

使用内六角螺丝刀拧下电动车端盖上的固定螺钉。

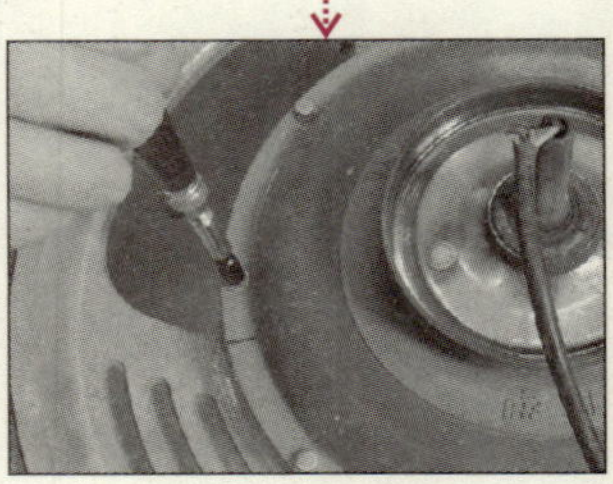

钳子

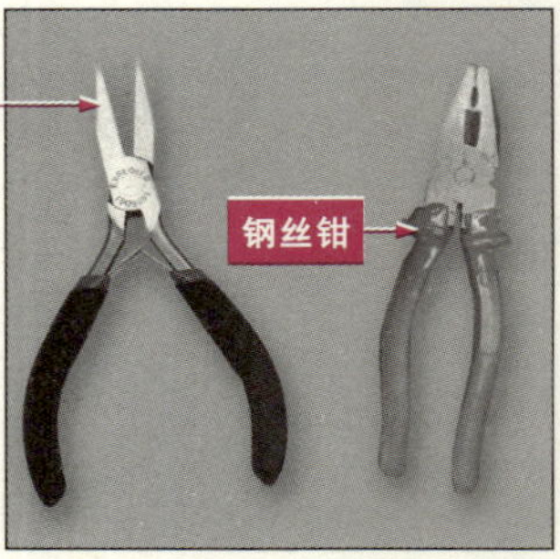

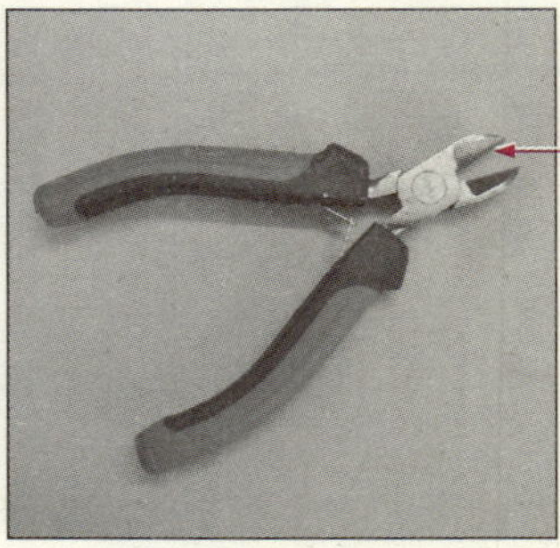

使用钢丝钳将多余的扎线剪短。

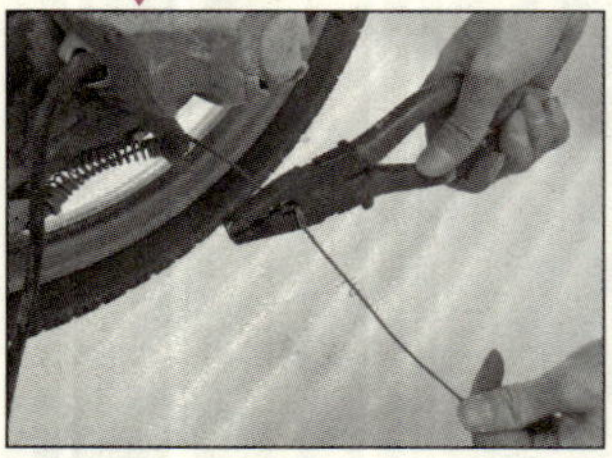

使用斜口钳剪断电动自行车上的线束。

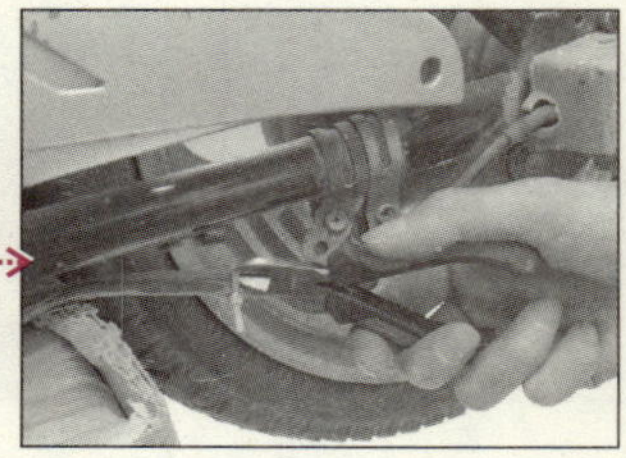

尖嘴钳可以用来辅助扳手拆卸电动自行车。

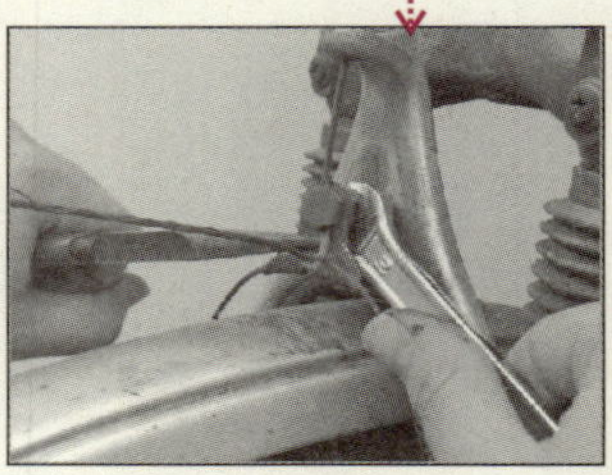

扳手

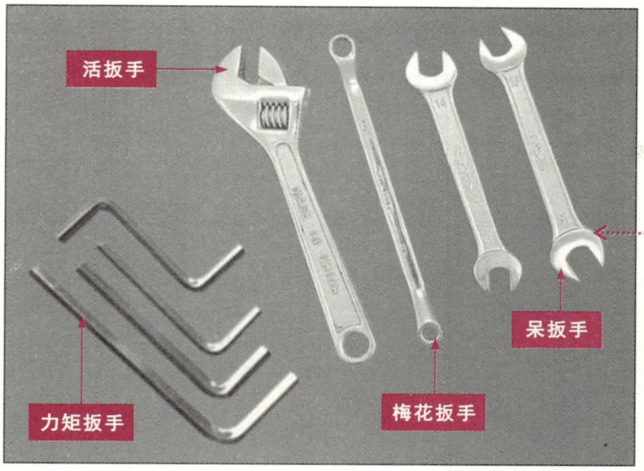

扳手的种类较多，而维修电动自行车主要使用活扳手、呆扳手、梅花扳手、力矩扳手（外六角扳手）等进行设备的拆装、固定等操作。

梅花扳手的两端具有十二角孔的开口，适用于工作空间狭小，不能使用普通扳手的场合。

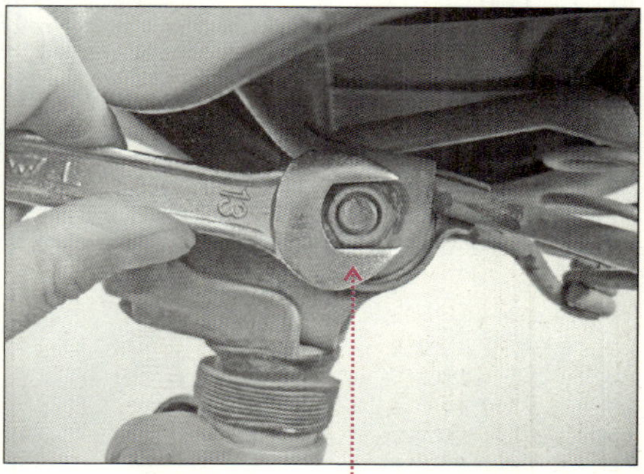

呆扳手的一端或两端制有固定尺寸的开口，用来对固定尺寸的螺母或螺栓进行拆卸。

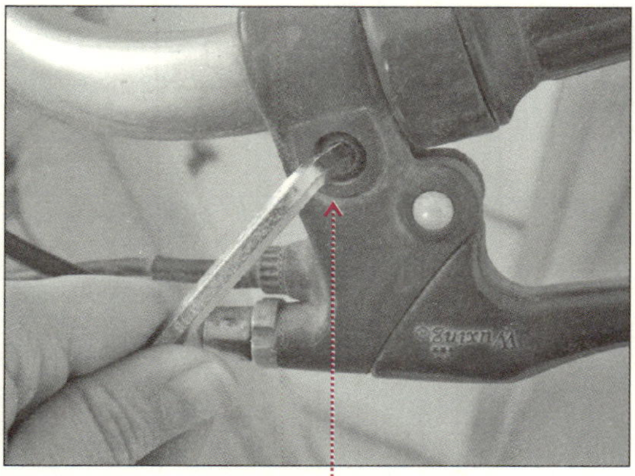

力矩扳手形状为外六角，可对电动自行车中的内六角螺栓进行拆卸或调整。

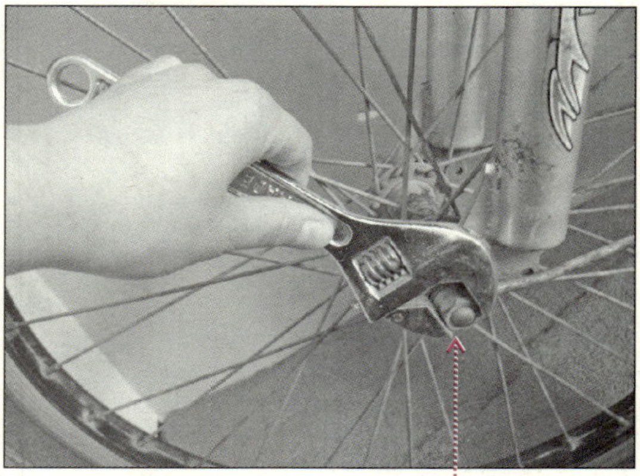

活扳手的开口宽度可在一定尺寸范围内进行调节，使用较灵活以便对不同规格的螺栓或螺母进行调整或拆卸。

Q008

电动自行车中常用的焊接工具主要有哪些？

A008

对电动自行车进行检修时，经常会遇到部件或元器件的拆卸与替换等问题，在此情况下，往往会用到焊接工具。电动自行车中常用的焊接工具主要有电烙铁、吸锡器、热风焊台等。

电烙铁和吸锡器

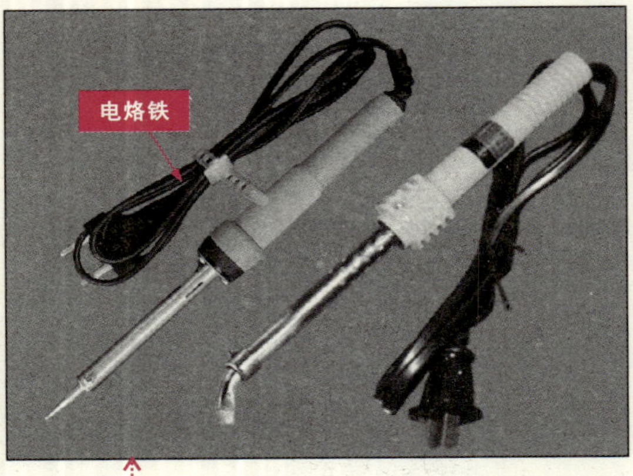

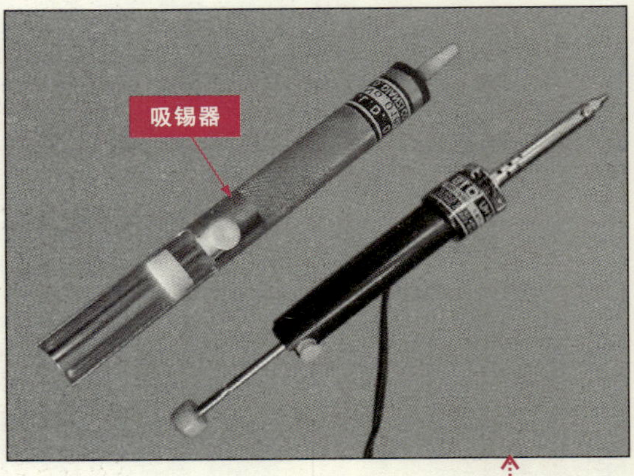

电烙铁是手工焊接或焊下电子元器件的常用工具，其使用时，是利用电烙铁加热焊锡物质（如焊锡丝或焊锡凝固体），使其熔化，将待焊的元器件焊接或焊下。

吸锡器主要用于吸除电烙铁融化的引脚和焊点周围多余的焊锡。

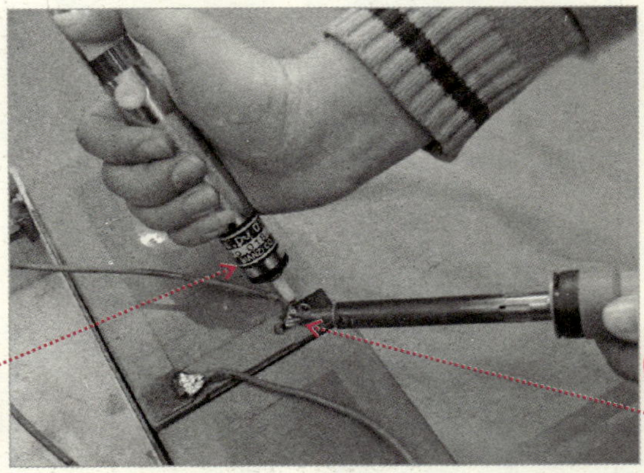

将吸锡器放到被电烙铁熔化的焊锡上按动活塞杆按钮，吸除熔化的焊锡。①

② 电烙铁预热完成后，接触待熔化的元器件引脚焊点，将焊锡熔化。

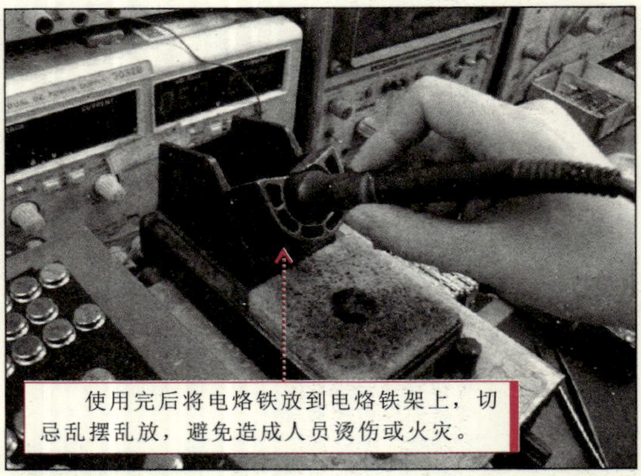

使用完后将电烙铁放到电烙铁架上，切忌乱摆乱放，避免造成人员烫伤或火灾。

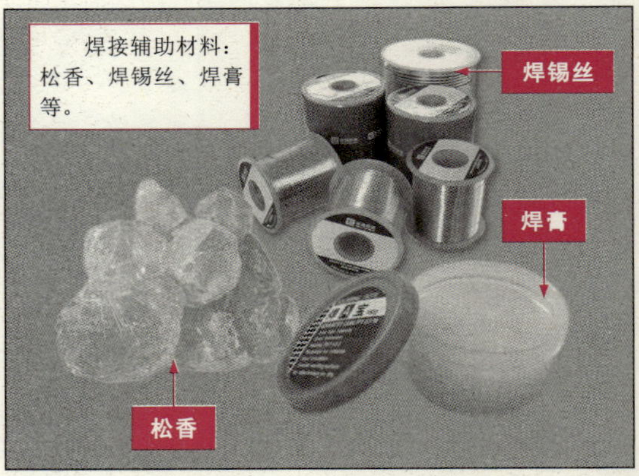

焊接辅助材料：松香、焊锡丝、焊膏等。

热风焊台

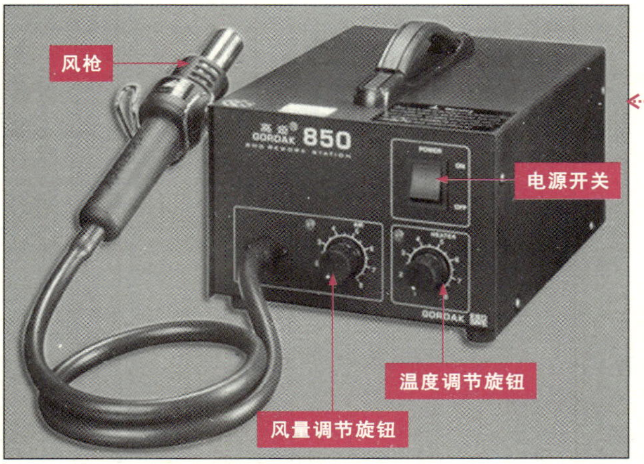

热风焊台主要是对电动自行车内部电路板上的一些贴片元器件和贴片集成电路进行焊接或拆焊的工具。

风枪配有不同内径的喷嘴，在进行元器件的拆卸时根据元器件的特点选择适合的喷嘴即可。

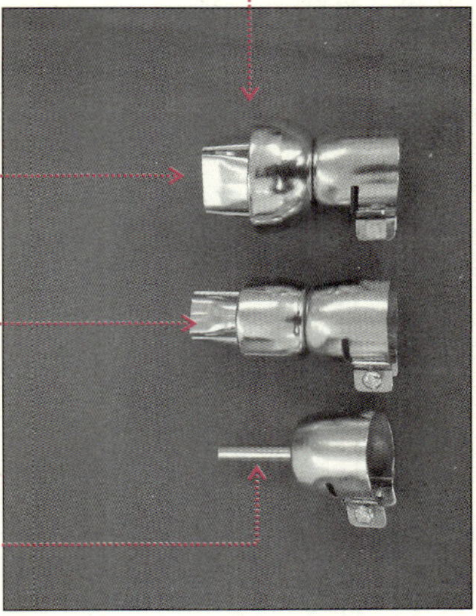

适用于大型方形集成电路。

适用于大型方形集成电路。

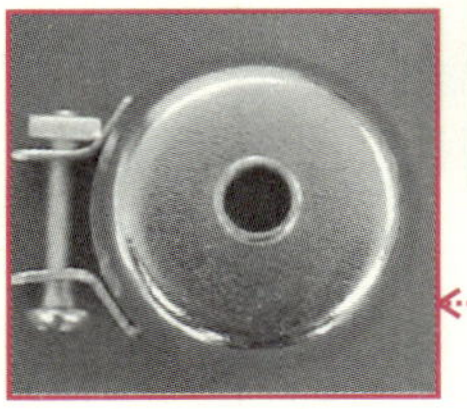

适用于小型贴片元器件或矩形集成电路。

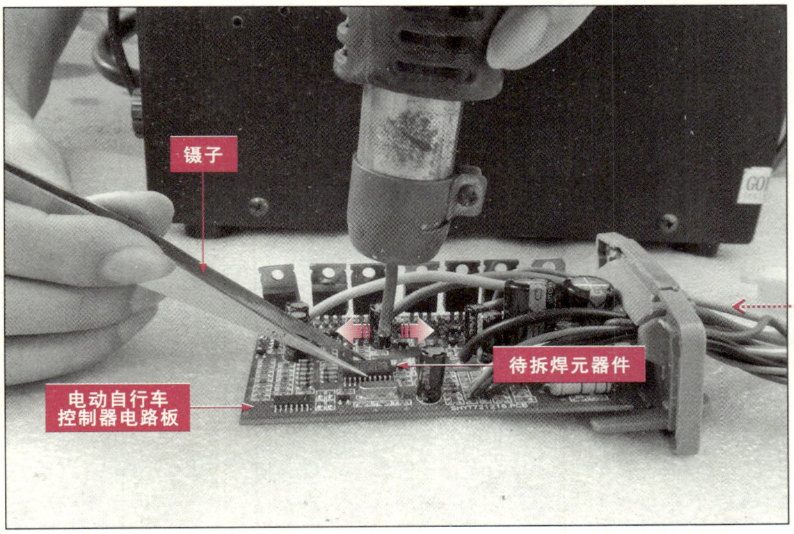

将热风焊枪垂直对准需要拆卸元器件的焊点，来回移动均匀加热，风枪嘴不能与电路板接触，待元器件焊锡熔化后，即可取下。

Q009

电动自行车中常用的检测仪表主要有哪些?

A009

电动自行车出现故障时，需要借助一些检修仪表对怀疑故障部位进行检测来获取一些信息，进而判断出好坏。在维修电动自行车时最常用的检修仪表主要有万用表、蓄电池检测仪和电动机专用检测仪等。

万用表

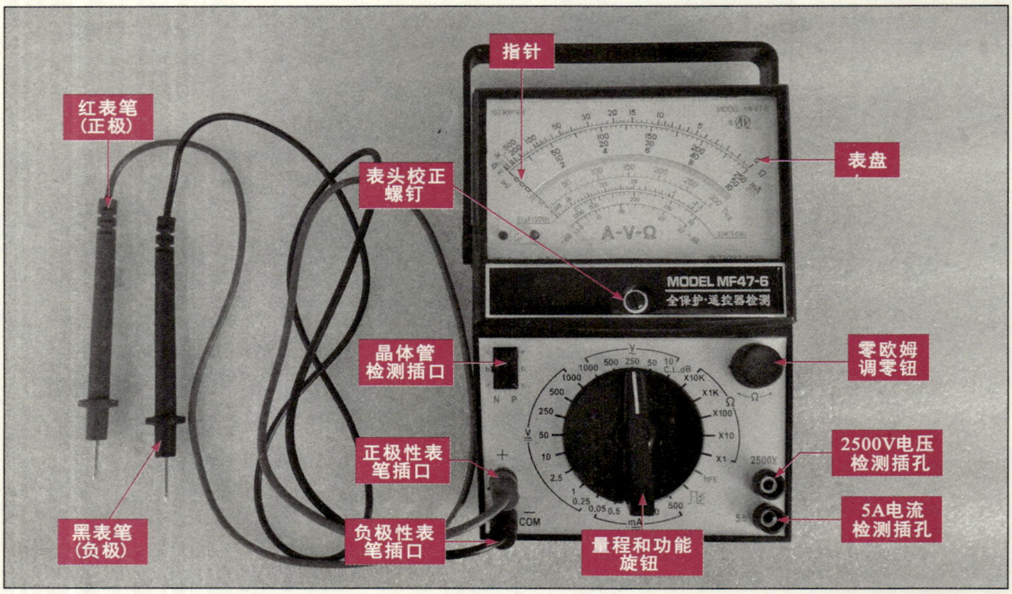

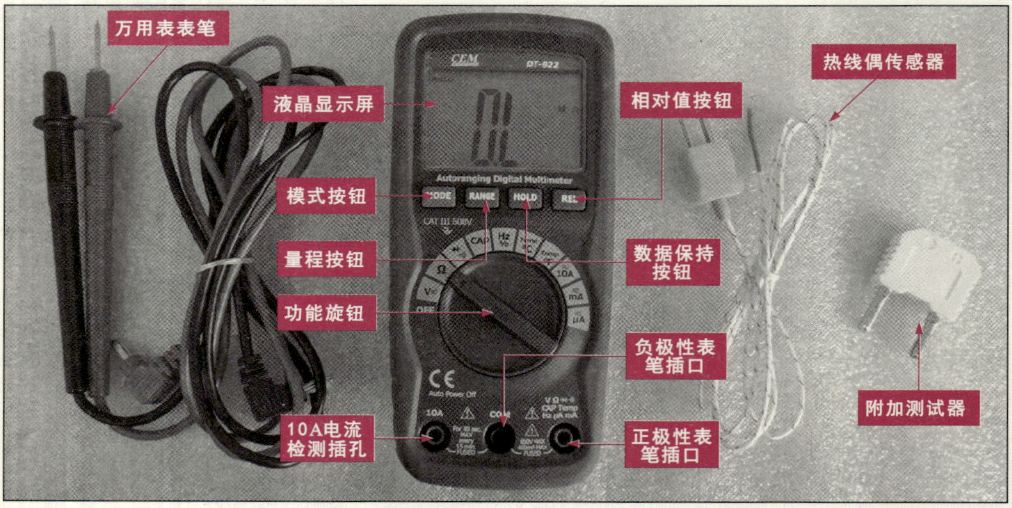

万用表是电动自行车检修过程中最常用的检测仪表，它具有使用方法简单、易操作等特点，主要用于对电动自行车中的各部件或电子元器件进行检测，如电动机、控制器、充电器、蓄电池、转把等，通过对这些部件或电子元器件的电压值、电流值和电阻值等的检测，从而判断出电动自行车的故障所在。

蓄电池检测仪

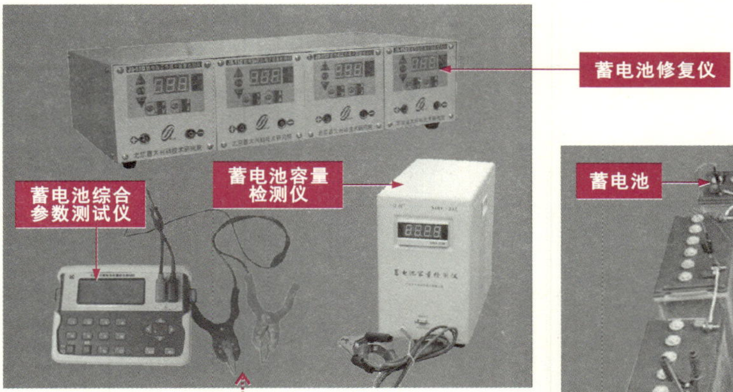

使用蓄电池容量检测仪检测铅酸蓄电池的容量。

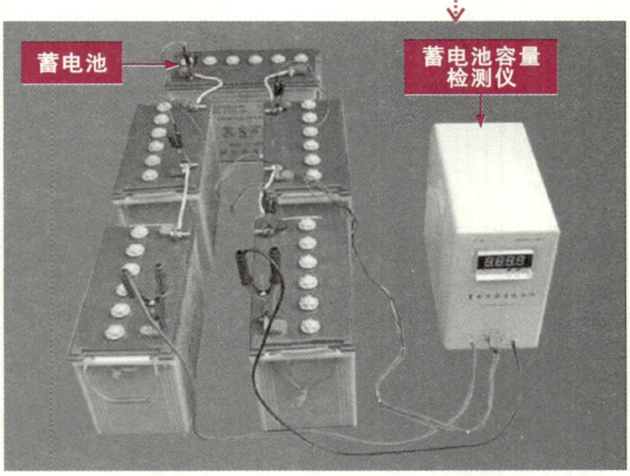

电动自行车采用铅酸蓄电池作为供电装置，而铅酸蓄电池也是电动自行车中性能下降和损坏最快的部件之一。因此我们常常会使用到蓄电池容量检测仪、蓄电池修复仪、蓄电池综合参数测试仪等对对铅酸蓄电池进行检测和修复。

Q010

什么故障称为电动自行车的机械类故障?

A010

电动自行车的机械类故障，主要是指电动自行车因机械系统异常而引发的故障，如车把、脚蹬、中轴、链条、车闸、飞轮等机械部件异常，而引发的电动自行车故障。

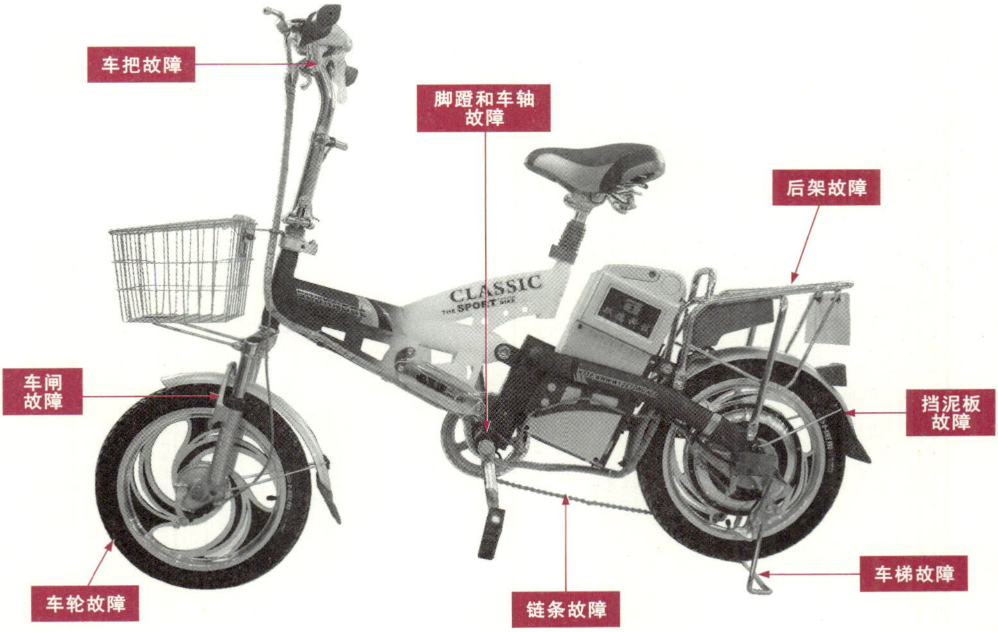

Q011

车把出现故障的表现有哪些？对应的解决办法有哪些？

A011

车把出现故障多表现为车把“发飘”、转向不灵活，有“吱吱”异响等，其故障多由车把轴承松动、钢珠磨损以及调整螺母过紧或松动引起，一般对车把进行润滑、更换或紧固即可。

故障表现

表现1：握住车时，车把“发飘”。

表现2：转动车把时，车把发出“吱吱”异响声。

表现3：转向时车把发轴、不灵活。

解决办法

通过更换或紧固车把轴承排除车把“发飘”、异响声故障。

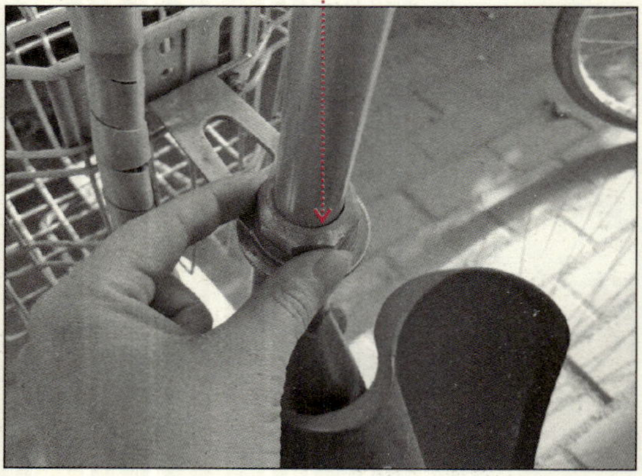

通过润滑车把轴承排除车把发轴、不灵活故障。

Q012

脚蹬和中轴出现故障表现有哪些？对应的解决办法有哪些？

A012

脚蹬和中轴不良，通常会造成骑行过程中有“蹬空”感并带有刺耳异响，其故障原因多为脚蹬与中轴润滑不良、中轴磨损严重、钢珠或轴碗损伤等引起的，通常进行更换或润滑即可。

故障表现

表现1：踩动脚蹬时，明显感觉中轴晃动或有蹬空感觉。

表现2：踩动脚蹬人力行驶时，中轴发出刺耳异响。

解决办法

对电动自行车中轴进行润滑。

对中轴内部磨损的部件进行拆卸更换。

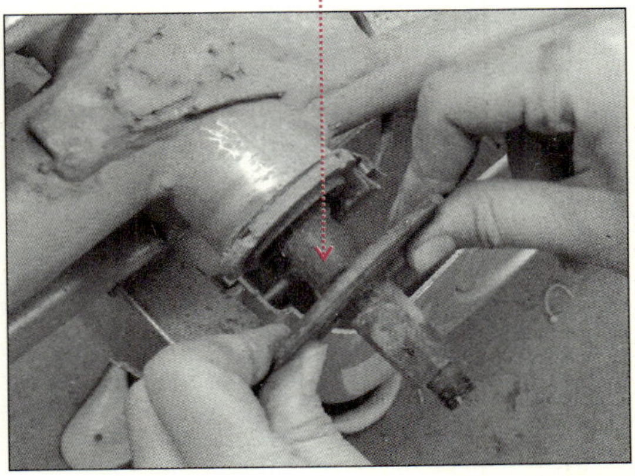

Q013

链条出现故障的表现有哪些？对应的解决办法有哪些？

A013

链条常常会因锈蚀严重，引起骑行过程中掉链或断裂等故障，一般可通过对链条进行润滑或重新连接即可排除故障。

故障表现

表现1：骑行过程中，链条从飞轮处掉下。

表现2：骑行过程中，链条断裂。

解决办法

转动脚蹬使链条动，在链条上滴加润滑油。

对断裂的链条重新进行连接。

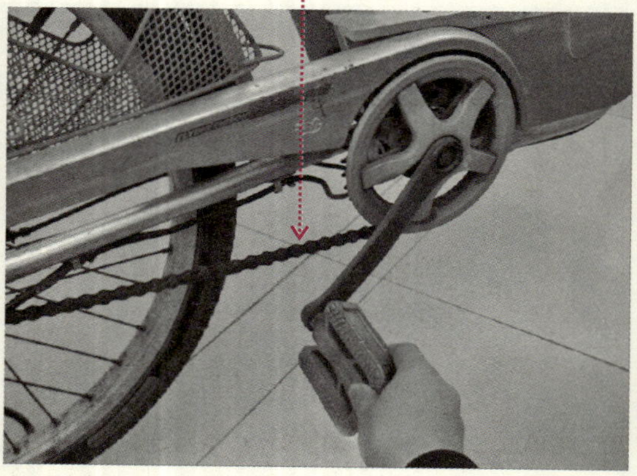

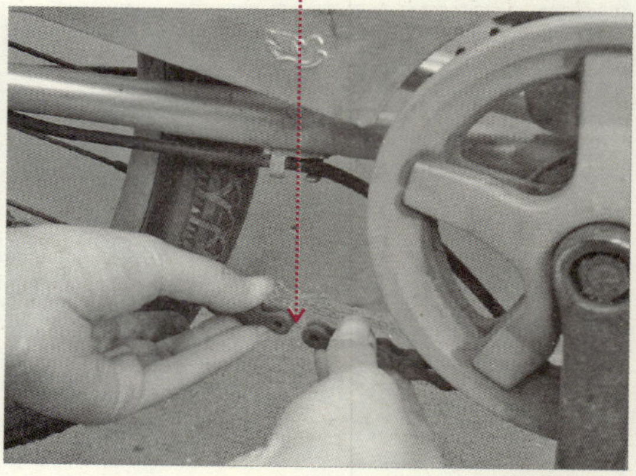

Q014

车闸出现故障的表现有哪些？对应的解决办法有哪些？

A014

电动自行车的车闸分为前车闸和后车闸两部分，其中前车闸不良通常会引起前轮制动不灵活的故障，而后车闸出现故障通常会引起后轮制动不良或后轮抱死无法转动等故障，其故障多是由于闸把损坏、闸线松动、闸皮磨损或车闸损坏严重等，一般直接更换闸皮、车闸、闸把或检修闸线即可。

故障表现

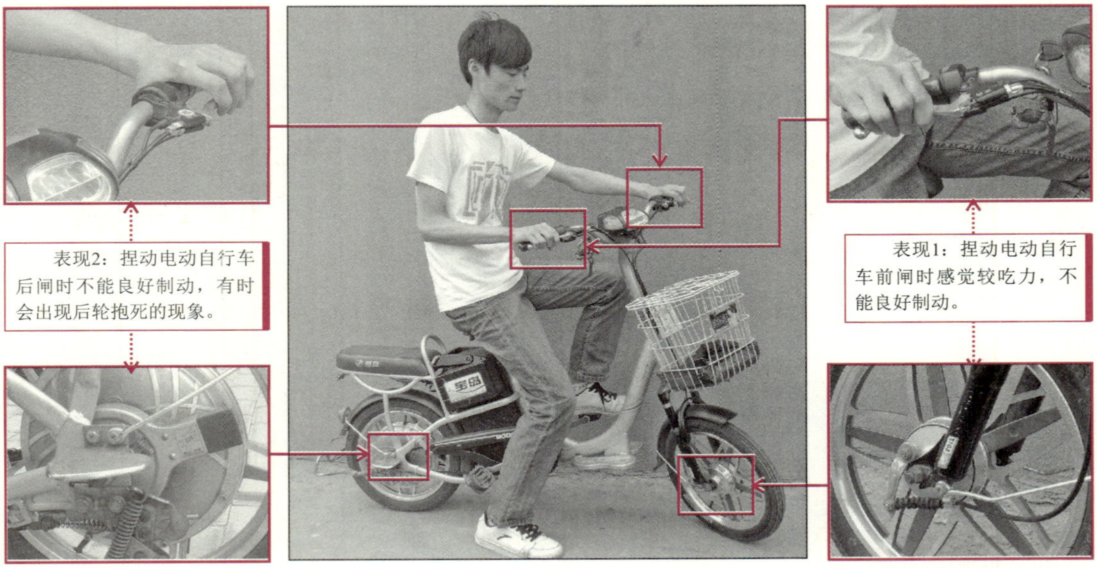

解决办法

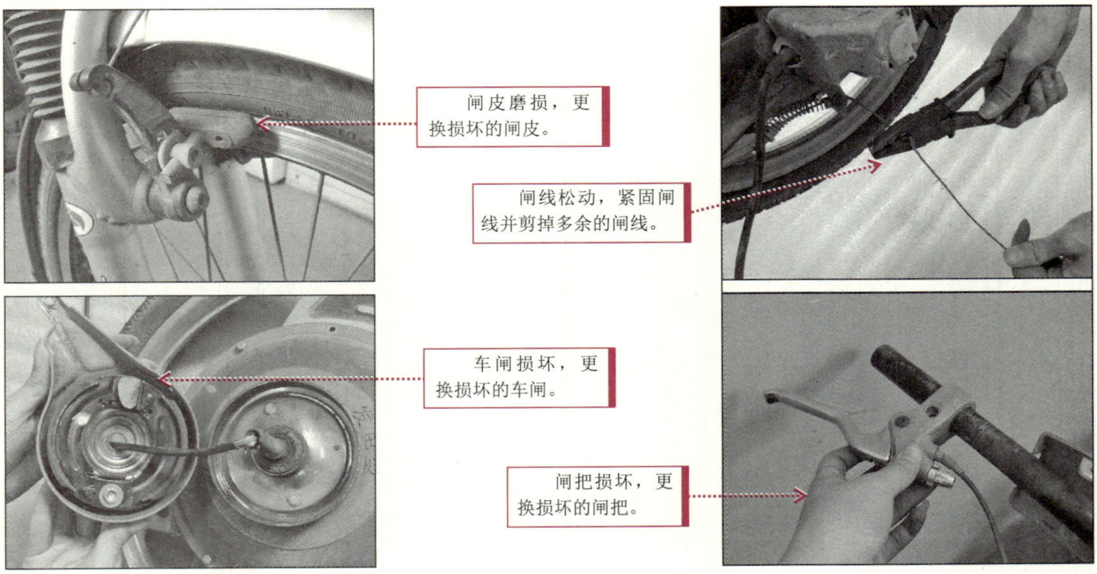

Q015

车梯出现故障的表现有哪些？对应的解决办法有哪些？

A015

车梯不良通常会造成电动自行车无法支撑或支撑不稳等。其故障多是由于车梯弹簧失常、紧固螺钉松动以及机械性能不良等引起的，一般直接更换即可。

故障表现

表现2：使用车梯支撑电动自行车时，电动自行车支撑不稳。

表现1：电动自行车车梯不能支撑起车体。

解决办法

车梯弹簧失常、紧固螺钉松动是引起车梯故障的主要原因。

更换损坏的车梯。

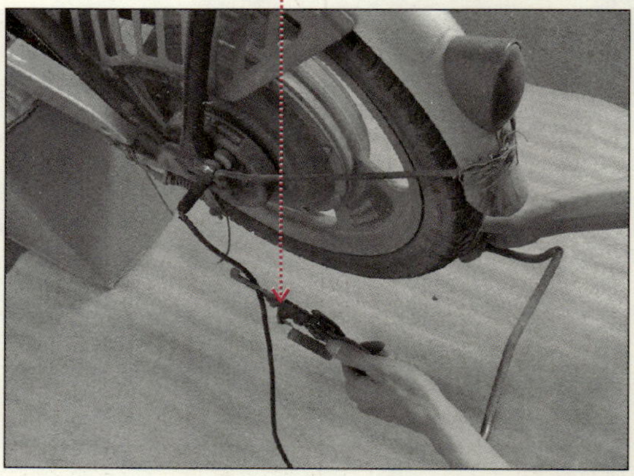

Q016

挡泥板出现故障表现有哪些？对应的解决办法有哪些？

A016

电动自行车的挡泥板分为前挡泥板和后挡泥板两部分，出现故障多表现为挡泥板与车轮摩擦，有异响，变形、断裂、固定螺钉松动等。一般修复变形或紧固固定螺钉即可排除故障。

故障表现

表现：推动或骑行电动自行车时，挡泥板与车轮摩擦有异响。

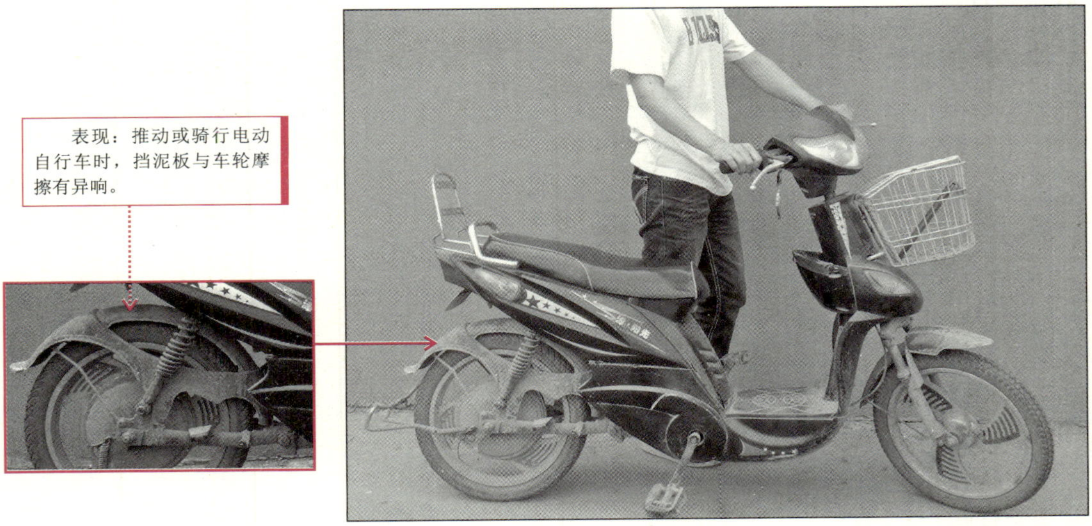

解决办法

挡泥板固定螺钉松动。

挡泥板变形断裂。

Q017

后架出现故障的表现有哪些？对应的解决办法有哪些？

A017

后架是电动自行车重要的载重部位，该部分不良主要表现为后架晃动不稳或支撑部分变形，一般可紧固与后轴间的故障螺钉、更换质量良好的后架或对因载重或撞击变形的部位进行修复即可。

故障表现

表现1：使用电动自行车后架载人或载物时后架晃动不稳。

表现2：后架支撑部分变形。

解决办法

更换质量良好的后架或对变形的部位进行修复。

紧固后架与后轴间的故障螺钉。

Q018

车轮出现故障的表现有哪些？对应的解决办法有哪些？

A018

车轮不良主要包括轮胎气压不足、车条松动或断裂、车轮变形，引起车轮左右摆动，一般可通过为轮胎充气或修补、紧固车条或修复轮圈排除故障。

故障表现

表现3：电动自行车车轮变形，引起车轮左右摆动。

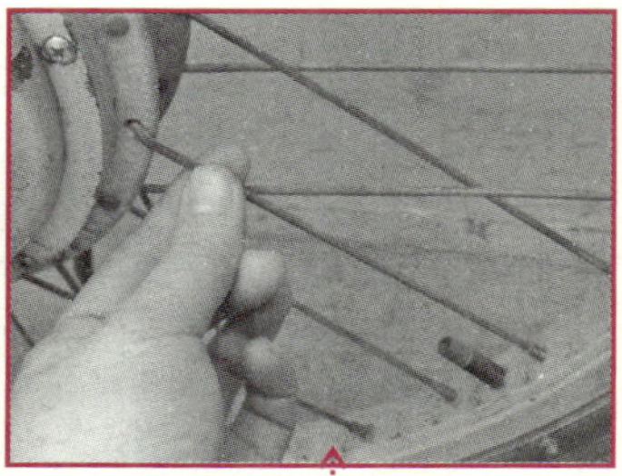

表现2：电动自行车车条松动或断裂。

表现1：电动自行车轮胎气压不足。

解决办法

轮胎气压不足可对轮胎进行补气或修补。

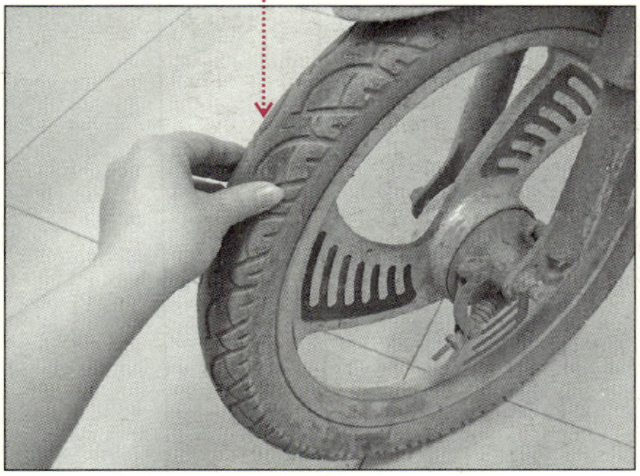

车条松动或断裂、车轮变形，可紧固车条或修复轮圈。

Q019

什么故障称为电动自行车的电气类故障？

A019

电动自行车电气类故障主要是指电动自行车因电气系统异常而引发的故障，如控制器、电动机、转把、电池等电气部件异常而引发的故障。

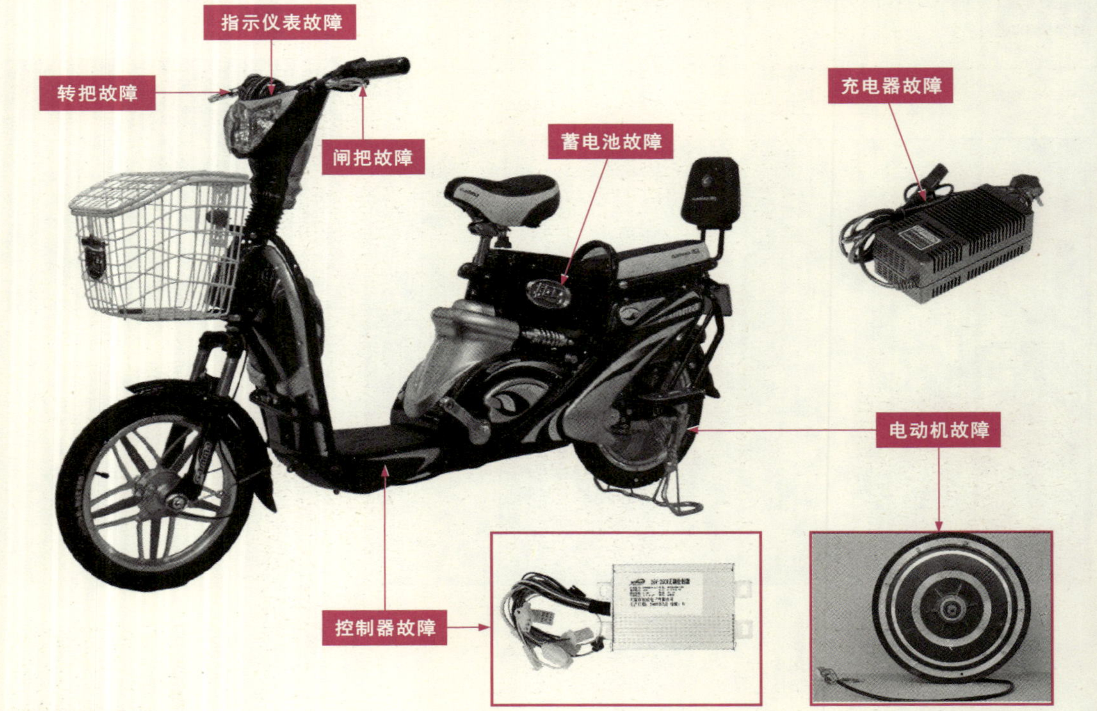

【知识扩展】

由于电动自行车电气系统需要通过电路控制电动自行车的机械系统动作，进而实现电动行车的功能，因此电气系统中任何一个元器件不良或部分电路存在故障都可能导致电动自行车无法正常工作。如果单从故障表现上，虽然很容易检查出故障，但对于故障原因的排查、分析过程则较为复杂，很难在第一时间锁定故障部位。例如，电动自行车无法起动时，不仅要检查蓄电池，同时还要对控制器、电动机部分进行检查。另外，电源锁部分连接不良也会出现无法起动的故障。

一般对电动自行车电气类故障进行检修时，通常可按下图排除并解决故障。

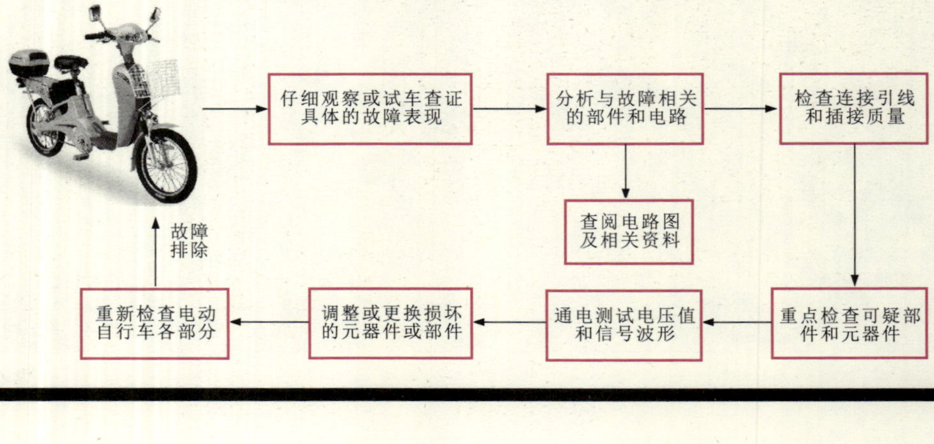

Q020

控制器出现故障的表现有哪些？对应的解决办法有哪些？

A020

控制器是电动自行车整车的控制核心，故障较为复杂，通常会引起电动自行车所有控制功能失常、不起动、飞车、车速不稳、通电烧蓄电池等故障，故障多由内部功率部件、供电部件以及控制部件等引起的，一般需仔细对内部电路进行检修，对损坏部件进行更换或整体更换控制器排除故障。

故障表现

表现1：控制器失常引起电动自行车不起动（电动机不转）。

表现2：控制器失常引起电动自行车飞车故障。

飞车障是指接通电源锁，未旋动转把时，车便向前“冲”或行车过程中未用转把调速，出现不规律突然加速。

表现4：控制器失常引起电动自行车通电烧蓄电池。

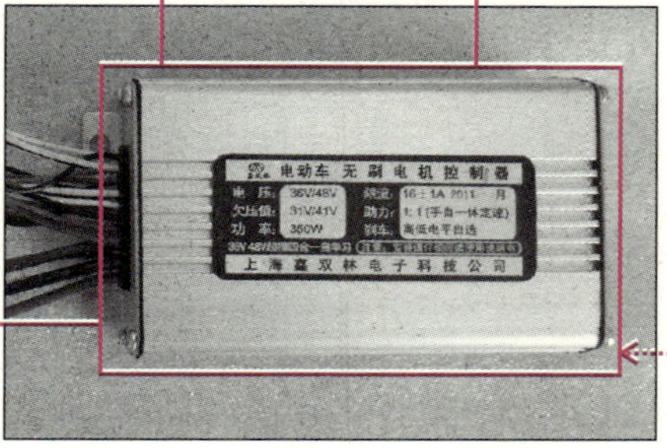

表现3：控制器失常引起电动自行车车速不稳。

解决办法

功率管是控制器内的易损部件之一，是驱动电路部分的核心器件，若损坏，控制器将无法正常输出控制信号，引起电动车飞车、调速控制失常、速度不稳定、电动机不起动等故障。一般若怀疑控制器内部故障时，功率管是检修的重点部分。

三端稳压器是控制器内部供电电路中的主要部件，它将蓄电池送来的供电电压转换为控制器内部部件所需的直流工作电压，若该部件损坏通常会导致整个控制器不工作，无电压输出，进而引起电动自行车整车不通电、不起动的故障。

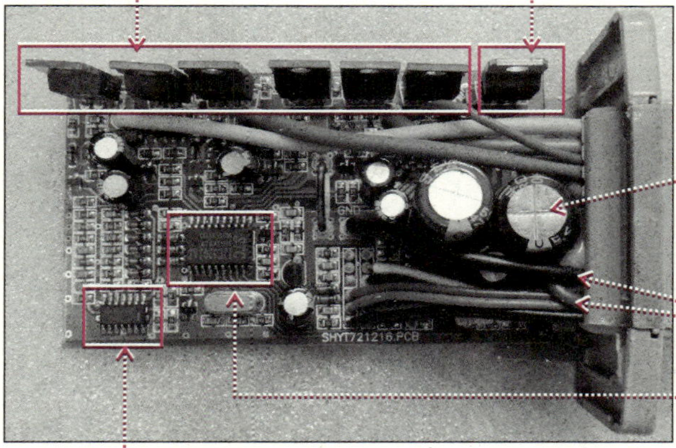

滤波电容器也是控制器中较容易损坏的部件，经常会出现鼓包、漏液的现象，因此检修控制器时也应对其进行重点查看，并对不良滤波电容器进行更换。

控制器中红、黑色粗引线是控制器与蓄电池连接的供电引线，一般直接将引线焊接在电路板上，若控制器整个无电压输入时，应重点检查该引线焊点是否正常。

电压比较器在该控制器用于产生锯齿波脉冲和PWM调制，当其内部不良或损坏，将引起电动自行车控制器无电压输出、电动机无法起动等故障。若该芯片损坏无法修复，需要用同型号芯片进行替换。

微处理器是控制器中的核心部件，控制器输出的所有控制信号均与该芯片有关，当其内部不良或损坏，将引起电动自行车部分或所有控制功能失常以及控制器无电压输出、电动机无法起动等故障。若该芯片损坏无法修复，需要用同型号芯片进行替换。

Q021

电动机出现故障的表现有哪些？对应的解决办法有哪些？

A021

电动机出现故障主要表现为电动机不转、行车过程中明显晃动、噪声大或有异响、电动机短时间内严重过热、爬坡困难不给力等。一般需仔细对电动机内部进行检修，对损坏部件进行更换或整体更换电动机以便排除故障。

故障表现

表现1：打开电动自行车电源锁后，旋动转把，电动机不运转。

表现2：电动自行车在平坦道路上骑行正常，但爬坡时电动机响声较大，速度明显降低。

表现4：电动机运转正常，但行驶起来后轮出现明显晃动。

表现5：电动机运转正常，但运转一段时间后电动机过热。

表现3：电动自行车骑行正常，但骑行过程中后轮出现过大的噪声。

解决办法

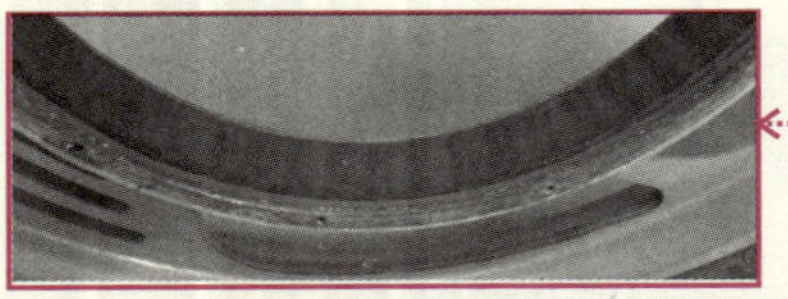

磁钢脱落引起电动机工作异常。

其他明显的外观损伤，如轮毂变形或开裂、引出线破损、轴头螺纹滑丝等引起电动机工作异常。

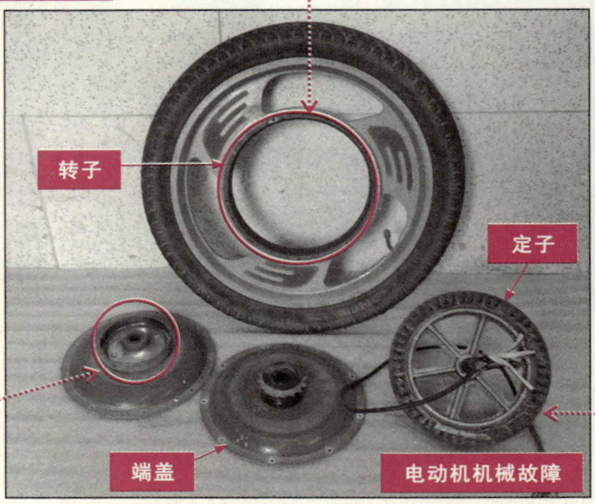

电动机轴承损坏或润滑油脂干枯等引起电机发热严重，运转缓慢。

电动机定子铁心磨损、锈蚀等引起电动机工作异常。

电动机转子磁钢磁场强度减弱导致电动机的性能参数下降。

电动机定子中三相绕组间短路引起电动机不工作。

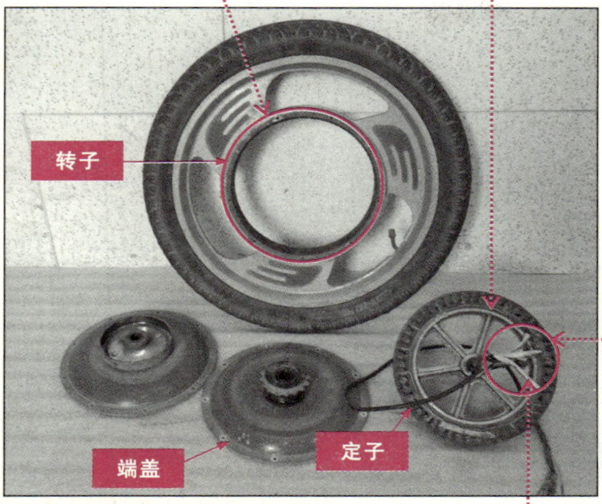

电动机霍尔元件不良或损坏引起电动机工作异常。

电动机供电引线断裂或对地短路引起电动机不起动。

Q022

转把出现故障的表现有哪些？对应的解决办法有哪些？

A022

转把是控制电动自行车起动和调节电动自行车行驶速度的关键部件。转把不良时，多表现为电动自行车不起动、调速控制功能失常、飞车故障或电动车速度偏低、无法达到高速行驶，一般通过直接更换转把即可排除故障。

故障表现

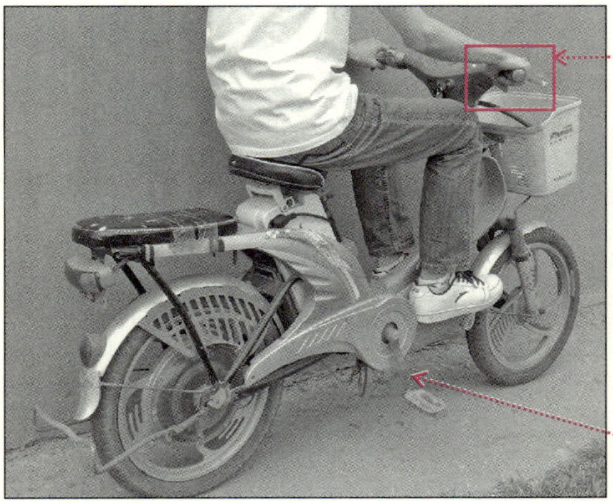

表现1：打开电源锁，转动转把，电动自行车不起动。

表现2：打开电源锁，转动转把电动自行车能够起动，但不能进行速度调节或速度偏低，无法达到高速行驶。

解决办法

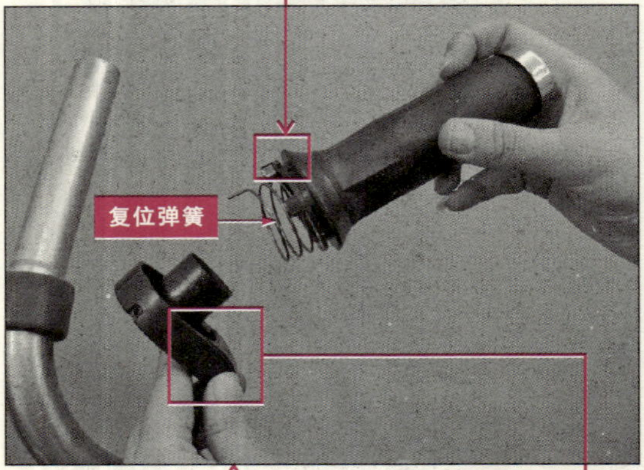

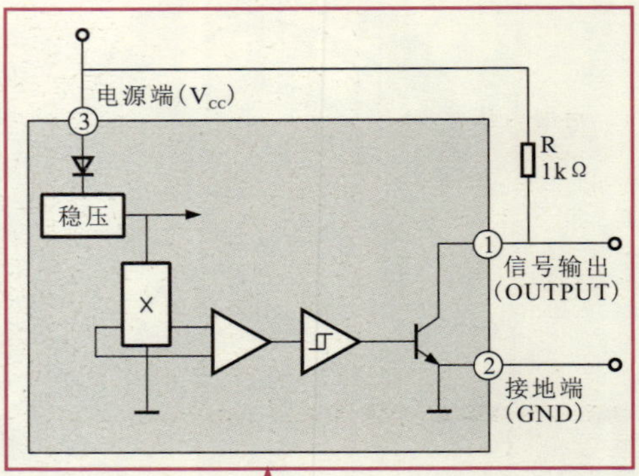

内部磁钢脱落，复位弹簧变形、扭曲，霍尔元件损坏都是引起转把故障的主要原因，通过更换转把即可排除故障。

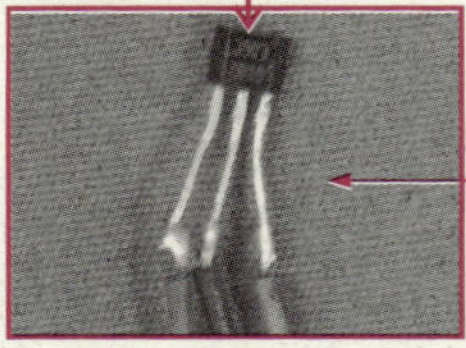

Q023

闸把出现故障的表现有哪些？对应的解决办法有哪些？

A023

闸把是控制电动自行车制动的关键部件，闸把不良通常会引起电动自行车电气制动功能失常、无法起动、制动不断电的故障，一般通过直接更换闸把即可排除故障。

故障表现

表现3：闸把处于释放状态，转动转把电动自行车不起动。

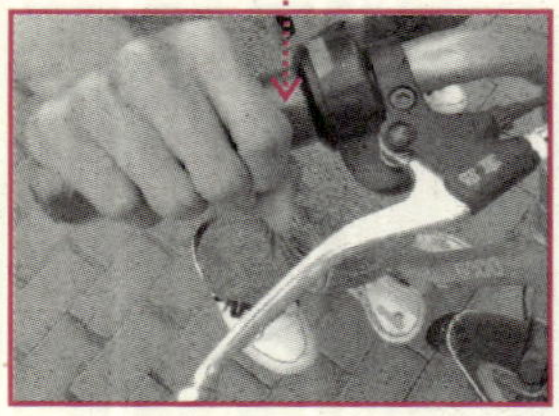

表现2：电动自行车行驶中捏下闸把制动正常，但不断电。

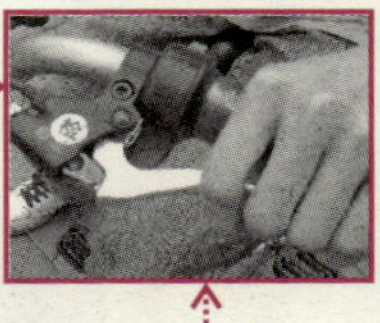

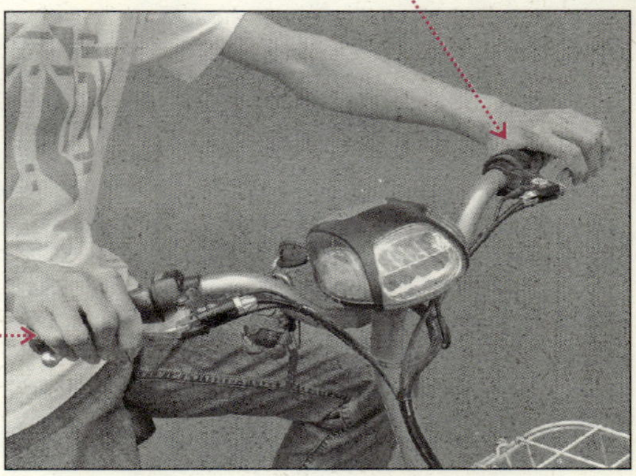

表现1：电动自行车行驶中捏下闸把，不制动。

刹车不断电是指捏下闸把后，电动机只是进行了机械制动，此时电动机仍得电，处于运转状态，这种情况易烧损电动机。

解决办法

闸把内部的闸线、微动开关损坏都是引起闸把故障的主要原因，一般通过更换闸线或直接更换转把排除故障。

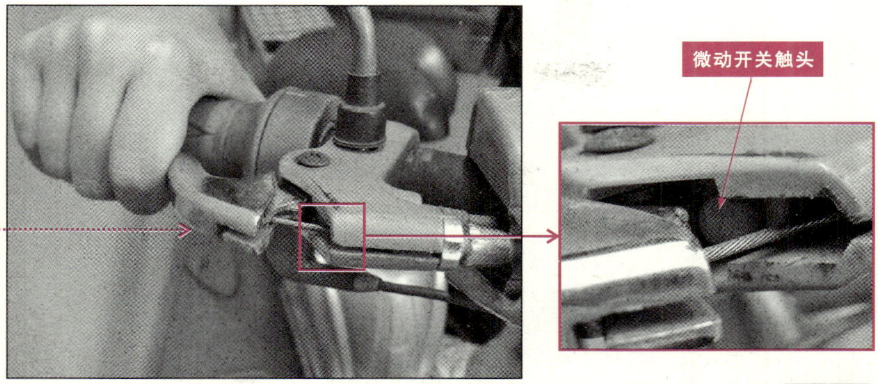

Q024

充电器出现故障的表现有哪些？对应的解决办法有哪些？

A024

充电器主要是将220V交流电压转换为36V或48V的直流充电电压，从而为电动自行车蓄电池输送能量，其故障主要表现为电源和充电指示灯不亮/发暗且闪烁、工作时有异响、充不进电、输出电压偏高或偏低、无电压输出、充电时发热严重、通电烧熔断器等。其故障原因均为内部元器件损坏，一般需对内部电路进行检修，对损坏的元器件进行更换或整体更换充电器排除故障。

故障表现

表现1：充电器连接电池后充不进去电。

表现2：充电器发热严重或有异响声。

表现3：接通电源和蓄电池后，充电器指示灯均不亮。

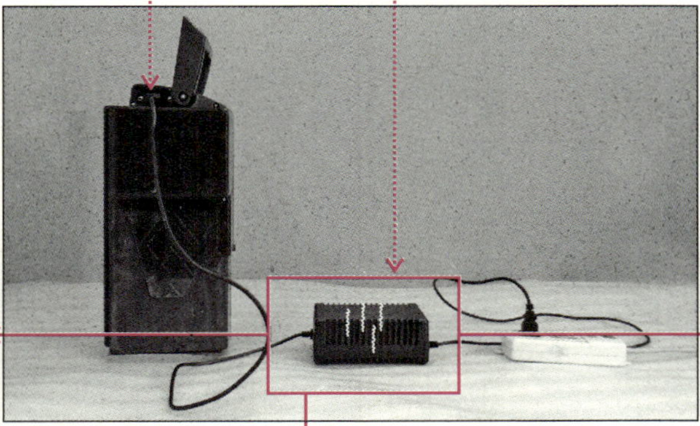

表现4：电源指示灯亮，充电指示灯不亮。

表现5：电源和充电指示灯均亮，但充满电后指示灯不转换。

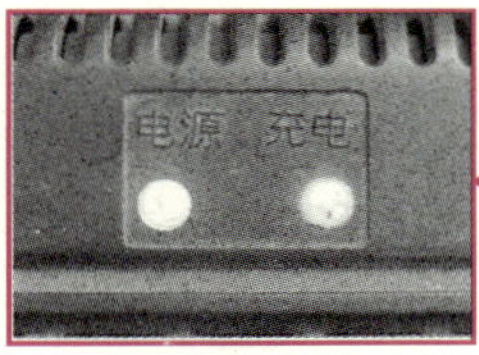

表现6：充电器指示灯发暗且闪烁。

解决办法

桥式整流电路用于将市电220V电压转换成300V直流电压，该器件损坏，将导致充电器不工作，无输出的故障，即接通电源后充电无反应。

当充电器完全无反应，不能进入工作状态时，首先需要检查开关场效应晶体管，该晶体管工作在高电压、大电流条件下，是充电器电路中的易损器件，通常出现的故障为击穿短路。另外，一般该晶体管烧坏会导致熔断器烧坏，需要进一步检修。

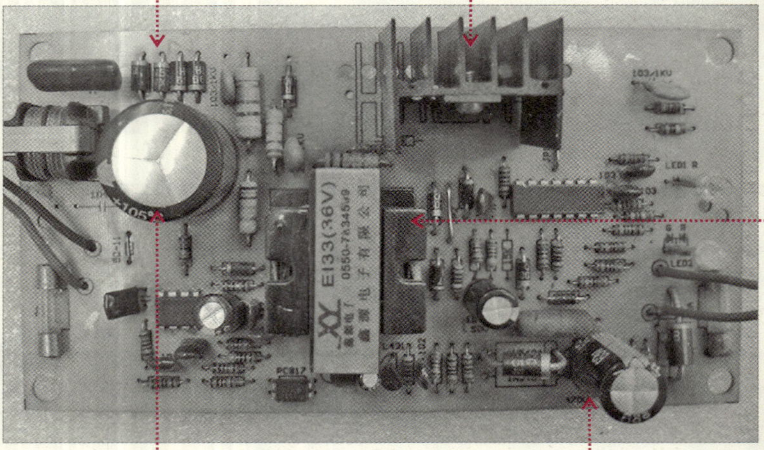

开关变压器是充电器电路中具有明显特征的器件，当其一次绕组或二次绕组断路或对地短路，将直接导致充电器电路的二次侧无电压输出。

300V滤波电容器是整流滤波电路中的关键元件，该器件漏电将导致充电器不工作，无输出的故障，即接通电源后其状态指示灯不亮，充电无反应。

充电器中的任何一个元器件损坏或不良都会引起充电器的故障，检修时应仔细对内部各元器件进行检修，排除故障。

【知识扩展】

对充电器进行检修时，应在熟知充电器电路工作过程的前提下进行。充电器电路是用于对电动自行车内的蓄电池进行充电的电路，电路图如下图所示，它将交流220V电压经滤波和整流电路变成300V直流电压，再经开关振荡电路将直流变成开关脉冲信号，开关脉冲经开关变压器变成低压脉冲，再经整流滤波形成为蓄电池充电的直流电压，为电池充电。在充电电路中还设有电压检测和电流检测电路，以便稳定电路的工作。

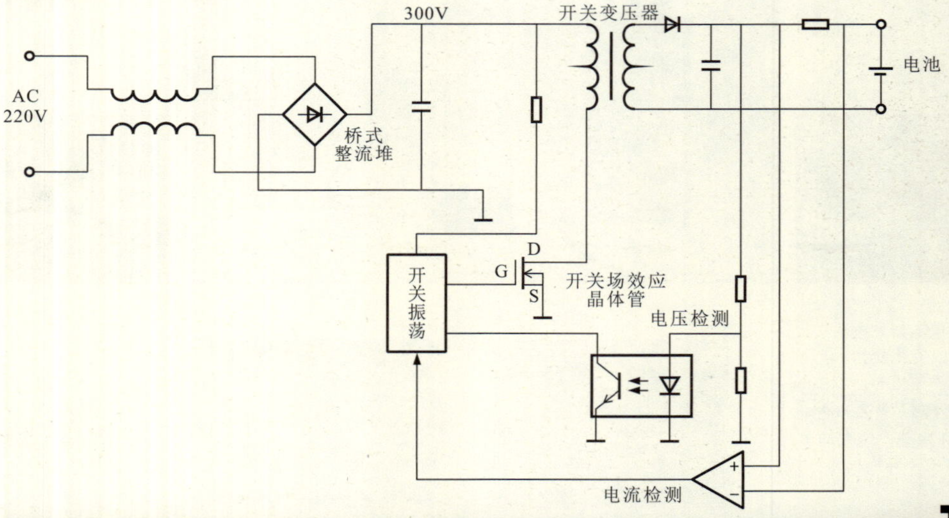

Q025

蓄电池出现故障表现有哪些？对应的解决办法有哪些？

A025

蓄电池是电动自行车的供电部件，其故障特点主要表现为通电后指示仪表无任何显示、行驶里程明显缩短、不启动、耗电量过快、充不进电或接通电源烧熔断器等，一般可通过修复或直接更换蓄电池排除故障。

故障表现

表现4：电动自行车行驶里程明显缩短或持续行驶时间缩短。

表现5：电动自行车放置一段时间后，蓄电池电量下降明显甚至完全无电。

表现2：接通电源，转动调速转把，电动自行车不启动。

表现1：电动自行车通电后指示仪表无任何显示。

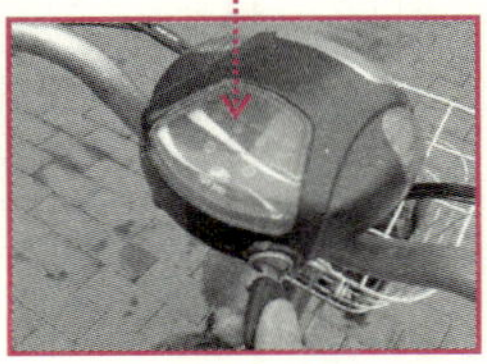

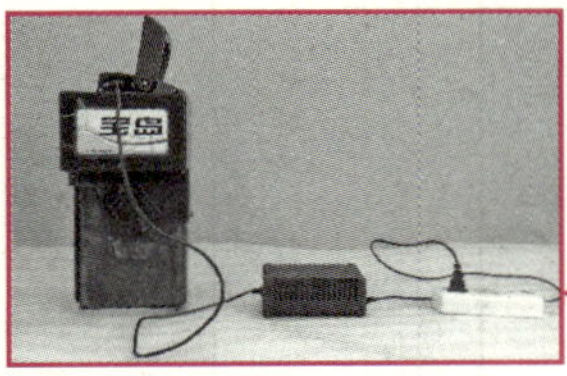

表现3：蓄电池与充电器进行连接后，不能充电。

解决办法

蓄电池电池盒开裂、鼓包都属于蓄电池变形的故障，该类故障多是由于内部蓄电池组变形或使用不当碰撞破损引起的，应及时进行检测和修复。

电池出现自放电情况较严重时，多为内部电池组中有一个或多个电池组损坏引起的，通常电池内部正、负极板存在短路是造成该类故障的主要原因，若无法修复，需直接更换损坏蓄电池。

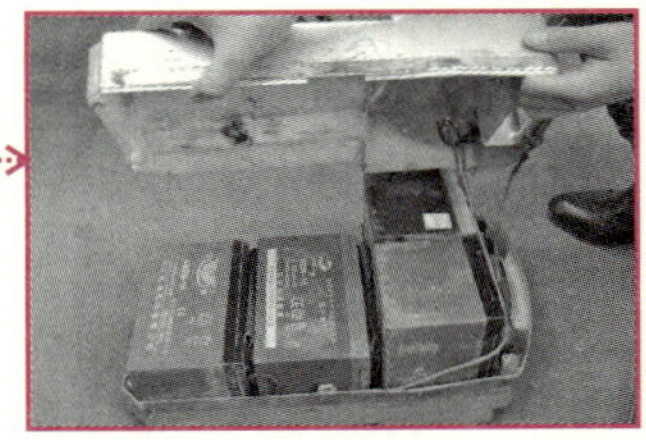

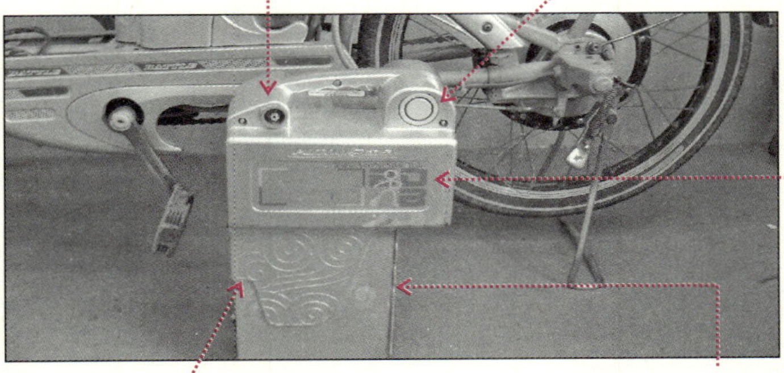

电池充满电后，行驶很短的路程便显示电量不足，或将电池放置一段时间后便失电严重，多为蓄电池本身不良，如漏液、缺水、硫化等，需进行更换或修复。

蓄电池与充电器进行连接后，充电器指示灯不亮，充不进电时，若排除充电器本身故障后，则多为蓄电池内部电池组损坏，必要时应对损坏的电池组进行修复和更换。

电池漏液故障是蓄电池较常出现的故障之一，由于经常过充，引起蓄电池内电解液漏出，甚至腐蚀蓄电池塑料挡板或极柱，将导致蓄电池电量不足，即使充满电后，使用时间也严重缩短，此时一般需要将损坏后的单个电池组进行更换。

Q026

指示仪表出现故障的表现有哪些？对应的解决办法有哪些？

A026

指示仪表是电动自行车整车工作状态的指示部件，该部分故障主要表现为指示仪表中指示灯不亮、所有指示功能失常，其故障多由内部发光二极管和电压比较器损坏所引起，一般可通过更换损坏部件或直接更换指示仪表内的电路板排除故障。

故障表现

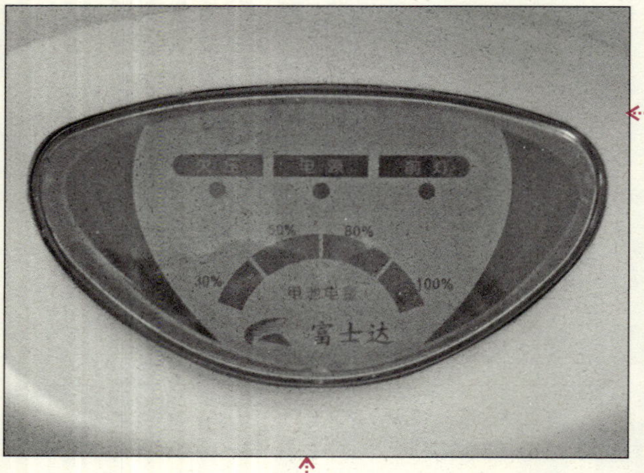

表现2：指示灯不亮，电动自行车的电动机控制也失常。

表现1：指示灯不亮，但电动自行车的电动机控制正常，能行驶。

解决办法

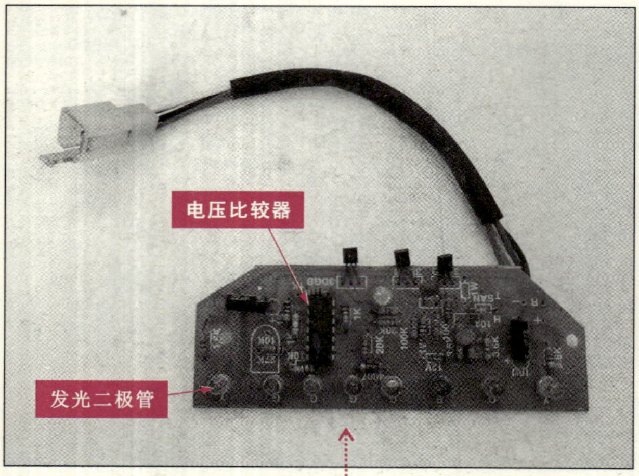

指示仪表内的电压比较器、发光二极管损坏是引起指示仪表故障的主要原因。

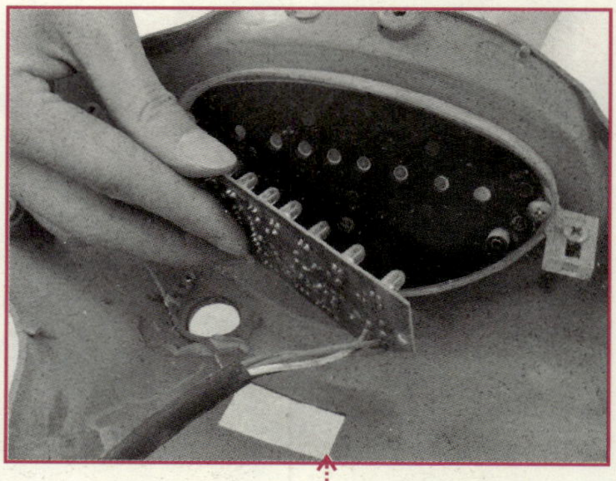

一般可通过更换损坏部件或直接更换指示仪表内的电路板排除故障。

Q027

电动自行车常见的蓄电池有哪几种?

A027

电动自行车中常见的蓄电池主要有铅酸蓄电池、锂离子蓄电池、镍镉蓄电池和镍氢蓄电池四种。

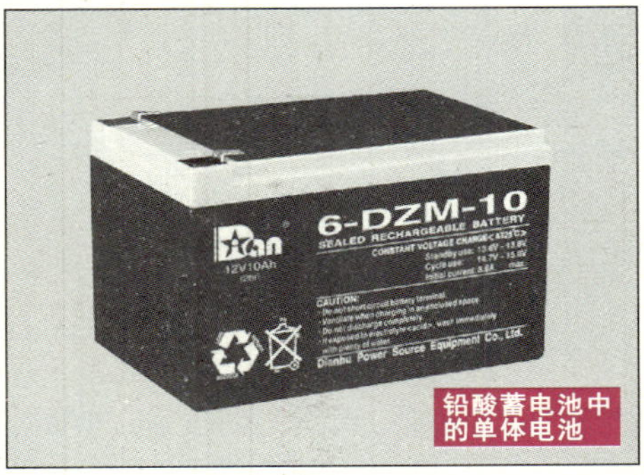

铅酸蓄电池中的单体电池

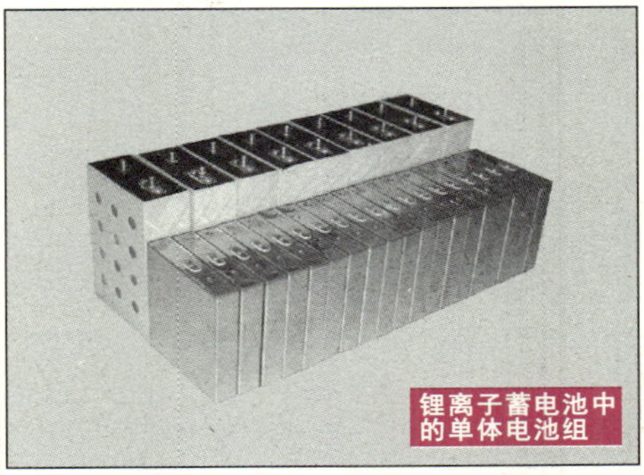
锂离子蓄电池中的单体电池组

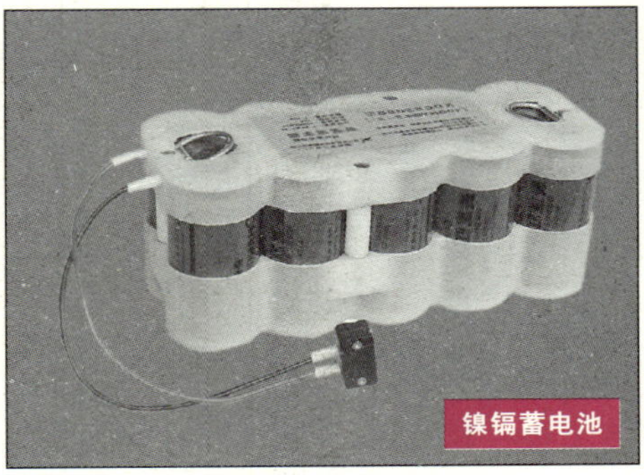
镍镉蓄电池

镍氢蓄电池中的单体电池组

Q028

铅酸蓄电池还有其他的分类方法吗?

A028

铅酸蓄电池根据密封形式，可分为阀控式铅酸蓄电池和胶体铅酸蓄电池两种。

胶体铅酸蓄电池

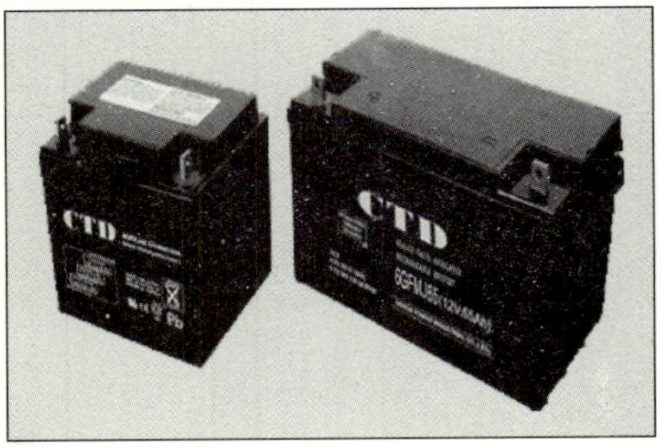

阀控式铅酸蓄电池

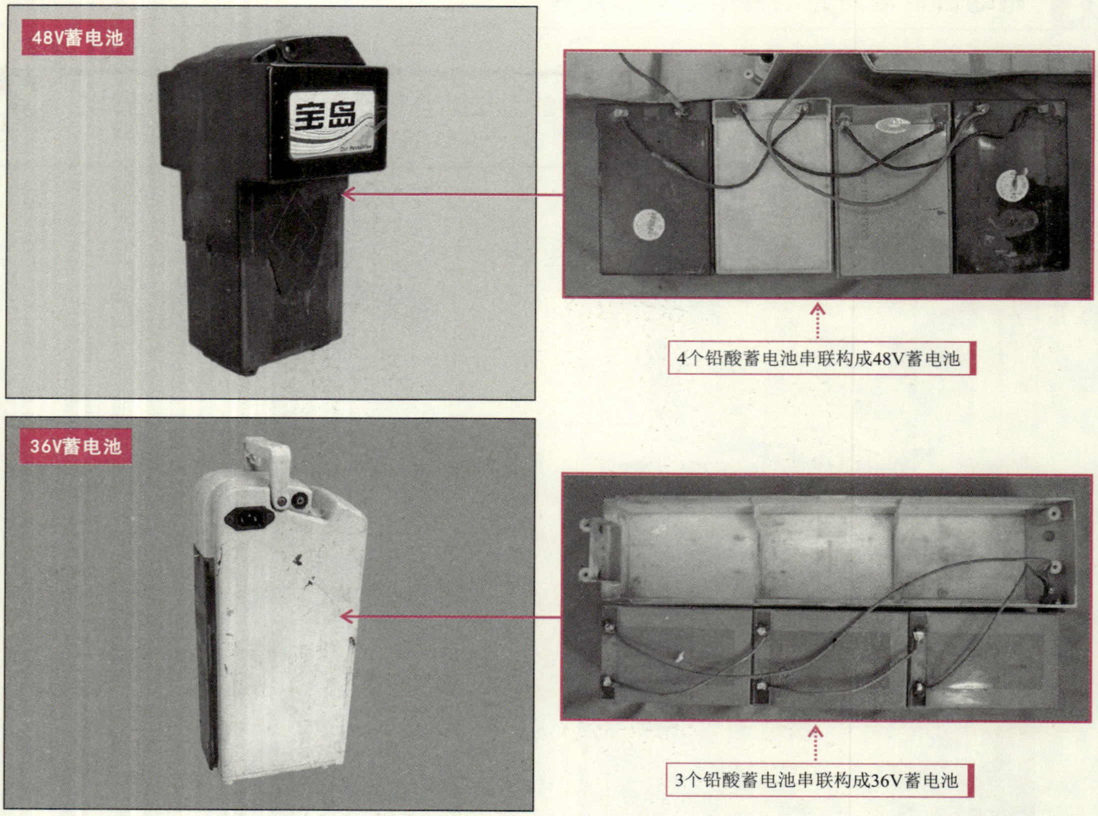

阀控式铅酸蓄电池是目前使用量最大的蓄电池，电动自行车中常用3～4块单体蓄电池（12V）串联成36V或48V两种蓄电池。

Q029 阀控式铅酸蓄电池的结构是怎样的?

A029

阀控式铅酸蓄电池主要是由电池外壳、电池盖、安全阀、极柱以及6个单格电池（2V）组成的，内部注射有电解液（稀硫酸）。

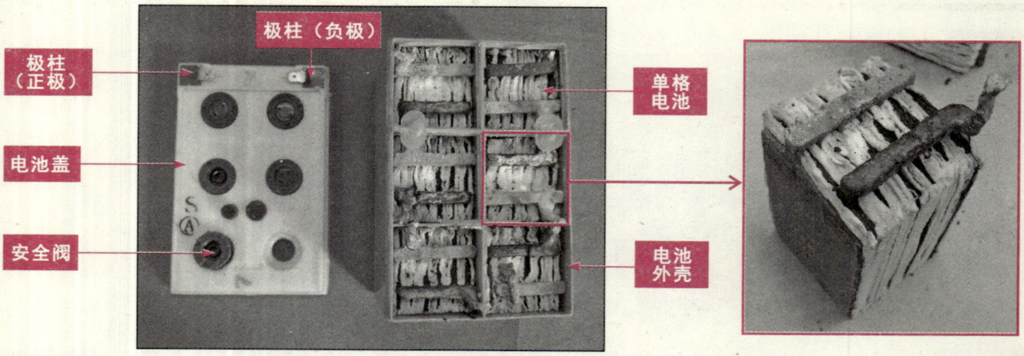

Q030

铅酸蓄电池内部的单格电池是由什么构成的?

A030

铅酸蓄电池内部的单格电池主要是由极板、隔板和电解液构成的。

内部注射有电解液，电解液在充、放电过程中与正、负极板发生电化学反应，并在电池内部起导电作用。

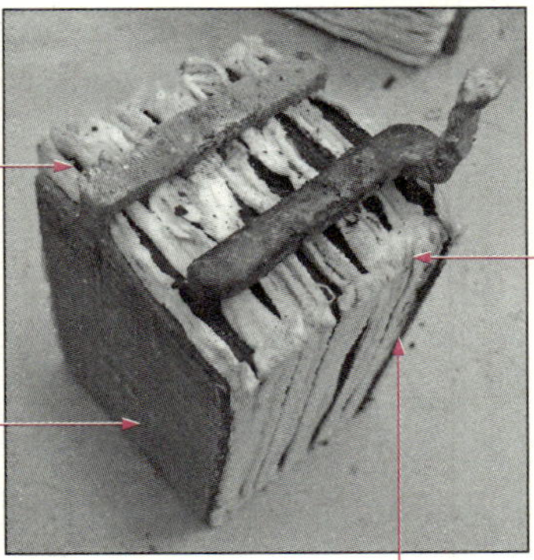

隔板

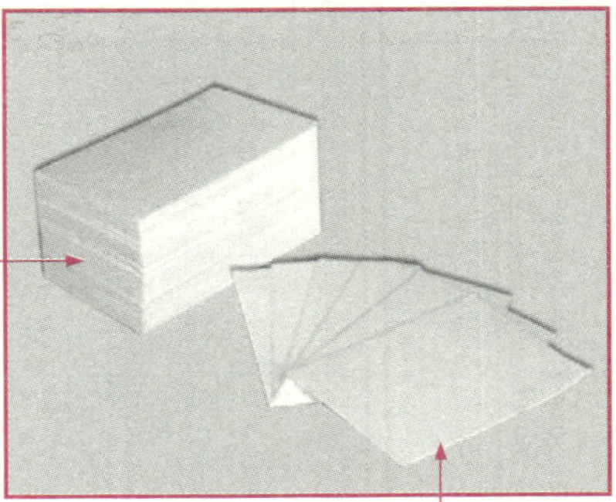

在每两块极板之间加入隔板，用于防止正、负极板间接触短路。

负极板

正极板

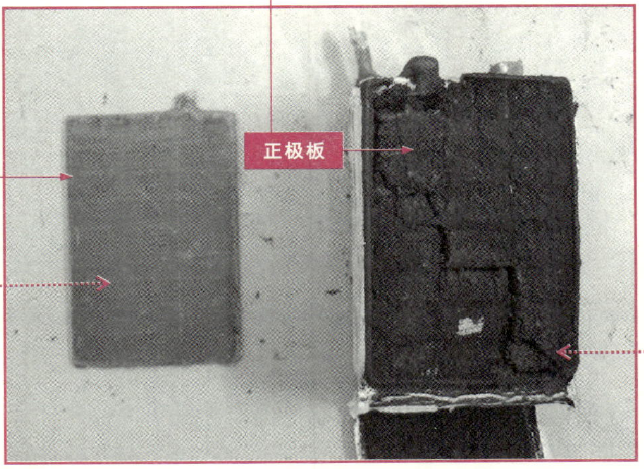

材质为纯铅（pb），颜色为灰色，质地较硬。

材质为二氧化铅（PbO_2），颜色为黑色，质地较软。

Q031

铅酸蓄电池内部的每个单格电池是如何连接的?

A031

铅酸蓄电池内部的每个单格电池是由跨桥焊接串联在一起的。

连接部位常用强力胶水进行密封固定。

跨桥

Q032

蓄电池内部是如何连接的?

A032

每块单体蓄电池的电压为12V，将4块或3块单体蓄电池再串联，放入外壳中，便构成了电动自行车的48V或36V蓄电池。

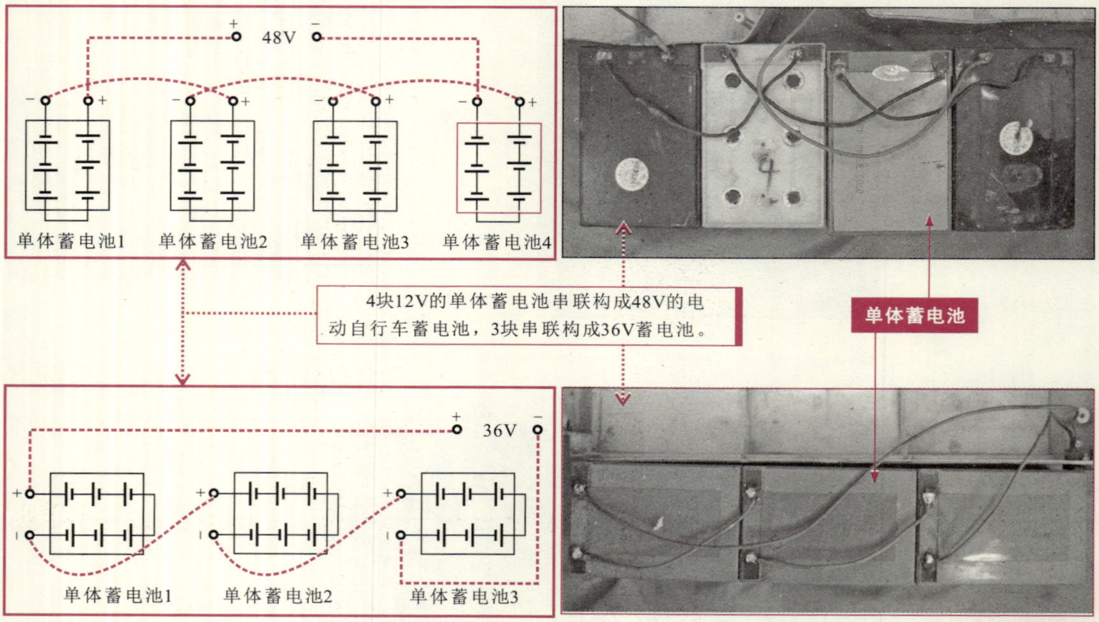

Q033

锂离子蓄电池与铅酸蓄电池的外观有什么区别吗?

A033

锂离子蓄电池是一种新型蓄电池，该蓄电池的重量、体积要比铅酸蓄电池小很多，正在取代铅酸蓄电池。

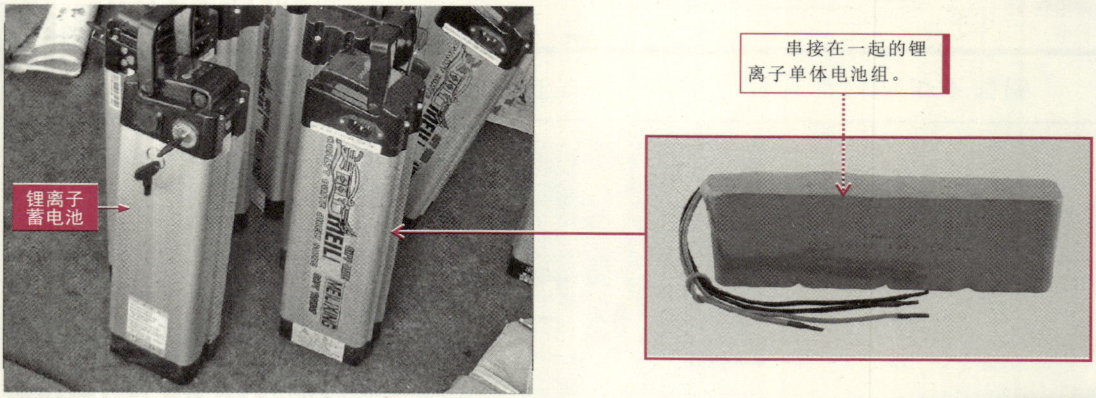

Q034

锂离子蓄电池的结构是怎样的?

A034

锂离子蓄电池有筒形和方形两种，主要是由隔膜板、正极板、负极板、电解液、绝缘板（层）等部分构成的。

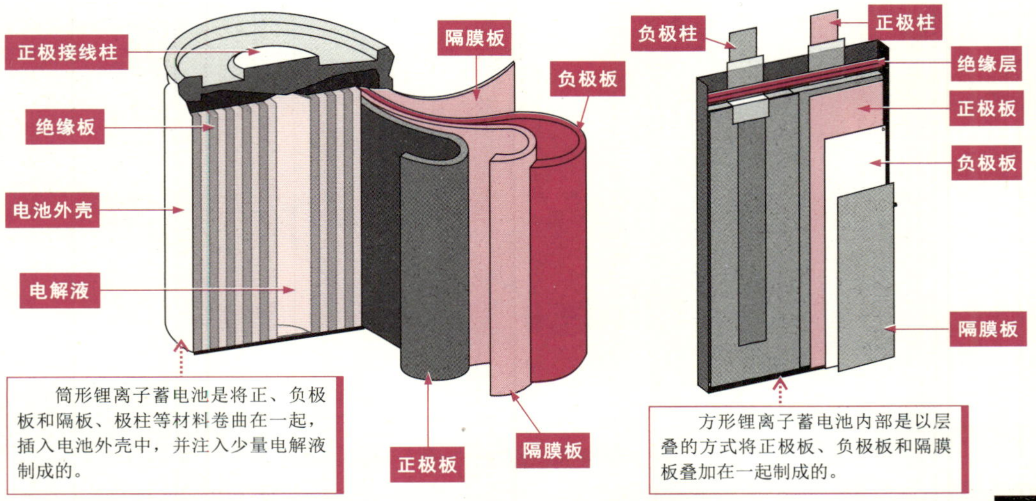

Q035

锂离子蓄电池内部的极板是由什么原料构成的?

A035

目前，锂离子蓄电池正极板主要以钴酸锂（$LiCoO_2$）为主要原料，再加入导电剂和树脂粘合剂后涂覆在铝质基板上，整体呈细薄层分布。而负极板上的活性物质是由碳材料与粘合剂的混合物再加上有机溶剂调和制成的糊状物，涂覆在铜基板上，整体呈薄层状分布。

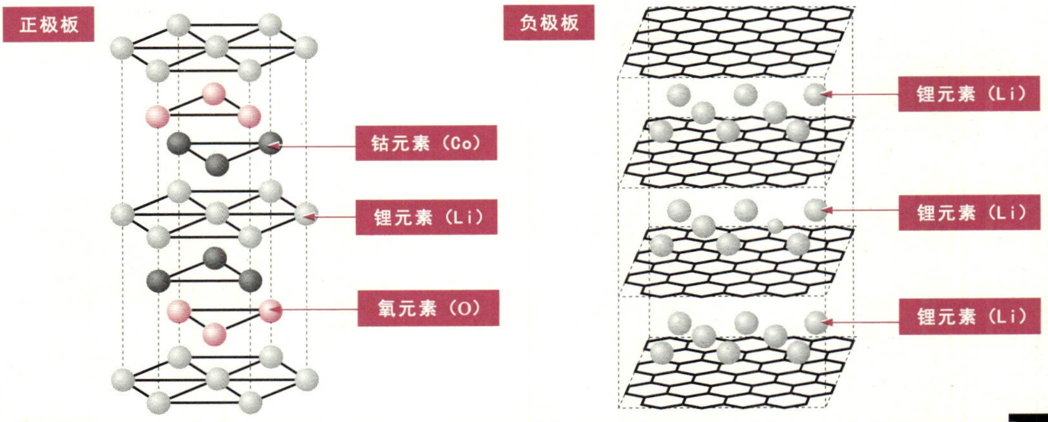

Q036

铅酸蓄电池是如何工作的?

A036

铅酸蓄电池内部以二氧化铅作为正极，纯铅作为负极，这两种活性物质与硫酸水溶液共同作用下实现蓄电池的充放电过程。其放电过程就是化学上所讲的化学能转化为电能的过程，充电过程正好与放电过程相反，也就是将电能转化为化学能的过程。

铅酸蓄电池的放电过程

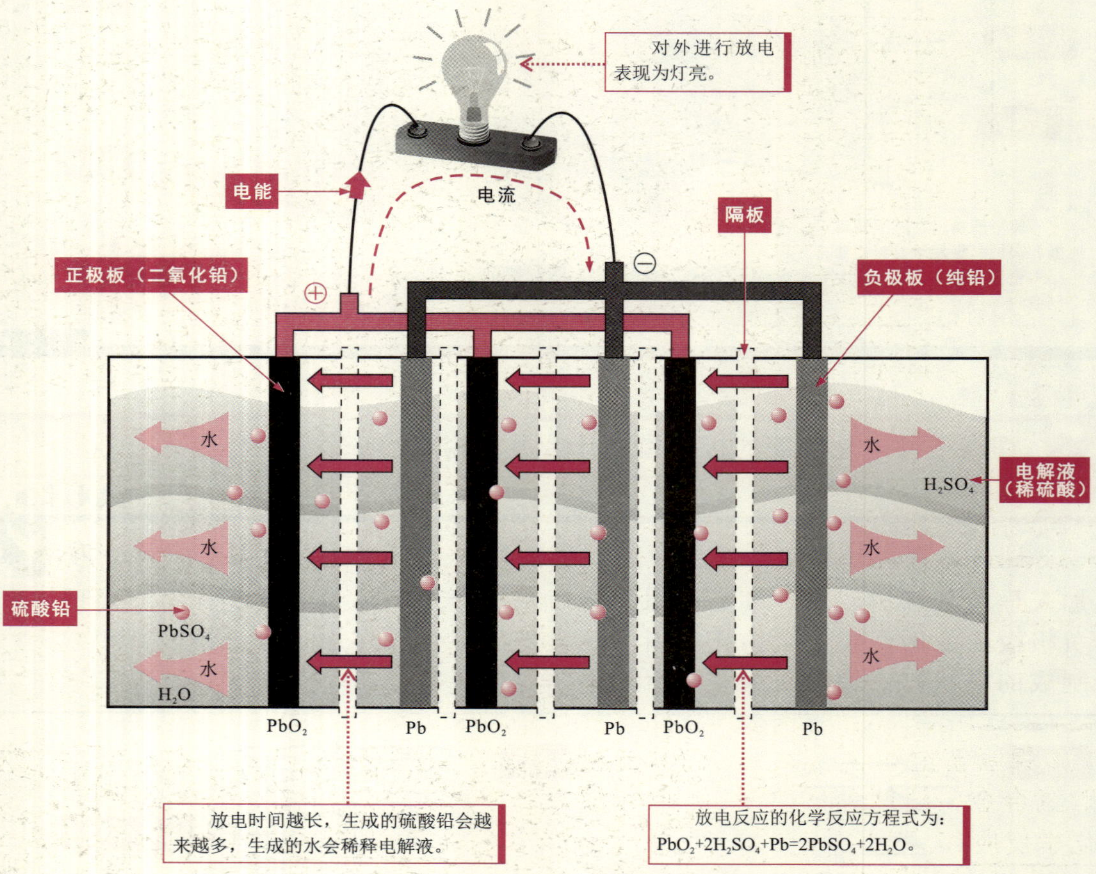

当电池外接连接线路进行放电时，在电流的作用下，电解液内部处于电离状态，正极板上的二氧化铅与负极板上的纯铅就与电解液中的硫酸起了化学反应，从而生成硫酸铅和水，化学方程式为：$PbO_2+2H_2SO_4+Pb=2PbSO_4+2H_2O$。

化学反应中，生成的硫酸铅将分别附着在正、负极板的板面上，而生成的水则重新回到电解液中。随着放电的进行，电解液浓度逐渐下降，正、负极板上的硫酸铅逐渐积累。当这个过程发展到一定的程度，放电极化现象越来越重，正极板的电势越来越趋向于负，负极板电势越来越趋向于正，电解液中硫酸的密度越来越低，电池的电压低到终止电压时，放电就必须终止。

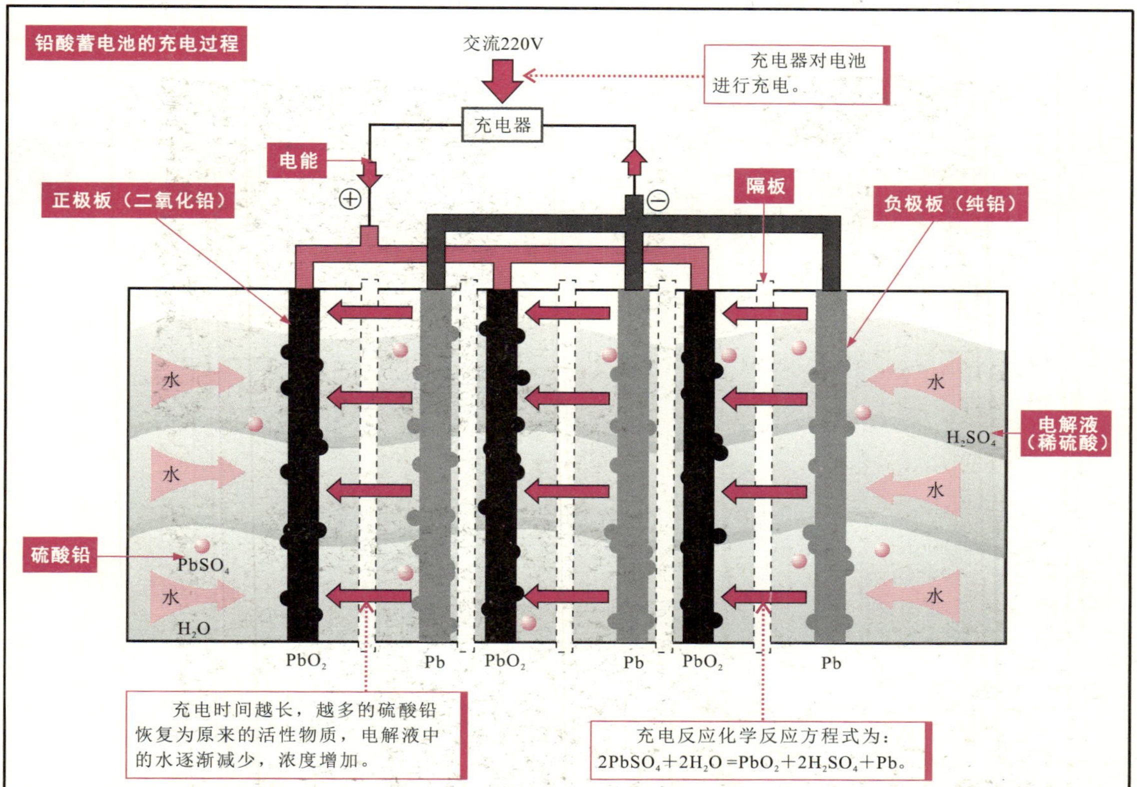

利用直流输出电源进行充电，直流电会将硫酸铅恢复为原来的活性物质，即纯铅和二氧化铅。其化学反应方程式为：$2PbSO_4+2H_2O=PbO_2+2H_2SO_4+Pb$。

当外部供给电压时，附着在正、负极板上的硫酸铅逐步溶解，其与电解液中的水相互作用，使电解液中硫酸浓度不断提高。当这个过程进行到一定程度，充电极化现象越来越重，正、负极板先后分别析出氧和氢，充电电流越来越多的产生水解，电解液中硫酸密度越来越高，正极板电势趋向极正，负极板电势趋向极负，电池电压不断升高，最终恢复到充满电的状态。

Q037

镍氢蓄电池是如何工作的?

A037

镍氢蓄电池正极板上活性物质为氢氧化亚镍、负极板上活性物质为贮氢合金，这两种活性物质与电解液（30%氢氧化钾）进行充、放电的化学反应。

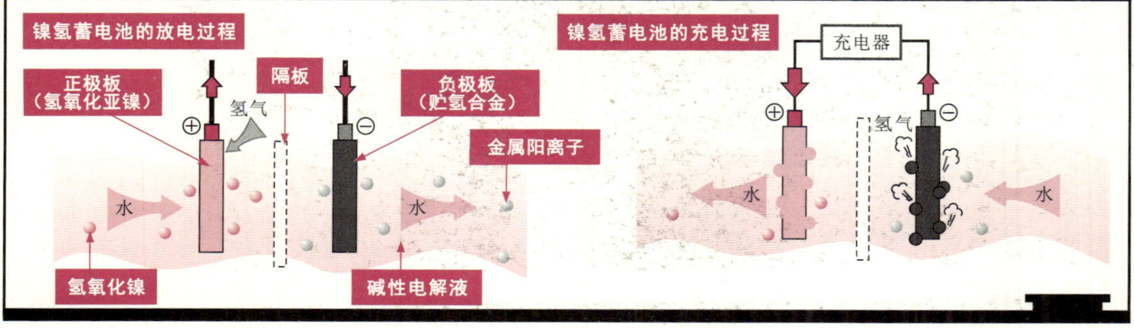

Q038

锂离子蓄电池是如何工作的?

A038

锂离子蓄电池内部以锂的活性化合物作为正极，特殊分子结构的碳作为负极，这两种化学物质发生化学反应实现蓄电池的充、放电过程。

锂离子蓄电池的放电过程

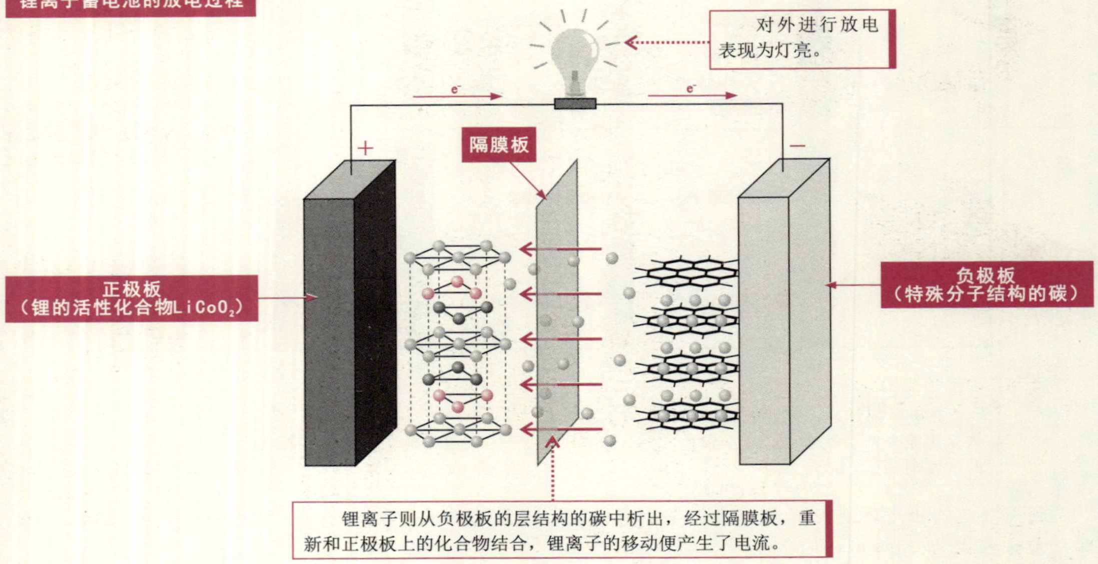

锂离子蓄电池的充电过程

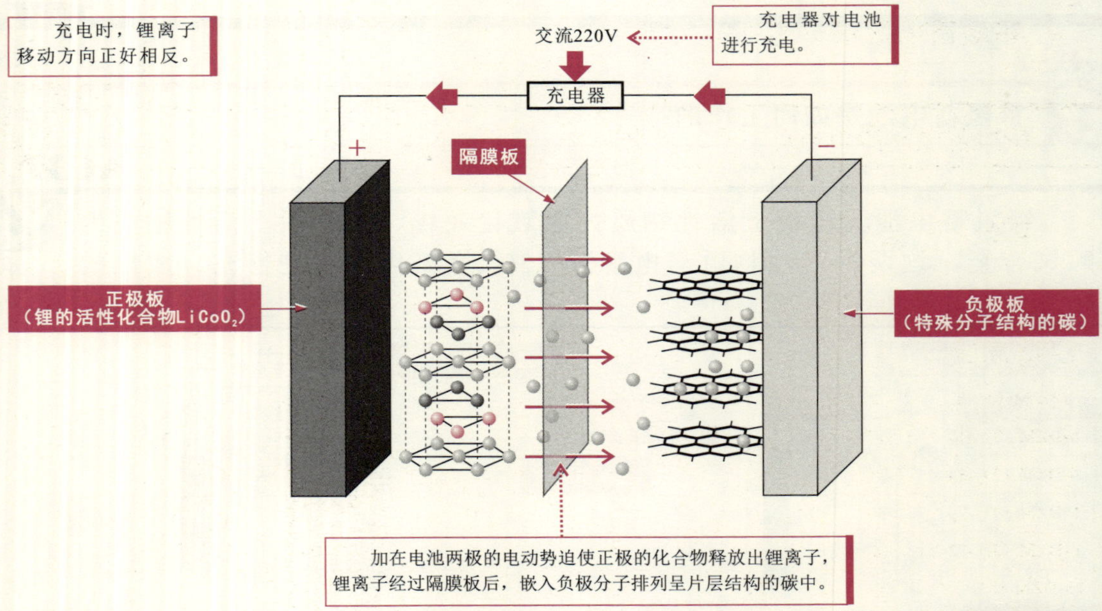

Q039

蓄电池在电动自行车中起什么作用？

A039

蓄电池是电动自行车的能源载体，为整车所有电气部件的工作提供电源，是实现电动自行车“电动行车”功能的首要条件。

Q040

铅酸蓄电池常见的型号有哪些？

A040

铅酸蓄电池的型号有许多，下表所列为常见的铅酸蓄电池型号及规格。

型号	额定容量/Ah	额定电压/V	放电性能				质量/kg
			2 h率/终止电压1.6 V每单格		大电流放电/终止电压1.4 V每单格		
			电流/A	容量/Ah	电流/A	容量/Ah	
3-DZM（J）-6	6	6	3	6	9	5	1.4
3-DZM（J）-10	10	6	5	10	15	5	2.1
6-DZM（J）-6	6	12	3	6	9	5	2.7
6-DZM（J）-10	10	12	5	10	15	5	4.1
6-DZM（J）-14	14	12	7	14	21	5	6.5
6-DZM（J）-20	30	12	10	20	30	5	9
6-DZM（J）-32	32	12	16	32	48	5	14
18-DZM（J）-12	12	36	6	12	18	5	14

Q041

如何识读电动自行车中蓄电池的型号?

A041

蓄电池上标识的产品规格型号是我们选配新蓄电池的重要依据，因此，识读蓄电池的规格型号是很重要的，其具体的识读方法如下。

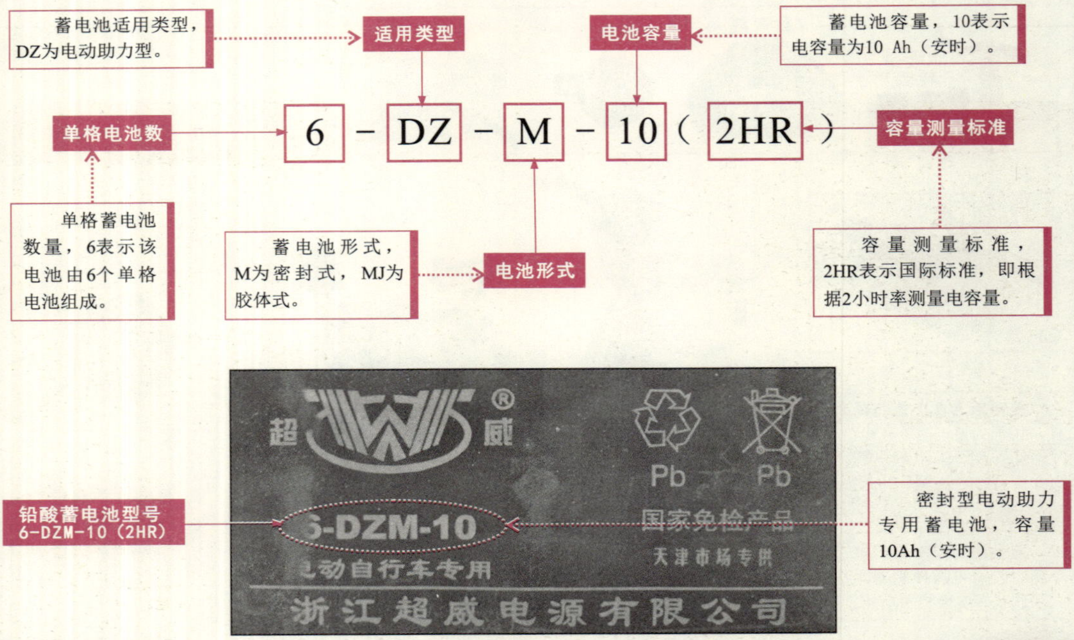

Q042

不同类型蓄电池中单体电池的参数有什么不同吗?

A042

不同类型蓄电池中单体电池的参数也有所不同，如下所示为铅酸蓄电池、镍镉蓄电池、镍氢蓄电池和锂离子蓄电池的各种参数对比。

	铅酸蓄电池	镍镉蓄电池	镍氢蓄电池	锂离子蓄电池
额定电压	2V	1. 2V	1. 2V	3. 6V
放电终止电压	1. 75V	0. 9～1. 1V	1V	2. 75～3V
充电终止电压	2. 45V	1. 4～1. 55V	1. 5V	4. 2V
使用寿命	200～300次	500次	1000次	500次
放电温度	0～45℃	-20～60℃	-10～45℃	-20～60℃
充电温度	0～45℃	0～45℃	10～45℃	0～45℃
其他	一般电动自行车用蓄电池(它将6个2V串联成12V的电池组，再将三四个电池组串联成36V和48V常用蓄电池)。	耐过充能力较强	目前最高容量是2100mAh左右	重量比镍氢电池轻30%～40%，容量高出镍氢电池60%以上。但是不耐过冲，如果过冲会造成温度过高而破坏结构造成爆炸。

Q043

电动自行车的蓄电池应该如何拆解?

A043

电动自行车蓄电池的拆解方法略为复杂，我们可以分成三步进行，第一步从电动自行车中取下蓄电池，第二步电池盒的拆解，第三步单体蓄电池的拆解，具体拆解步骤如下。

步骤一：从电动自行车中取下蓄电池

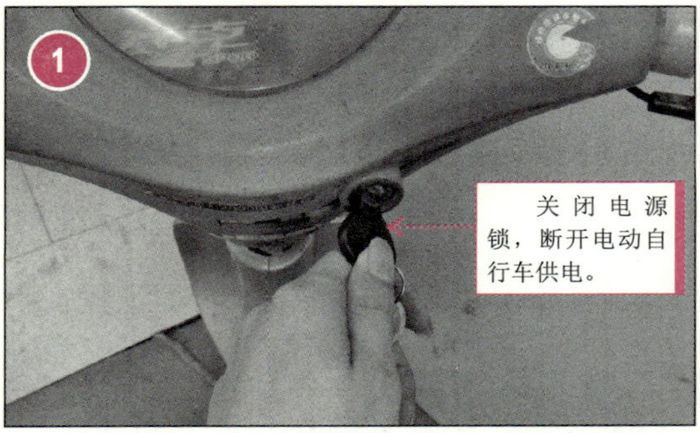

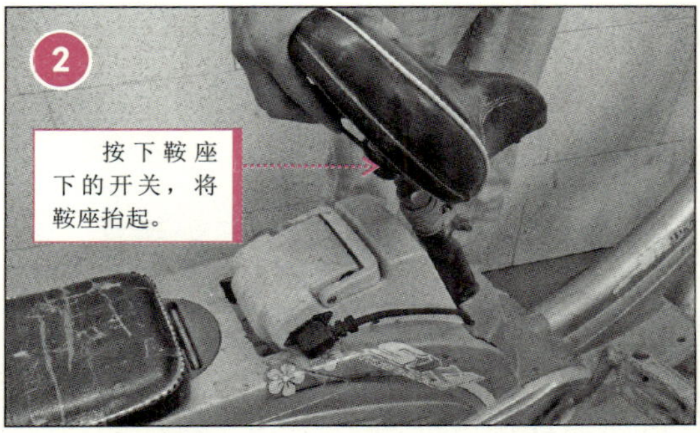

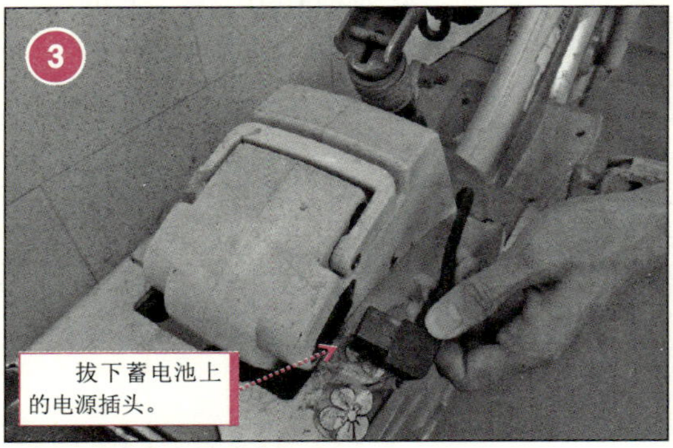

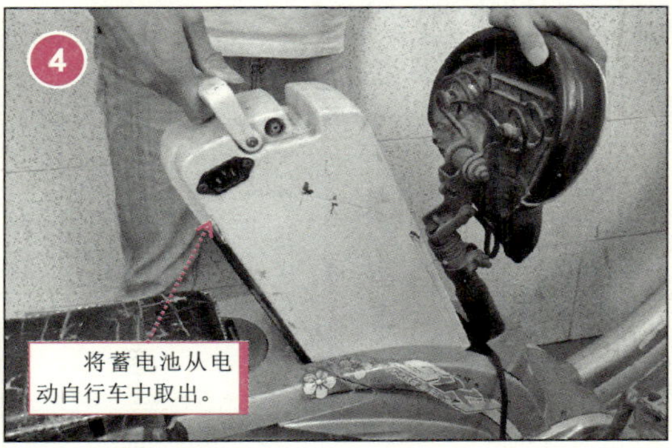

步骤二：电池盒的拆解

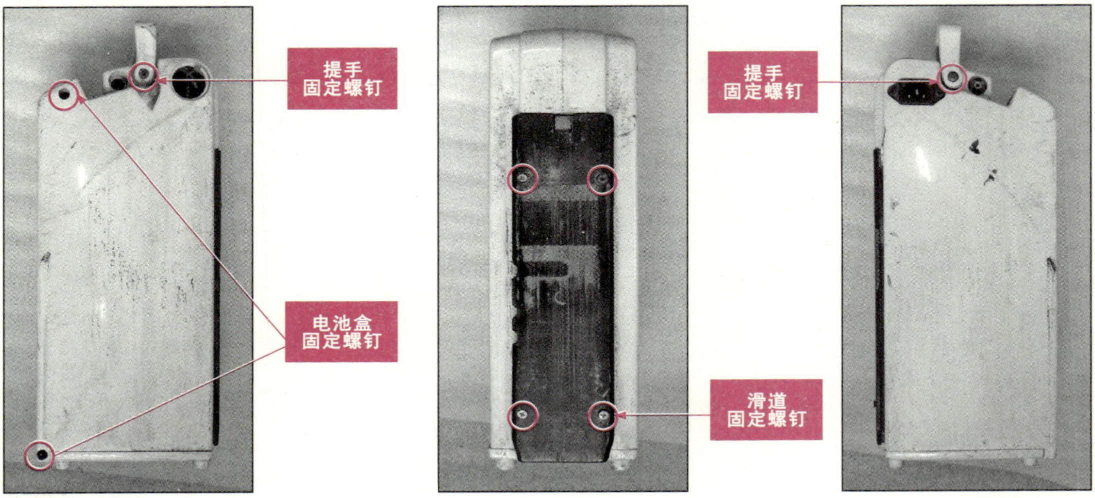

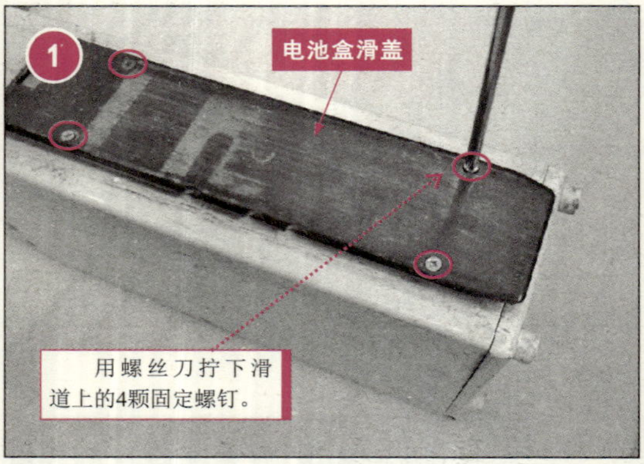
1
电池盒滑盖
用螺丝刀拧下滑道上的4颗固定螺钉。

2
用一字螺丝刀插入滑道与电池盒的缝隙中，将滑道撬开。

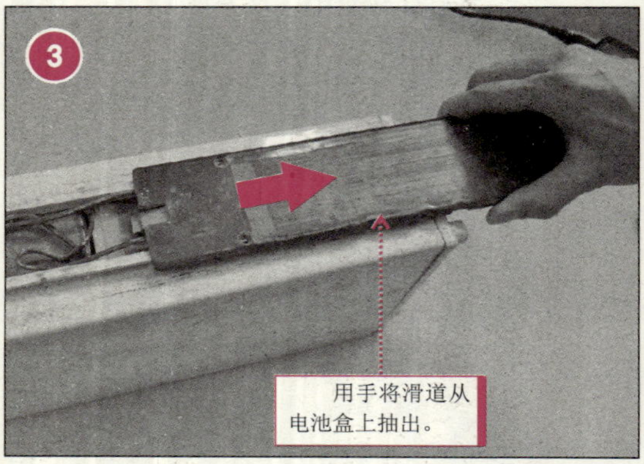
3
用手将滑道从电池盒上抽出。

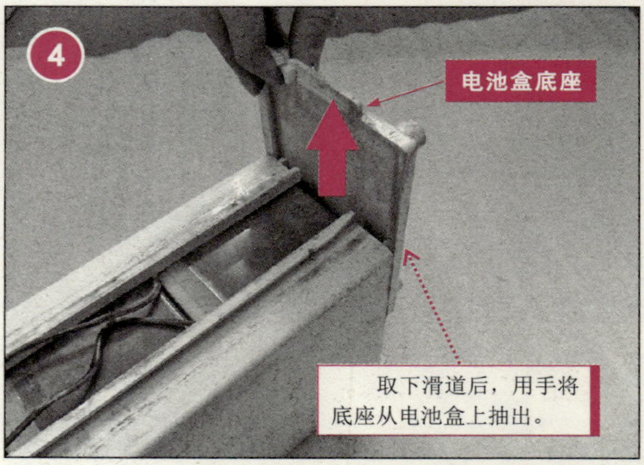
4
电池盒底座
取下滑道后，用手将底座从电池盒上抽出。

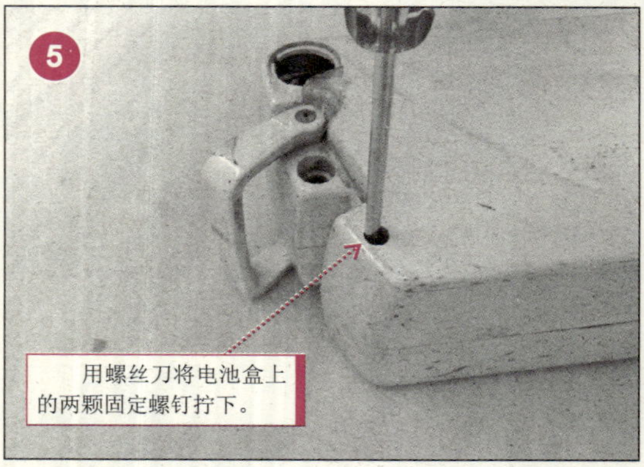
5
用螺丝刀将电池盒上的两颗固定螺钉拧下。

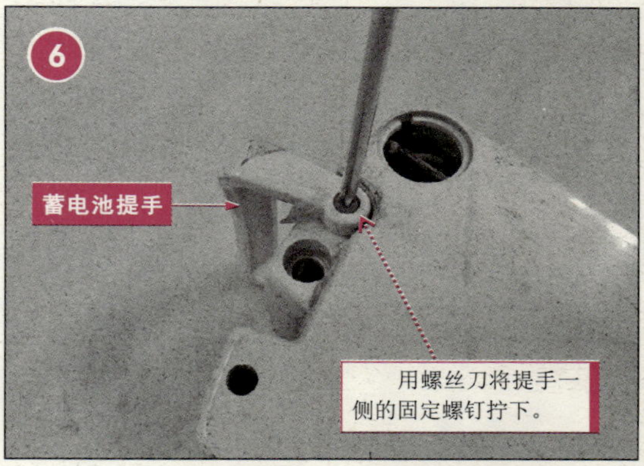
6
蓄电池提手
用螺丝刀将提手一侧的固定螺钉拧下。

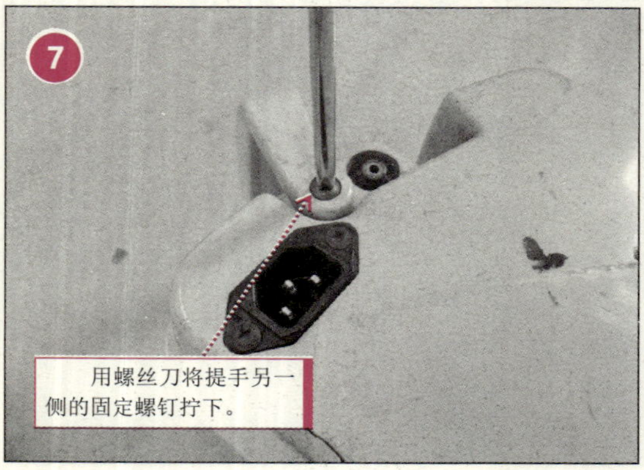
7
用螺丝刀将提手另一侧的固定螺钉拧下。

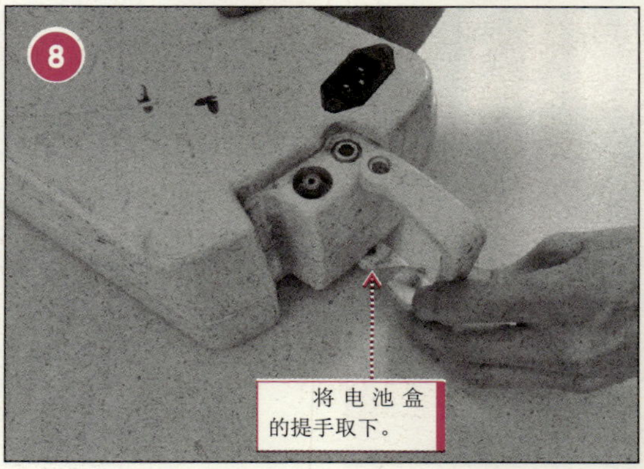
8
将电池盒的提手取下。

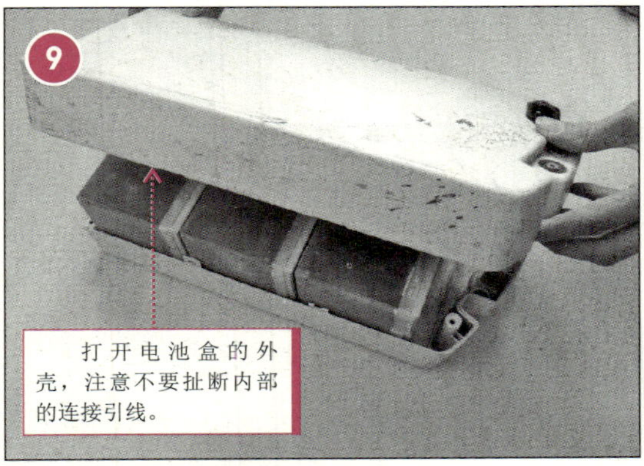

打开电池盒的外壳，注意不要扯断内部的连接引线。

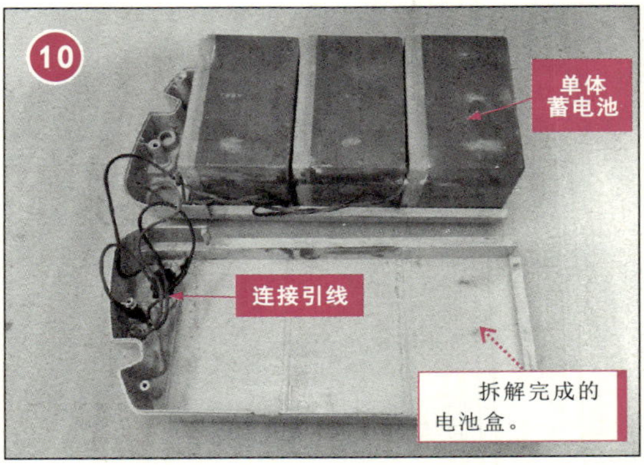

拆解完成的电池盒。

步骤三：单体蓄电池的拆解

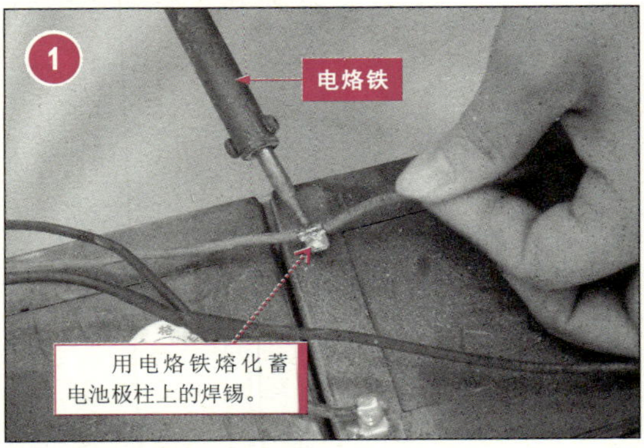

用电烙铁熔化蓄电池极柱上的焊锡。

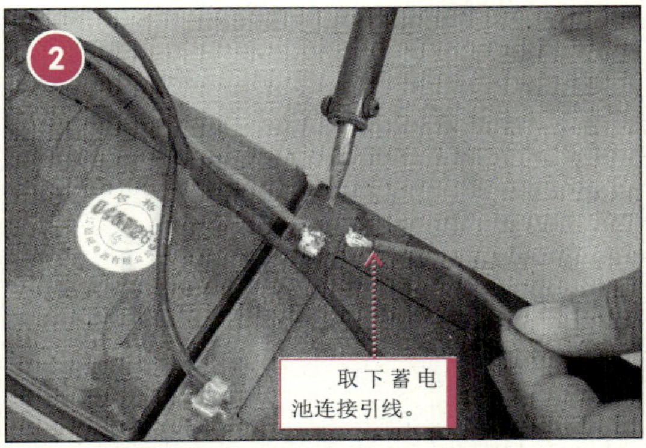

取下蓄电池连接引线。

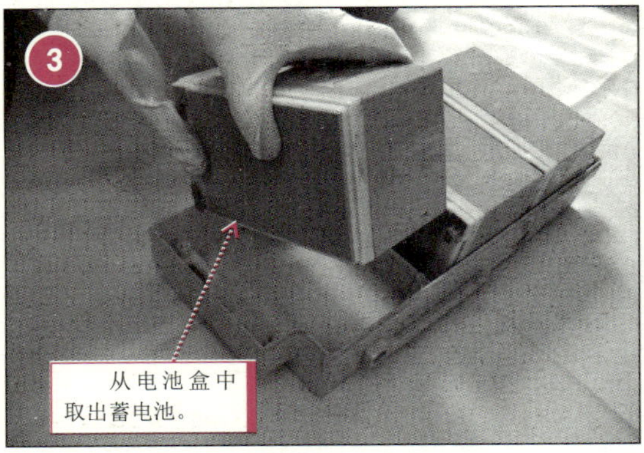

从电池盒中取出蓄电池。

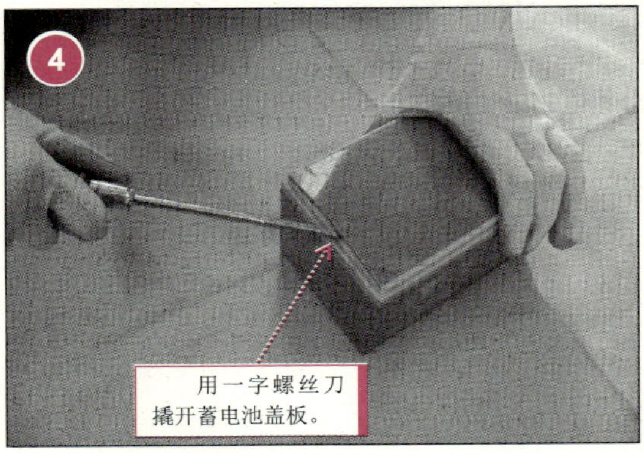

用一字螺丝刀撬开蓄电池盖板。

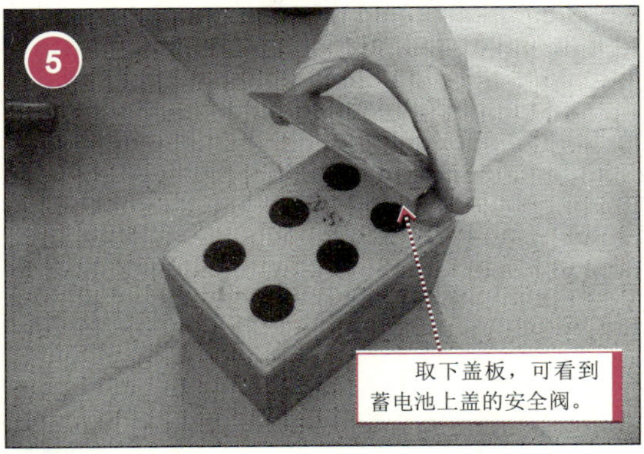

取下盖板，可看到蓄电池上盖的安全阀。

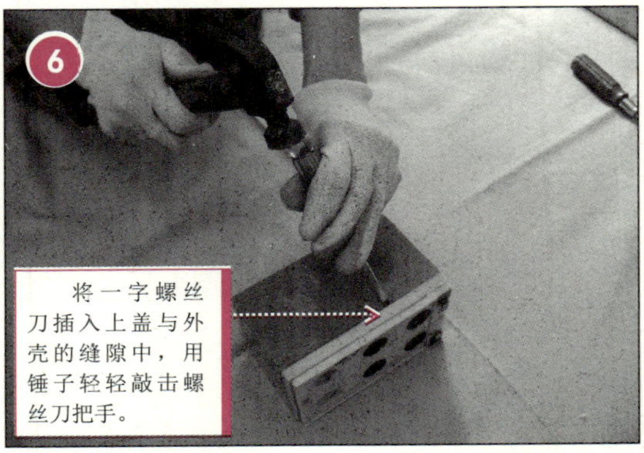

将一字螺丝刀插入上盖与外壳的缝隙中，用锤子轻轻敲击螺丝刀把手。

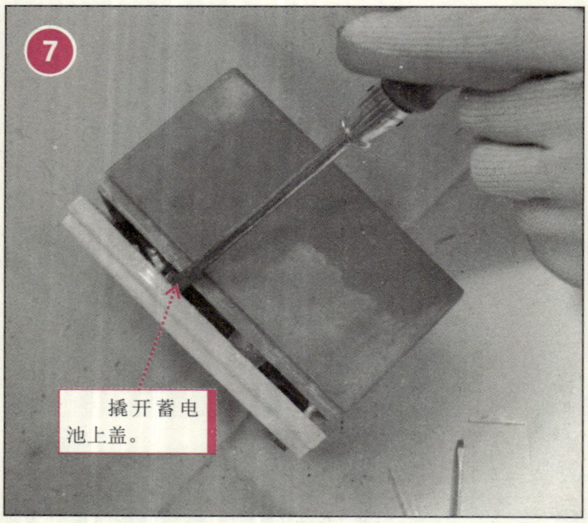

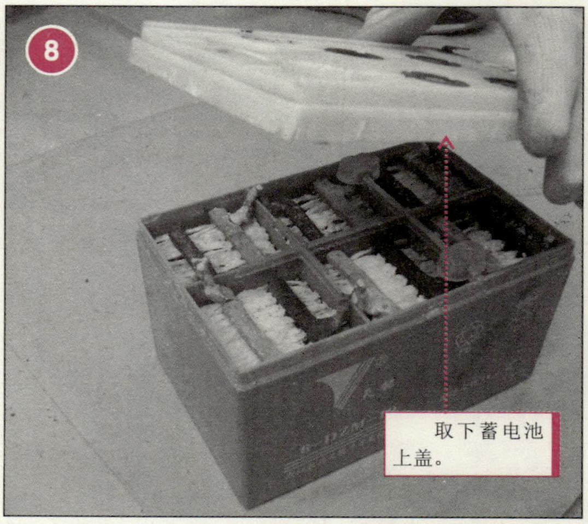

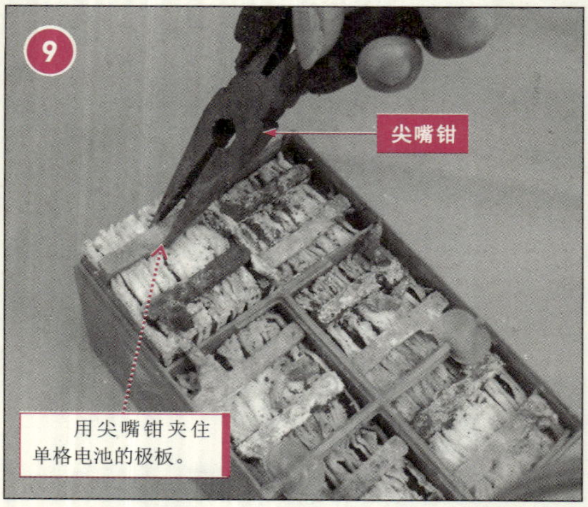

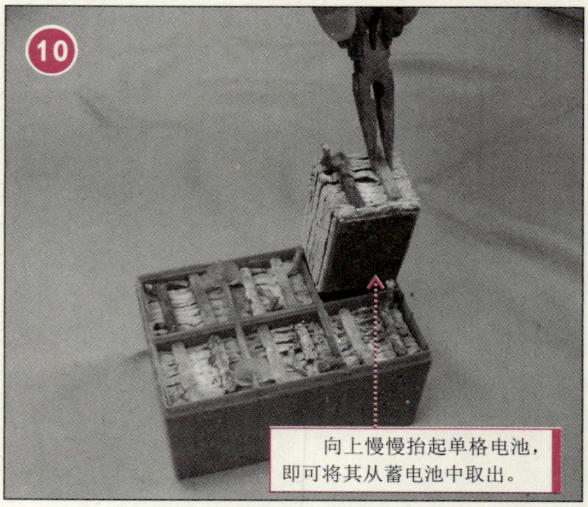

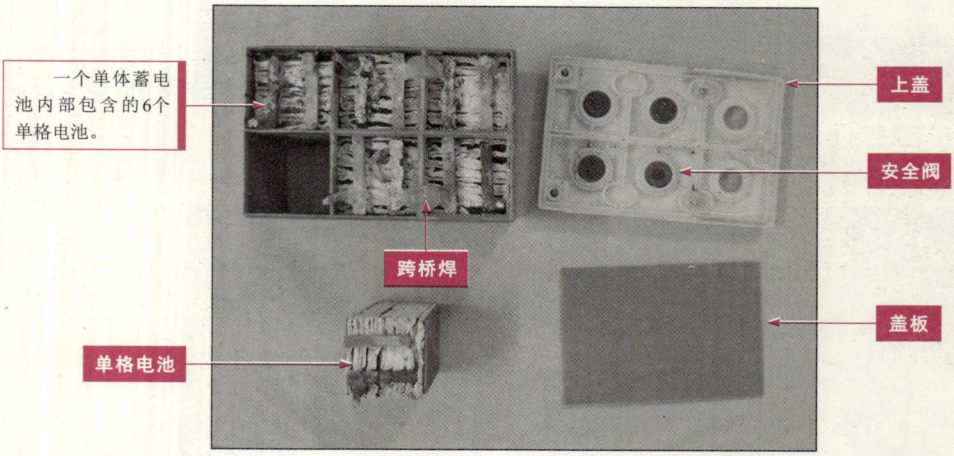

需要注意的是，在实际维修过程中进行拆卸时，不一定要把上述所有的环节都拆开，只要拆到相应能维修的步骤即可。在拆卸蓄电池时，最好戴上手套，避免极板上的铅元素和电解液（稀硫酸）粘到皮肤上。若不慎将电解液弄到皮肤上，需要用大量清水冲洗，情况严重的需要立即就医。

Q044

如何检测电动自行车铅酸蓄电池的总电压?

A044

检测铅酸蓄电池总电压的高低可快速判断蓄电池性能的好坏，在实际检修中通常借助万用表进行检测，其具体的检测方法如下。

36V铅酸蓄电池的检测

④ 正常空载情况下，36V蓄电池组电压应在36～40.5V之间（实测为37.8V）。

② 黑表笔搭在电源接口的负极上。

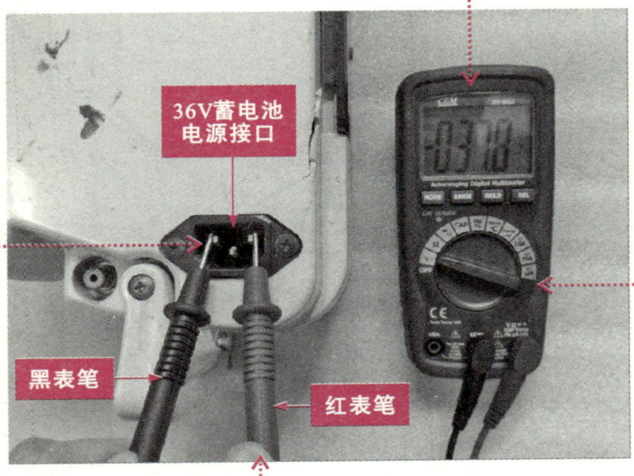

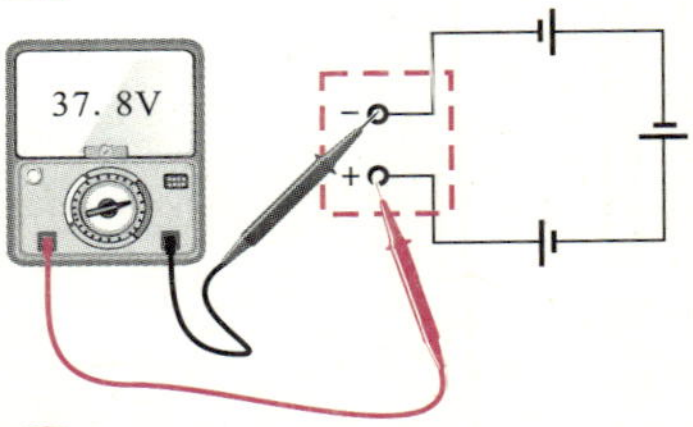

① 将万用表的量程调整至直流电压挡。

③ 红表笔搭在电源接口的正极上。

使用数字万用表检测时，可以不考虑测量部位的正负极性。

48V铅酸蓄电池的检测

② 黑表笔搭在电源接口的负极上。

④ 正常空载情况下，48V蓄电池组电压应在48～54V之间（实测为51.8V）。

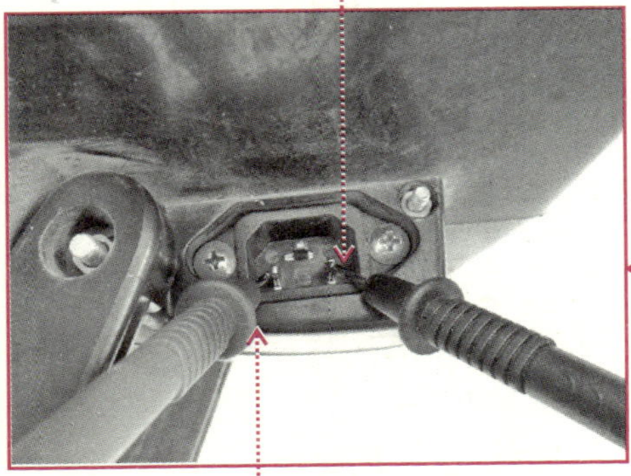

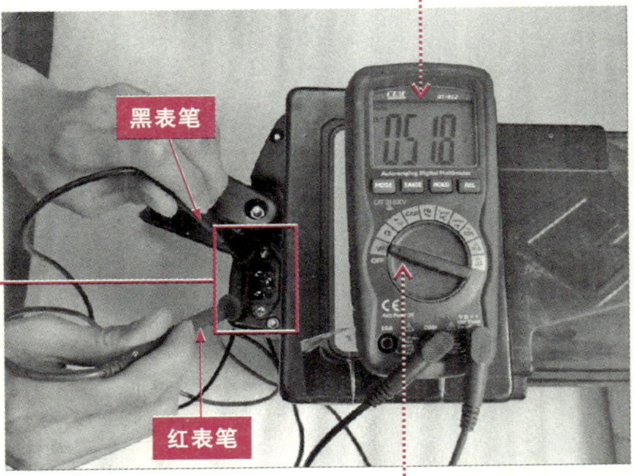

① 红表笔搭在电源接口的正极上。

① 将万用表的量程调整至直流电压挡。

若经上述检测，蓄电池组总电压偏低或偏高，说明内部单体蓄电池可能有一个或多个电池异常。

Q045 如何检测电动自行车单体铅酸蓄电池的电压？

A045

将电池盒打开，对单体蓄电池的电压进行检测，可快速找出不良的蓄电池，在实际检修中通常借助万用表进行检测，其具体的检测方法如下。

④ 正常情况下，几个单体蓄电池的电压应保持一致，其电压值应在10.5～13.5 V之间（实测为12. 37V）。

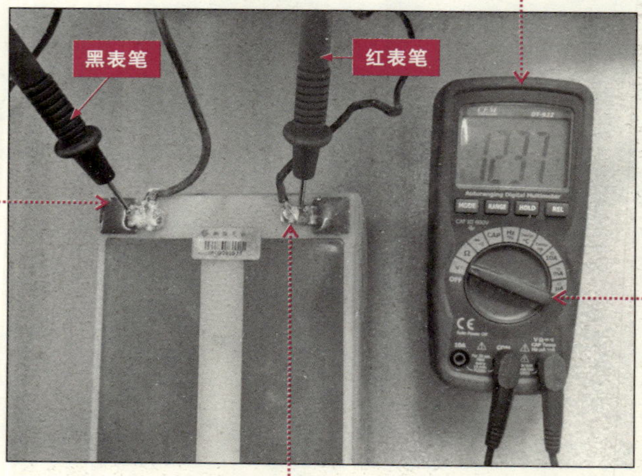

② 黑表笔搭在单体铅酸蓄电池的负极上。

① 将万用表的量程调整至直流电压挡。

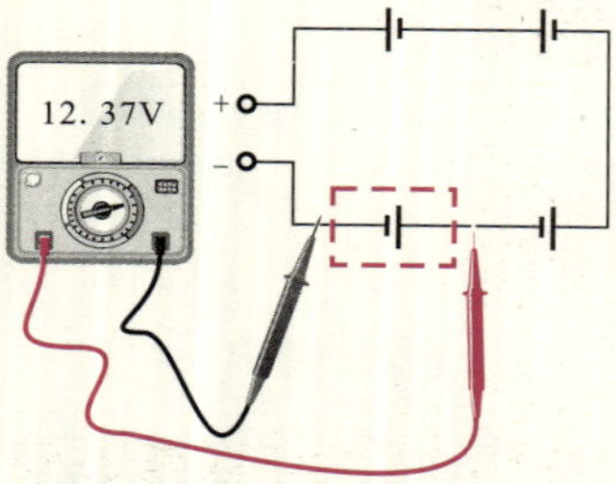

③ 红表笔搭在单体铅酸蓄电池的正极上。

使用数字万用表检测时，可以不考虑测量部位的正负极性。

如果测得电压值低于10. 5V，说明这块单体蓄电池可能存在短路故障；如果电压超过13. 5V，说明电池失水比较严重，可能还有硫化发生。

值得注意的是，利用万用表测蓄电池电压，一般只能简单进行初步判断电池的好坏。而且在检测蓄电池电压时，应尽量不要在刚刚充满电时进行检测，刚充满电的蓄电池电压一般会偏高一些。

【知识扩展】

在实际检修过程中，我们还可通过对蓄电池的充电时间来初步判断电池的好坏。

若在蓄电池中，有一个单体蓄电池不良（四个单体蓄电池中仅一组为10 V，一般低于10.8 V或无电压即为损坏），其总电压能达到46V时，充电器一般仍然能显示充满而显示绿灯，只是充电时间需要延长0. 5～1h（有轻度过充电的危害）。

当有两个以上电池不良时，用充电器给低于46V的蓄电池充电，一般充电器不能显示充满状态，且一直不能由红灯转为绿灯。

Q046

如何检测电动自行车单体铅酸蓄电池的负载电压?

A046

检测铅酸蓄电池的负载电压能够准确判断出蓄电池的好坏。在实际检修过程中，通常利用蓄电池快速检测仪进行检测，该方法检测蓄电池负载电压较简便、较快捷，其具体的检测方法如下。

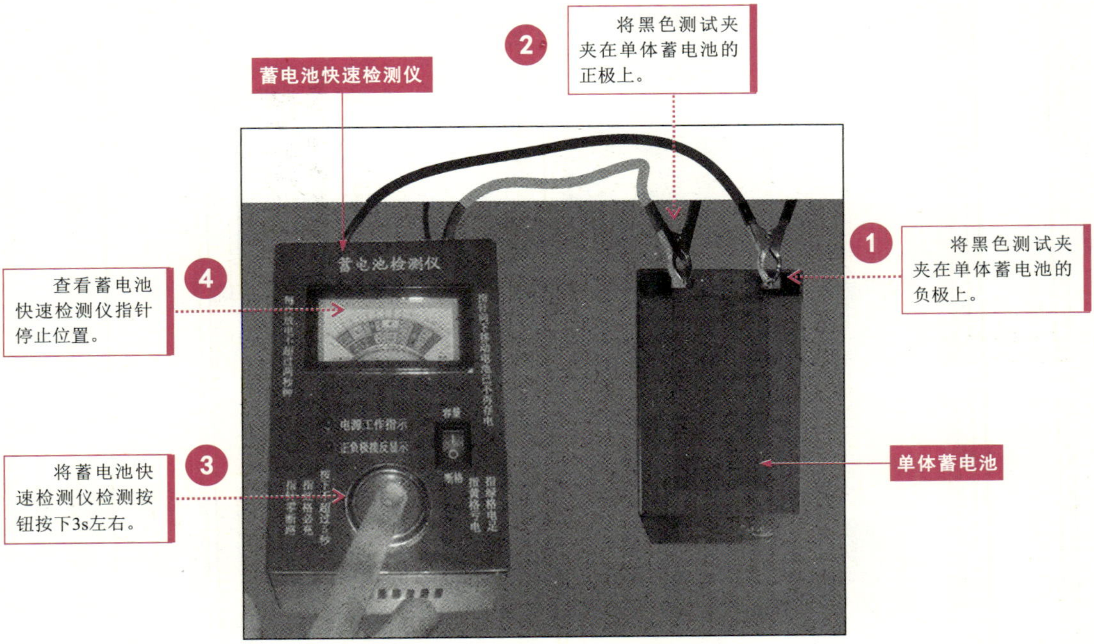

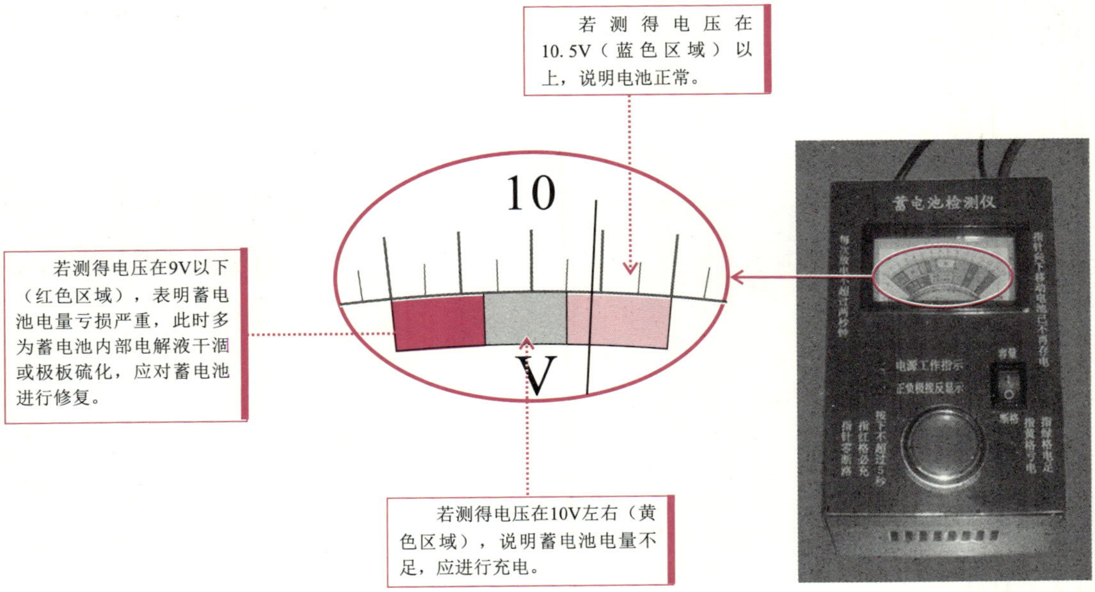

Q047

如何检测电动自行车铅酸蓄电池的容量？

A047

蓄电池的容量是反应电池的实际放电能力的关键参数，通过对蓄电池容量的检测也可准确判断出电池的性能。在实际检修过程中，通常利用电池容量检测仪进行检测，其具体的检测方法如下。

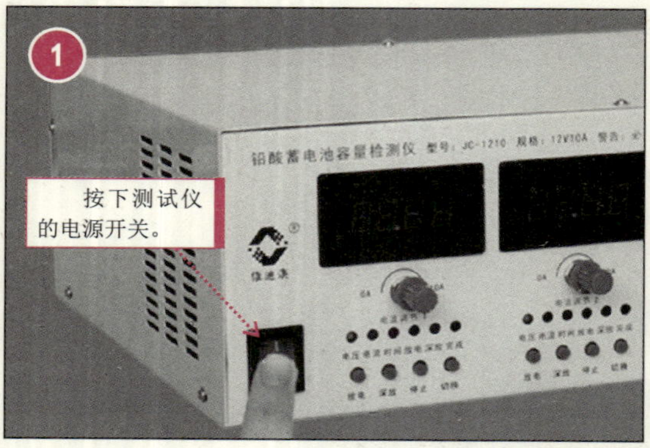

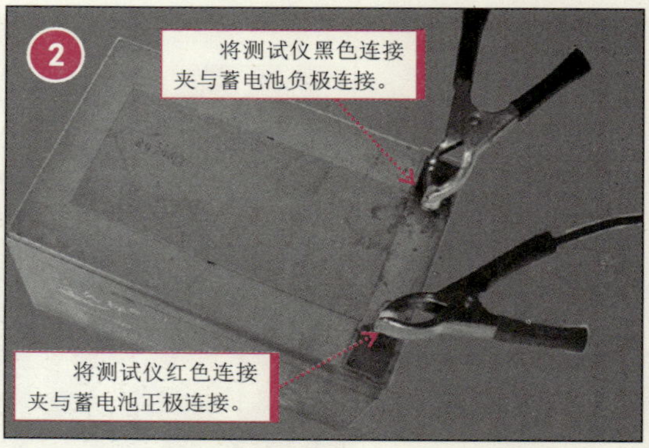

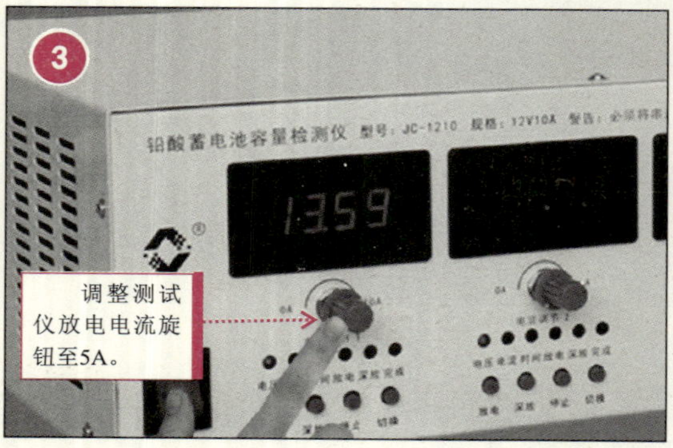

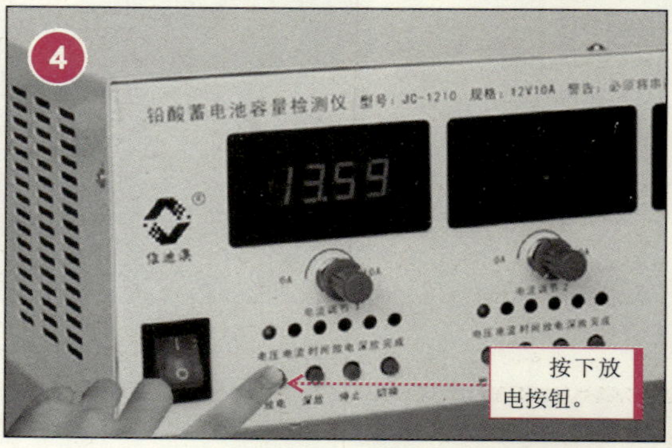

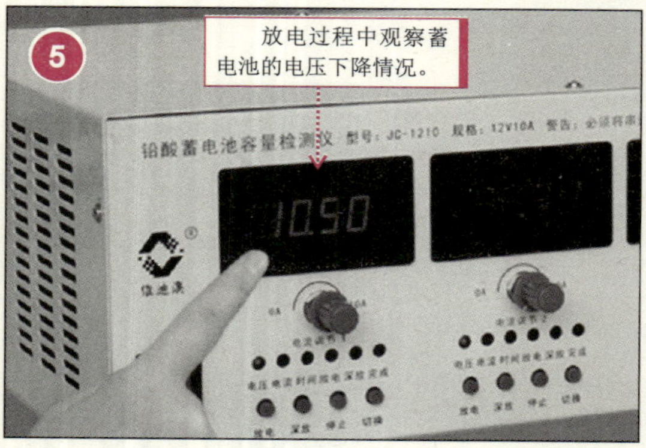

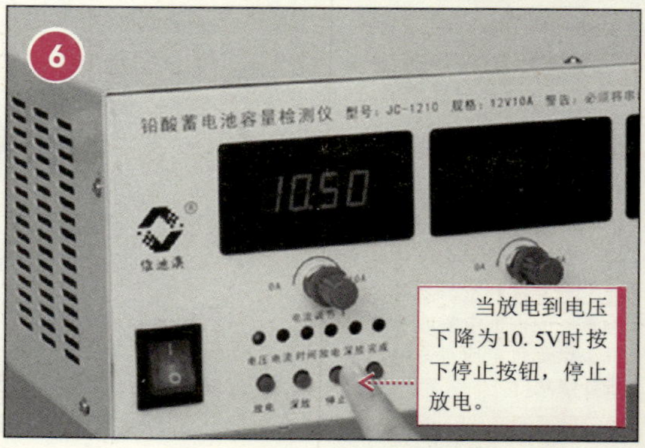

蓄电池容量计算公式：蓄电池容量=放电时间×放电电流。

实际测量时，放电电流为5A，记录放电时间为2h，根据公式计算，其蓄电池的容量=5A×2h=10Ah（工作电流为5A的情况下，可使用2h）。与标称电池容量10Ah相同，表明该电池容量正常，蓄电池本身性能良好。若在实际测量时，放电时间为1.2h，那么该蓄电池当前实际容量=5A×1.2h=6Ah。实测蓄电池容量为标称容量的60%（60%以下需进行修复），电池性能不良，需要维护和修复。

【知识扩展】

值得注意的是，使用蓄电池容量测试仪检测蓄电池的容量时，放电完成后，需要先按下放电“停止”按钮或转动放电调节开关到“关”的状态，再拔下蓄电池一端的连接线。

另外，上述对蓄电池容量的检测采用了专业的测量仪表，一般情况下，还可通过一次充电续行里程的减少比值来简单判断蓄电池容量。例如，新的48V-10Ah蓄电池一次充电后，可在平坦的道路上正常行驶2小时以上（40～50km），当一次充电后只能正常行驶1小时的情况下，表明蓄电池电量已经下降一半，需要进行维护。另外，经检验和测试，若充电后蓄电池的容量能够达到其额定容量的30%以上，则该蓄电池还能够修复。

Q048

怎样检查电动自行车铅酸蓄电池的安全阀?

A048

对电动自行车铅酸蓄电池安全阀的检测可通过检查安全阀的外观和打开安全阀的声音进行判断，其具体的检测方法如下。

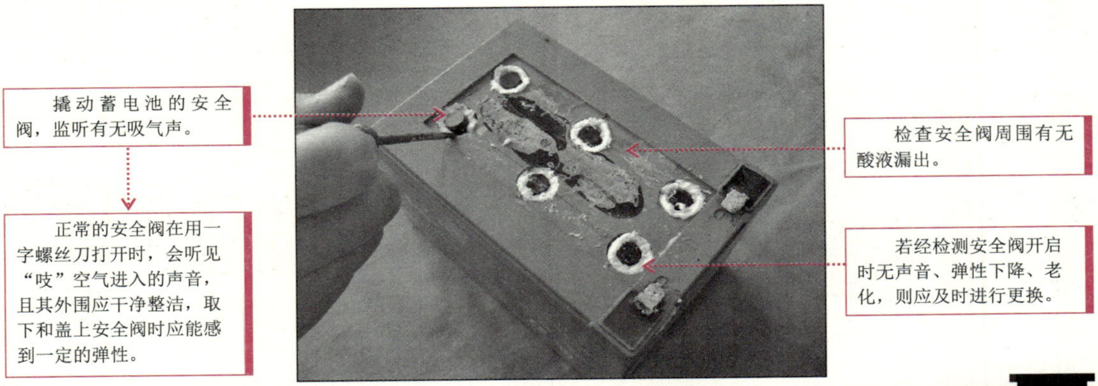

Q049

如何检测电动自行车单体蓄电池中单格电池？

A049

单体蓄电池中单格电池通常采用外延法进行检测，即在电池组内两个单格电池的跨桥焊接位置拧入自攻螺钉，以此引出极柱电流，外接上灯泡或电压表进行检测，具体检测方法如下。

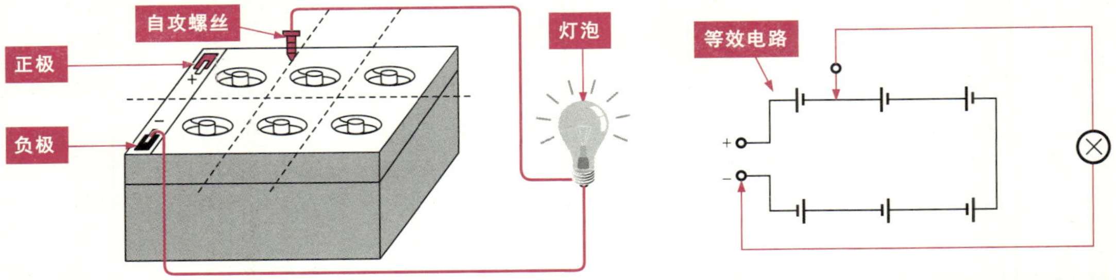

步骤一

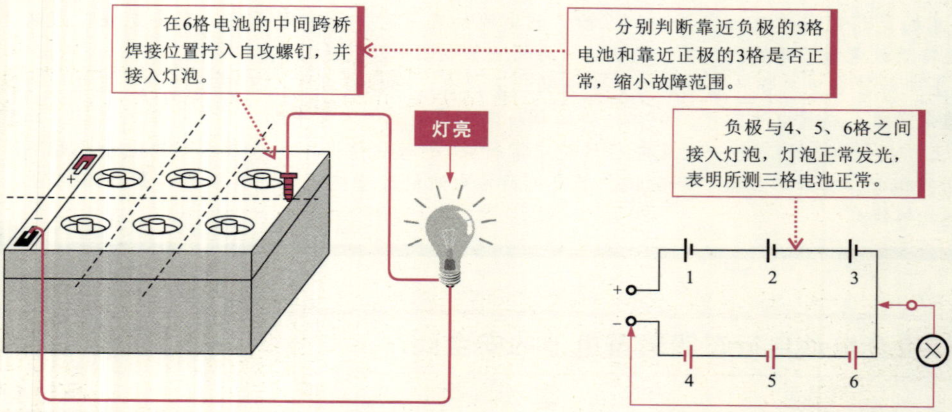

步骤二

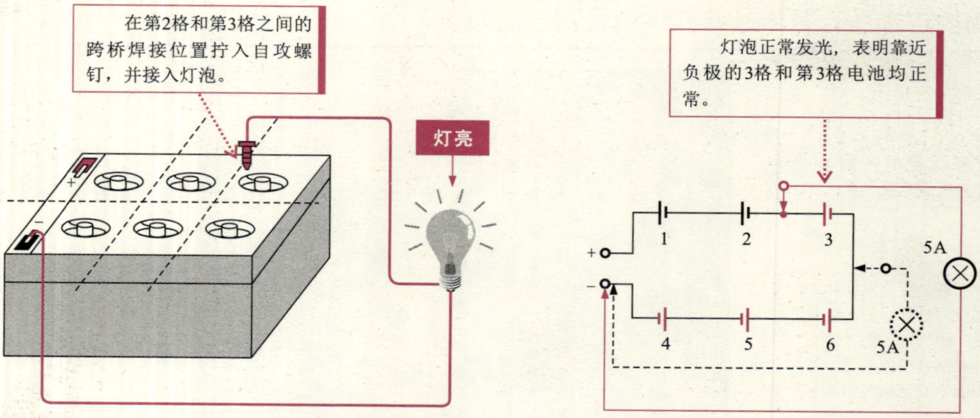

步骤三

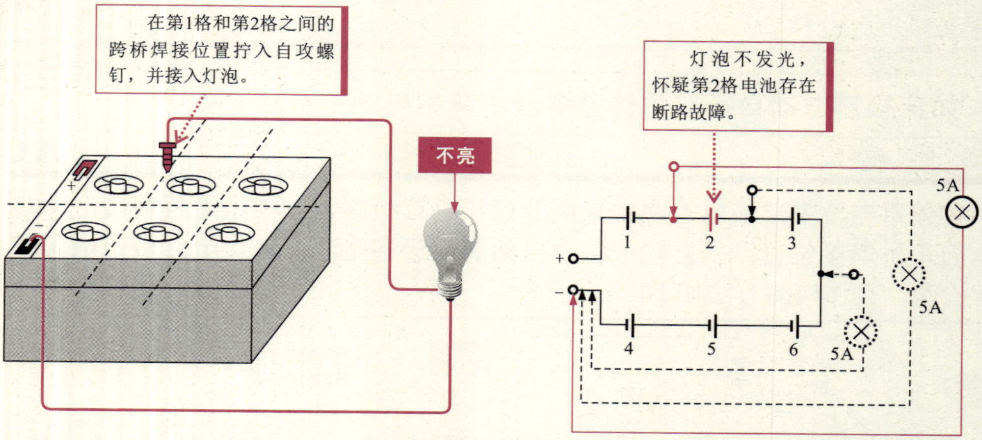

值得注意的是，检修蓄电池时，常常会遇到蓄电池短路这一故障。这里，蓄电池短路的故障是指单格电池内出现短路。无论蓄电池在充足电或亏电状态，一旦电压数值比正常数值小2V左右，即可确认有单格电池出现短路故障。蓄电池的总电压下降2V，还会造成充电时充电阶段不转换，进而导致其他正常的蓄电池因过充而损坏的故障。

Q050

如何修复电动自行车蓄电池的缺水（或电解液）故障?

A050

蓄电池缺水是对蓄电池进行修复操作中最为常见的故障，该类故障多是由日常使用不当，如过充电、欠充电或过放电等原因造成的，其修复操作比较简单，具体操作过程如下。

步骤一：准备工具

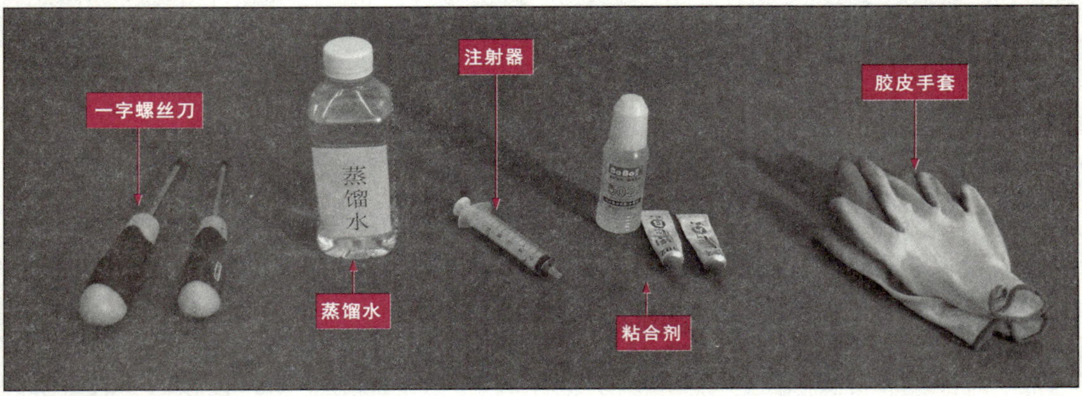

步骤二：取下安全阀

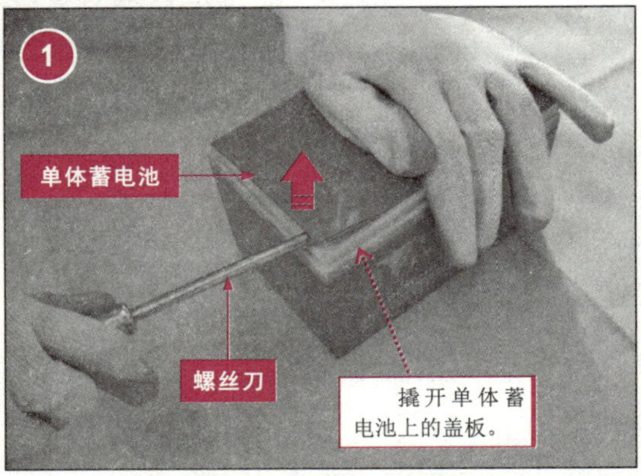

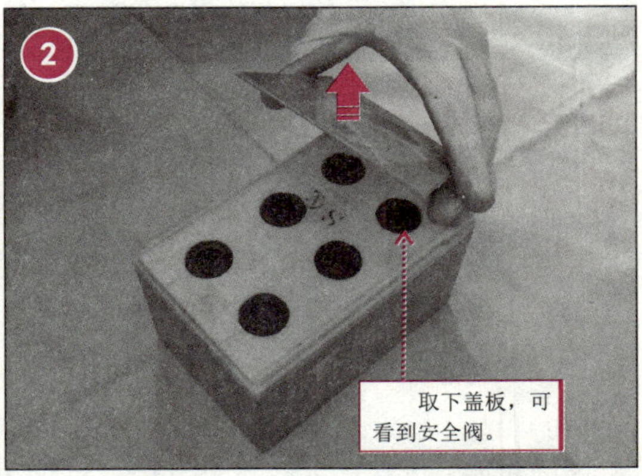

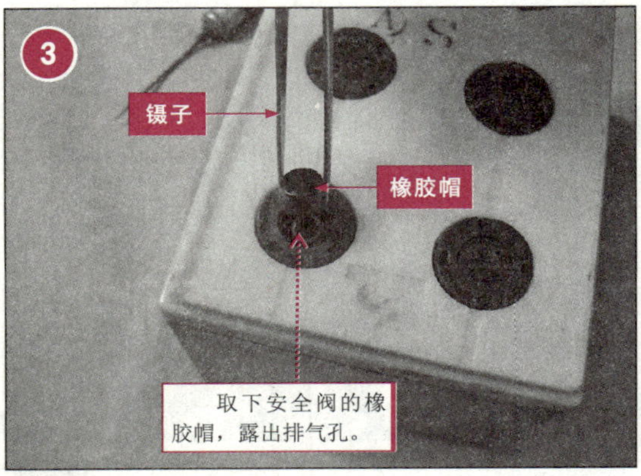

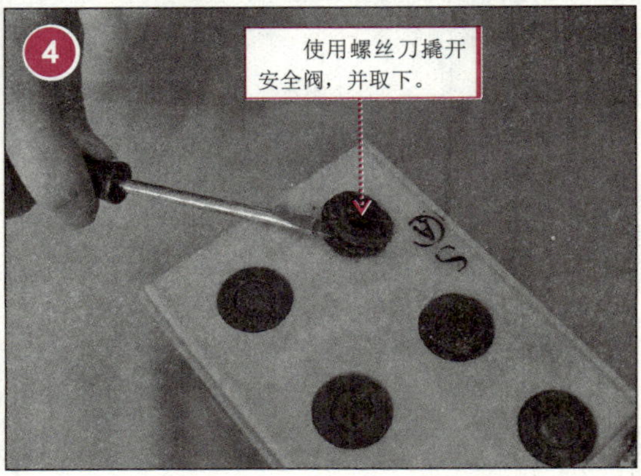

步骤三：注入蒸馏水

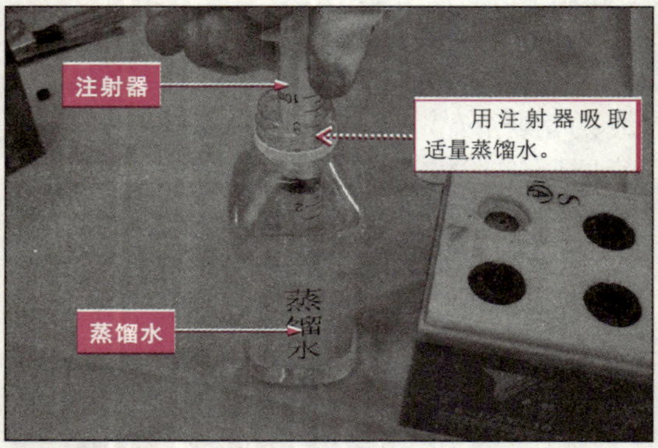

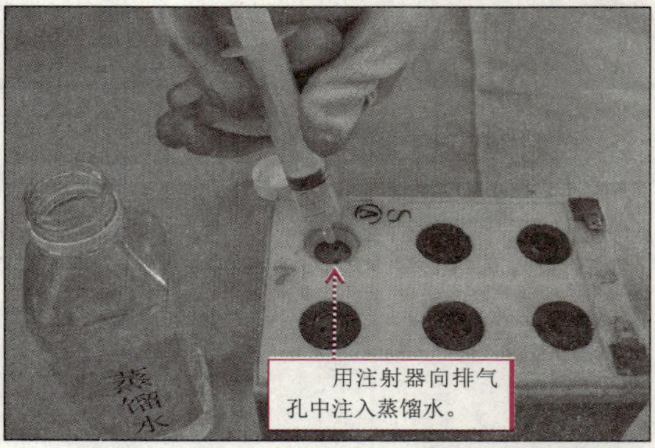

步骤四：对蓄电池进行充电

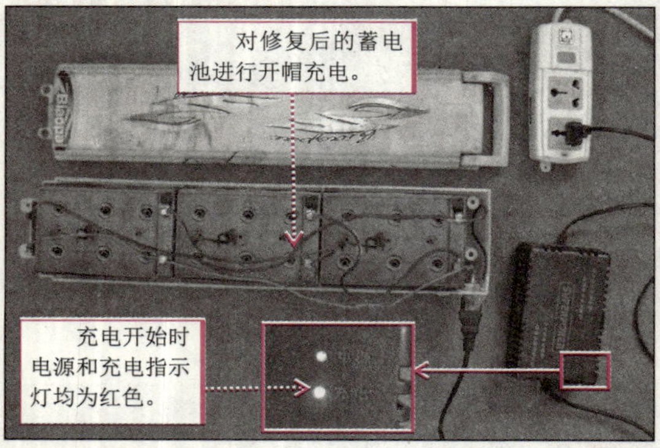

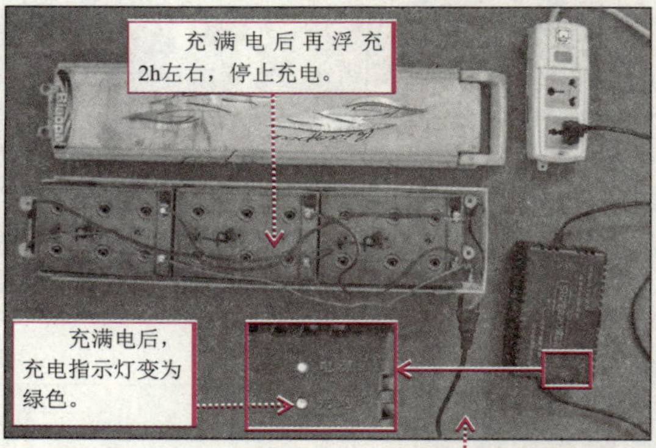

充满电后，查看排气孔中的白色纤维，以看不到流动的水为准，如果太干，则需要再补充一些水，如果有流动的水，则应继续开帽充电，使水蒸发掉，或用注射器吸走多余的水分。

步骤五：还原蓄电池

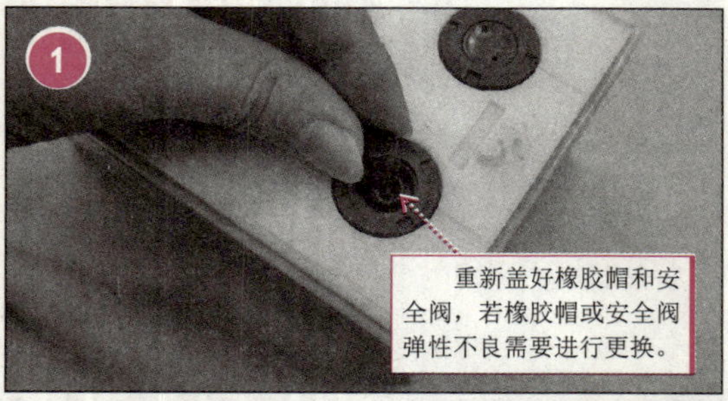

若经修复后的蓄电池仍未能达到增加容量的目的，则可能是蓄电池正极板软化严重，该类电池基本上无法修复，应作报废处理；若对修复的电池充电30min后，测试单组蓄电池电压仍低于12V的，多为蓄电池内部短路，该类电池也基本上无法修复，应作报废处理。

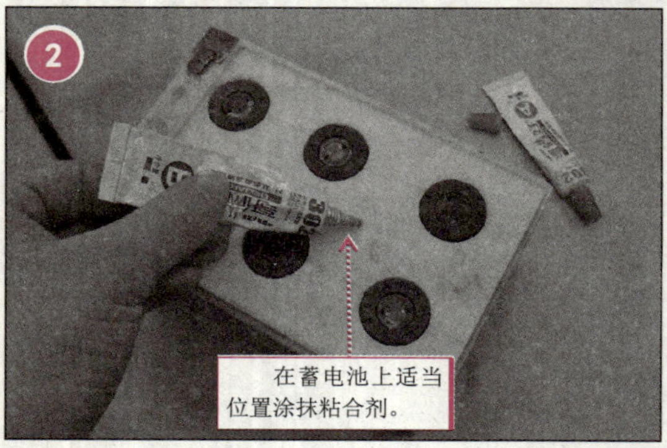

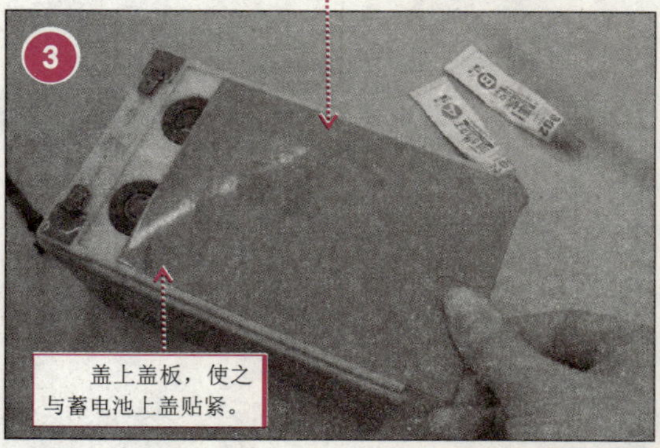

Q051

如何使用脉冲修复法对蓄电池进行修复?

A051

使用脉冲修复法对蓄电池进行修复，需要使用专业的蓄电池修复仪，该仪器可以输出脉冲充电电流，对电池进行反复充电从而实现对电池的修复，该修复方法较复杂，其具体操作方法如下。

步骤一:对蓄电池进行充电

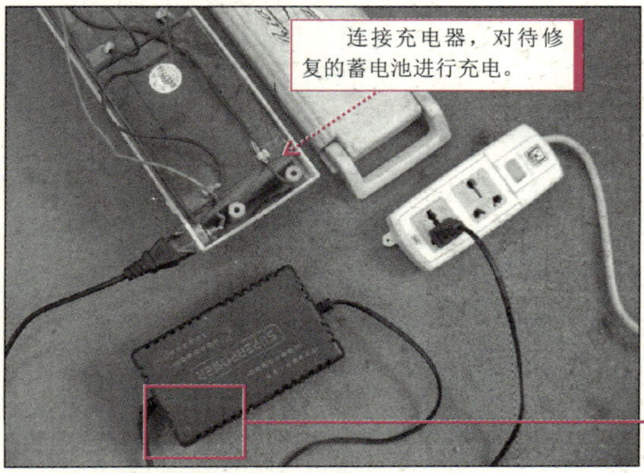

连接充电器，对待修复的蓄电池进行充电。

充电完成后，可静置30min，然后对蓄电池的开路电压进行检测。此外也可对蓄电池的容量进行测量，记录下当前蓄电池的电压、容量值，从而作为修复前后的对比。

充满电时，充电指示灯变为绿色。

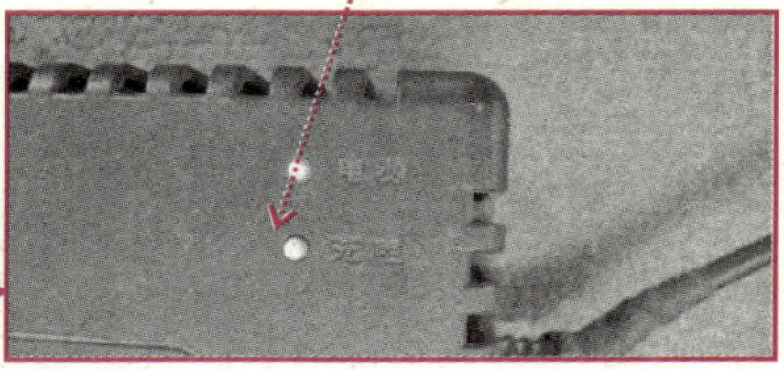

步骤二:对待修复的电池进行放电操作

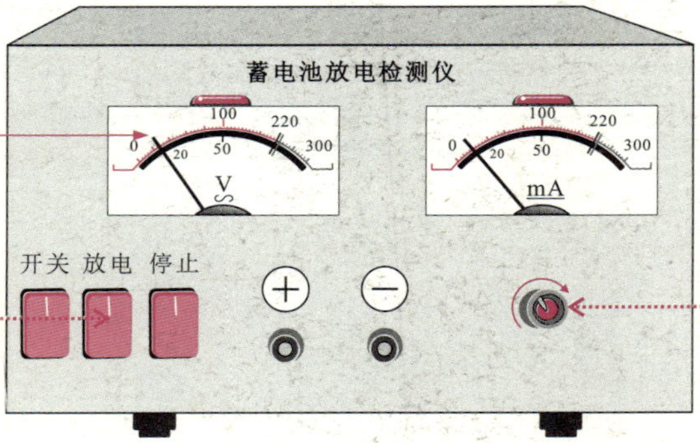

表盘指针为13.59V

1 调整检测仪放电电流旋钮至10A。

2 按下放电按钮，开始放电。

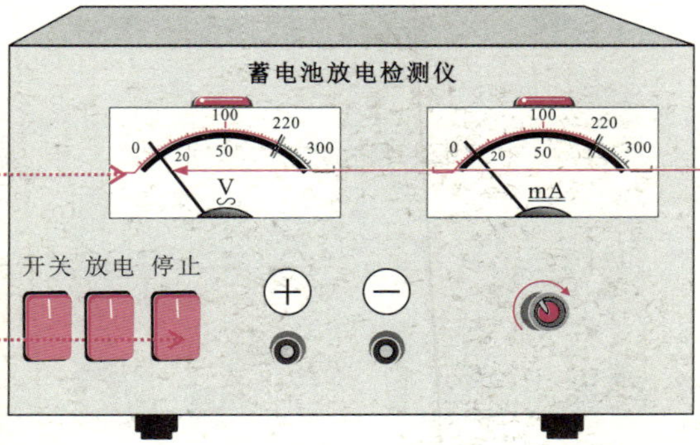

3 放电过程中观察蓄电池的电压下降情况。

表盘指针为10.5V

4 当蓄电池电压下降为10.5V时，停止放电，按下停止按钮。

通常，12V/10～12Ah蓄电池放电电流选择5～6A；12V/14Ah电池选择7A；12V/17Ah电池选择8.5A；12V/22Ah电池选择11A。

步骤三:注入电解液

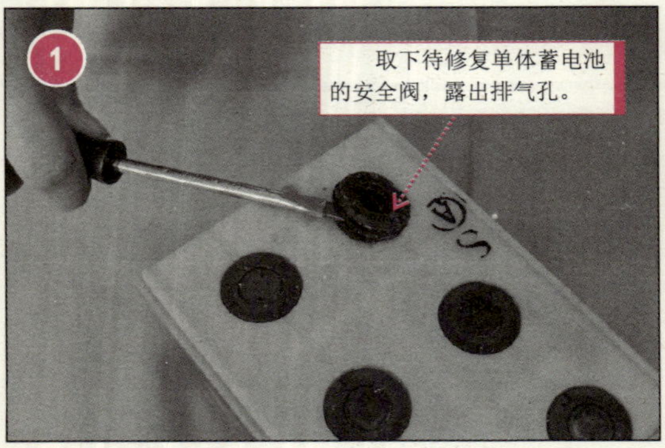

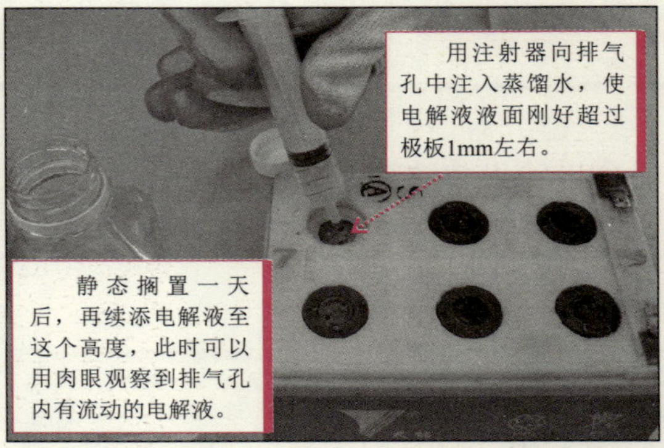

步骤四:再次进行放电

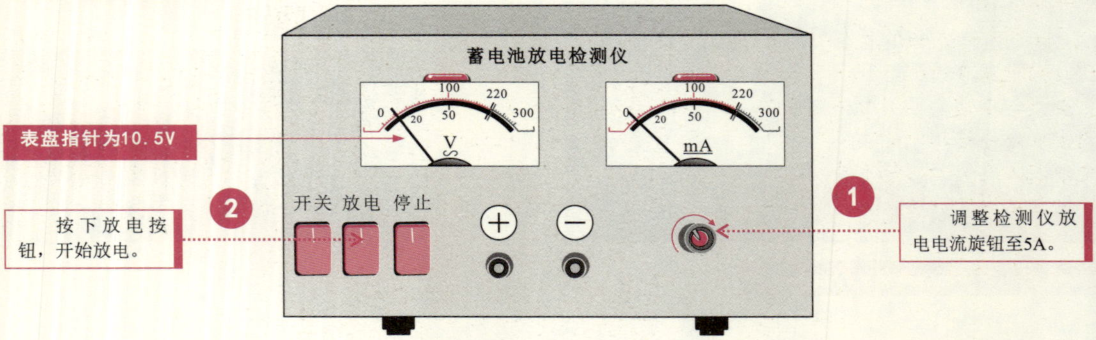

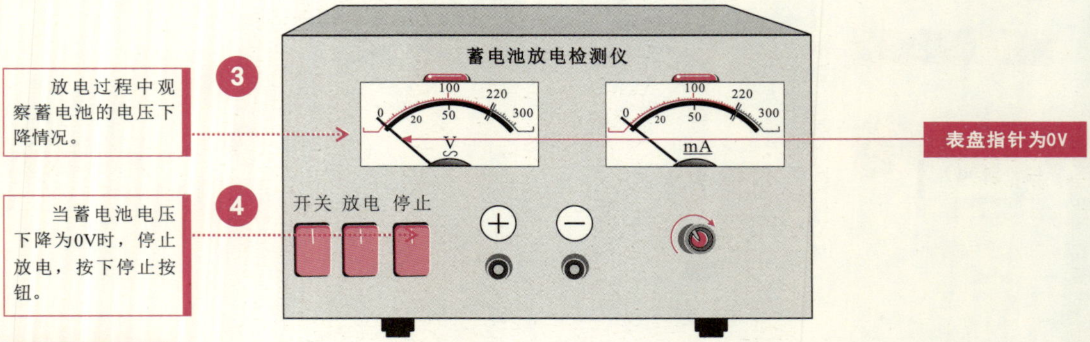

步骤五:脉冲修复

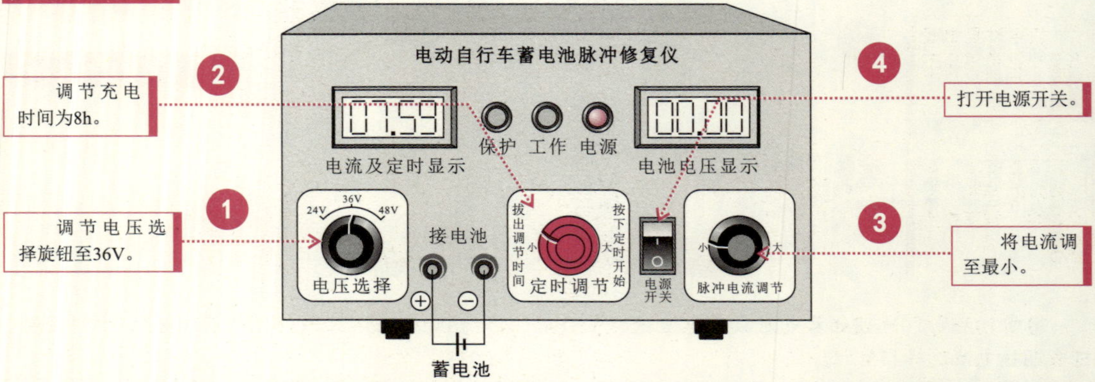

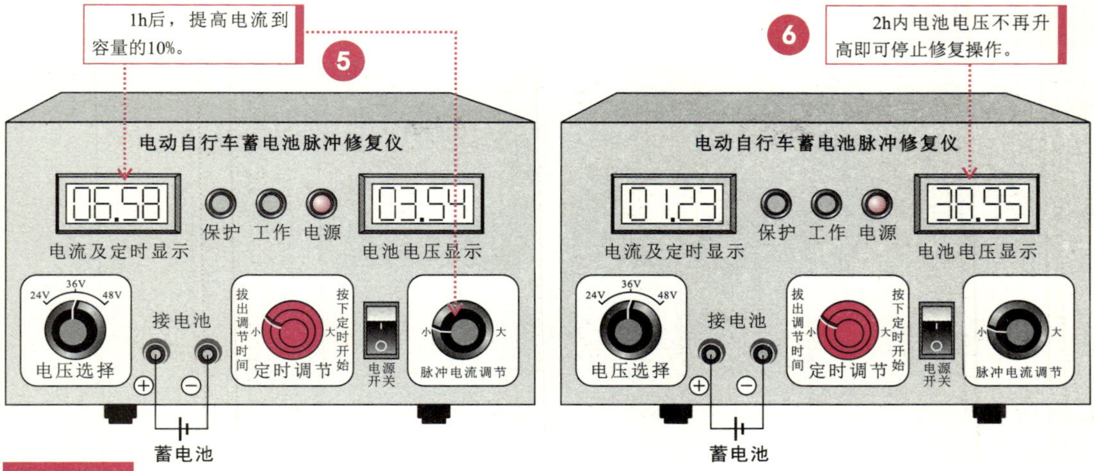

【知识扩展】

蓄电池修复时间应在8～12h左右，在修复的过程中，排气孔中的电解液应有流动的现象。脉冲修复仪使用注意事项：a. 由于修复仪的功率较大，因此电度表必须为5～10A。进户线必须为2.5mm以上，否则会烧坏电度表，引起电线发热。b. 电池在进行修复前，一定要先检查电池是否断路、短路（可用万用表及电池检测仪检测），如电池电解液过少应根据情况补充蒸馏水。c. 修复时一般要充注2杯左右的电解液，电流开始时不要太大，以电池容量5%～7%为准，1h后加大电流到10%以上即可。d. 修复前要添加蓄电池专用修复液，用量要按要求加入，不能过量，否则可能会有不利影响。

步骤六:对修复后的蓄电池进行放电操作

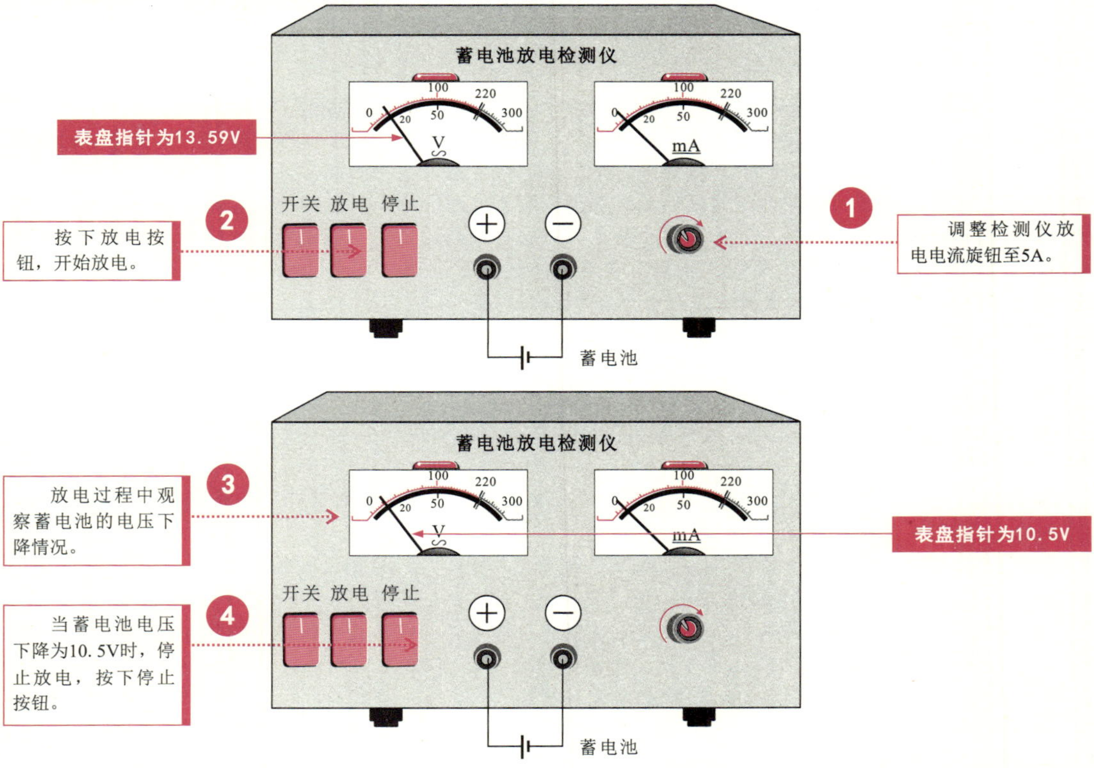

当对10Ah蓄电池放电操作时，放电电流旋钮调至5A，待电池降至10.5V时，放电时间达到100min，可表明该电池脉冲修复操作达标。对于未达标的电池，则需要重新充电后，再进行一次脉冲修复操作。

步骤七：吸出多余电解液

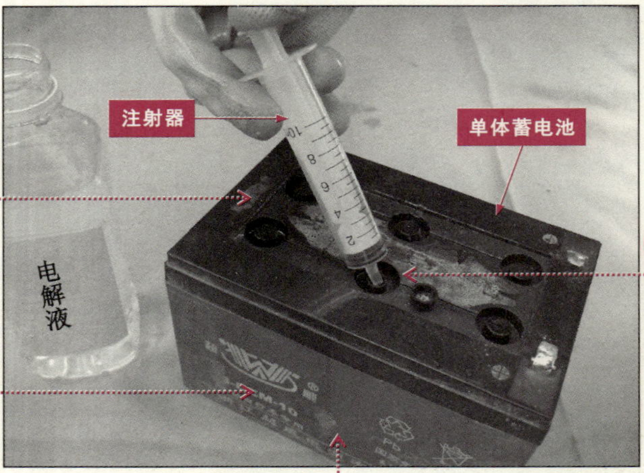

① 对修复后电池的电压和容量等性能指标进行检测对比。正常情况下，其电压值应超出其额定电压值。

② 检测均正常后，将电池静置晾干。

③ 观察排气孔中的电解液，用注射器吸出多余的电解液。

④ 重新安装好单体蓄电池的橡胶帽、安全阀以及盖板，完成蓄电池的脉冲修复操作。

【知识扩展】

由于过充电、过放电和欠充电而产生硫化的电池，以上方法的修复效果是非常明显的。但是并不是所有电池都可以进行修复操作的，对于极板活性物质脱落的电池和短路、断格的电池是不能修复的。通常，所有极板软化、断格的电池都是因为长期的硫化而导致的，所以一定要提前及时修复，延长电池的使用寿命。

脉冲修复的过程是比较复杂的。任何晶体的谐振频率与晶体的尺寸有关，晶体的尺寸越大，谐振频率越低。如果充电采用前沿陡峭的脉冲，利用傅里叶级数进行频率分析可以知道脉冲会产生丰富的谐波成分，其低频部分振幅大，高频部分振幅小。这样大硫酸铅结晶获得的能量大，小硫酸铅结晶获得的能量小，从而形成大硫酸铅结晶谐振的振幅大，在正脉冲充电期间比小硫酸铅结晶容易溶解。这样粗大的硫酸铅结晶就被溶解了。采用高频正负脉冲发生器对电池不断地产生高低变频脉冲，即溶解了大硫酸铅晶体，又破坏了大硫酸铅晶体继续生长的条件，最终达到了消除电池硫化的目的。这种方法修复效率高，对严重硫化的铅酸电池修复效果是过去的 3～4倍，修复率达到 90% 以上，此技术的应用极大减少了电池的报废数量。

近年来出现的铅酸电池修复技术有很多，主要有：

● 采用大电流充电，使大的硫酸铅结晶产生负阻击穿来溶解的方法。该方法会降低电池的使用寿命，不建议采用。

● 负脉冲法，就是在充电过程中加入负脉冲，该方法可以减低电池温升，但是修复率只有20 %左右。

● 添加活性剂，该修复方法成本高，改变了电解液的原结构，也会降低电池使用寿命，修复率约为45%。

● 高频脉冲修复法，就是采用脉冲波使硫酸铅结晶体重新转化为晶体细小、电化学性高的可逆硫酸铅，使其能正常参与充、放电的化学反应，修复率约为 60%。但修复时间长，需数十小时以上，甚至一周的时间，并且对严重“硫化”的电池修复效果不理想。

● 组合式谐振脉冲修复法，该方法是利用充电脉冲中的高次谐波与大的硫酸铅结晶谐振的方法，在修复过程中消除电池硫化。这种方法修复效率高，对电池损伤小，可以适当延长电池的使用寿命，减少用户更换电池的次数和费用，目前正被广泛采用。

Q052

如何代换蓄电池内的单体蓄电池?

A052

对蓄电池内的单体蓄电池进行代换时，需要将蓄电池取下，然后将性能良好的蓄电池连接在一起装入电池盒内，完成蓄电池的代换操作，其具体的操作方法如下。

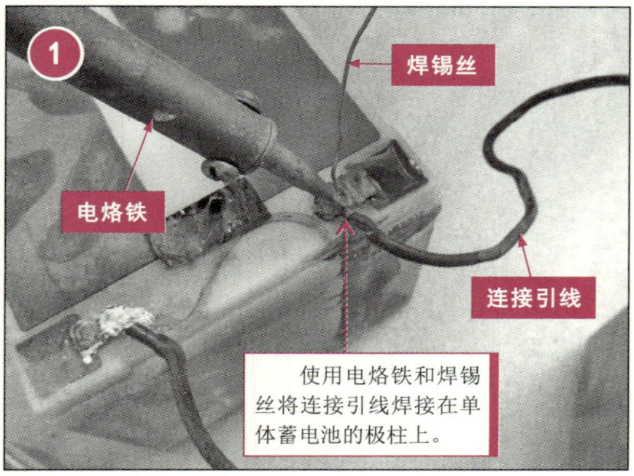

使用电烙铁和焊锡丝将连接引线焊接在单体蓄电池的极柱上。

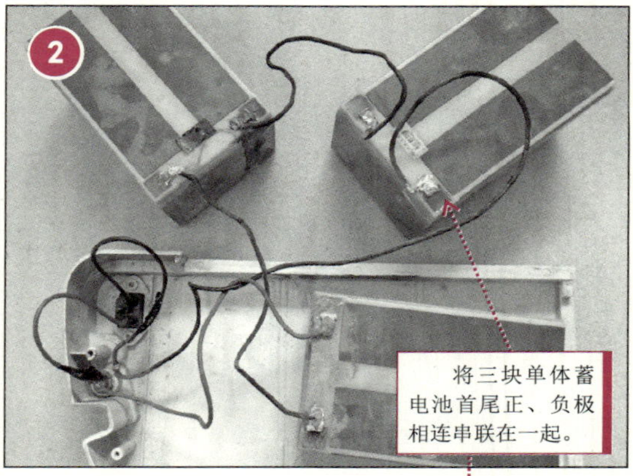

将三块单体蓄电池首尾正、负极相连串联在一起。

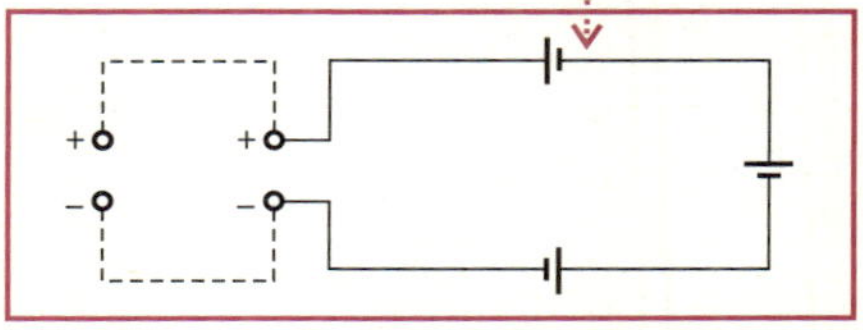

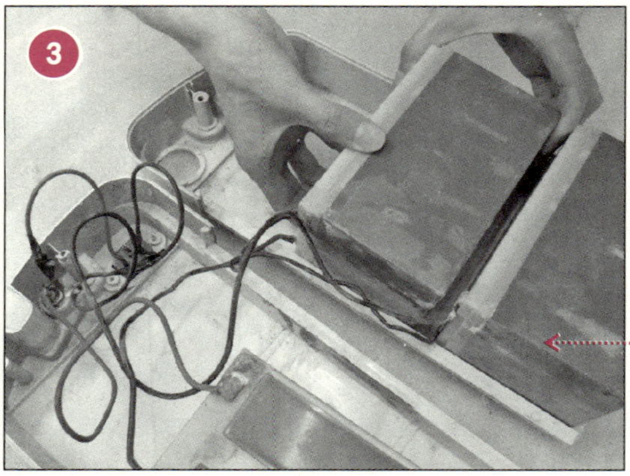

将蓄电池按顺序装在电池盒内，不要压住引线，以免拉断极柱上的焊点。

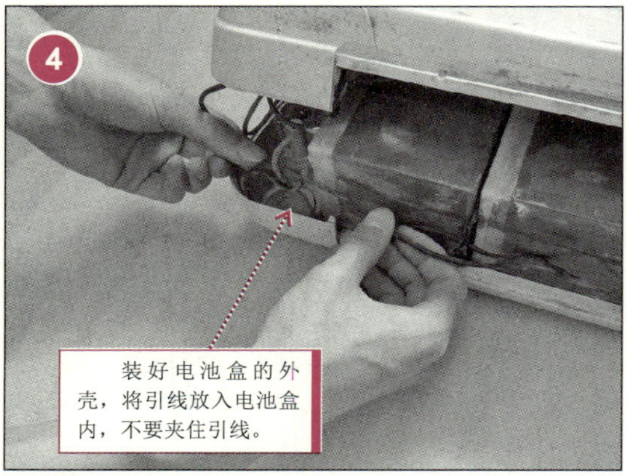

装好电池盒的外壳，将引线放入电池盒内，不要夹住引线。

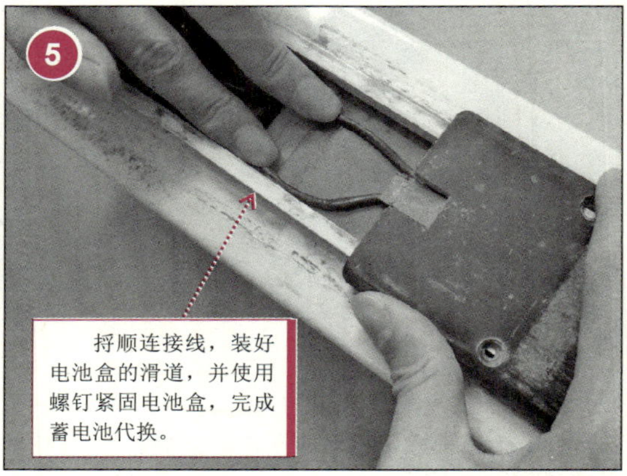

捋顺连接线，装好电池盒的滑道，并使用螺钉紧固电池盒，完成蓄电池代换。

Q053

如何对电动自行车蓄电池做日常保养?

A053

蓄电池的性能直接影响电动自行车的骑行距离，为了延长蓄电池的使用寿命，保养是非常重要的。在电动自行车的日常使用过程中，可通过以下几个方面对蓄电池进行保养。

检查蓄电池的安装状态

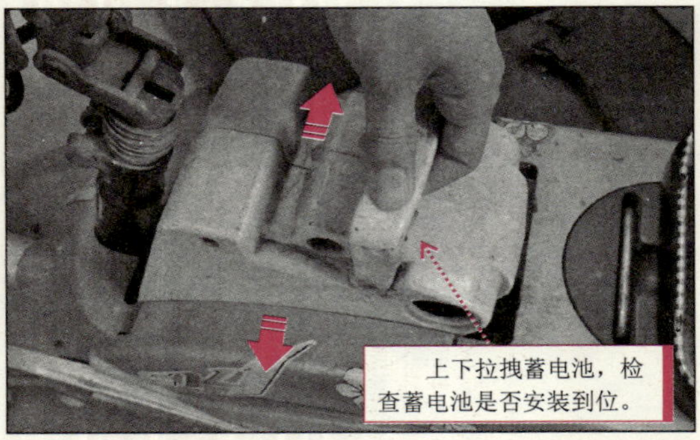

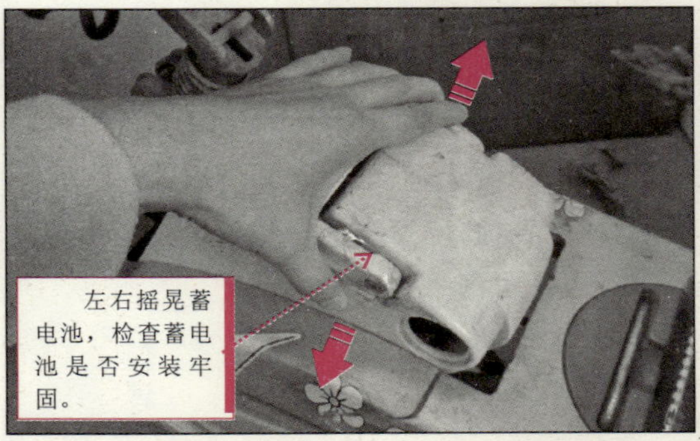

定期对蓄电池进行清洁

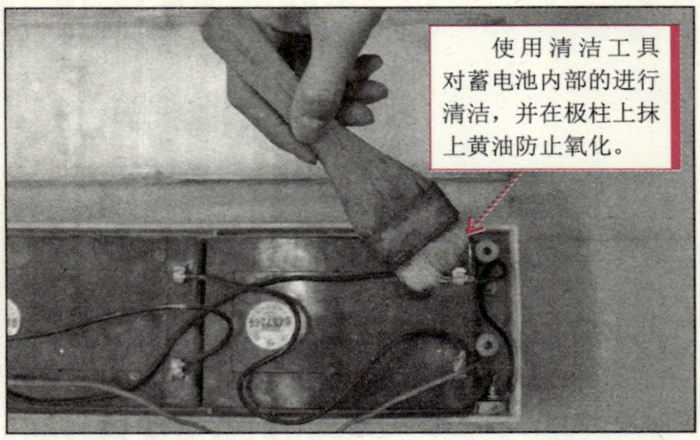

定期对蓄电池进行补水

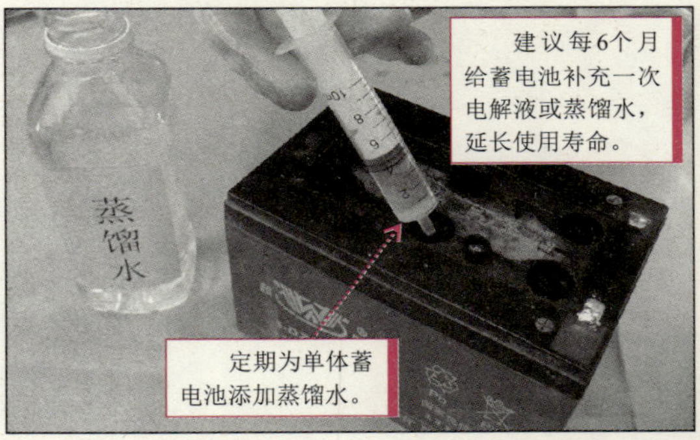

定期对蓄电池进行修复

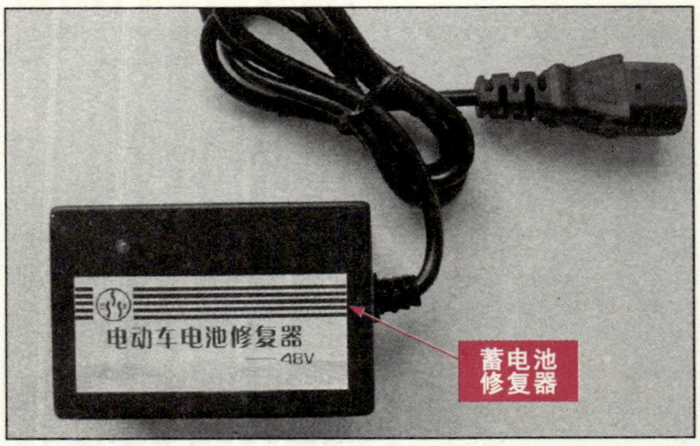

对于使用8个月以内的蓄电池，可以每隔1.5～2个月修复一次；使用8个月及以上的蓄电池可以每隔15～30天修复一次。

及时更换损坏的蓄电池

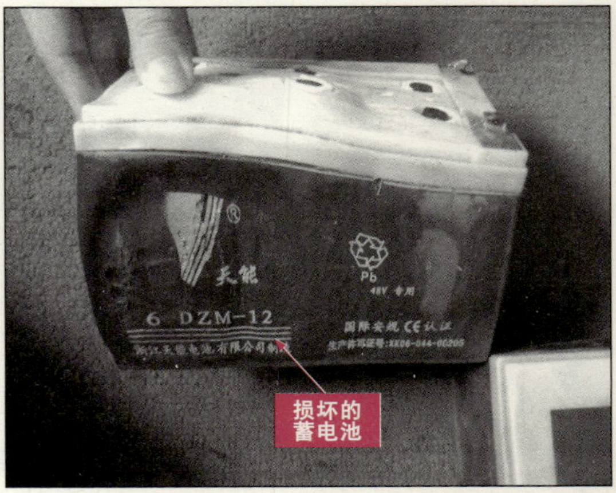

Q054

如何解决电动自行车蓄电池漏液的故障?

A054

蓄电池出现漏液一般是指打开电池盒外壳后，在其内部蓄电池组的安全阀处有明显的氧化腐蚀现象，该故障的具体解决方法如下。

观察蓄电池外壳有无漏液现象。

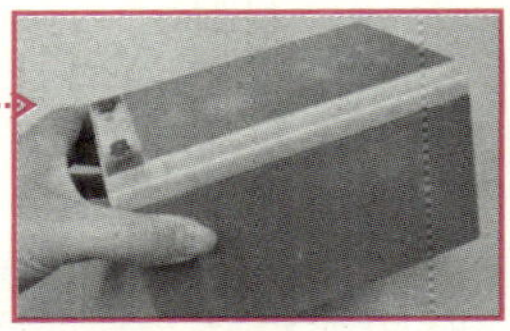

蓄电池漏液。

↓

检查单体蓄电池外壳有无漏液现象? —是→ 用粘合剂将蓄电池壳体粘连，使其密封良好。

↓否

打开蓄电池盖板，观察安全阀周围是否有漏出的液体。

拆开蓄电池盖板，观察各安全阀周围是否有漏出的液体? —是→ 更换安全阀、增强密封性或更换单体蓄电池。

↓否

通过排气孔检查电解液状态。

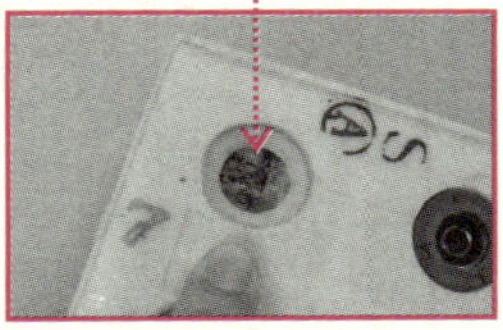

打开蓄电池的安全阀，通过排气孔检查蓄电池内部是否有流动的电解液? —是→ 用注射器将过多的电解液吸出，直至其内部成湿润状态为适合；或直接更换该损坏的单体蓄电池。

↓否

对该蓄电池中的每个电池组做气密性检查；
若气密性不良应用粘合剂进行修复或更换电池组；
若气密性良好，对蓄电池进行充电实验，观察是否有流程的电解液产生，若有用注射器抽尽（电解液过多情况）。

Q055

如何解决电动自行车蓄电池行驶里程过短或电量下降过快的故障?

A055

蓄电池充满电后行驶里程过短或电量下降过快，多由于电动自行车主供电电路对地短路、蓄电池本身性能不良等引起，该故障具体解决方法如下。

蓄电池充满电后行驶里程过短或充满电后电量下降过快。

↓

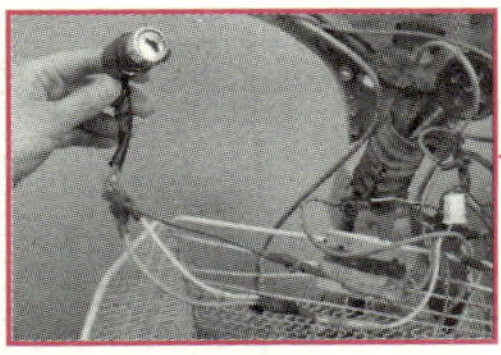

检查电路短路情况。

检查电路中所有主供电电路有无对地短路的情况? —是→ 修复电路并进行绝缘处理。

↓否

检测电动机的运行和起动电流是否正常? —否→ 检测电动机本身是否正常；检测控制器的限流值。

检查电动机的起动电流和运行电流。

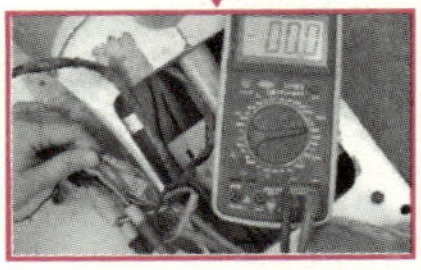

↓是

使用容量检测仪检测单体蓄电池的容量。

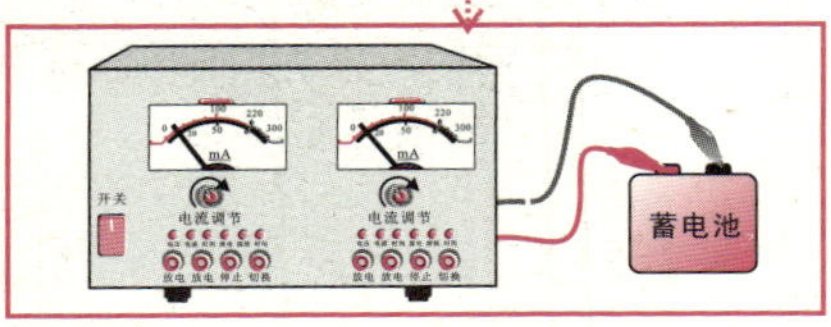

检测蓄电池的容量是否正常?

↓否

蓄电池缺水或硫化，应予以修复或更换。

Q056

如何解决电动自行车蓄电池变形的故障?

A056

蓄电池变形故障一般从外观上很容易判断出来，其故障多由内部单个或多个蓄电池损坏引起的，该故障具体解决方法如下。

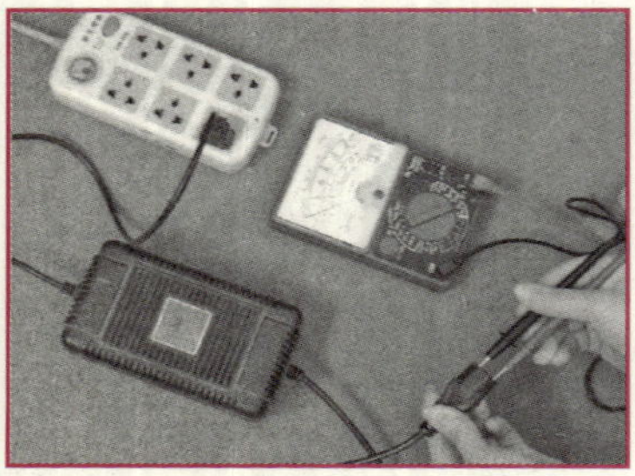

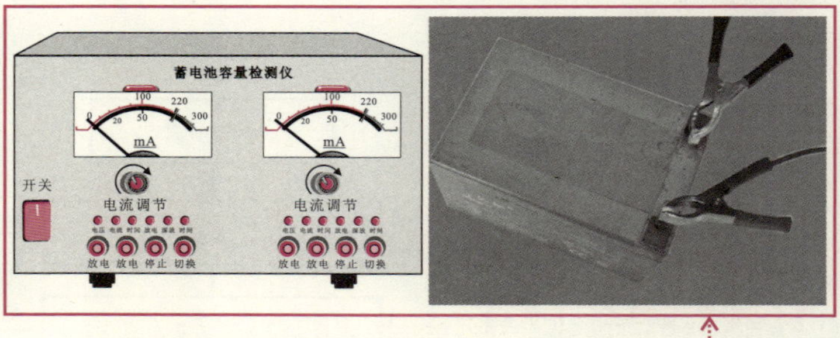

检测充电器输出电压。

使用容量检测仪检测单体蓄电池的容量。

蓄电池变形（外壳上有明显鼓肚）

- 电池盒内部所有蓄电池均发生变形故障。
  - 查充电器的输出电压是否过高?
    - 是：检查充电器参数，并更换匹配的充电器。
    - 否：检查蓄电池是否存在短路的情况?
      - 是：修理或更换蓄电池。
      - 否：该变形故障多是由长期过充电导致热失控引起的，应缩短充电时间减小充电电流。
- 只有其中的一个或两个蓄电池发生变形故障。
  - 检测蓄电池的容量是否变小?
    - 是：修理或更换蓄电池。
    - 否：检查蓄电池极板上是否有不可逆转的硫化现象?
      - 是：修理或更换蓄电池。
      - 否：该故障多是由蓄电池的引线接反引起的，应更换和重新连接引线。

检查单体蓄电池之间、单格电池之间是否存在短路。

检查极板是否有严重的硫化现象。

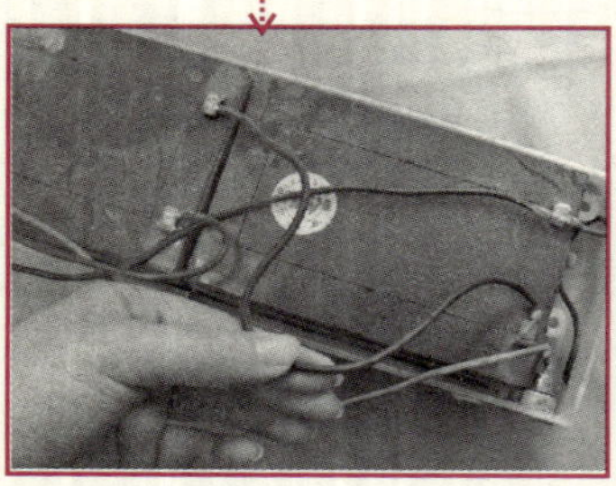

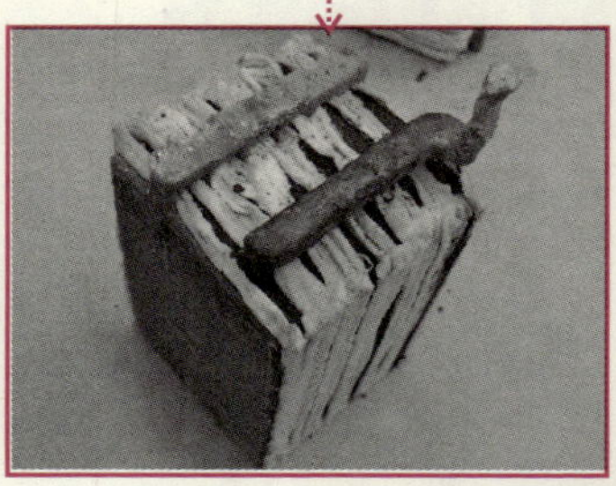

Q057

如何解决电动自行车蓄电池使用过程中容易发热的故障?

A057

正常情况下，蓄电池在使用或充电过程中会有一定程度的发热现象，但若短时间内外壳温度上升过快，则属于过热故障，可能会造成蓄电池内部电解液蒸发过快而引起电池内部电解液干涸，加速电池内部极板的氧化，最终导致蓄电池容量下降，性能不良，该故障的具体解决方法如下。

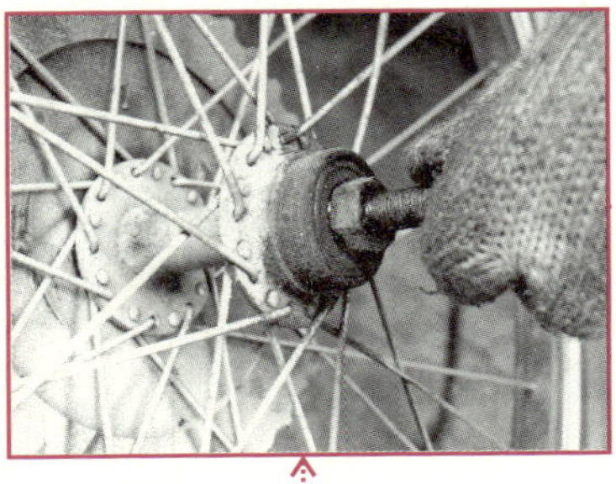

检查车轴转动阻力是否过大。

检查制动部件是否失效或卡死。

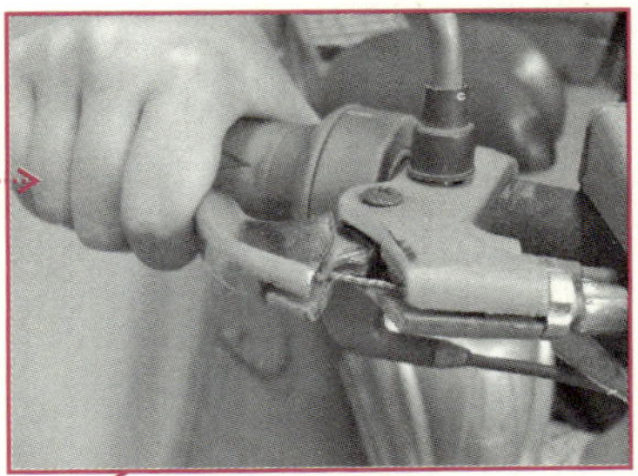

蓄电池使用过程中容易发热。

↓

检查电动自行车的机械部分转动是否灵活，制动部件有无失效导致前后轮运转阻力过大? —是→ 检修机械部件及前后制动部件，另外应检查电动自行车是否载重量过大。

↓否

检查电动自行车供电电路中有无破损部位引起轻微碰触导致的接地短路现象? —是→ 对破损的电路重新连接并进行绝缘处理。

检查供电电路中有无破损部位。

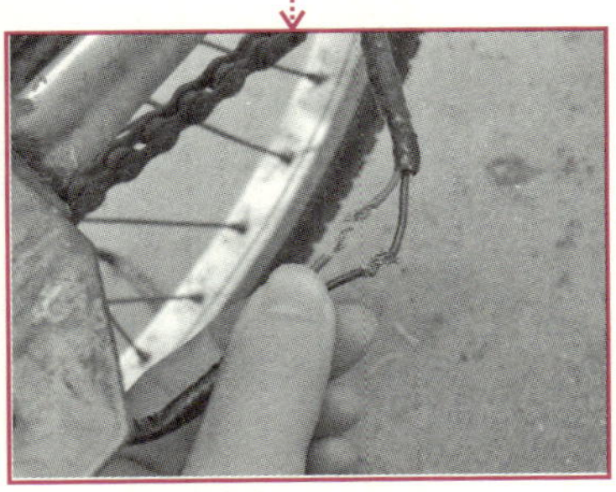

↓否

用万用表欧姆挡检查电动机绕组间有无短路故障? —是→ 修理或更换电动机。

↓否

检查充电器输出电压是否正常;或检查蓄电池容量是否偏小?

↓是

修理或更换充电器或蓄电池。

万用表检测电动机绕组间的电阻值。

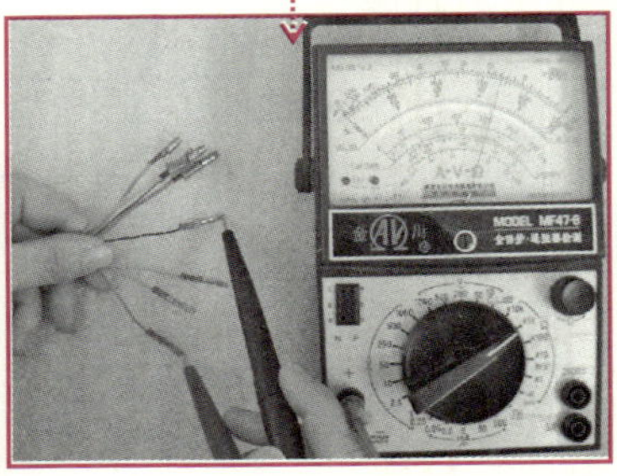

使用蓄电池检测仪检测单体电池的容量。

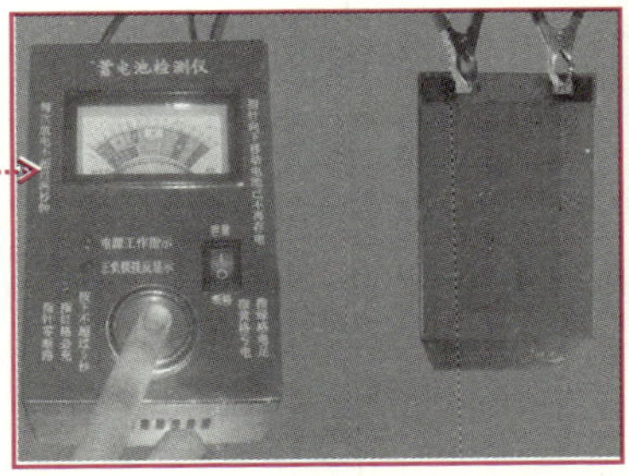

Q058

如何解决电动自行车蓄电池容量下降、充电效果不佳的故障?

A058

蓄电池容量下降、充电效果不佳多是由蓄电池内部不良引起的，常见的故障原因有蓄电池内缺水、电解质干涸、极板硫化等，该故障具体解决方法如

蓄电池容量下降、充电效果不佳。

观察蓄电池表面有无浸出的液体或腐蚀现象。

- 是：密封泄漏的安全阀；若蓄电池壳体处漏液则需用粘合剂粘连。
- 否：检查充电器输出电压是否稳定、符合蓄电池充电标准?
  - 否：检修或更换规格参数与蓄电池相匹配的充电器。
  - 是：检查蓄电池本身的容量、串联蓄电池组是否均衡、单格电池有无短路?

若蓄电池容量小于额定值的50%，应予以更换；若蓄电池内的串联蓄电池组不均衡，应找出“落后”的蓄电池进行修复；若蓄电池内单格电池短路，应对电解液或极板进行检查。

检查蓄电池安全阀或壳体处有无液体浸出。

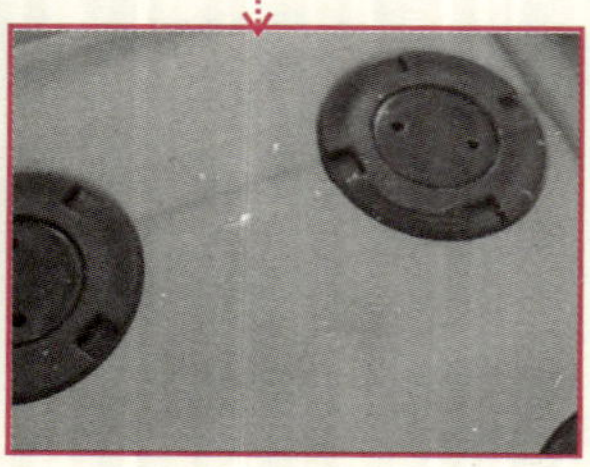

Q059

如何解决电动自行车放置一段时间后蓄电池存电不足的故障?

A059

电动自行车蓄电池放置一段时间后存电不足或无电，属于自放电故障，该类故障的具体解决方法如下。

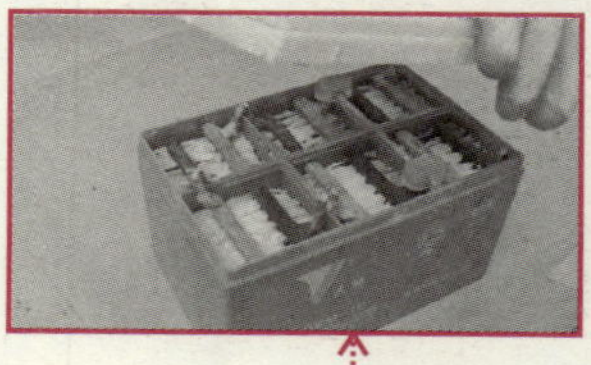

电动自行车放置一段时间后电池存电不足。

将万用表串联在电源开关和蓄电池之间，检测电流值。

- 万用表读数在30～150mA范围内。
  - 检查电源开关以及电源开关与电池连接线路。
  - 将电源开关（电源锁）拆下，再次检测电流值。
    - 读数为零：电源开关损坏而无法关断电源，更换电源开关。
    - 读数不变：电源电路中存在某处绝缘不良点，找出故障点进行绝缘处理。
- 万用表读数为零。
  - 检查蓄电池电解液浓度、极板、隔板以及硫化现象。
  - 检测蓄电池自放电性能。
    - 不良：修理或更换蓄电池。
    - 1. 蓄电池存放过久，其内部电解液浓度存在差异；
      2. 蓄电池极板上的活性物质严重脱落；
      3. 蓄电池的电解液不纯净；
      4. 蓄电池隔板脱落或腐蚀穿孔。

Q060

如何解决电动自行车蓄电池内部短路的故障?

A060

蓄电池内部短路是指单体蓄电池内的单格电池短路，多表现为蓄电池总电压偏低至少2V或蓄电池容量低等，从直观现象来说，会引起电动自行车起动无力或不起动的现象，该类故障的具体解决方法如下。

为蓄电池充电，感觉蓄电池温度是否上升

短接单体蓄电池的正负极，可看到明显的火花

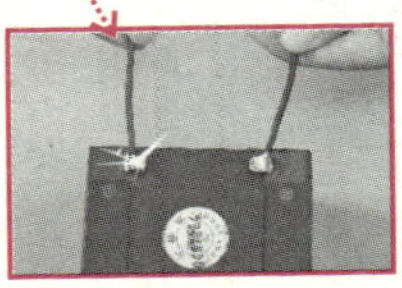

蓄电池内部短路。

对蓄电池进行充电，大约10～20min后触摸蓄电池外壁感受温度有无明显变化。

否 → 若蓄电池外壳只是有一些温热，表明该单体蓄电池内无单格电池短路的故障。

是 → 用一根导线短接单体蓄电池的正负极观察是否有火花及响声?

否 → 若短接某一单体蓄电池时，火花较弱或无火花，则表明该电池内存在短路故障。

是 → 将怀疑短路的单格电池内的电解液全部吸出，补充新的电解液后检查性能是否恢复?

否 → 更换单格电池极板或直接将该单体蓄电池更换。

Q061

如何解决电动自行车蓄电池内串联的电池组不均衡的故障？

A061

蓄电池内部是由三个（36V）或四个（48V）单体蓄电池串联而成，串联的电池组不均衡是指几个单体蓄电池之间存在电压差，导致充电或放电过程中，有的单体蓄电池已充电或放电完全，但另外的一个或两个单体蓄电池仍处于未充满或放电的状态，从而引起“落后”的单体蓄电池过早失效，严重时影响整个蓄电池的使用寿命，该类故障的具体解决方法如下。

蓄电池内串联的电池组不均衡。

↓

用2h率的放电电流将几个单体蓄电池统一进行放电，找出“落后”的单体蓄电池。

↓

对找出的单体蓄电池补充电解液，然后用10h率的电流充电12～15h。

↓

静置2～3h后，以2h率电流放电记录单体电池组电压下降至10. 5V时的放电时间。

→ 若放电时间与标准值相差较大，可重复上述充放电过程2～3次，符合要求后可继续使用；若仍不良，应做报废电池处理。

使用蓄电池放电检测仪对几块单体蓄电池进行放电。

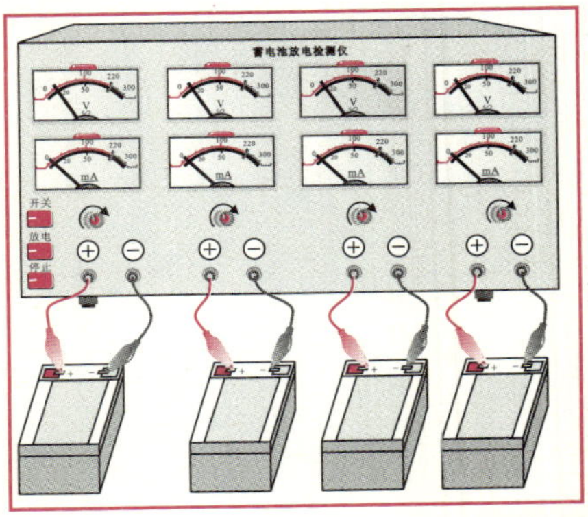

Q062

电动机一般安装在电动自行车的什么位置?

A062

电动自行车多采用后轮驱动方式，因此，电动机一般与后轮制成一体，很容易就可以找到。

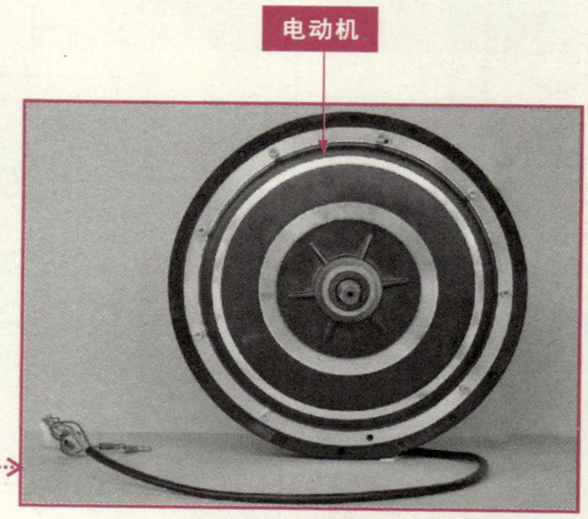

电动自行车多为后轮驱动，电动机一般安装在后轮上。

Q063

电动自行车常见的电动机有哪几种?

A063

在目前流行的电动自行车中，所采用的电动机分有刷电动机和无刷电动机两种类型。

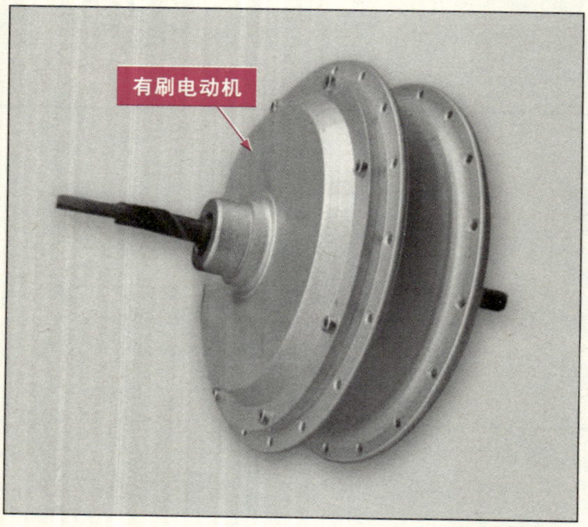

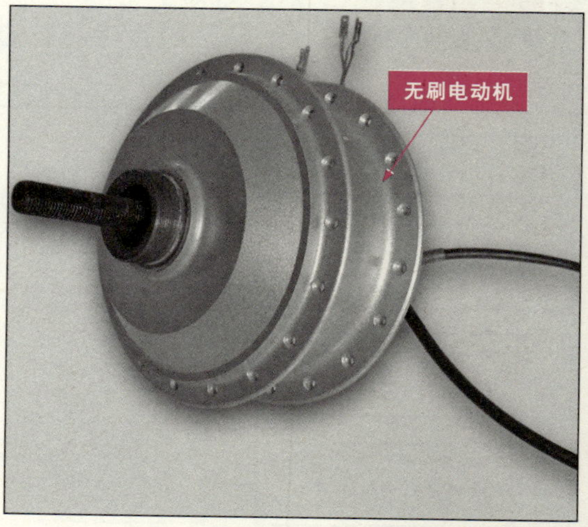

Q064

怎样判别电动自行车的有刷电动机和无刷电动机?

A064

电动自行车采用有刷电动机还是无刷电动机，从电动机的外观不容易直接判别出，一般可根据其结构特点、起动声音大小、内部供电引线以及控制器的类型进行判别，其具体判别方法如下。

方法一：根据结构特点判别

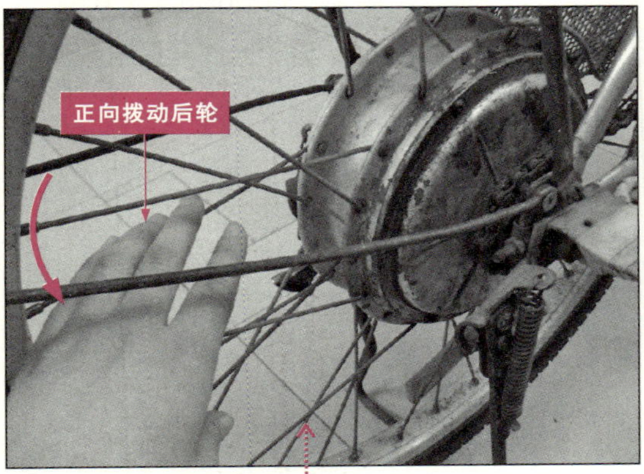

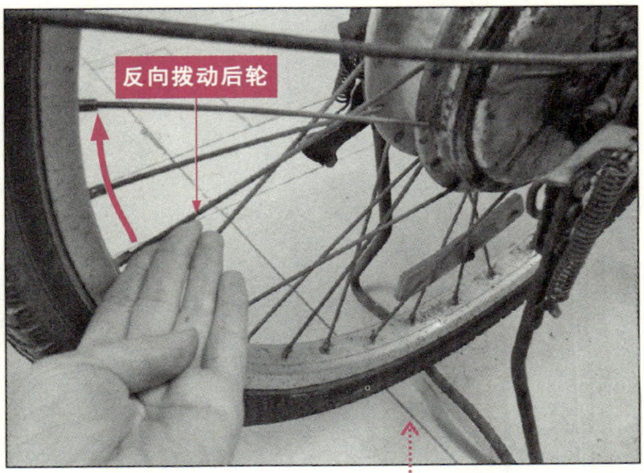

在电动自行车关闭电源锁（接通电源）的状态下，若用手拨动电动自行车的后轮时，正反转较吃力，该电动机多数为无刷电动机。

若正转较轻，反转时较吃力，则多为有刷电动机。

方法二：根据起动声音大小判别

若电动自行车起动加速时有明显的“嗡嗡”声，则电动机多数为无刷电动机。

若电动自行车加速时，没有明显的“嗡嗡”声，则电动机多数为有刷电动机。

方法三：根据内部供电引线判别

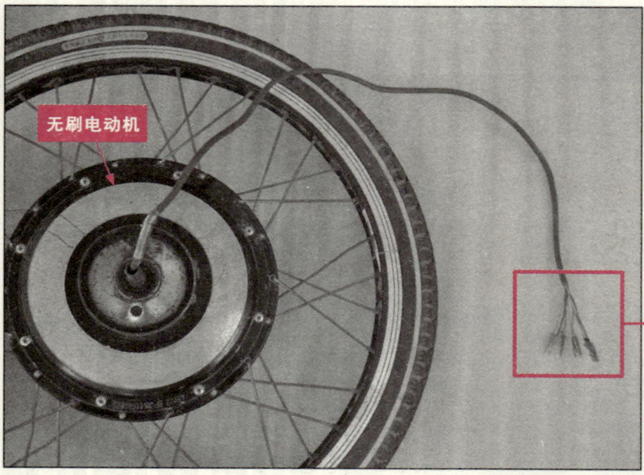

无刷电动机的传感器需要电源和信号的传递，一般其传输引线有八根，其中三根为电动机三相绕组引线，另外五根为霍尔元件输出引线。

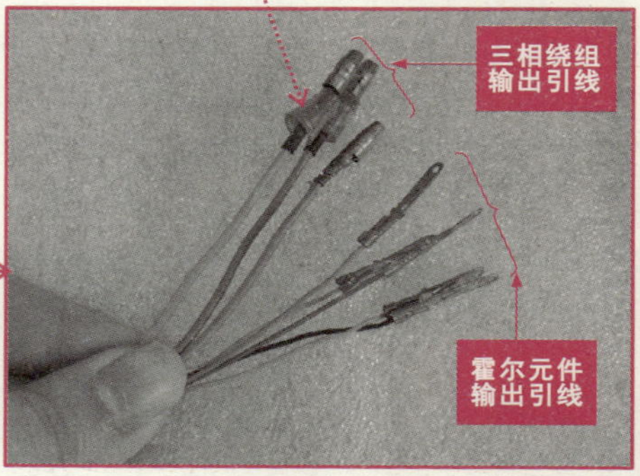

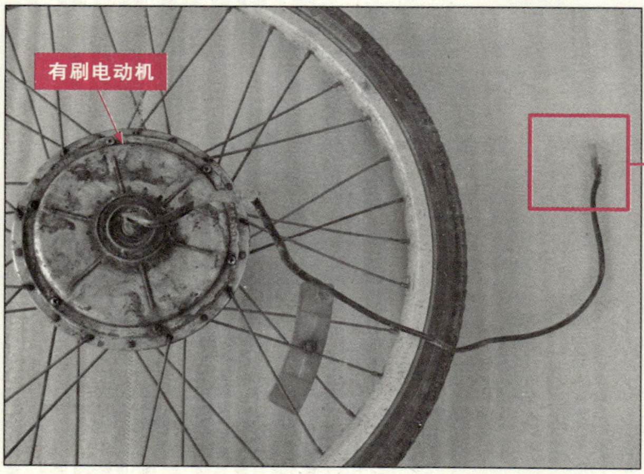

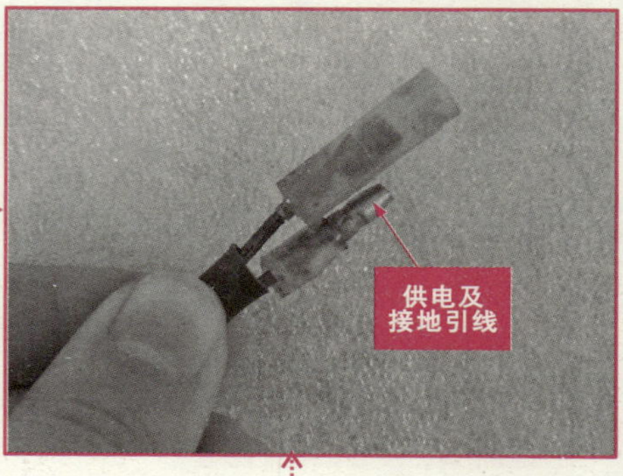

有刷直流电动机一般只有两根或三根根供电引线。

方法四：根据控制器的类型判别

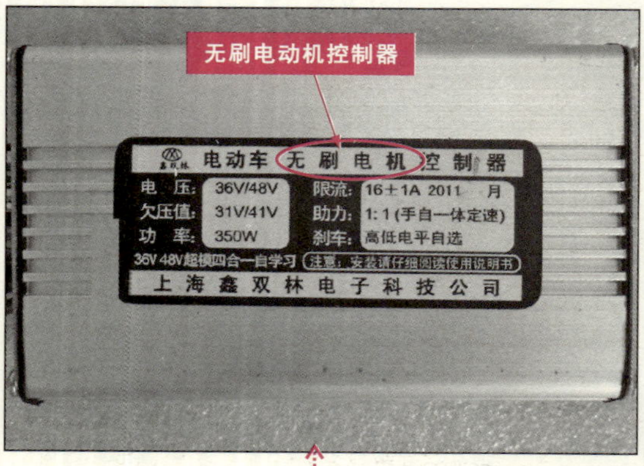

采用无刷电动机控制器的电动自行车中使用的电动机为无刷电动机。

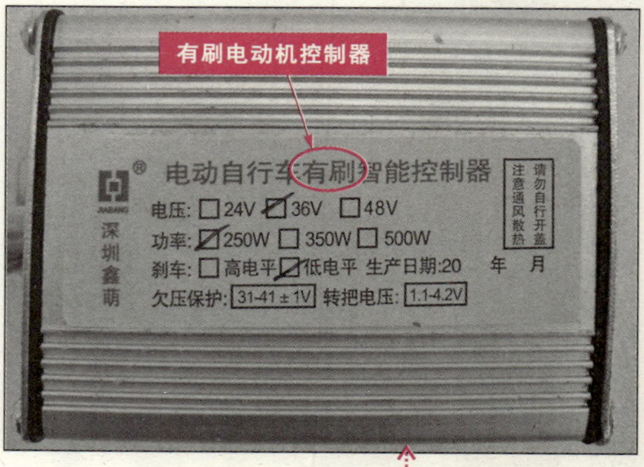

采用有刷电动机控制器的电动自行车中使用的电动机为有刷电动机。

Q065

什么叫有刷电动机，其结构是怎样的？

A065

有刷电动机是指内部含有电刷和换向器的一类电动机，它的主要特点是通过内部电刷和换向器实现电能供给和转换，具体结构如下所示。

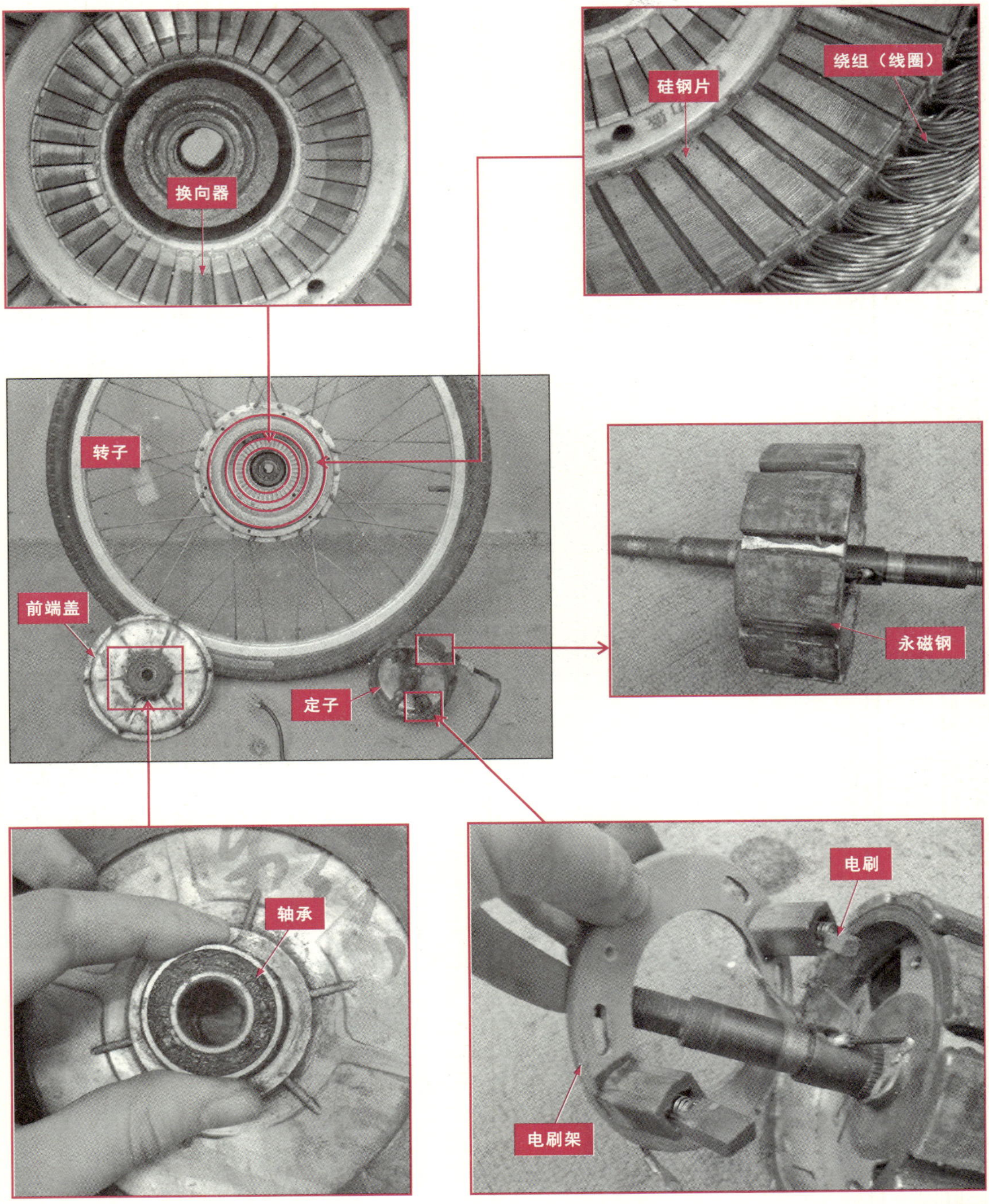

Q066

什么叫无刷电动机，其结构是怎样的?

A066

无刷电动机是指无电刷和换向器的一类电动机，它的内部不包含电刷及换向器等部件，直接通过定子、转子等实现电能到机械能的转换，具体结构如下所示。

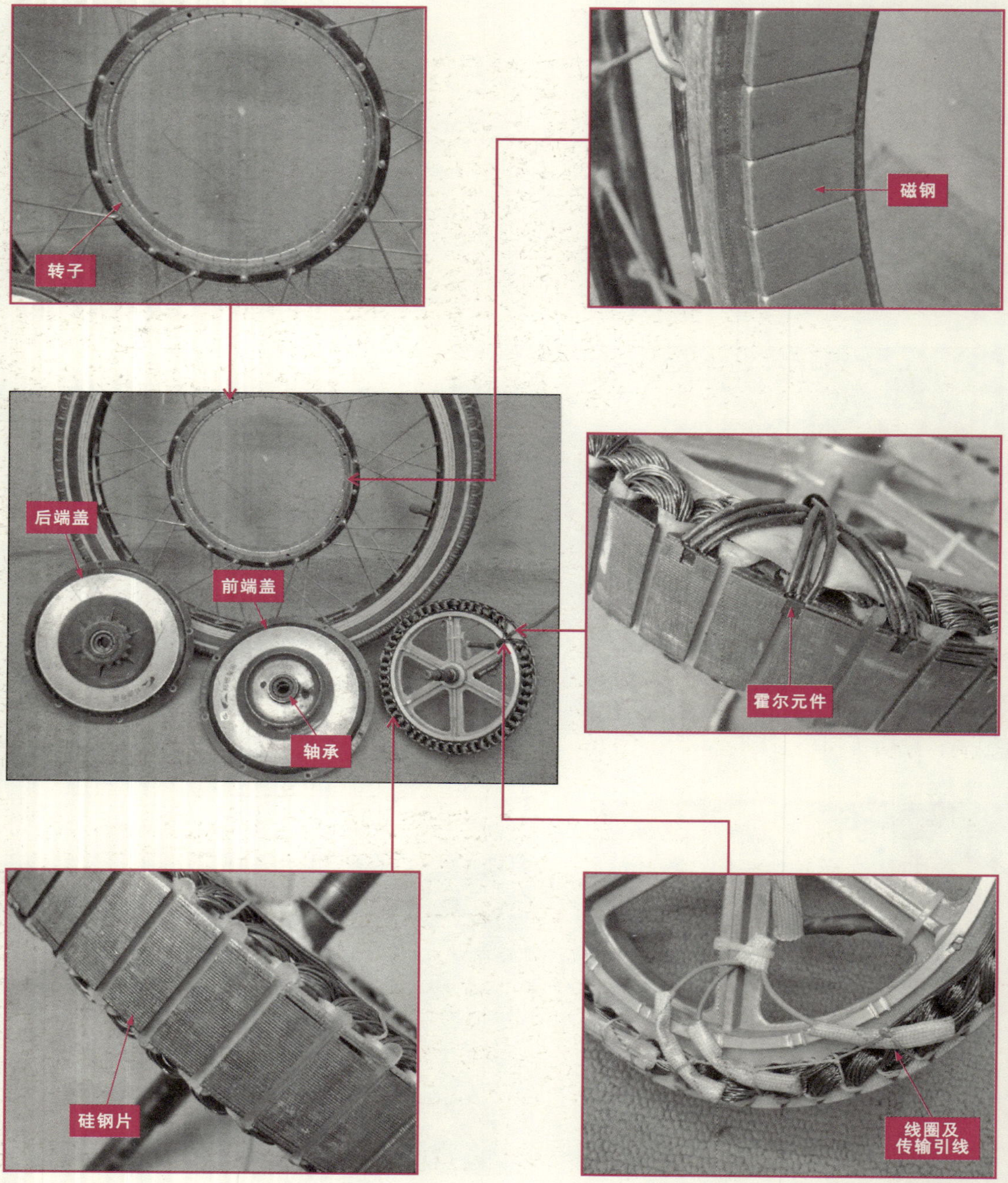

Q067

有刷电动机是如何工作的？

A067

有刷电动机工作时，转子绕组和换向器旋转，定子永磁体及电刷不转，转子绕组中的电流是电刷与换向器靠压力弹簧压力互相接触传送的；转子绕组电流方向的交替变化是随电动机转动的换向器以及与其相关的电刷完成的。其具体工作过程如下。

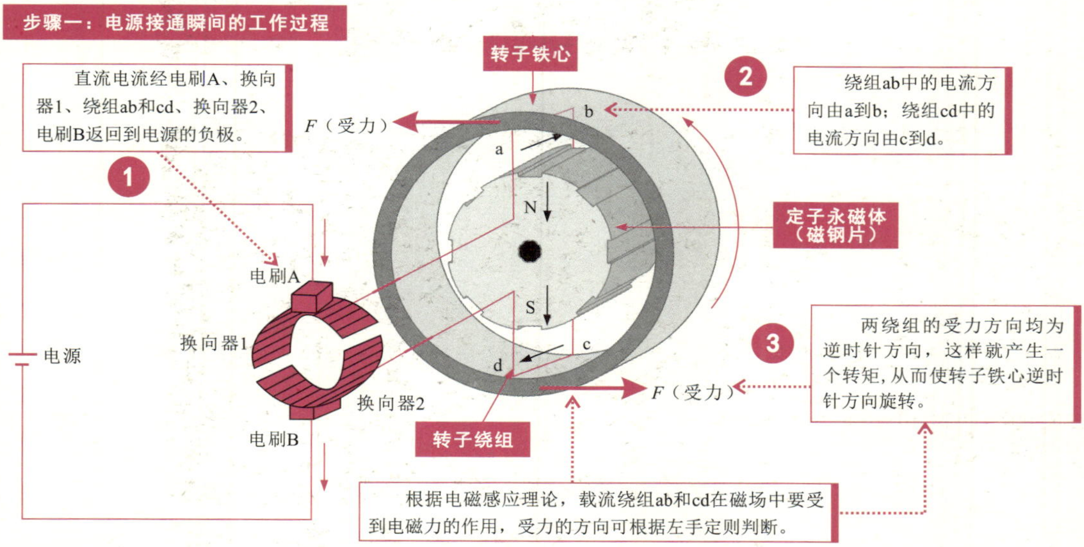

【知识扩展】

有刷电动机中，一个线圈边从一个磁极范围经过中性面到了相邻的异性磁极范围时，通过线圈的电流方向已改变一次，因而转子的转动方向保持不变。改变线圈中电流方向是靠换向器和电刷来完成的。

左手定则是确定通电导体在外磁场中受力方向的定则。其判断方法如下图所示。即伸开左手，使拇指与其余四指垂直，并都与手掌在同一平面内，让磁力线穿入手心（手心面向磁场N极），四指指向电流方向，拇指所指方向就是导体的受力方向。

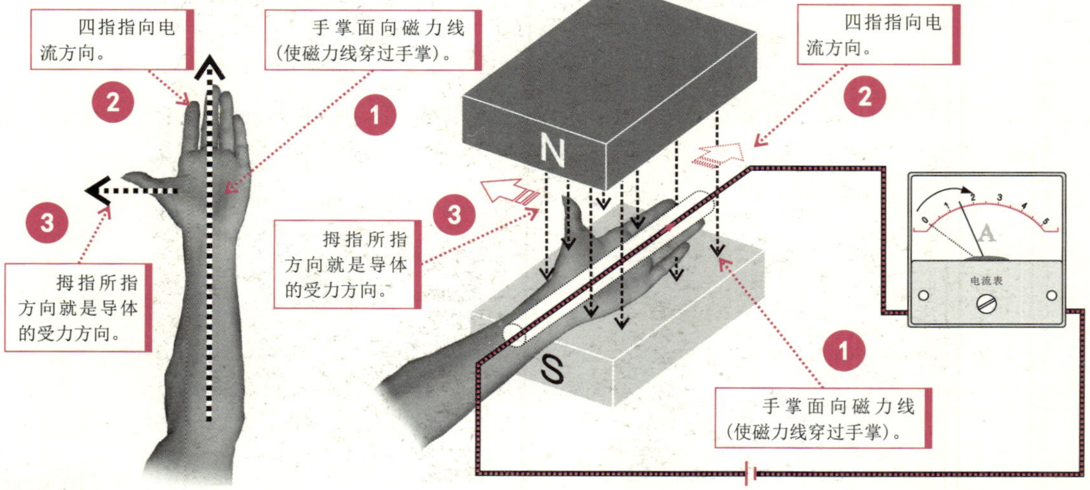

步骤二：转子转动90°的工作过程

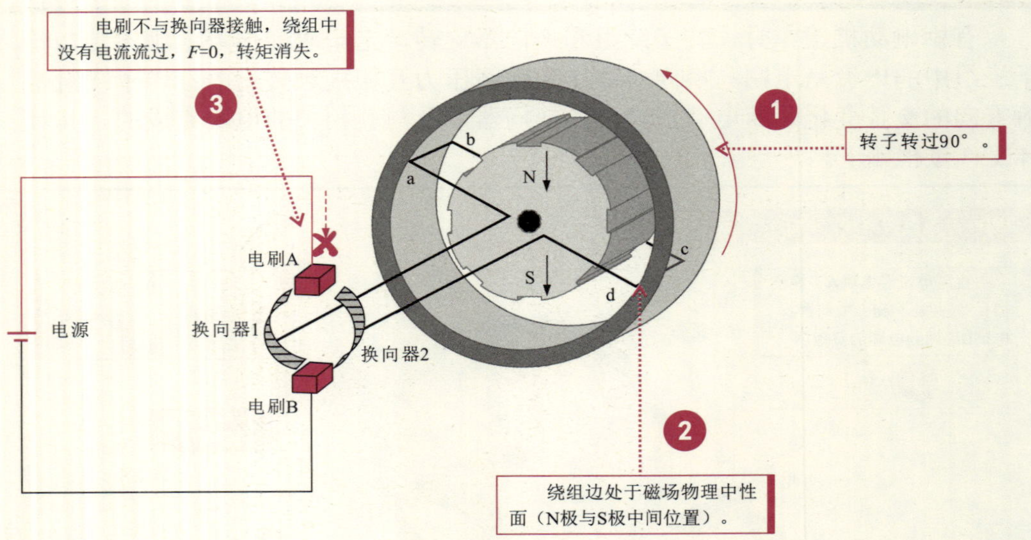

步骤三：转子再经90°旋转的工作过程

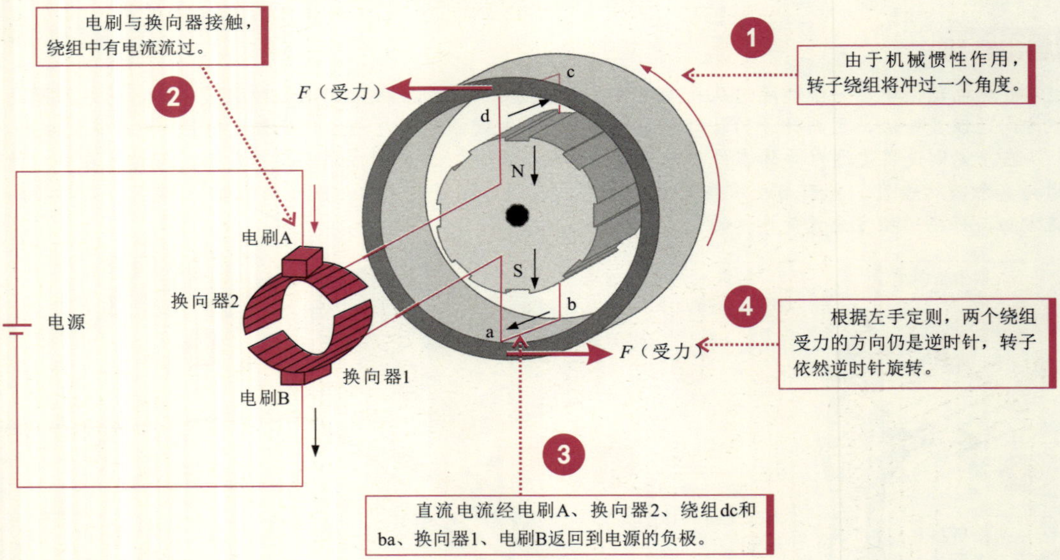

由此可见，一个绕组从一个磁极范围经过中性面到了相对的异性磁极范围时，通过绕组的电流方向已改变一次，因此转子的转动方向保持不变。改变绕组中电流方向是靠换向器和电刷来完成的。

根据前述有刷电动机的工作原理可以了解到，一台有刷电动机原则上既可以作为电动机运行，也可以作为发电机运行，这种原理在电动机理论中称为可逆原理。

Q068

无刷电动机是如何工作的?

A068

无刷电动机的转子是由永久磁钢构成的，它在圆周上设有多对磁极（N、S）。绕组绕制在定子上，当接通直流电源时，电源为定子绕组供电，转子磁极受到定子磁场的作用而产生转矩并旋转。

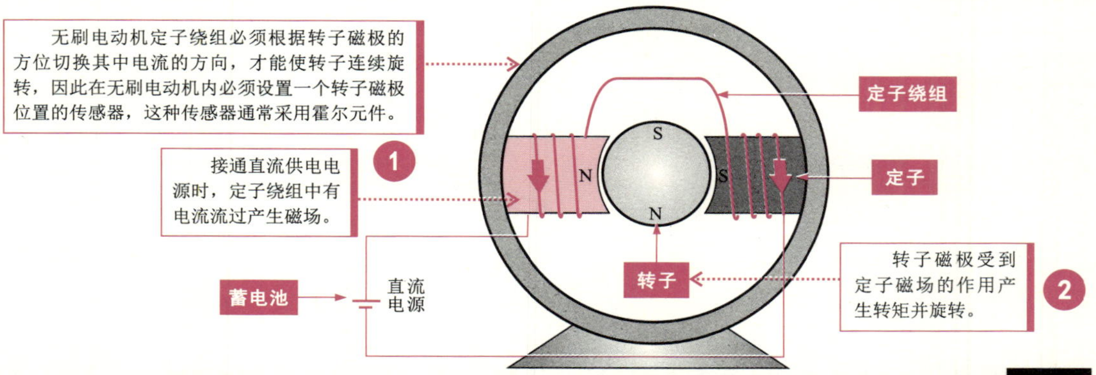

Q069

无刷电动机的霍尔元件是如何工作的?

A069

霍尔元件是一种磁感应传感器，它可以检测磁场的极性，将磁场的极性变成电信号的极性，定子绕组中的激励电流根据霍尔元件的信号进行切换就可以形成旋转磁场，驱动永磁转子旋转。

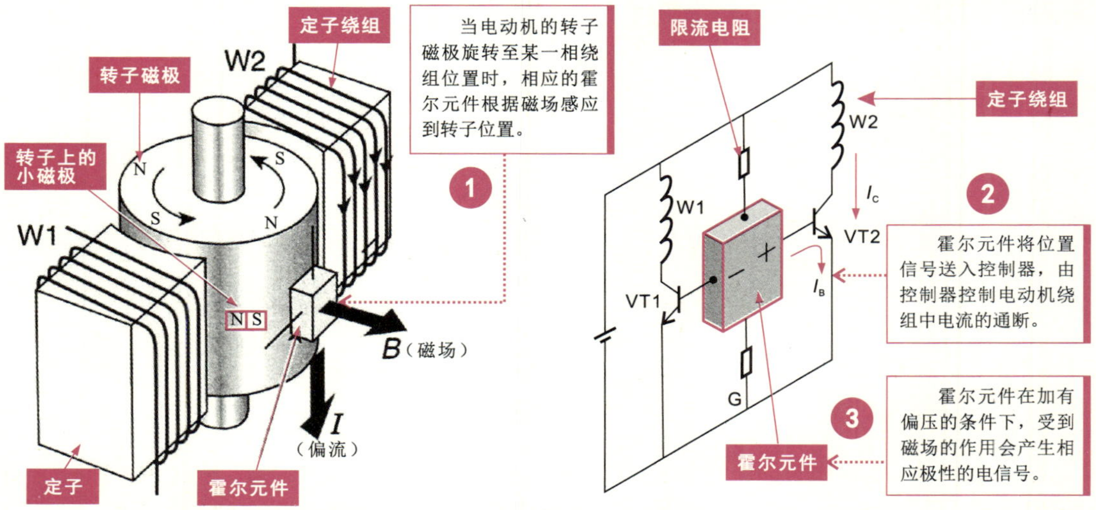

霍尔元件上下经限流电阻接到电源上，有偏流I流过，这种情况，如受到磁通（B）的作用，霍尔元件的左右会输出极性相反的电压，使VT1截止、VT2导通。VT1截止，W1无电流；VT2导通，W2有电流，其所产生的磁场会吸引转子磁极反时针旋转。

Q070

无刷电动机的转动过程是怎样的?

A070

无刷电动机的霍尔元件安装在靠近转子磁极的位置，输出端分别加到两个晶体管的基极，用于输出极性相反的电压，控制晶体管导通与截止状态，从而控制无刷电动机绕组中的电流，使其绕组产生磁场吸引转子连续运转。其具体的转动过程如下。

步骤一：霍尔元件靠近转子S极时的转动过程

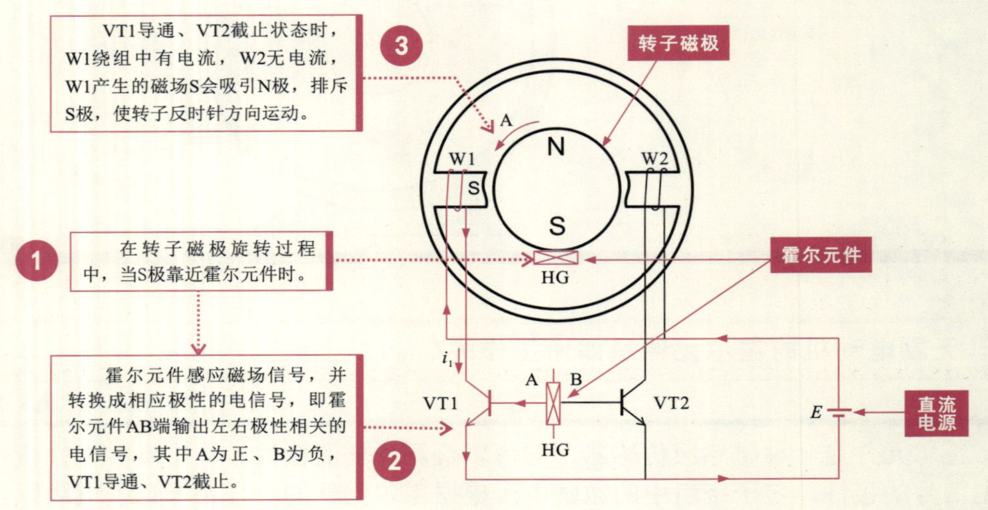

步骤二：霍尔元件处于中性位置时的转动过程

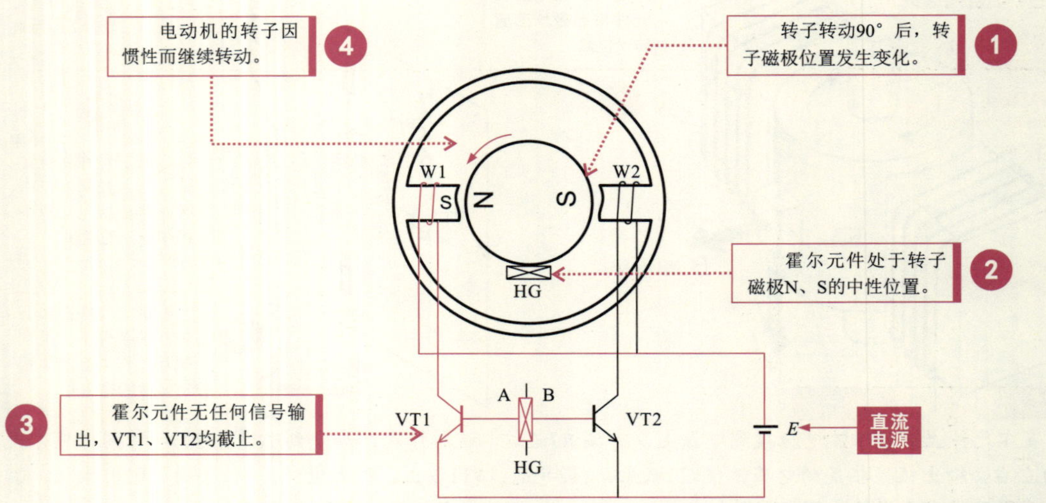

步骤三：霍尔元件靠近转子N极时的工作过程

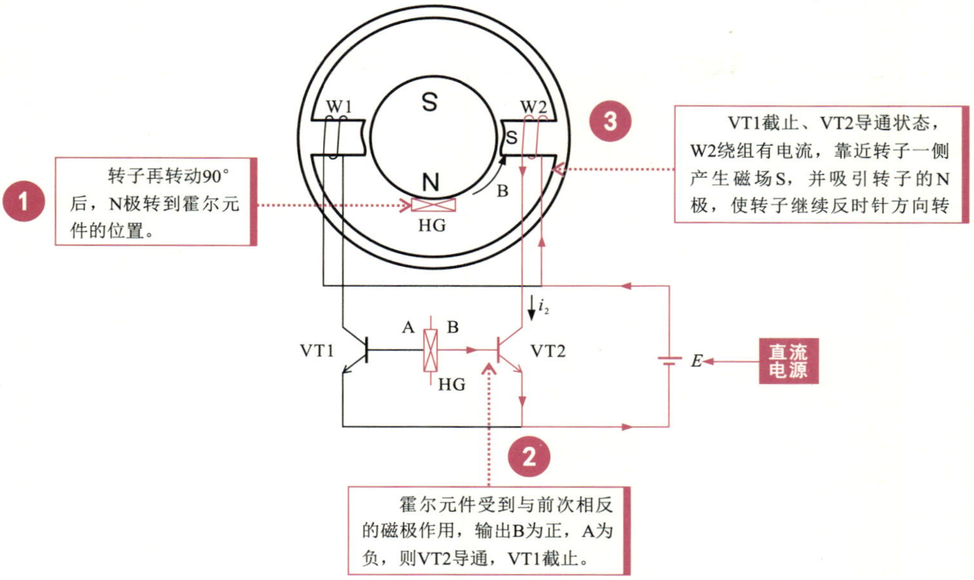

上述无刷电动机的结构中有两个死点（区），即当转子N、S极之间的位置为中性点，在此位置霍尔元件感受不到磁场，因而无输出，则定子绕组也会无电流，电动机只能靠惯性转动，如果恰巧电动机停在此位置，则会无法起动。为了克服上述问题，在电动自行车中多采用双极性三相半波通电方式对无刷电动机进行控制。

Q071 无刷电动机是如何进行控制的?

A071

无刷电动机通常采用双极性三相半波通电方式进行控制，所谓双极性是指绕组中的电流方向在电子开关的控制下可双向流动，使无刷电动机定子绕组中的电流循环导通，并形成旋转磁场，该控制方式的连接方式及具体的控制过程如下。

三角形联结方式

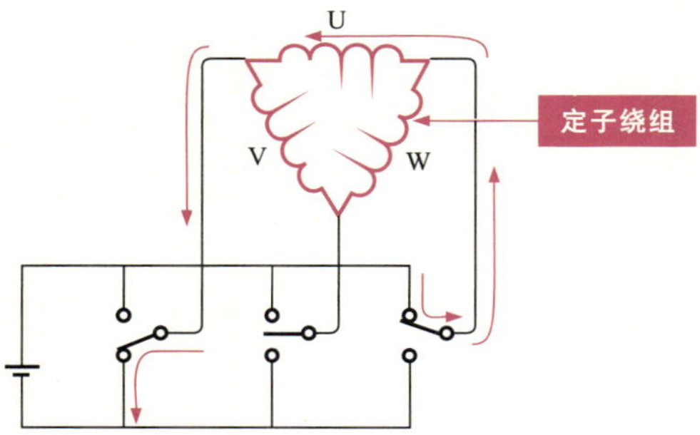

星形联结方式

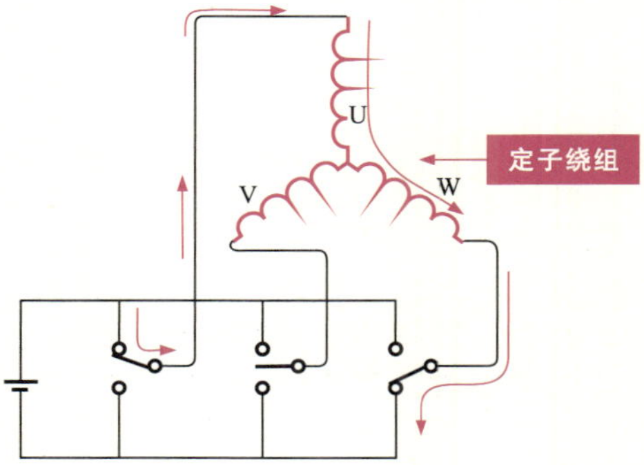

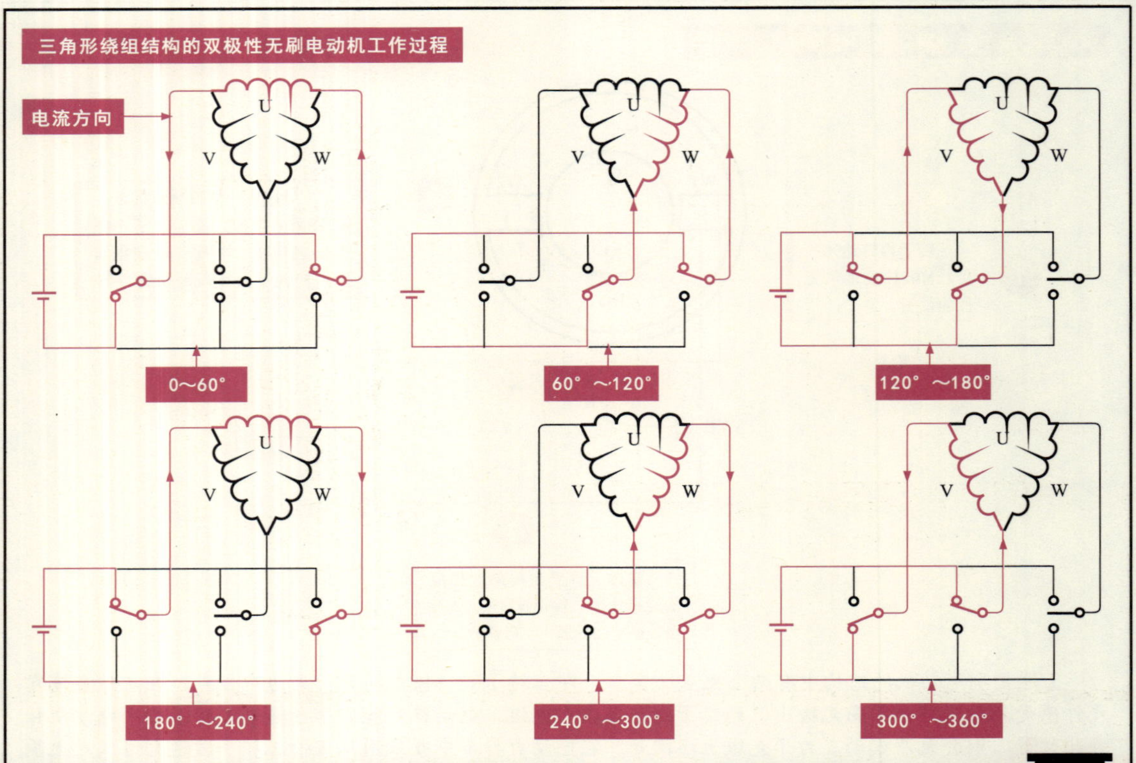

Q072

采用双极性控制方式的无刷电动机的驱动过程是怎样的?

A072

无刷电动机中的开关通常是由场效应晶体管构成的（控制器中）。为了实现开关有序的变换，必须有一套控制驱动电路的方法，其具体驱动过程如下。

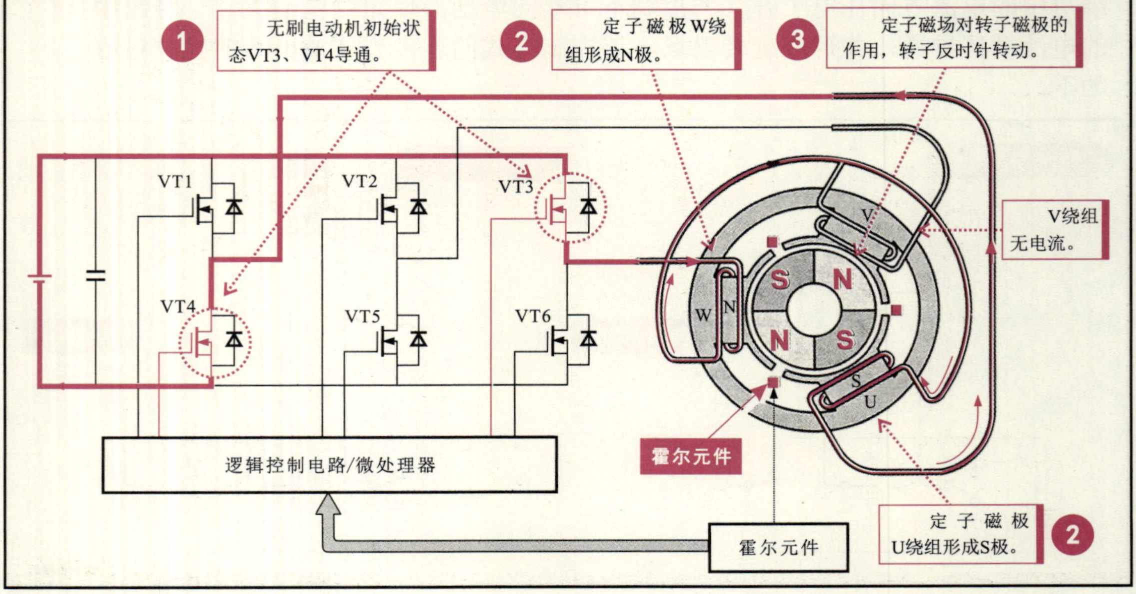

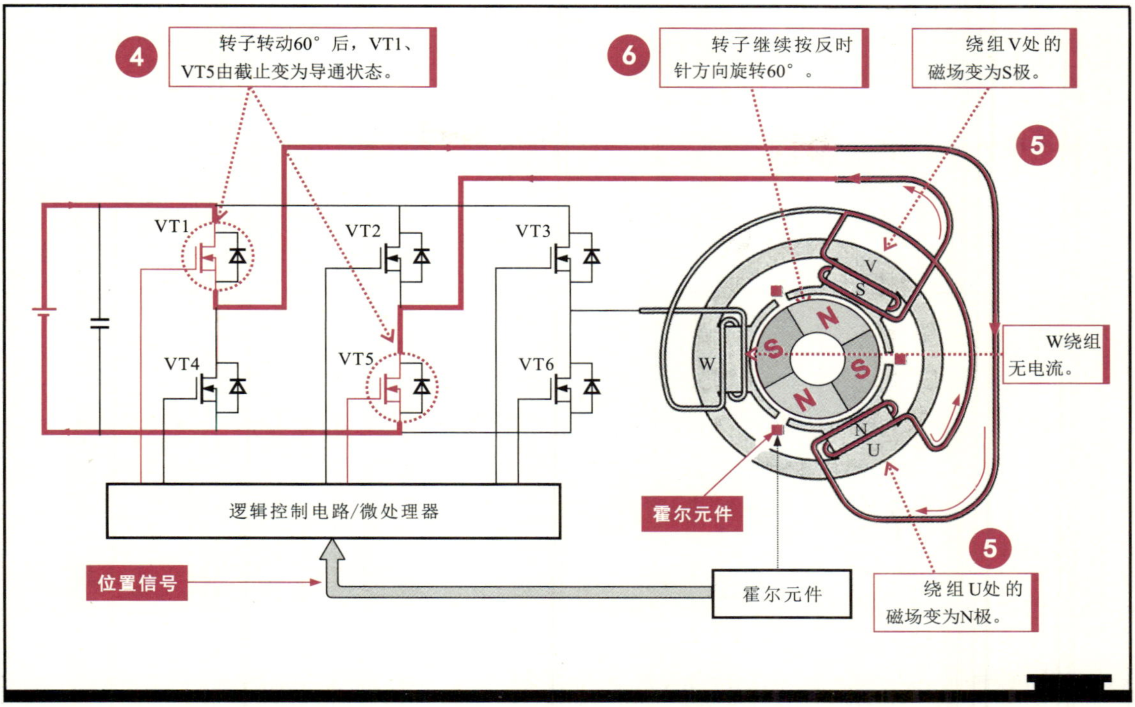

Q073

电动机在电动自行车中起什么作用？

A073

电动机是电动自行车的关键部件之一，也是电动自行车中的动力源部件。它的主要功能就是在控制器的控制下将蓄电池输出的电能转换为驱动电动自行车行驶的机械能。

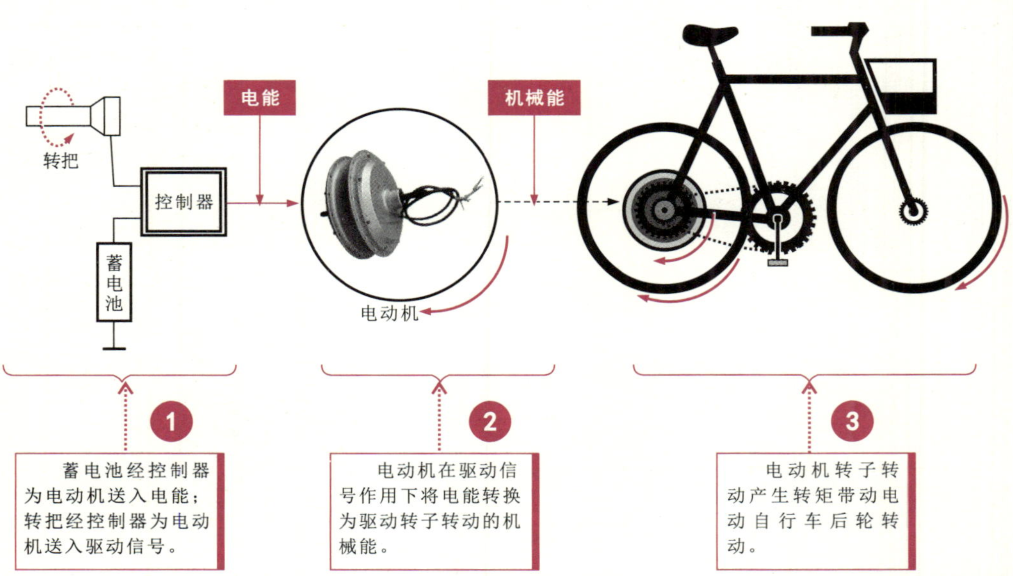

Q074 电动自行车的无刷电动机应该如何拆解?

A074

电动自行车无刷电动机的拆解方法略为复杂，我们可以分成三个步骤进行，第一步拆卸带有无刷电动机的后轮，第二步拆卸无刷电动机的后端盖，第三步拆卸无刷电动机的前端盖并分离定子及转子，具体拆解步骤如下。

步骤一：拆卸带有无刷电动机的后轮

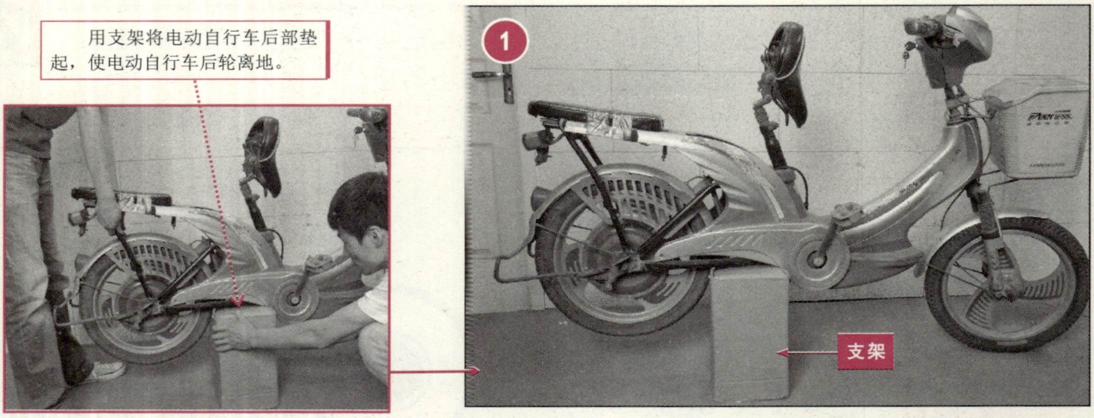

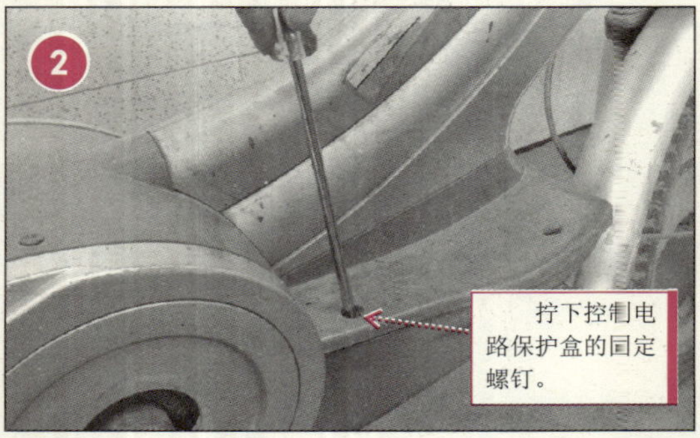

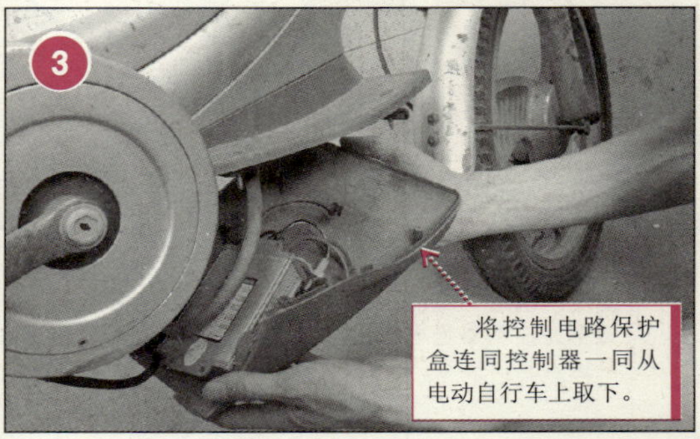

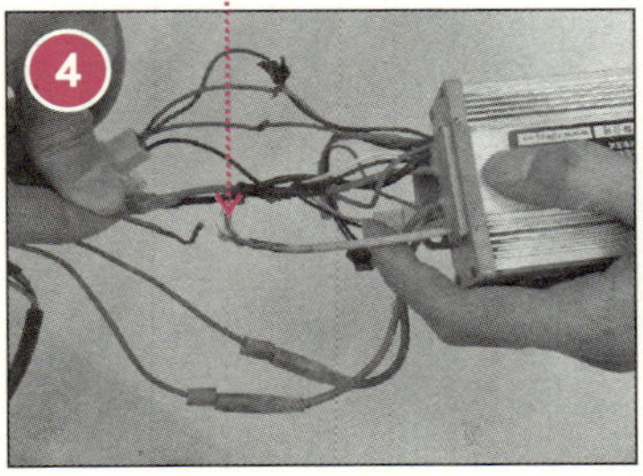

将连接无刷电动机与控制器的黄色引线拔开。

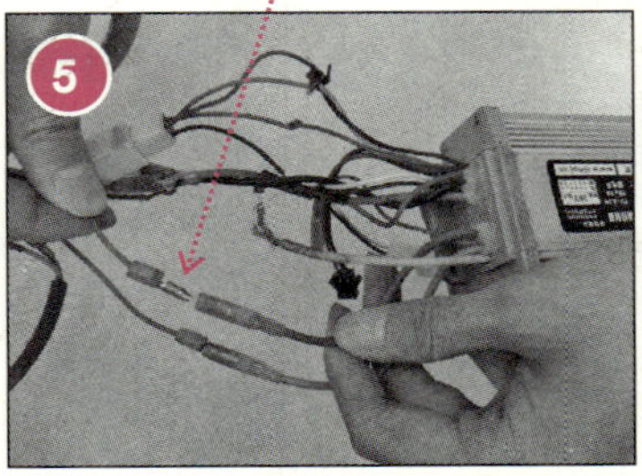

将连接无刷电动机与控制器的蓝色引线拔开。

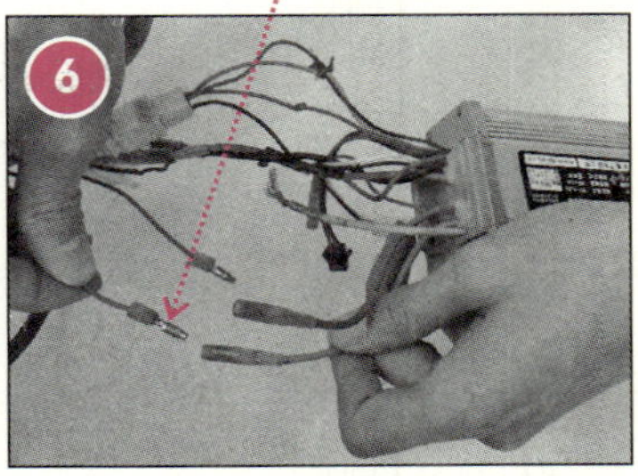

将连接无刷电动机与控制器的绿色引线拔开。

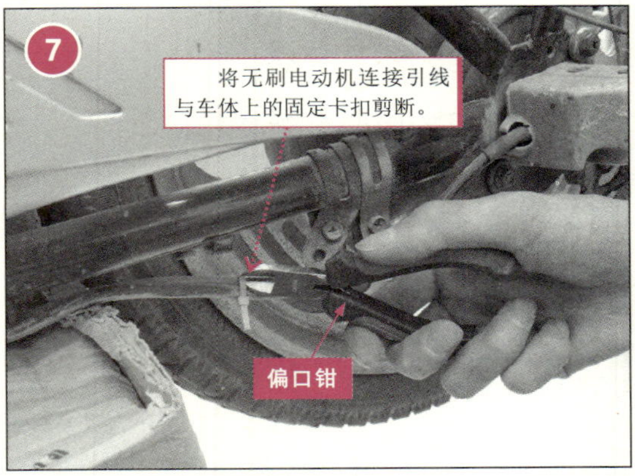

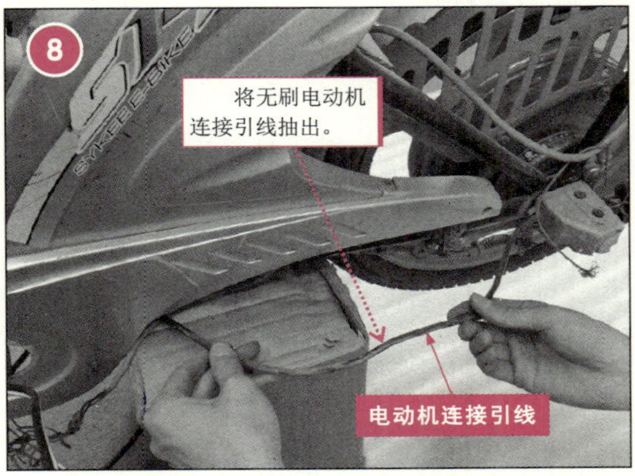

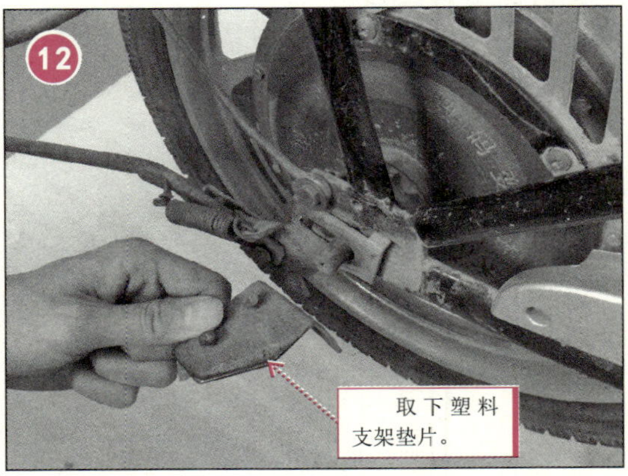

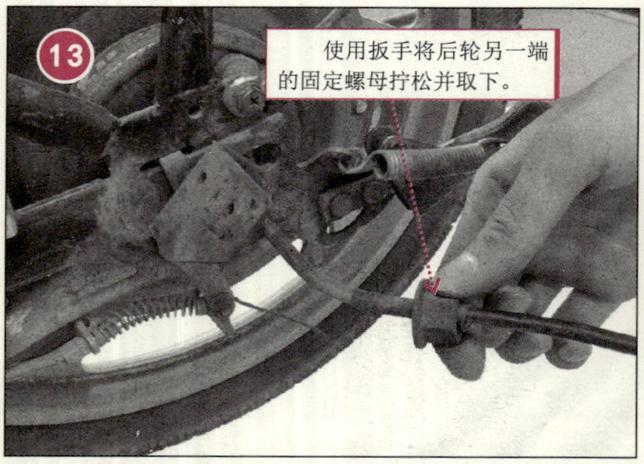

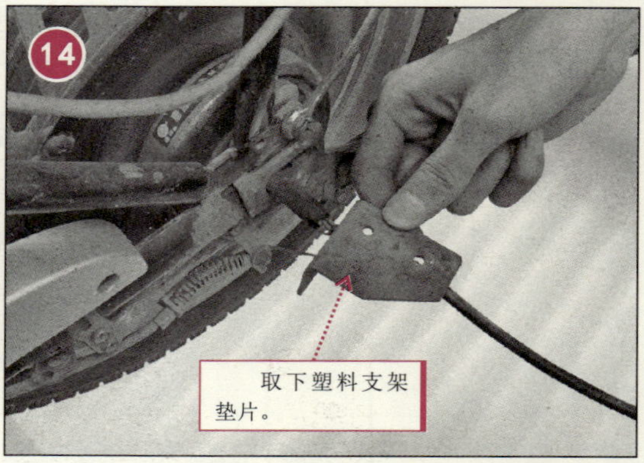

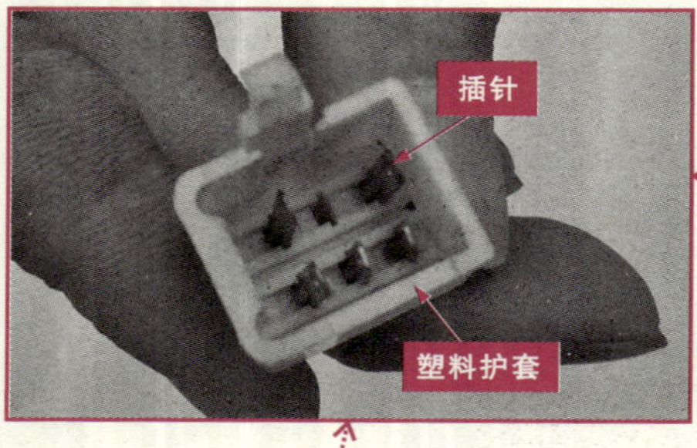

观察电动机霍尔元件连接引线插头的连接方式。

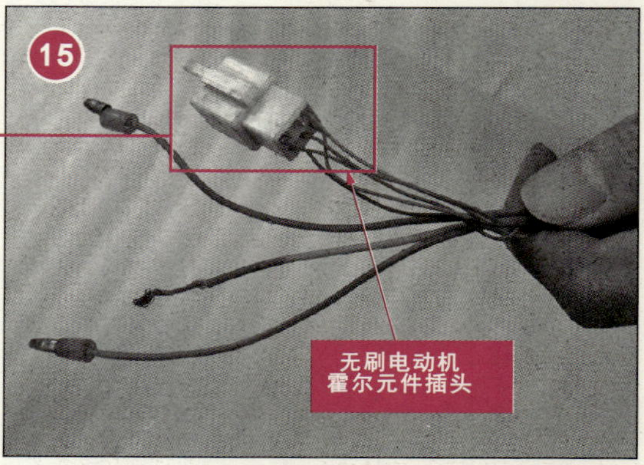

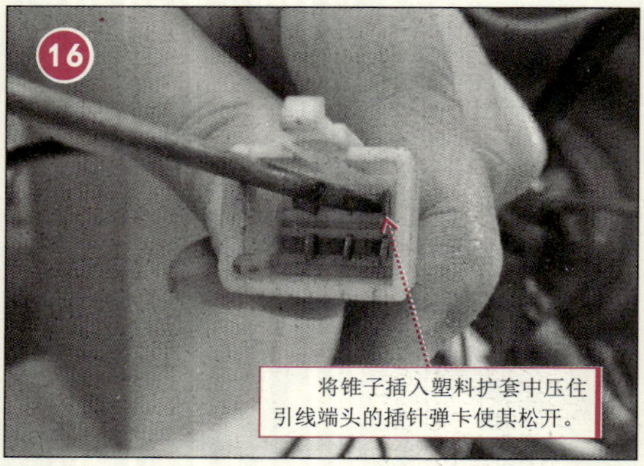

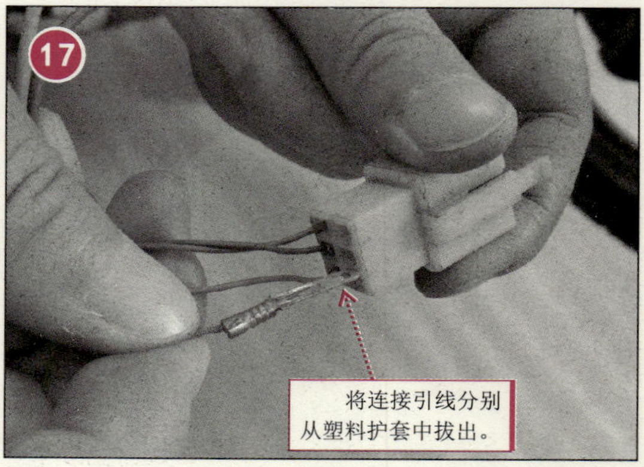

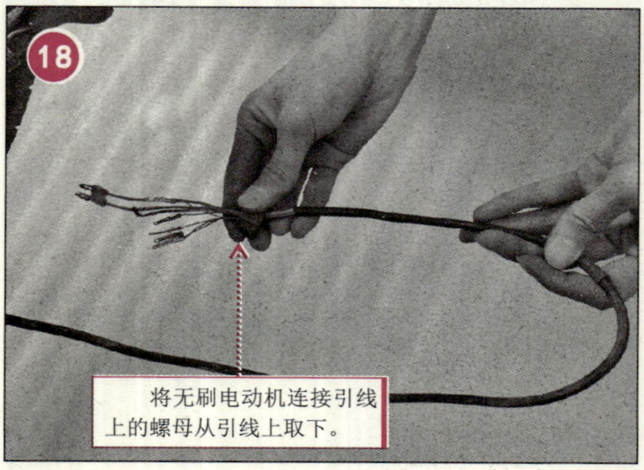

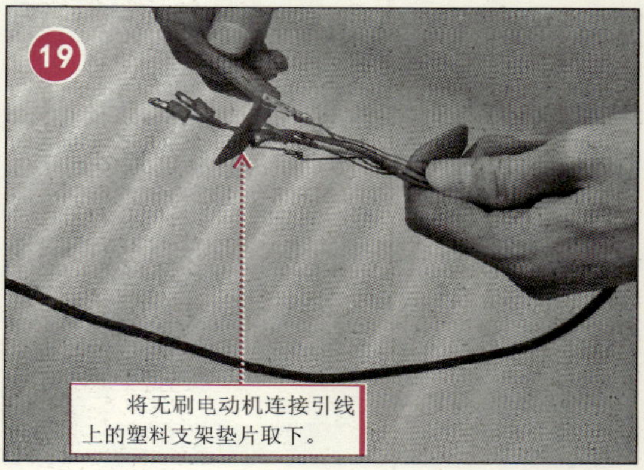

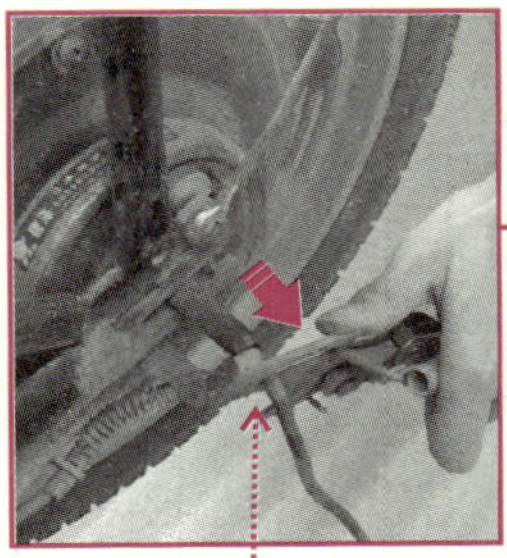

向左侧摆动车梯，将车梯从电动机轴上取下。

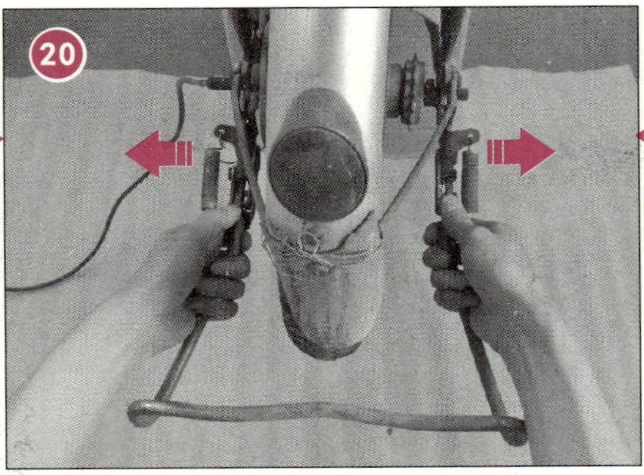

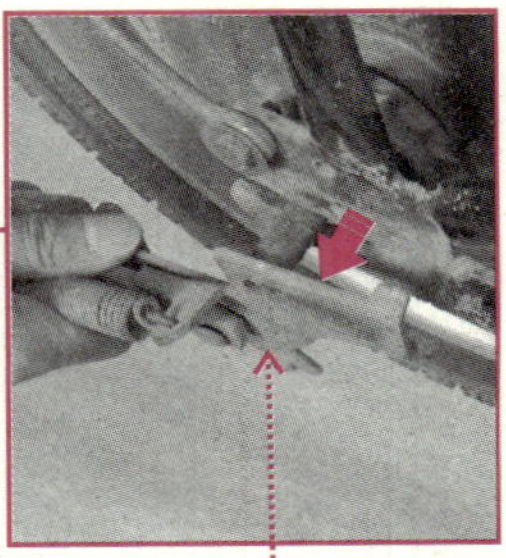

向右侧摆动车梯，将车梯从电动机轴上取下。

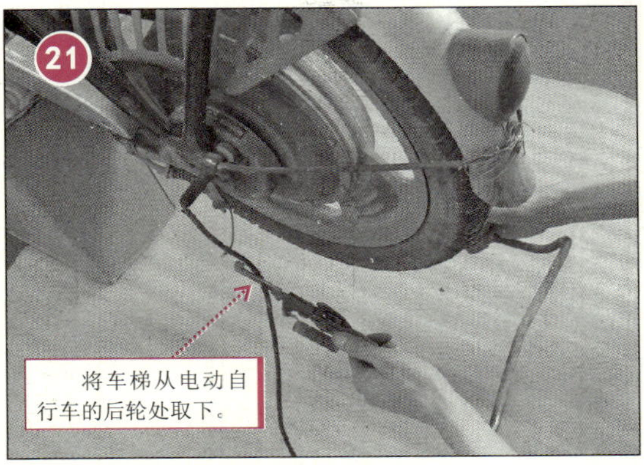

将车梯从电动自行车的后轮处取下。

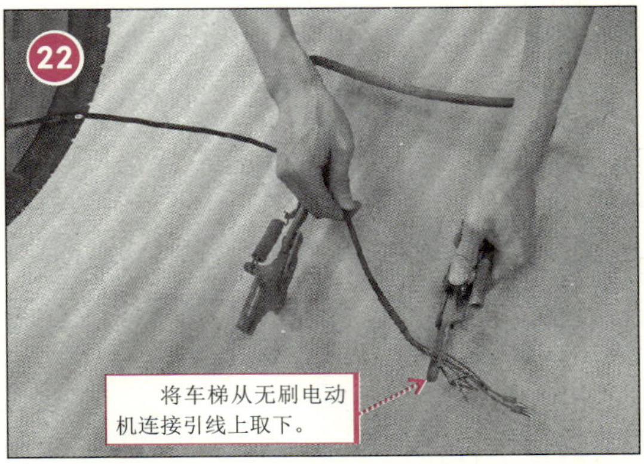

将车梯从无刷电动机连接引线上取下。

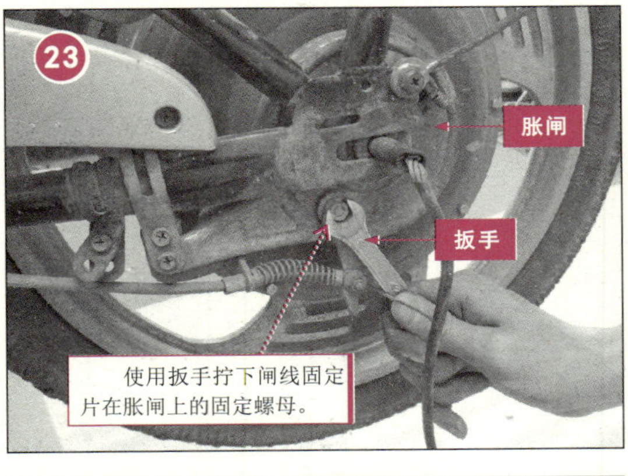

使用扳手拧下闸线固定片在胀闸上的固定螺母。

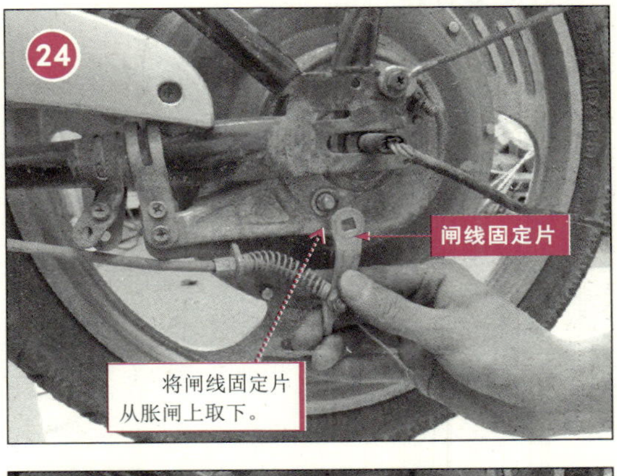

将闸线固定片从胀闸上取下。

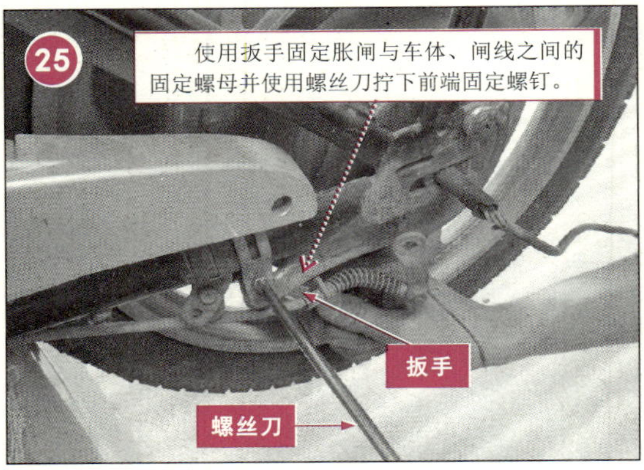

使用扳手固定胀闸与车体、闸线之间的固定螺母并使用螺丝刀拧下前端固定螺钉。

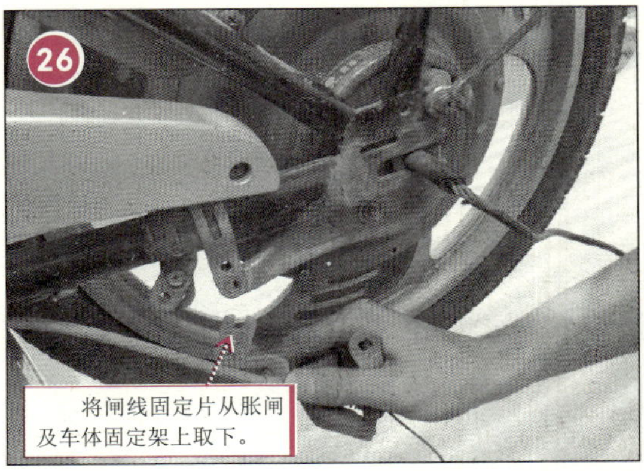

将闸线固定片从胀闸及车体固定架上取下。

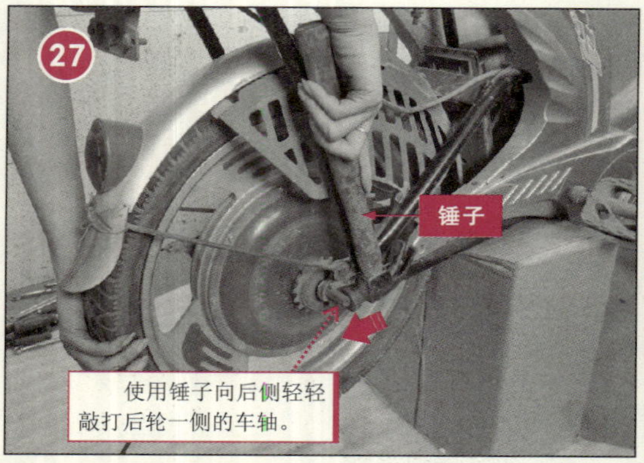

使用锤子向后侧轻轻敲打后轮一侧的车轴。

使用锤子向后侧轻轻敲打后轮另一端的车轴。

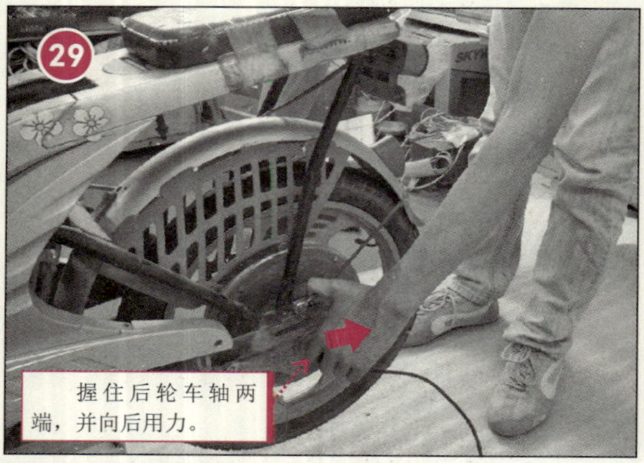

握住后轮车轴两端，并向后用力。

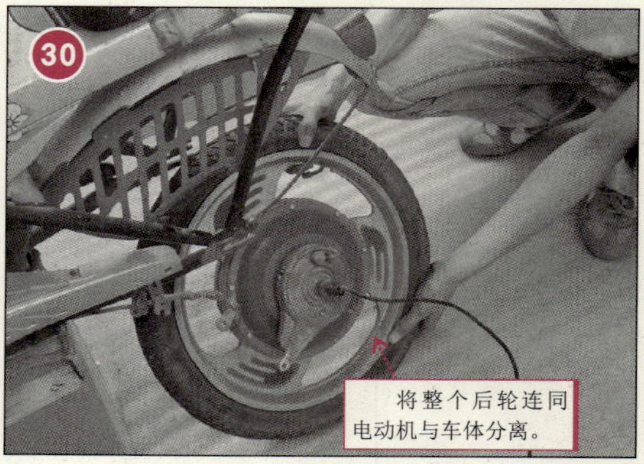

将整个后轮连同电动机与车体分离。

步骤二：拆卸无刷电动机的后端盖

将无刷电动机带有链条齿轮一侧的垫片取下。

将无刷电动机带有胀闸一侧的垫片取下。

将胀闸从无刷电动机上取下。

使用记号笔在无刷电动机的前后端盖上做好拆装标记，以便重装时能够完全对应。

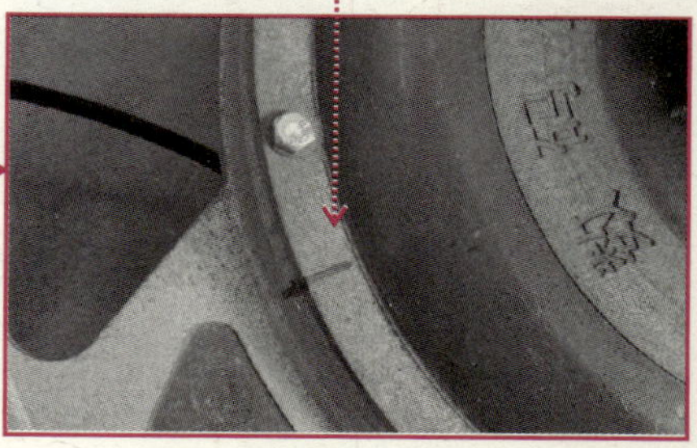

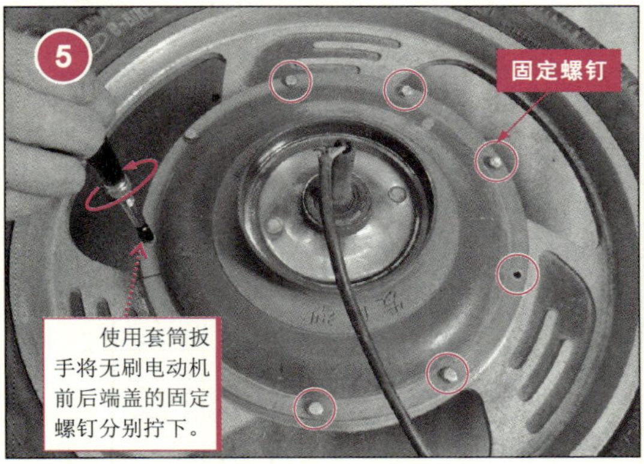
5
固定螺钉
使用套筒扳手将无刷电动机前后端盖的固定螺钉分别拧下。

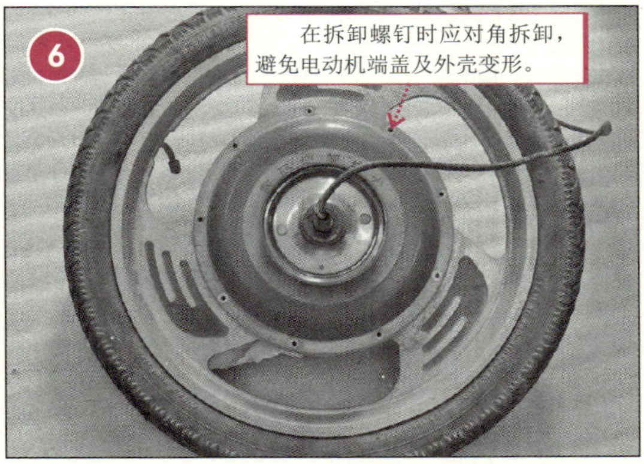
6
在拆卸螺钉时应对角拆卸，避免电动机端盖及外壳变形。

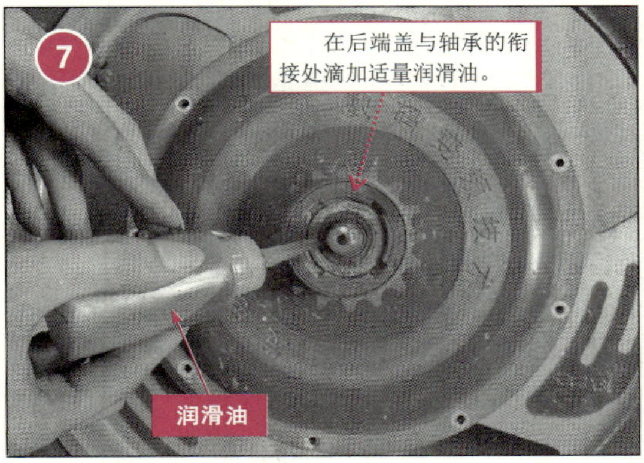
7
在后端盖与轴承的衔接处滴加适量润滑油。
润滑油

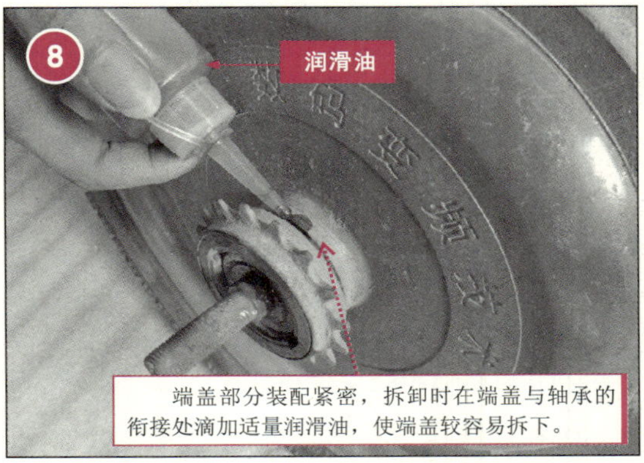
8
润滑油
端盖部分装配紧密，拆卸时在端盖与轴承的衔接处滴加适量润滑油，使端盖较容易拆下。

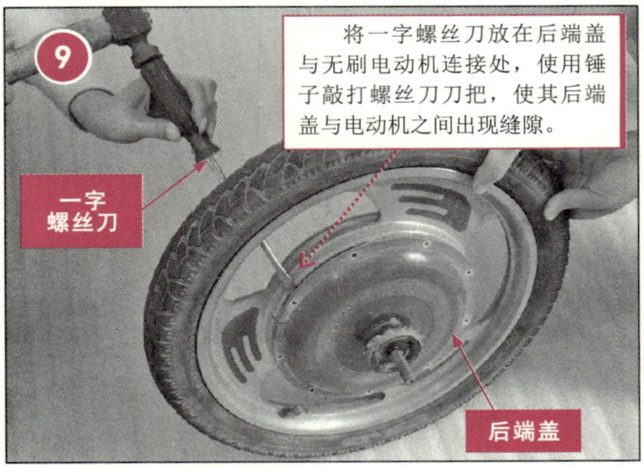
9
将一字螺丝刀放在后端盖与无刷电动机连接处，使用锤子敲打螺丝刀刀把，使其后端盖与电动机之间出现缝隙。
一字螺丝刀
后端盖

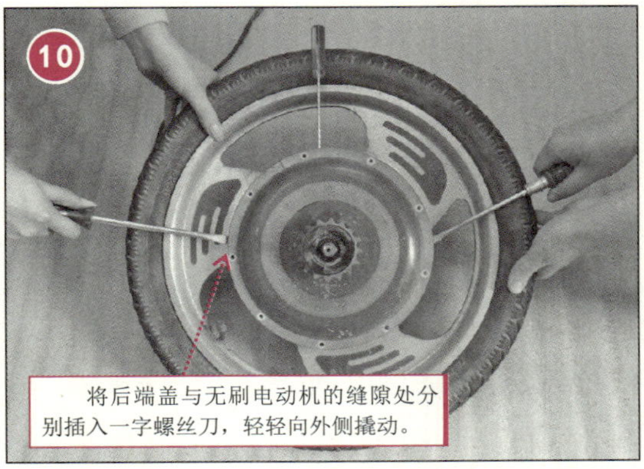
10
将后端盖与无刷电动机的缝隙处分别插入一字螺丝刀，轻轻向外侧撬动。

11
从无刷电动机上取下松动的后端盖。

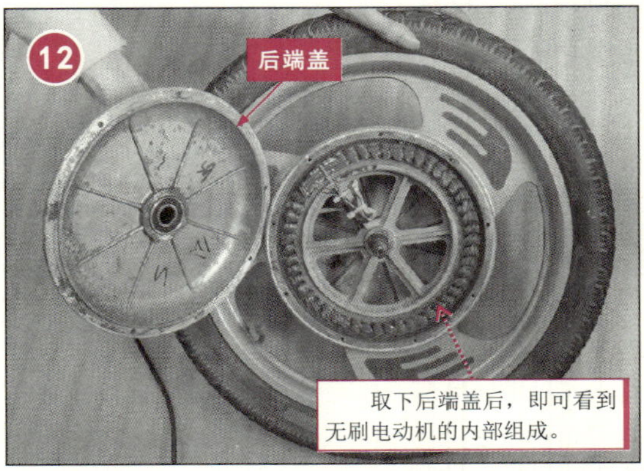
12
后端盖
取下后端盖后，即可看到无刷电动机的内部组成。

步骤三：拆卸无刷电动机的前端盖并分离定子及转子

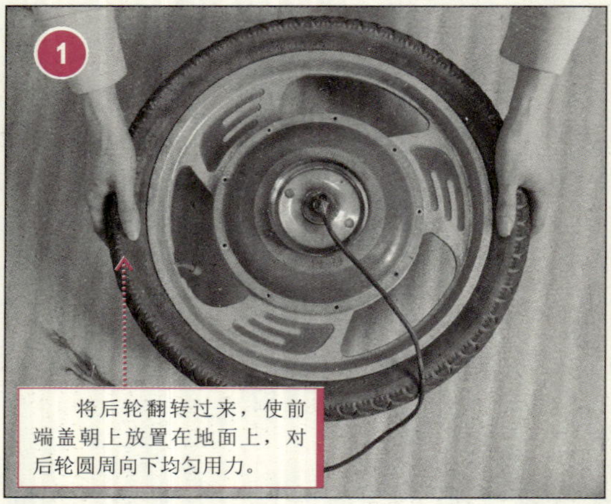

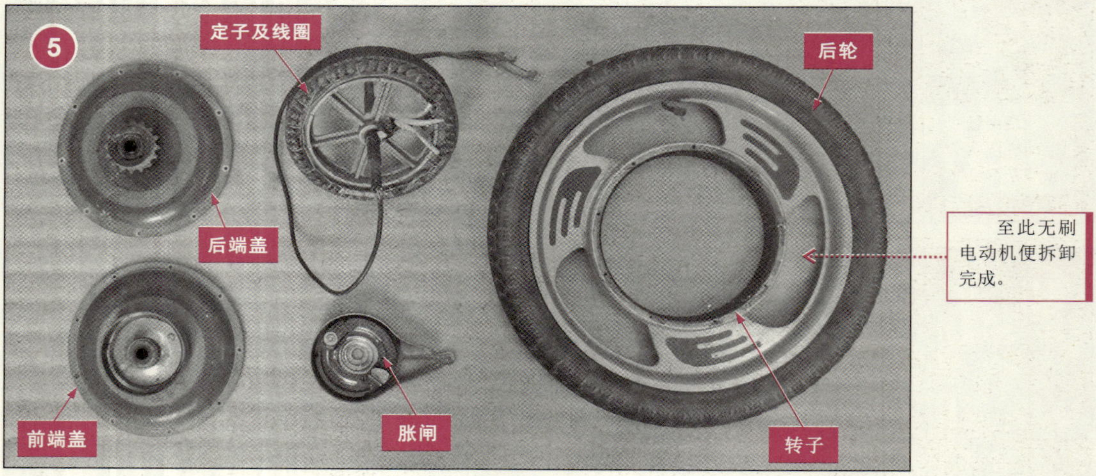

在对无刷电动机进行拆卸前应清洁操作场地，防止杂物吸附到无刷电动机内的磁钢上，影响电动机性能。若不需要对无刷电动机内部进行检修或更换，应尽量避免对电动机内部的拆卸，防止重装不当引起损耗过多，降低无刷电动机本身性能或使用寿命。另外，若怀疑无刷电动机损坏，可以直接更换整个电动机。

Q075

电动自行车的有刷电动机应该如何拆解？

A075

在对有刷电动机进行拆卸时，应先将带有有刷电动机的后轮从电动自行车上拆卸下来，然后分成两大步骤对有刷电动机进行拆解，第一步拆卸有刷电动机的后端盖，第二步拆卸有刷电动机的定子及转子，具体拆解步骤如下。

步骤一：拆卸有刷电动机的后端盖

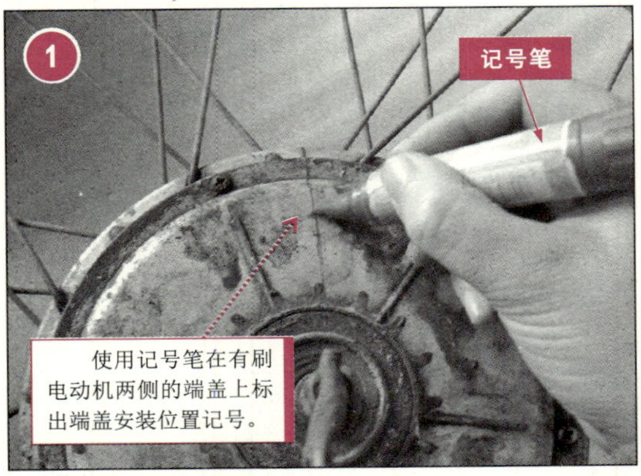

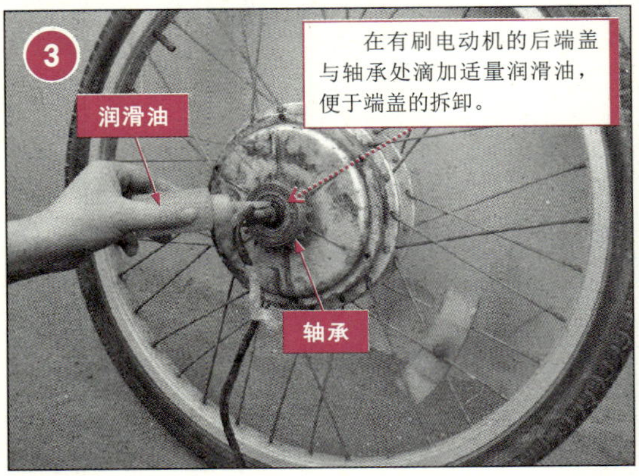

步骤二：拆卸有刷电动机的定子及转子

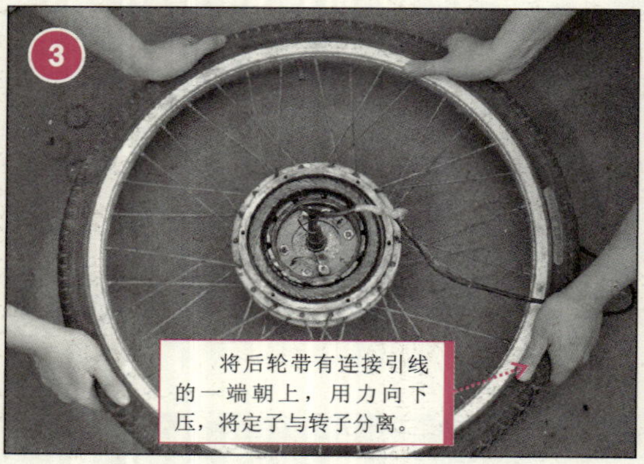

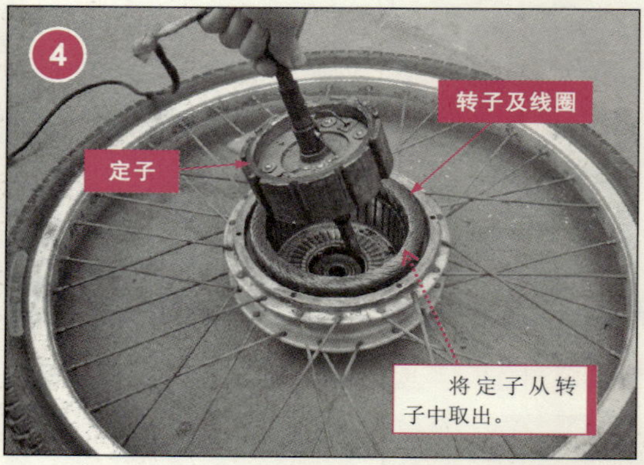

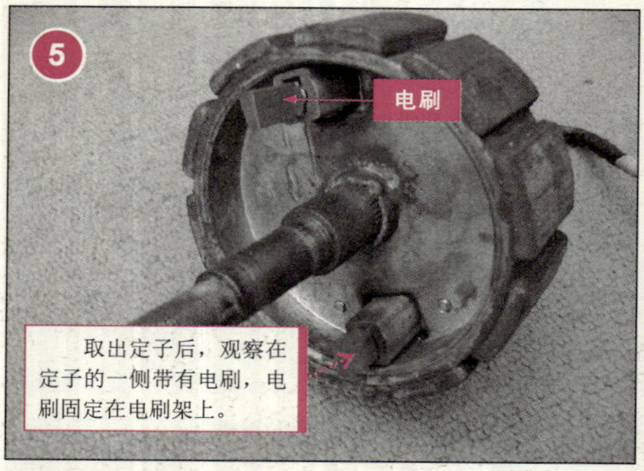

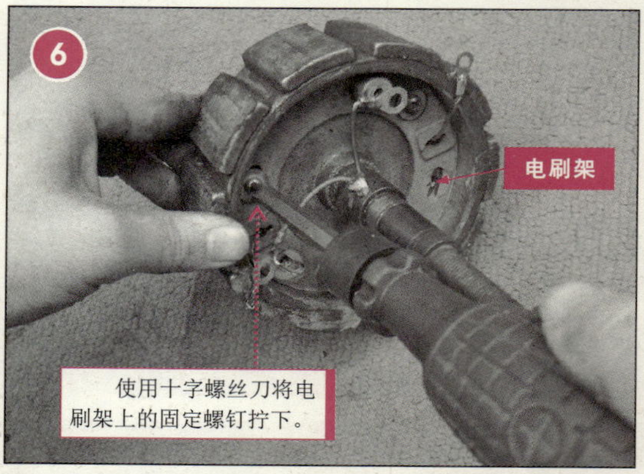

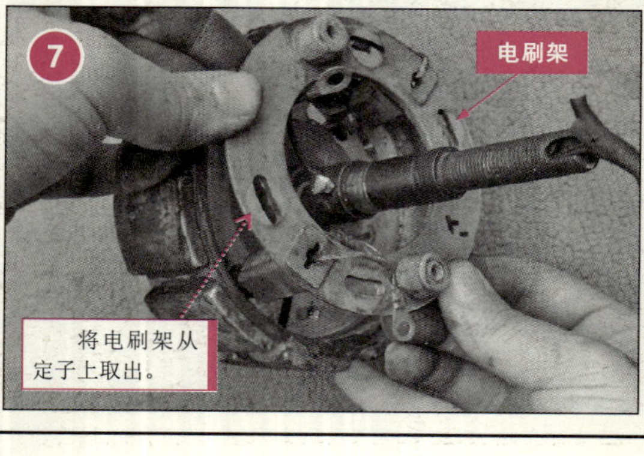

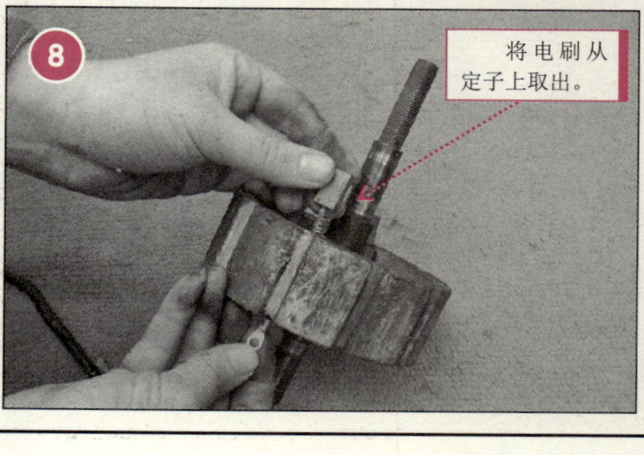

Q076

如何检修电动自行车有刷电动机内部的短路或断路故障?

A076

由于有刷电动机的供电引线从电动机输出后需要弯曲近90°后，才能引入车体中部与控制器相连接，因此应重点检查弯曲部分有无短路或断路情况，引线内部所连接电刷、换向器及转子绕组有无断路故障等。其具体检修方法如下所示。

检测示意图

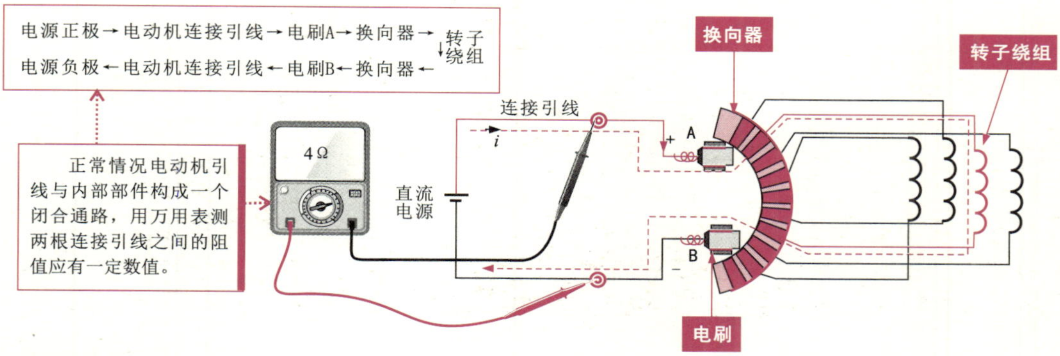

实际检测操作

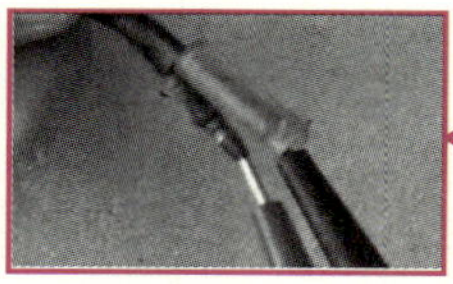

② 将万用表红黑表笔分别接在有刷电动机连接引出线上。

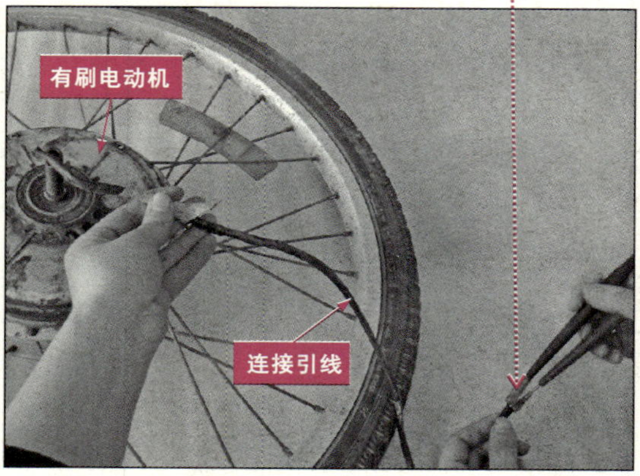

③ 正常情况下测得有刷电动机内部电气部件之间的阻值为4.1Ω。

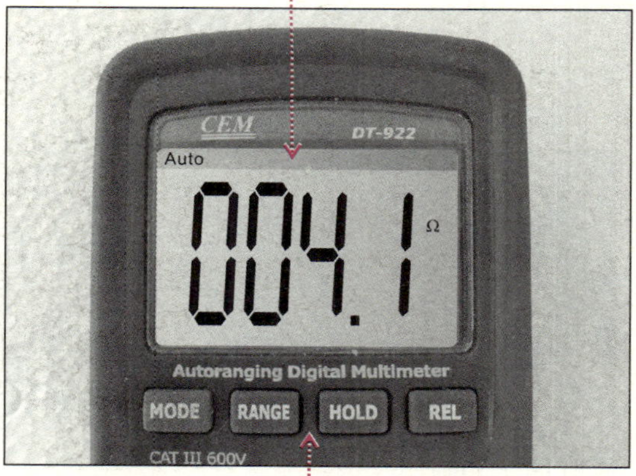

① 将万用表挡位旋钮调至“欧姆挡”

正常情况下，有刷电动机供电引线之间应有几欧姆阻值。若在改变引线状态时，发现万用表测量其阻值有明显变化，则一般说明引线中可能存在短路或断路故障，应更换引线或将引线重新连接好；若电阻值趋于无穷大，说明电动机供电引线线路中可能存在断路故障，如引线断路、电刷未与换向器接触、转子绕组断路等。

Q077

如何检修电动自行车有刷电动机中的电刷和电刷架?

A077

若通过对有刷电动机供电引线间阻值进行检测，怀疑有刷电动机电刷或电刷架异常时，需要对有刷电动机进行拆卸，并找到电刷及电刷架，进行直观检查和判断，其具体检修方法如下。

检查电刷架有无变形、损伤。

若出现变形或损伤，需要使用新的电刷架进行更换。

检查电刷有无磨损或断裂现象。

若电刷上有明显裂痕或磨损严重现象，均需要更换电刷。

【知识扩展】

电刷通过电刷架固定在有刷电动机定子上。

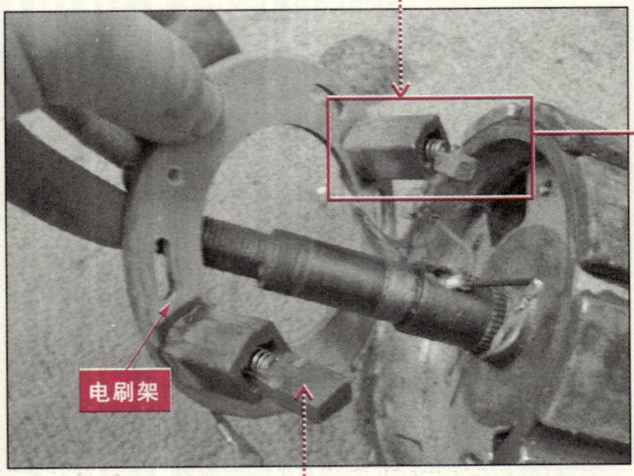

对于电刷及电刷架的检查主要是检查有无明显变形或磨损的现象。

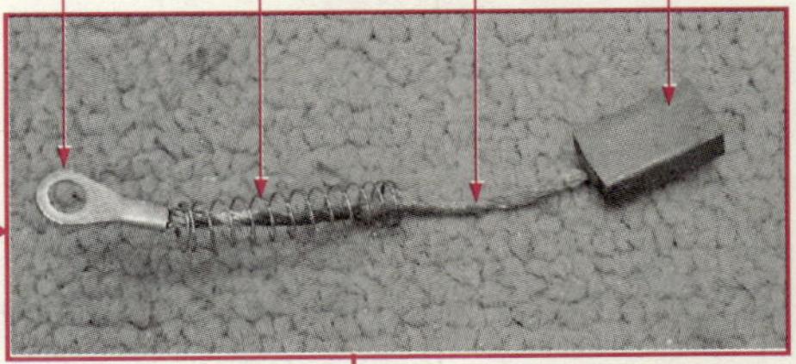

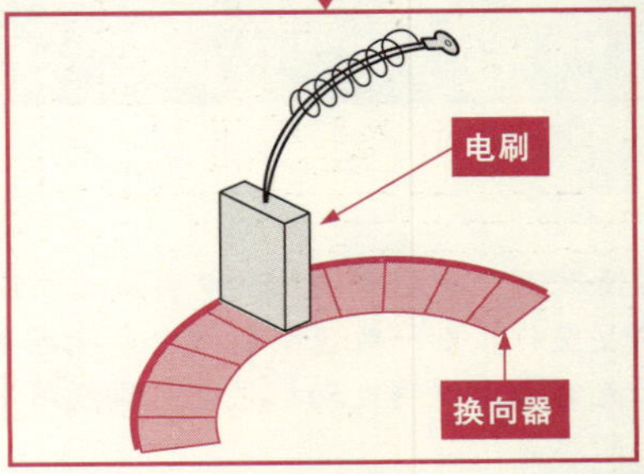

Q078

如何检修电动自行车有刷电动机中的换向器和转子绕组?

A078

换向器和转子绕组是有刷电动机中重要的组成部件，通常采用直接观察法、打磨法进行判断和修复，其具体的检修方法如下。

若一两个线圈断开并不影响运行，但速度和驱动力会下降，性能不稳。随着断开的线圈增多电动机便无法起动。

2 检查电动机线圈有无断线情况。

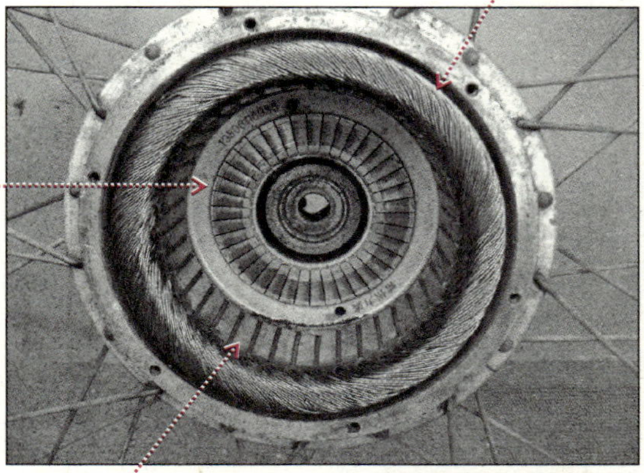

1 检查换向器表面有无明显氧化或破损现象。

若换向器氧化，通常可使用砂纸对换向器表面进行打磨。

3 检查换向器表面有无明显氧化或破损现象。

换向片中的电刷粉堆积过多会影响电动机效率，应对其进行清除。

【知识扩展】

换向器安装在转子上，与转子绕组相连接。

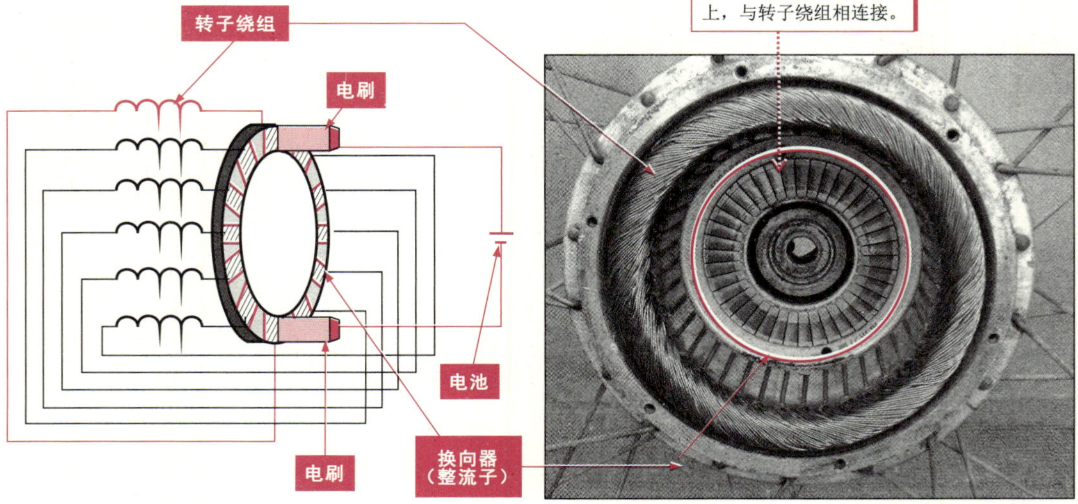

Q079 如何检修电动自行车有刷电动机中的轴承和定子永磁体?

A079

对有刷电动机轴承、定子永磁体等机械部件一般通过外观进行检查，根据具体检查结果采取适当措施进行补救或修复，其具体检修过程如下。

轴承的检查

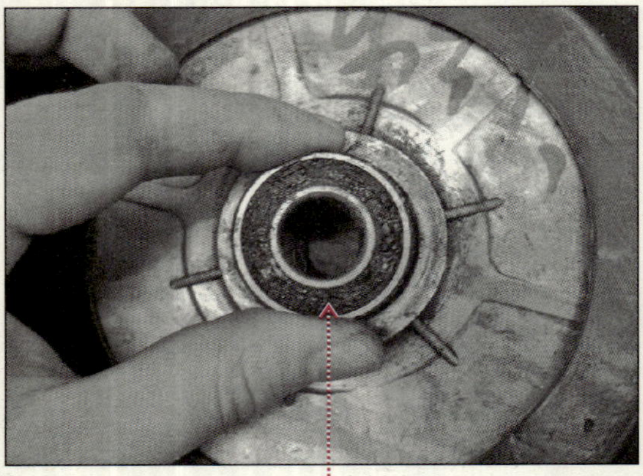

1 观察轴承外观有无缺少润滑油、锈蚀磨损、轴承内钢珠有无脱落现象。

若润滑不良或锈蚀，则需要对其进行清洗并重新润滑。

若轴承良好，则旋转平稳无停滞；若转动中有杂音或突然停止，则表明轴承已损坏，需更换。

2 用手捏住轴承内圈，另一只手推动外钢圈使其旋转。

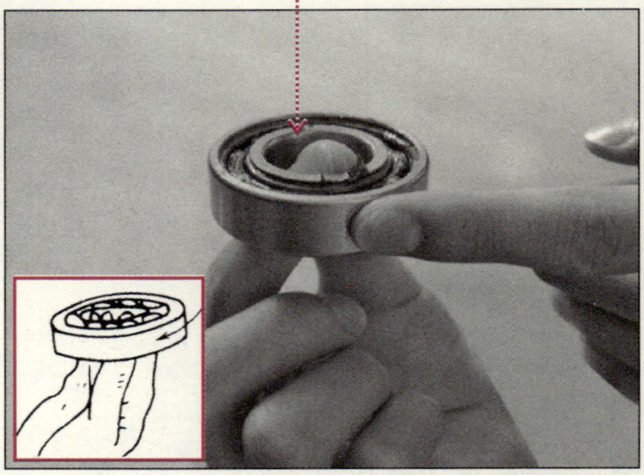

如果有较大或明显的撞击声，则此轴承有可能有损坏。

3 双手握住轴承左右晃动检查有无较大或明显的撞击声。

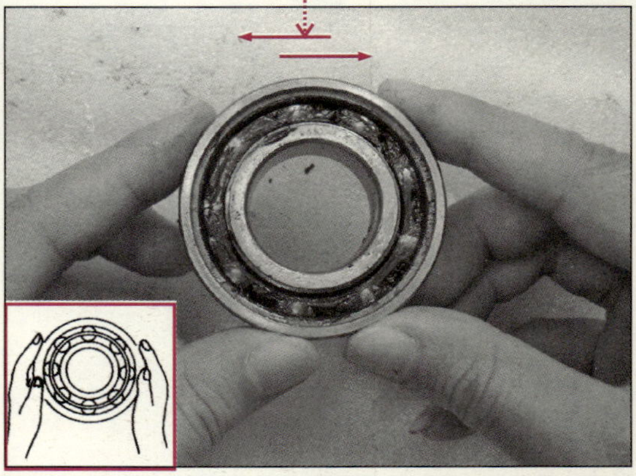

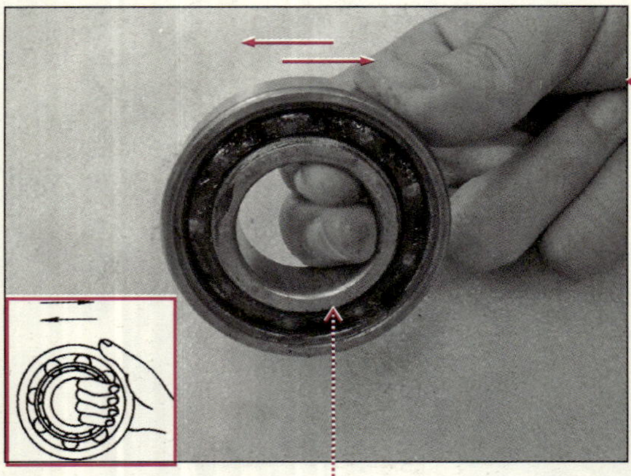

4 将轴承握入手中，前后晃动检查有无较大或明显的撞击声。

轴承的润滑

1 将轴承直接浸泡在煤油中5～10分钟。

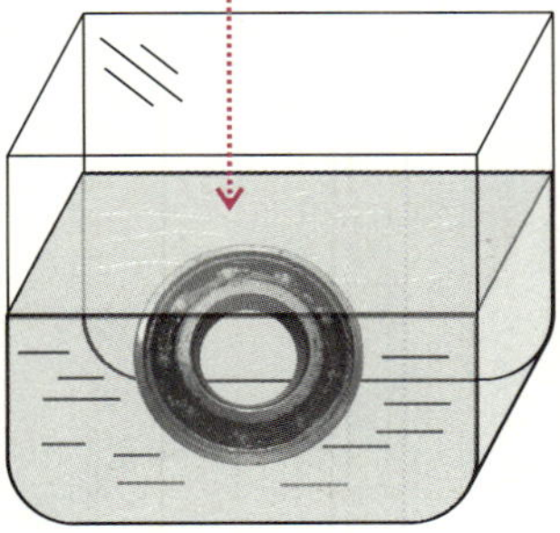

2 浸泡后，一手捏住内环，另一只手转动外环，轴承上的干油或防锈膏就会掉下来。

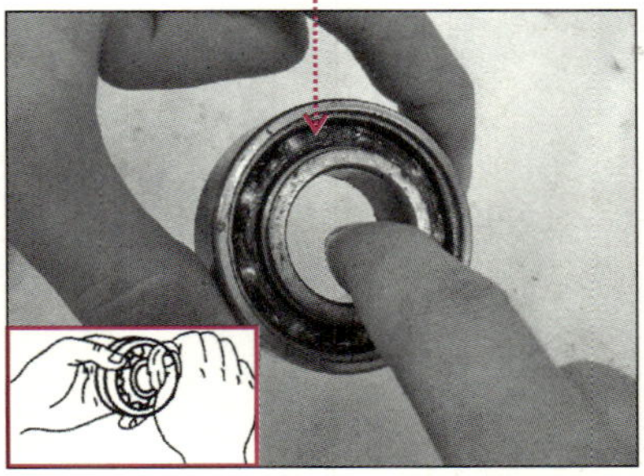

3 将轴承放入洁净的煤油中，用软毛刷对钢珠和缝隙内进行清洗

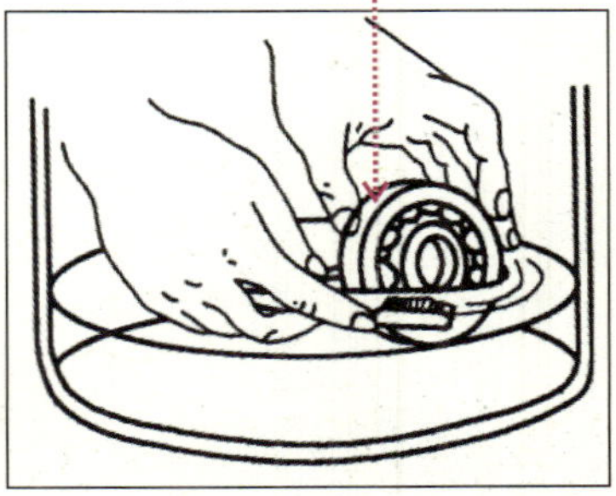

4 将润滑脂与润滑油按照6:1到5:1的比例搅拌均匀，为补充润滑做好准备。

5 将润滑脂均匀涂抹在轴承空腔内，并用手的压力往轴承转动部分的各个缝隙挤压。

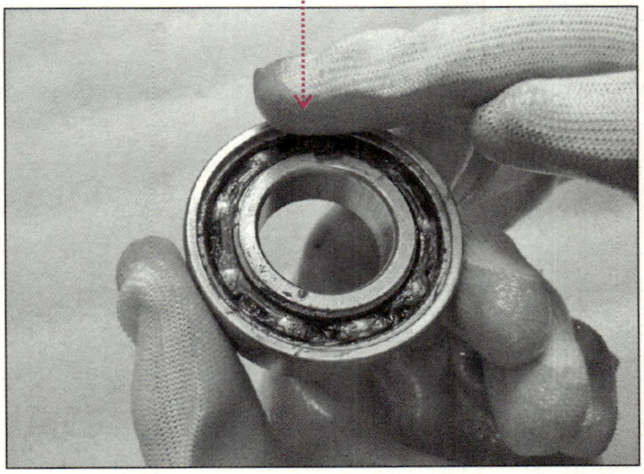

6 在涂抹润滑脂的同时，不时转动轴承，让润滑脂均匀的进入内部。

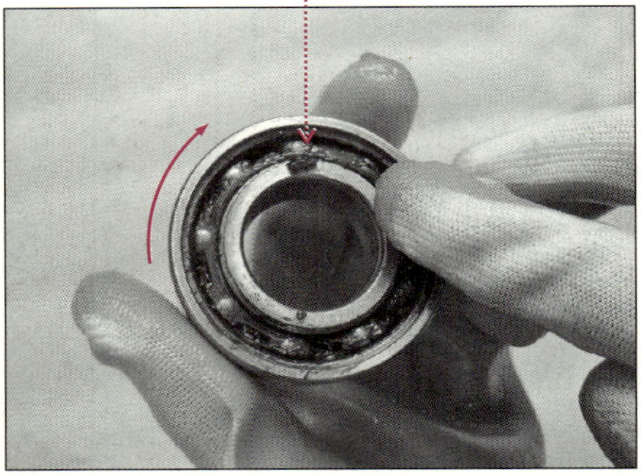

7 清洗修复完成的轴承，重新装入电动机端盖中即可。

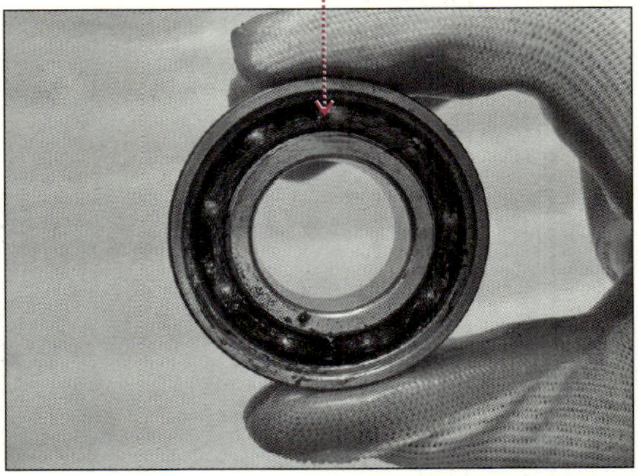

定子永磁体的检修

检查定子永磁体（磁钢片）有无松脱现象。

① 若出现脱落，重新粘合磁钢片或更换电动机。

检查定子永磁体（磁钢片）有无锈蚀现象

② 若出现锈蚀，可用细砂纸打磨磁钢片

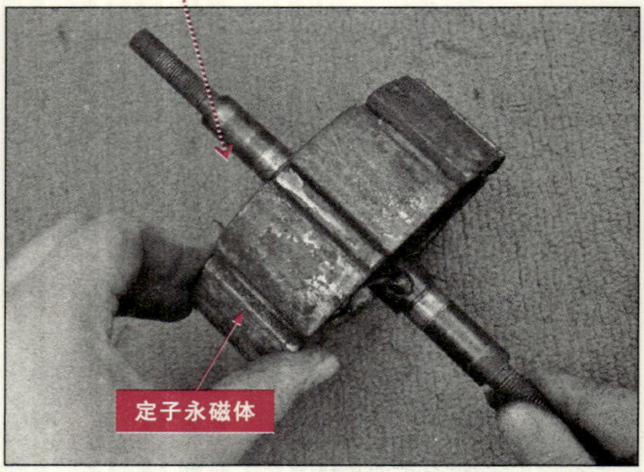

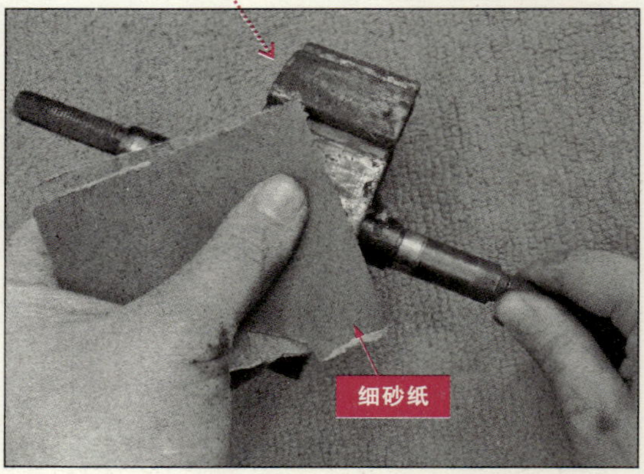

对有刷电动机进行检修前，首先应对电动机外部条件进行检查。如检查电动机输出引线有无短路、断路现象，确认故障是由电动机内部部件损坏引起的，再进行拆解，对内部电刷、电刷架、换向器以及轴承、定子永磁体等机械部件进行检修。

Q080

如何检修电动自行车无刷电动机的定子绕组？

A080

一般无刷电动机的连接引线有八根，其中电动机的定子绕组有三根线，即黄色、蓝色、绿色三根较粗引线，用于引入三相驱动信号。可通过检测这三根绕组引线两两间的阻值，判断定子绕组有无短路或断路故障，其具体的检修方法如下。

检测示意图

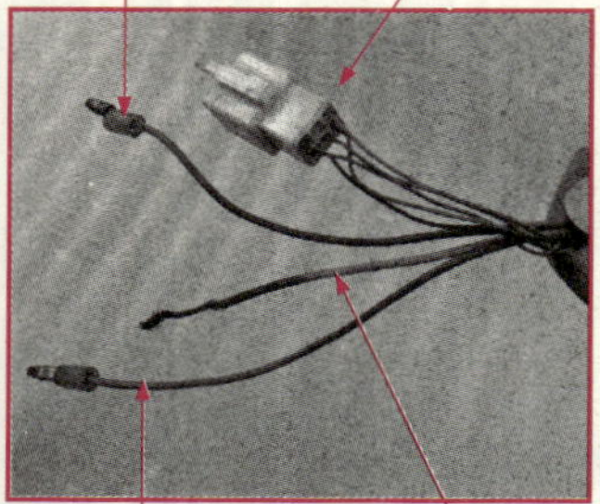

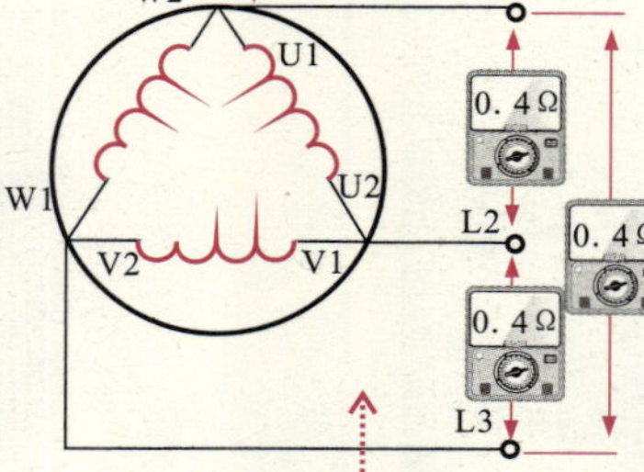

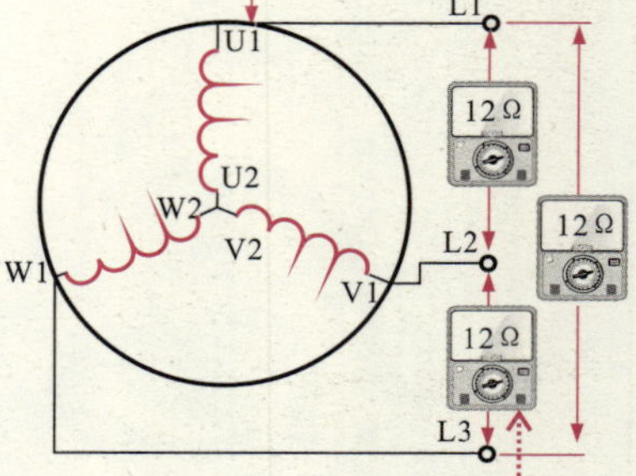

实际检测操作

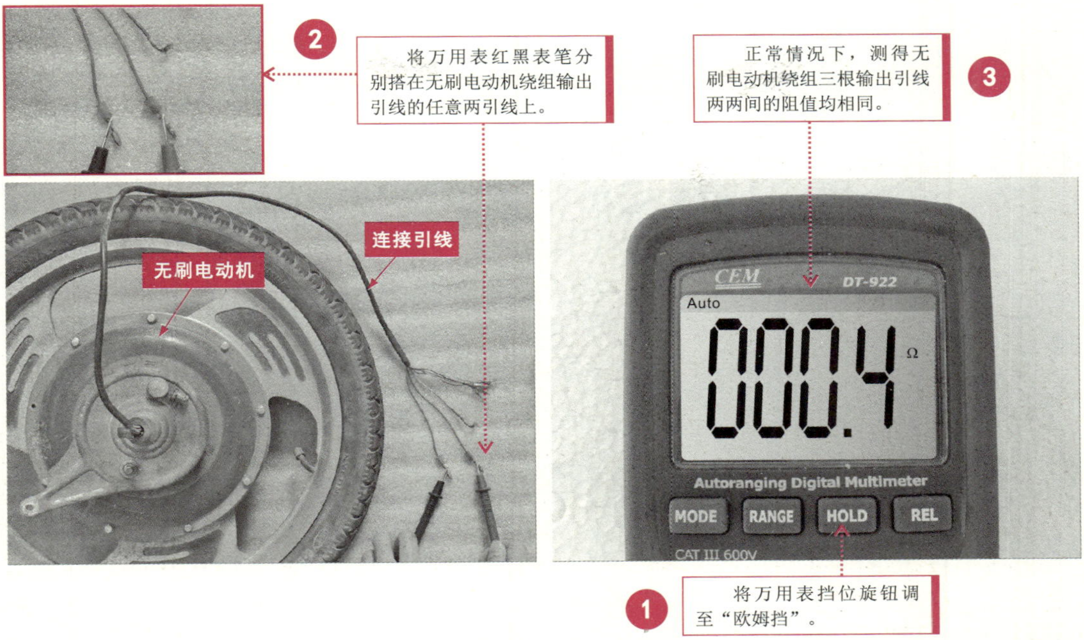

正常情况下，无刷电动机定子绕组三根引线两两间的阻值应该相同；若测得阻值不一致，则可能定子绕组间存在短路或断路故障。根据维修经验，判断无刷电动机绕组时，可在三根相线悬空的情况下，电动机用手空转应无阻力，任意两根相线短路，电动机有明显间断阻力，且阻力一致。

Q081

如何检修电动自行车无刷电动机的霍尔元件？

A081

霍尔元件作为电动机的位置传感器直接决定了电动机的运转状态。判断霍尔元件的好坏一般可通过万用表检测霍尔元件信号线与接地线之间正、反向阻值的方法进行判断，具体检测方法如下。

判别霍尔元件输出引线

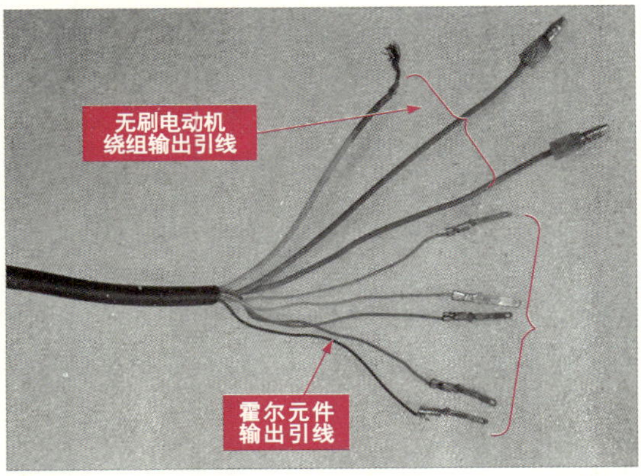

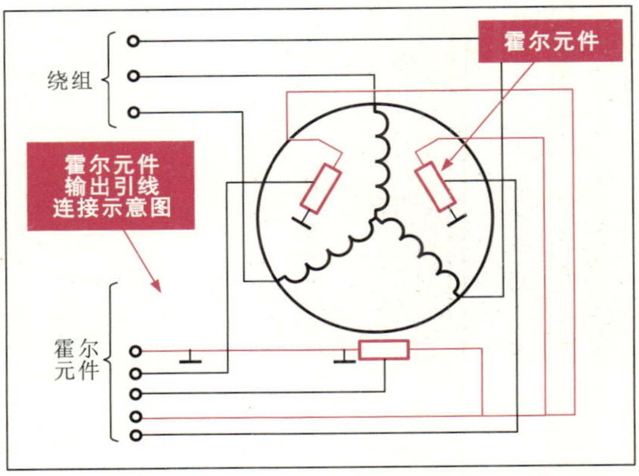

实际检测操作

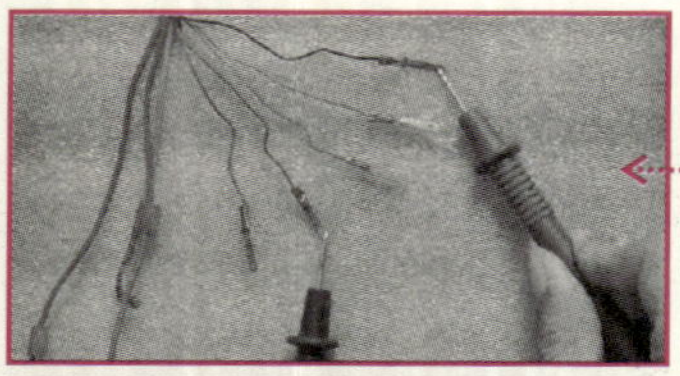

❷ 将万用表黑表笔搭在霍尔元件的黑色接地引线上，红表笔搭在信号引线上（以蓝色信号线为例）。

❹ 正常情况下，测得霍尔元件信号端的正向对地阻值均为24.37MΩ。

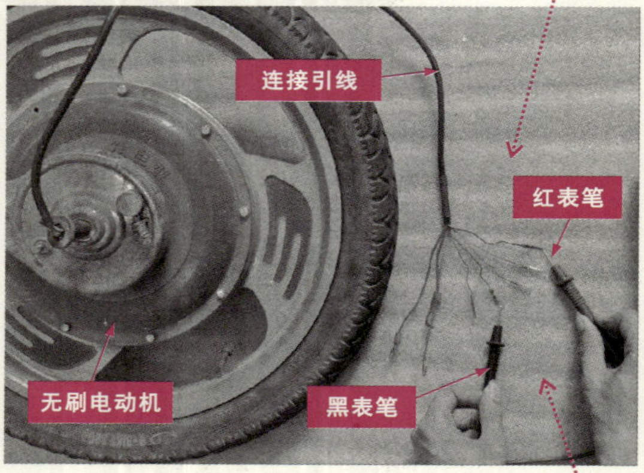

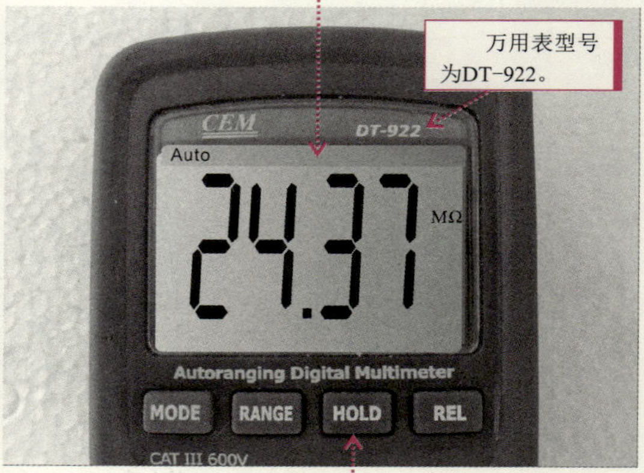

❸ 正常情况下，测得霍尔元件信号端的反向对地阻值均为无穷大。

将万用表红黑表笔位置对调，检测霍尔元件信号端的反向对地阻值。

❶ 将万用表挡位旋钮调至“欧姆挡”。

无刷电动机中三只霍尔元件信号端的正向对地阻值应完全相同，任何一个不同，都可能为相对应的霍尔元件异常，应进行更换，且只要需要更换霍尔元件，不论是否全部损坏，都需要同时更换。

【知识扩展】

除此之外，还可以采用其他方法判断霍尔元件好坏：

在通电状态下，用万用表电压挡检测霍尔元件各信号线电压的方法判断元件的好坏。一般将万用表黑表笔接地，红表笔接霍尔元件信号线，拨动后轮使其旋转时，信号电压应有一定的电压变化，一般为0～5V（有些为0～6.25V或0～4.5V）之间变换，若电压值保持0V或5V不变，则可能该信号线对应的霍尔元件已经损坏，其具体检测方法如下。

❸ 将万用表的黑表笔打在接地引线端，红表笔打在霍尔元件信号线端。

❹ 正常情况下，万用表指针在0～5V之间变化。

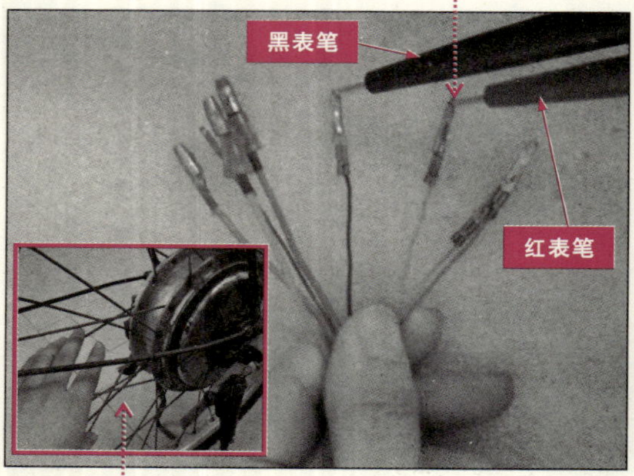

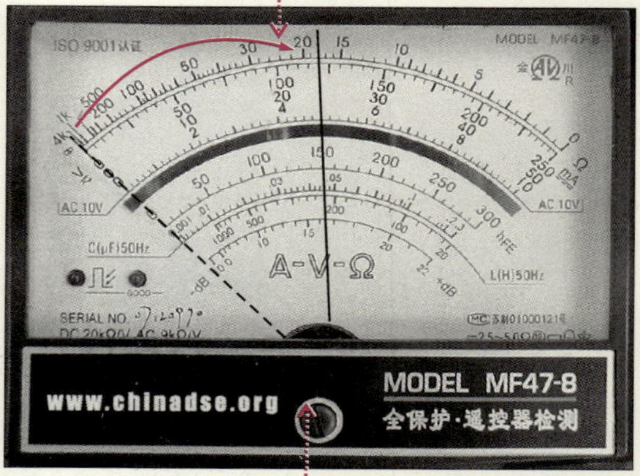

❷ 拨动电动自行车后轮。

❶ 将万用表挡位旋钮调至“直流10V”电压挡。

Q082

如何检测电动自行车无刷电动机的空载电流?

A082

无刷电动机的空载电流是指无任何负载状态下允许的电流值。通过检测无刷电动机的实际空载电流值与正常值比较，可以判断无刷电动机的状态，其具体的检测方法如下。

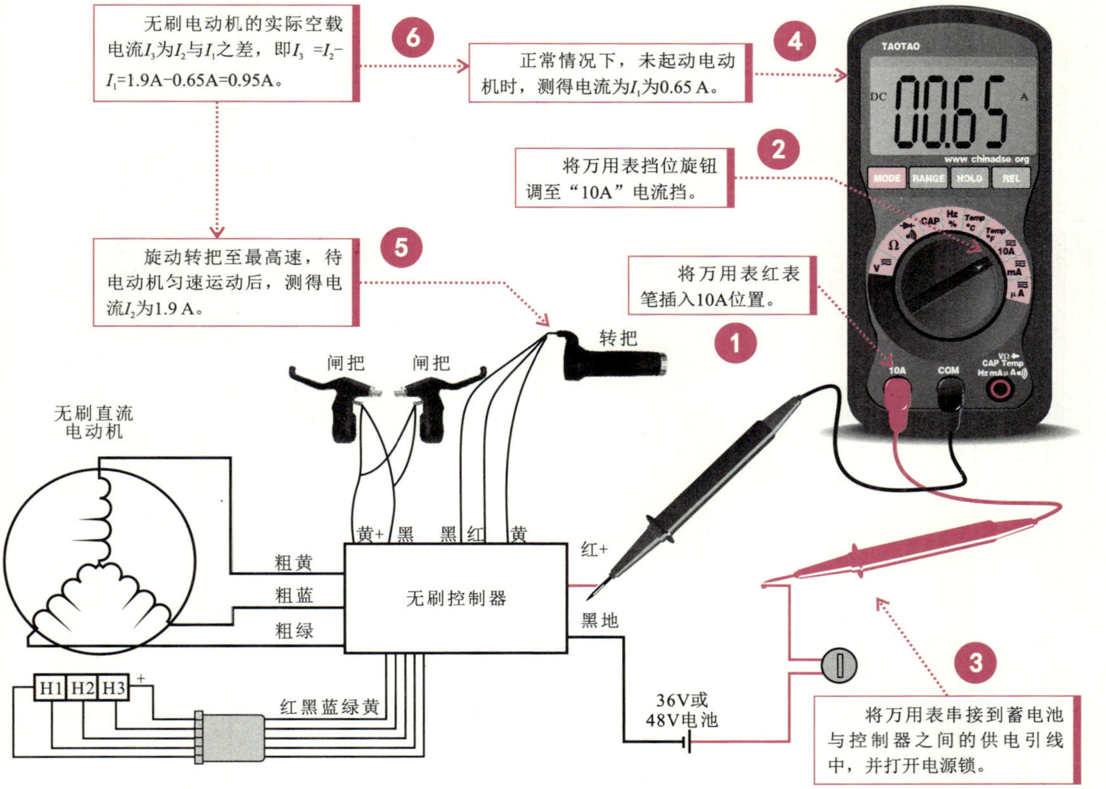

若实测空载电流大于参考最大空载电流值时，表明所测无刷电动机有故障。通常，引起无刷电动机空载电流过大的原因主要有无刷电动机个别线圈短路；磁钢、换向器、电刷磨损严重等，重点检查易发生该故障的部件，更换损坏部件或整个无刷电动机即可排除故障。

【知识扩展】

一般不同机型、不同设计结构的电动机的最大空载电流不同，见下表所列。根据检测结果与该表格中参考值比较可知，实测空载电流大于参考最大空载电流值时，表明电动机有故障。

电动机类型	额定电压 36V	额定电压 48V
有刷低速电动机	0.6A	0.4A
有刷高速电动机	1.0A	0.6A
无刷低速电动机	0.6A	0.4A
无刷高速电动机	1.0A	0.6A

Q083

如何检修电动自行车无刷电动机的定子和转子？

A083

在检修无刷电动机过程中，其内部转子和定子损坏的几率较低，大多时候可能因无刷电动机进水造成定子铁心和转子磁钢锈蚀或脱落，从而造成无刷电动机无法工作的故障，一般需要对定子铁心和转子磁钢进行打磨、润滑或更换等，其具体检修方法如下。

1 检查转子磁钢有无锈蚀现象。

若有，需要对其进行清洁、打磨。

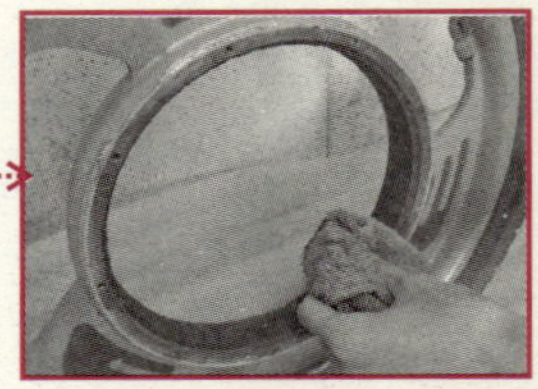

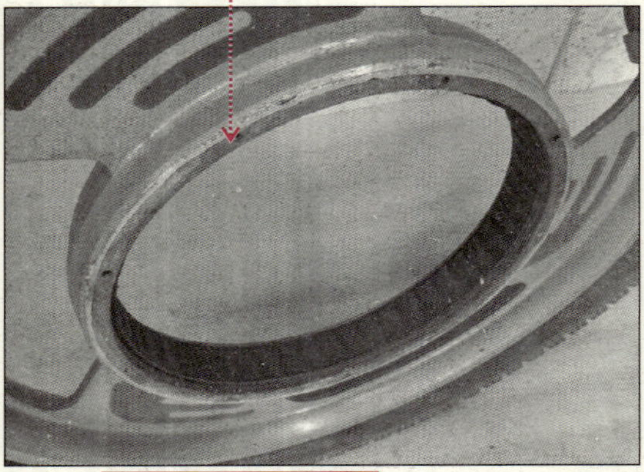

2 检查定子铁心有无锈蚀、脱落现象。

若有需要进行打磨、粘合或更换。

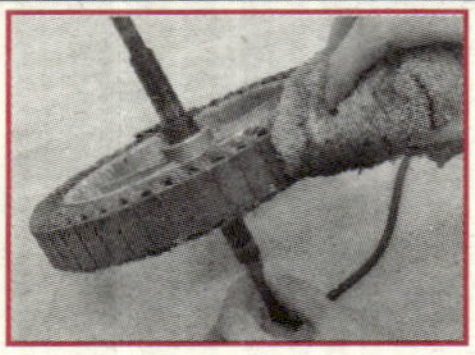

3 检查转子磁钢有无脱落现象。

若有，需要用粘合剂进行粘合。

Q084

如何代换电动机?

A084

当电动自行车电动机出现无法修复的故障时，需使用同型号或参数相同的电动机进行代换。电动机的代换操作通常可分为三大步骤，第一步寻找可代替的电动机，第二步代换电动机，第三步通电试机，其具体操作步骤如下。

步骤一：寻找可代替的电动机

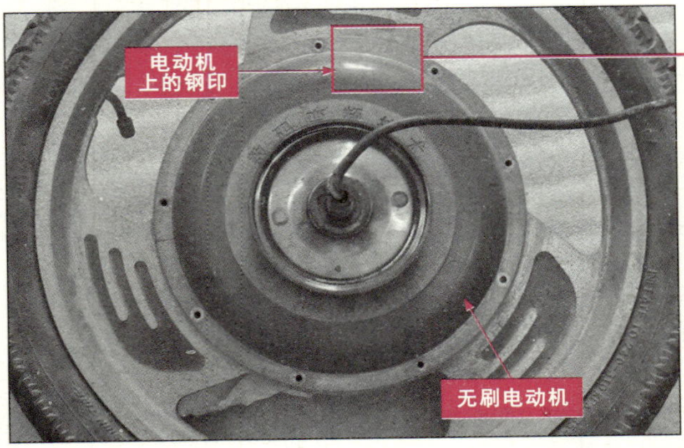

选配与损坏电动机相同规格的36V无刷电动机。

选配与损坏电动机后轮大小相同的后轮及电动机。

步骤二：代换电动机

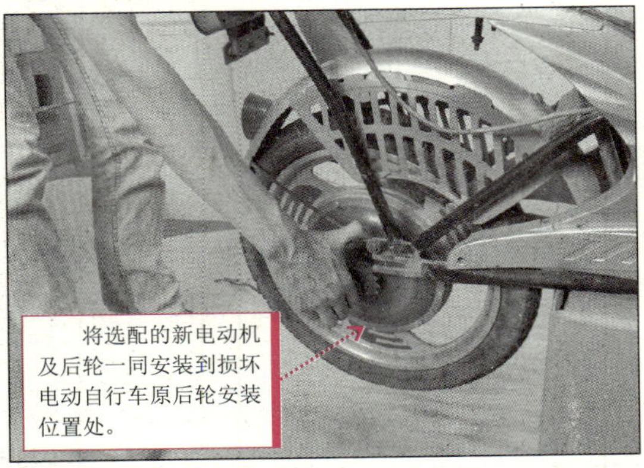

将选配的新电动机及后轮一同安装到损坏电动自行车原后轮安装位置处。

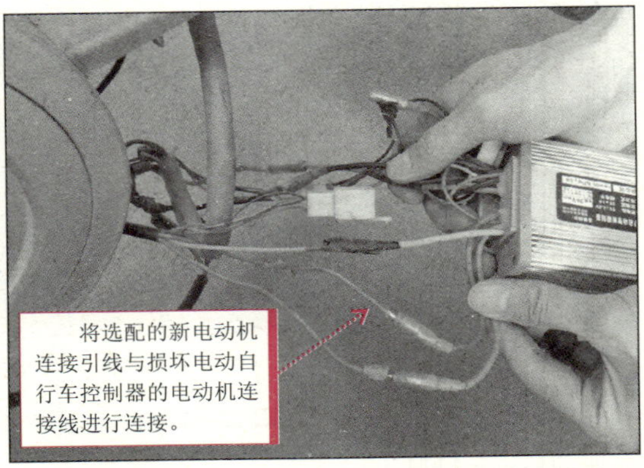

将选配的新电动机连接引线与损坏电动自行车控制器的电动机连接线进行连接。

步骤三：通电试机

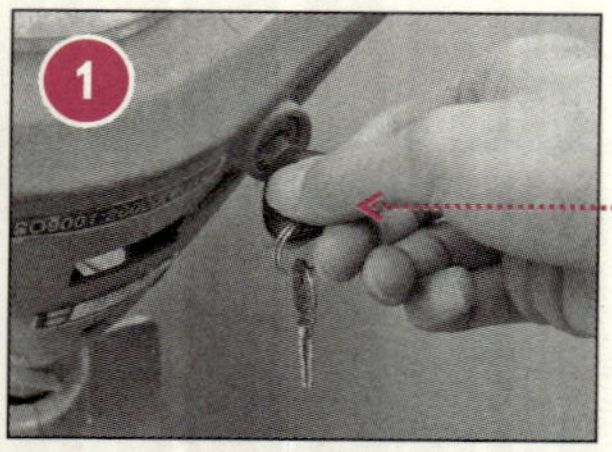

Q085

如何代换无刷电动机内的霍尔元件?

A085

在无刷电动机维修过程中，代换霍尔元件是维修人员应掌握的一项基本技能，该操作需要对电动机进行拆卸和重装，需具备一定的操作技能，其具体操作过程如下。

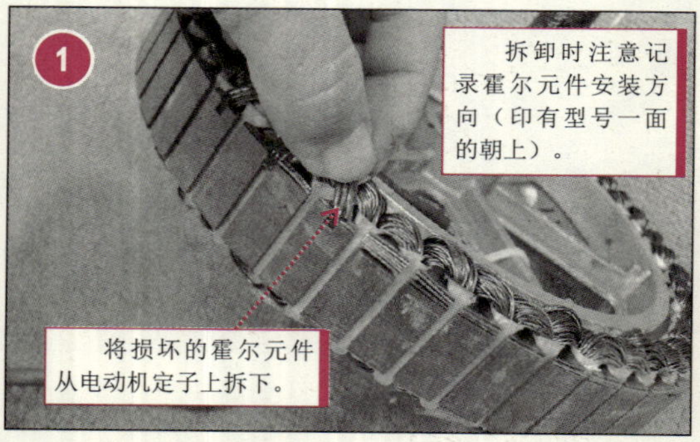

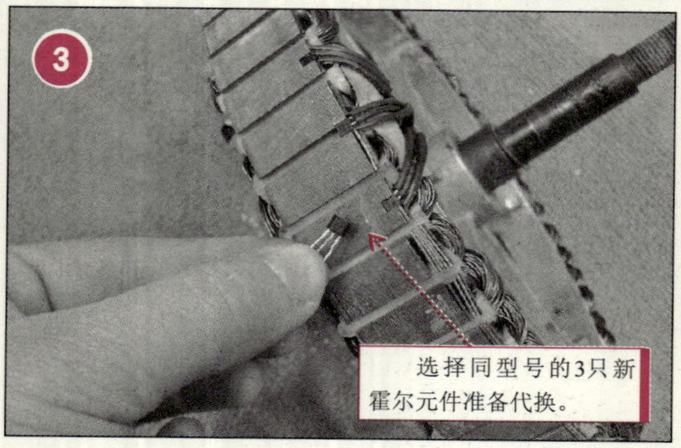

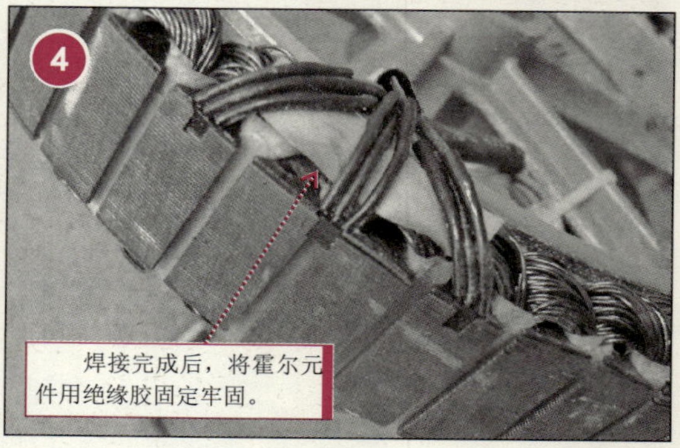

Q086

如何对电动自行车的电动机做日常保养？

A086

电动自行车电动机的日常保养主要是指对电动自行车进行的一些检查、修复性操作，如检查电动机的紧固状态，滴加润滑油等，具体日常保养项目可以参考以下几点。

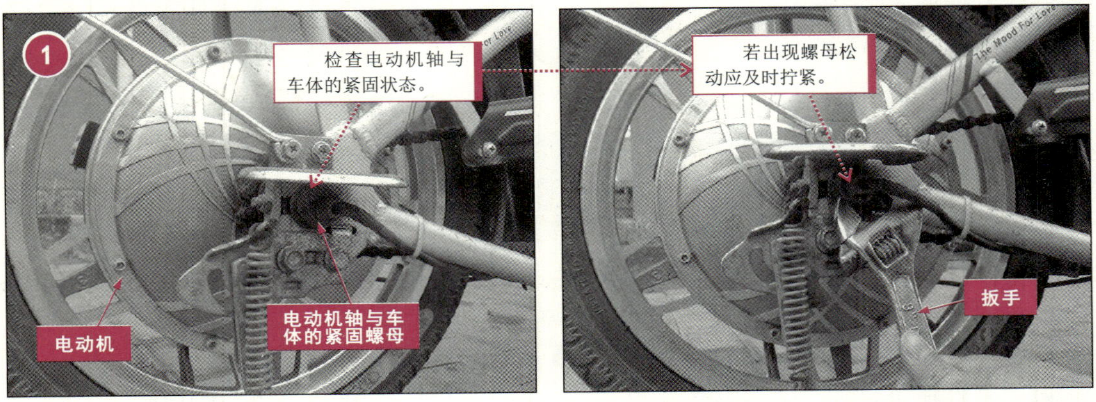

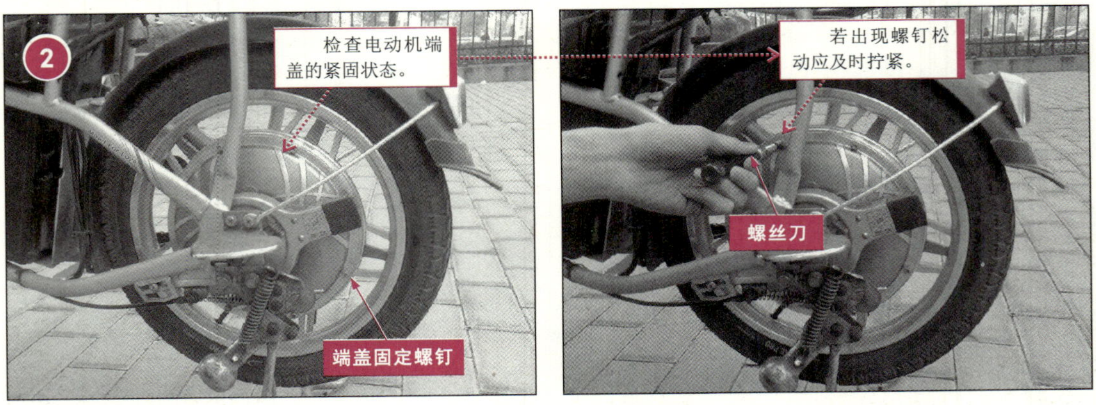

若温度过高，应查明温度过高的原因，如上坡、逆风和重载行驶时都会使电动机温度升高，查明原因，消除故障后，方可投入使用。

电动自行车骑行完成后，用手触摸电动机表面，检查其温度是否过高。

刚刚运行完成的电动自行车。

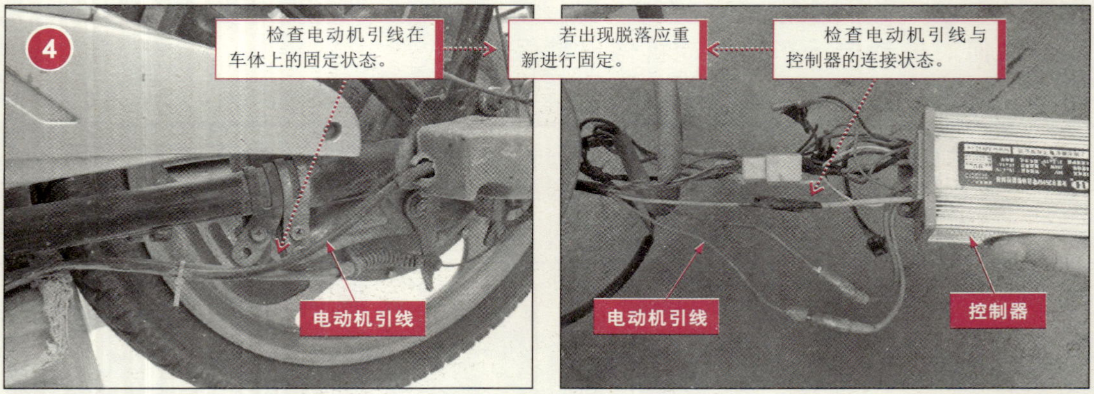
4
检查电动机引线在车体上的固定状态。
若出现脱落应重新进行固定。
检查电动机引线与控制器的连接状态。
电动机引线
电动机引线
控制器

5
检查电动机引线有无断裂。
断裂的电动机引线

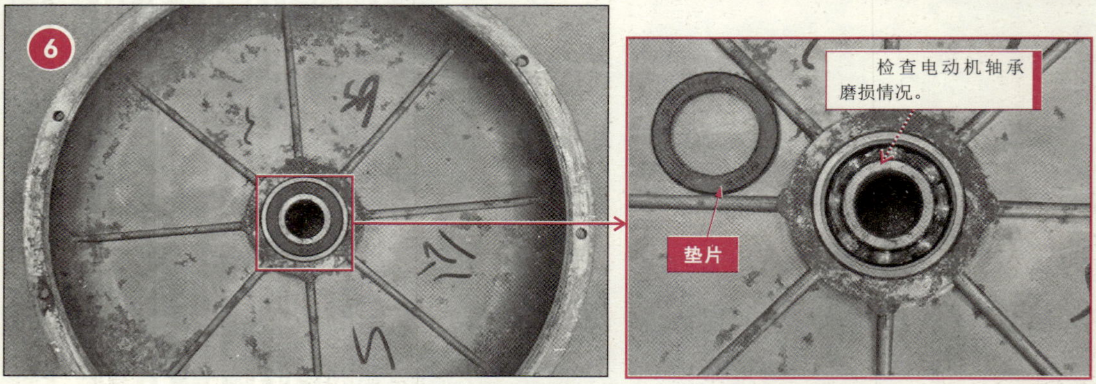
6
检查电动机轴承磨损情况。
垫片

7
检查位于电动机定子上的电刷的磨损程度。
检查位于电动机转子上的换向器的磨损程度。

定期对电动机的齿轮、轴承进行润滑。

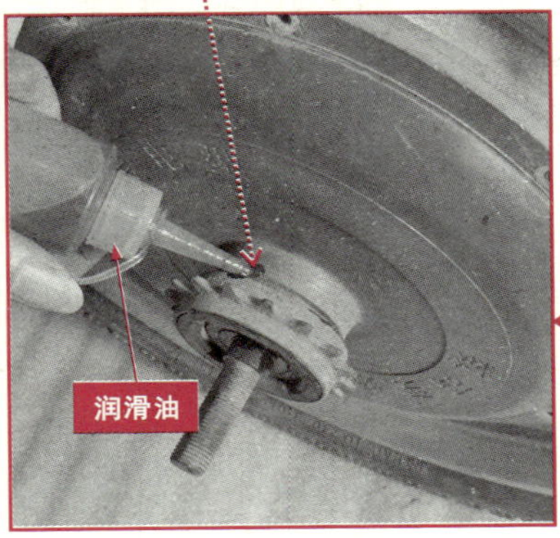

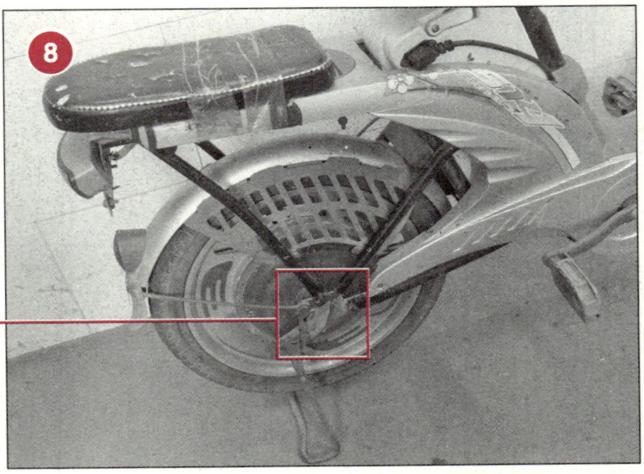

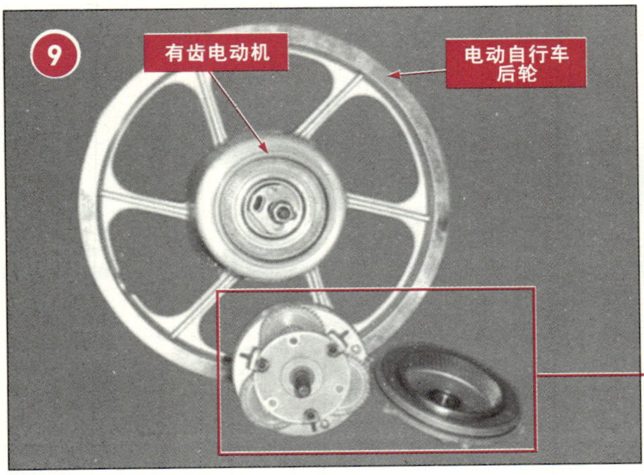

在有齿电动机齿面处涂抹润滑脂。

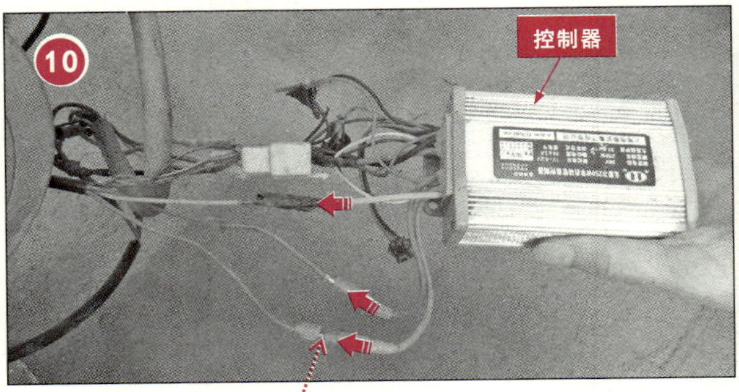

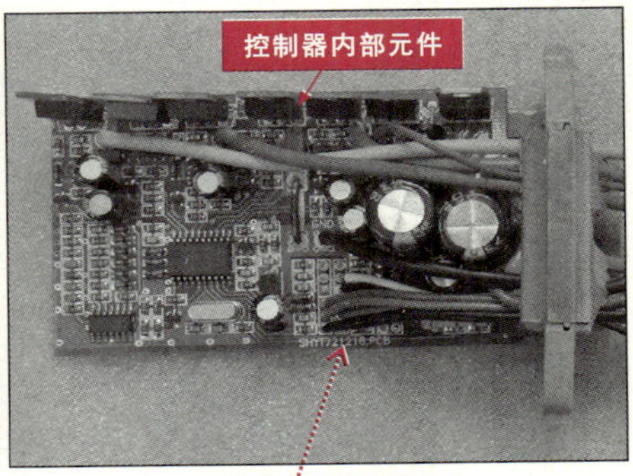

检查控制器供给电动机的电压。

检查控制器内部元件是否老化。

电动机的供电电压是控制器供给的，若控制器内的元件老化则会引起供给电动机的电流变大，而电动机的输入电流过大则会影响电动机的使用寿命，因此必须定时对控制器进行检查，必要时应更换控制器。

Q087

采用无刷电动机的电动自行车控制电路的结构是怎样的?

A087

采用无刷电动机的电动自行车的控制电路主要是由无刷电动机控制器、操控部件和指示部件等构成的，其具体结构如下。

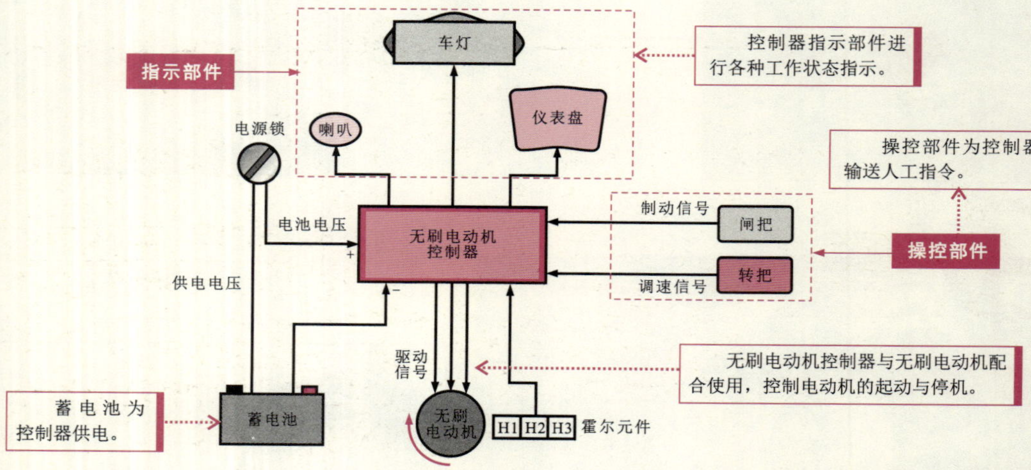

Q088

采用有刷电动机的电动自行车控制电路的结构是怎样的?

A088

采用有刷电动机电动自行车的控制电路与无刷电动机控制电路基本相同，主要是由有刷电动机控制器、操控部件和指示部件等构成，具体结构如下。

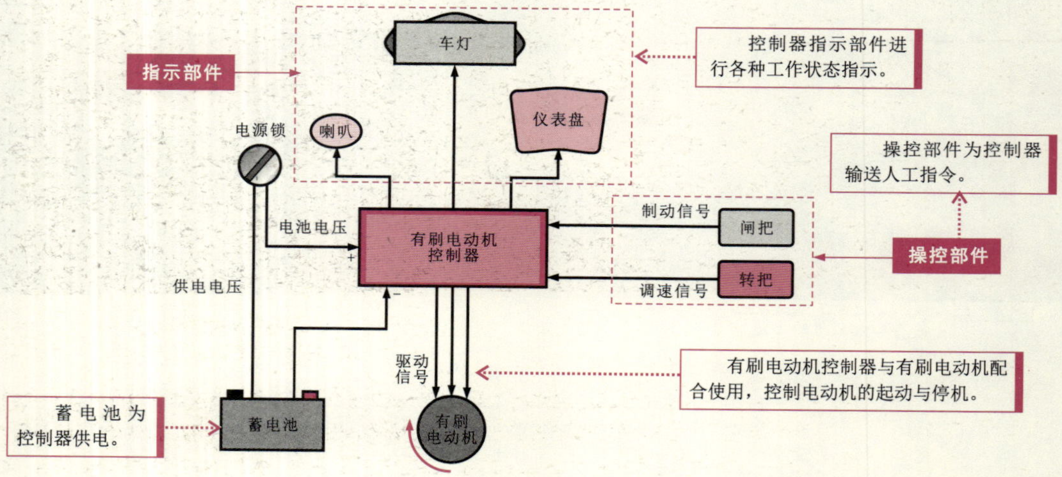

Q089

控制器一般安装在电动自行车的什么位置？

A089

电动自行车中的控制器是电动自行车中的主要电气部件之一，一般位于电动自行车脚踏板下部或后座下部。

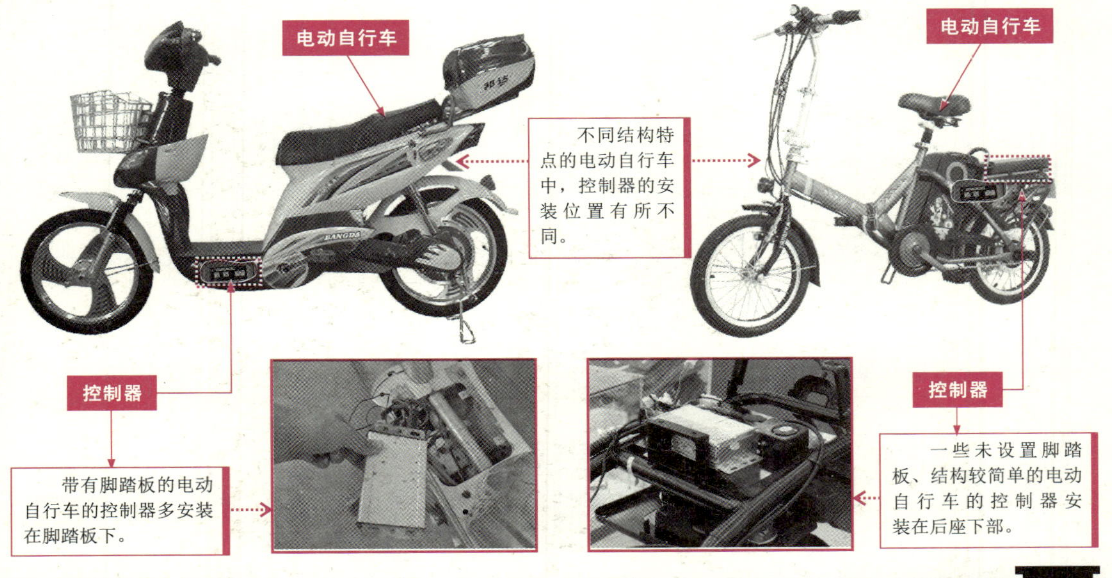

Q090

控制器在电动自行车中起什么作用？

A090

控制器是电动自行车电气系统的核心部分，在电动自行车中，主要用于控制电动机的工作状态、对蓄电池的欠电压保护、限速保护、状态显示等。

作用一：控制电动机的工作状态

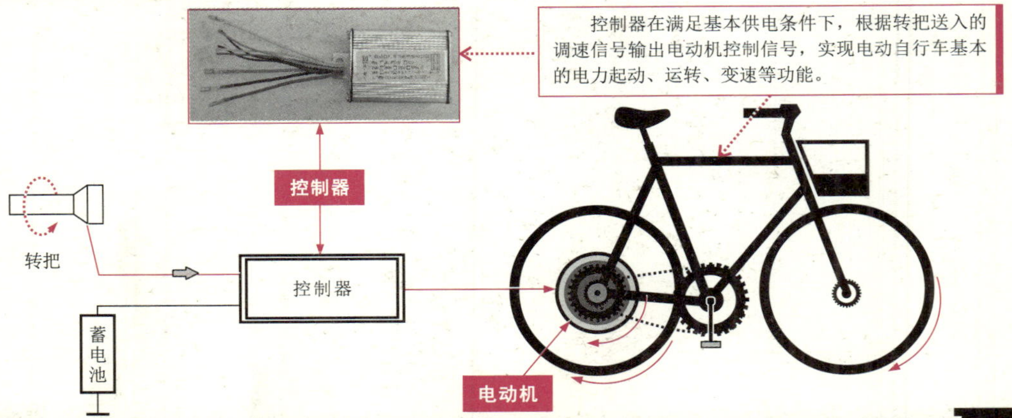

作用二：对蓄电池的欠电压保护

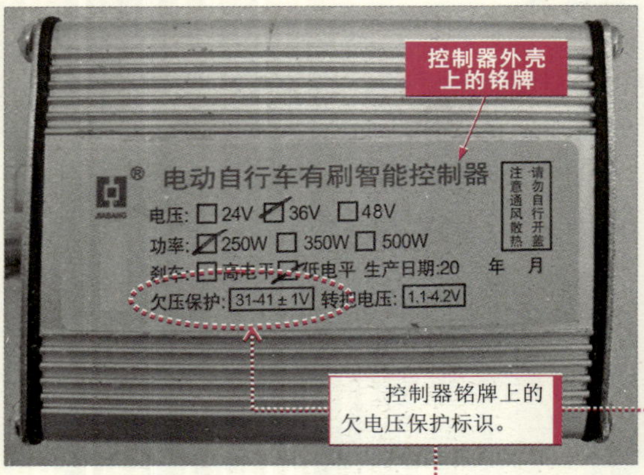

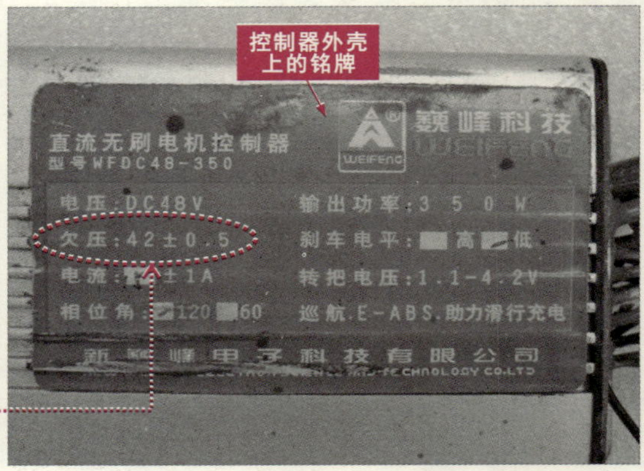

在电动车自行车运行中，当电池电压消耗至一定数值时，控制器显示面板显示电量不足，由此来提醒骑行者注意。

当电池电压最终消耗达到所规定数值（即欠电压保护标称数值）时，电压取样电阻将该信息输入控制器中，欠电压保护电路动作，使电动机停转，来实现对电动自行车中电子元器件和电池的保护功能。

作用三：限速保护功能

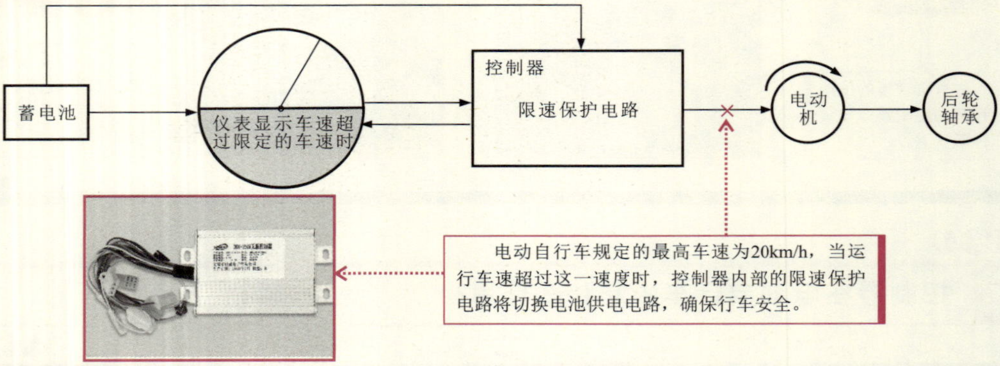

电动自行车规定的最高车速为20km/h，当运行车速超过这一速度时，控制器内部的限速保护电路将切换电池供电电路，确保行车安全。

作用四：状态显示功能

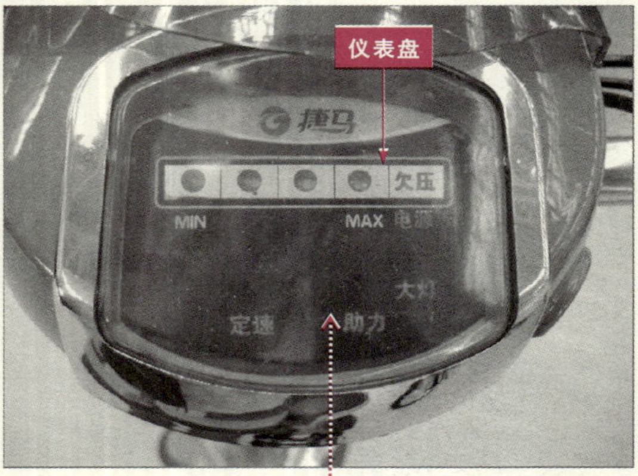

控制器可对仪表盘进行显示的实时控制，例如剩余电量、行车速度等状态的实时显示。

【知识扩展】

除上述基本功能外，目前很多智能型控制器还具有过电流、过载保护功能，定速功能和助力功能等。

过电流、过载保护功能：当电动自行车中出现某一元件过电流或因负载超重过载时，控制器内过电流保护电路会动作，自动切换电源，使电动机停转，起保护电动自行车电池及其他部件的作用。

定速功能：当骑行者将车速调至一定速度后并保持一段时间后，控制器会控制电动机以当前速度行驶，不受转把的控制。当断电制动时取消定速功能。

助力功能：当骑行者使用脚蹬骑行时，控制器根据电动机中位置传感器输出信号，响应人力作用，此时助力指示灯点亮，电动力从小到大变化，使骑行者感到轻松。

Q091

有刷电动机控制器各连接引线的功能是什么？

A091

有刷电动机控制器上的连接引线主要用于与车体上的其他部分进行连接，通常与之直接连接的部件主要有电动机、转把、闸把、电池等。

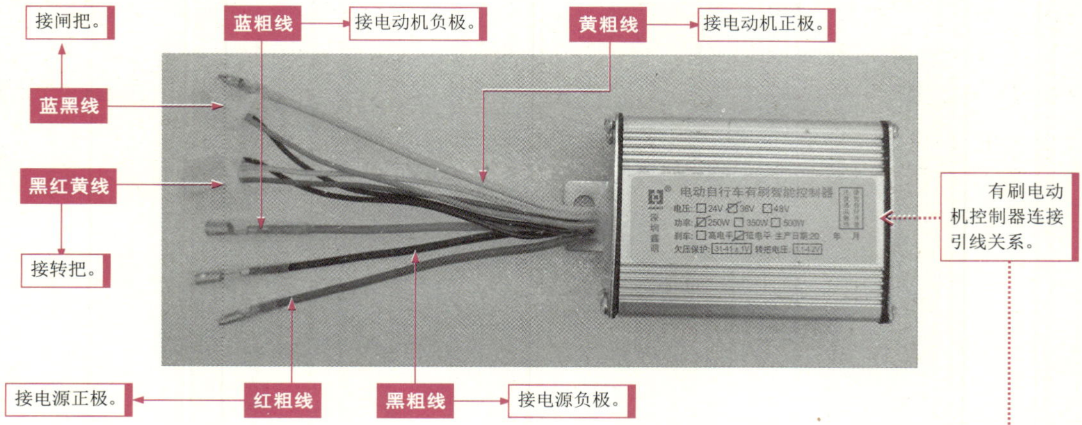

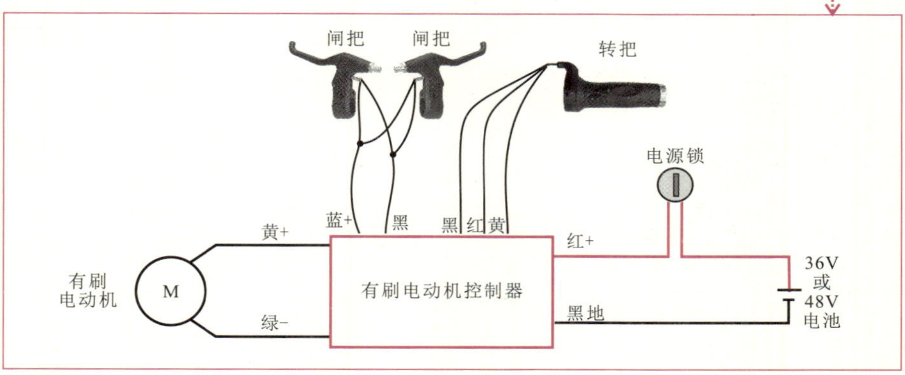

【知识扩展】

有刷电动机控制器的连接引线功能一般可根据控制器外壳上的接线图或引线颜色进行识别和区分，一般情况下，无刷电动机控制器输出引线颜色与所接器件对应关系如下。

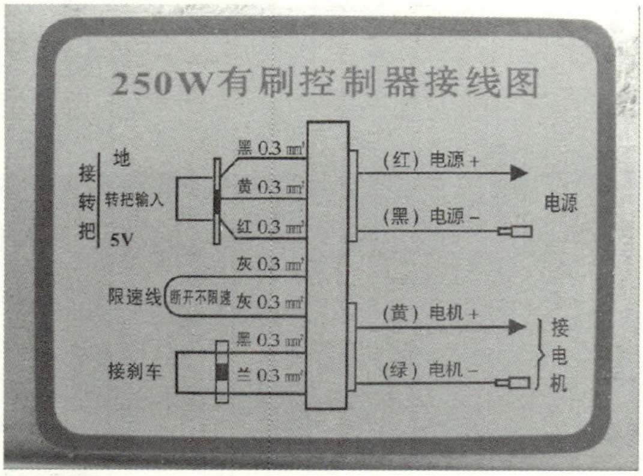

引线颜色和类型	所接器件
红色（粗）	电源正极
黑色（粗）	电源负极（[illegible]线）
黄色（粗）	电动机正极
绿色（粗）	电动机负极
黑黄红三色线（细）带插件	转把
蓝、黑色线（细）带插头	闸把

Q092

有刷电动机控制器的电路结构是怎样的?

A092

拆开有刷电动机控制器的金属盒即可看到内部的电路部分，其具体结构如下。

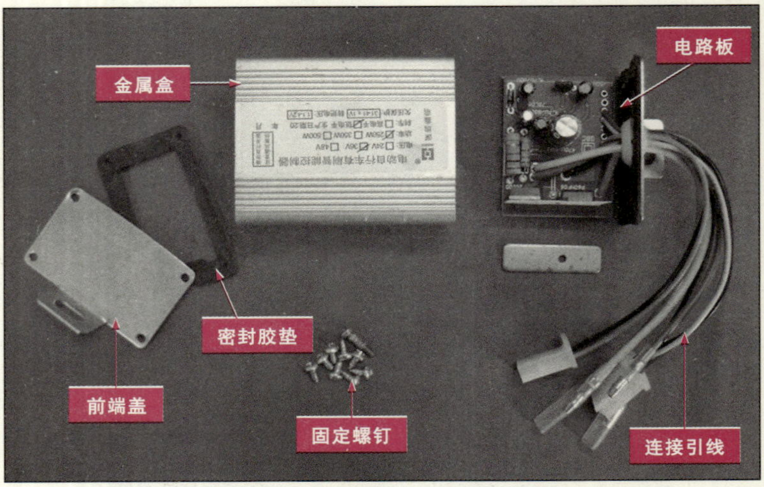

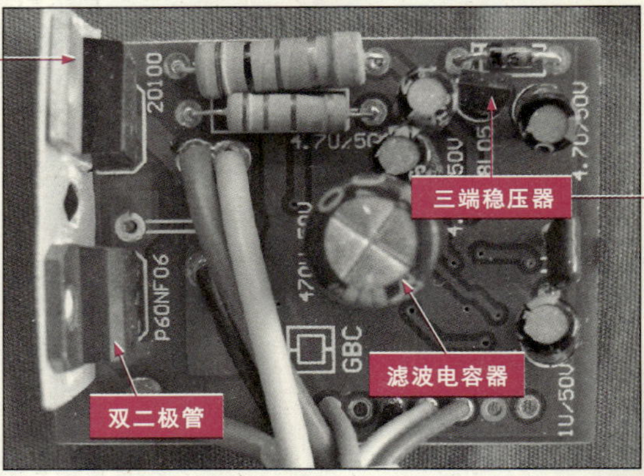

功率晶体管是有刷电动机控制器中的重要部件之一，多采用场效应晶体管作为功率晶体管，用于将电压比较器所构成的PWM信号产生电路输出的PWM信号进行功率放大和输出，去驱动电动机起动、运转和变速。

控制器电路板上各元器件所需要的工作电压，均低于电池提供的电压，因此，通常将电池电压先进行限流和稳压后，再为控制器电路板各元器件供电，此时常用稳压元器件与限流电阻构成稳压电路实现此功能。

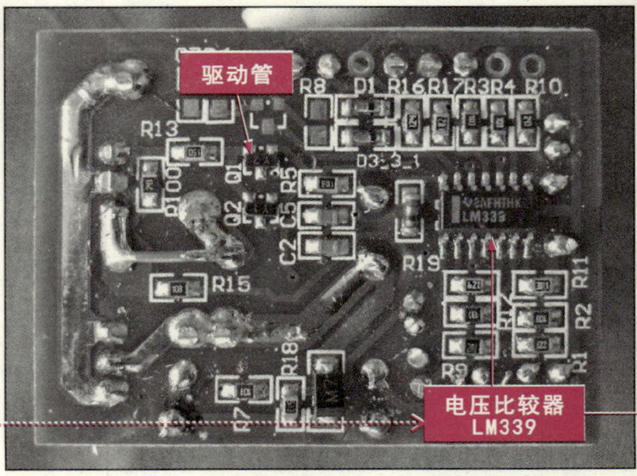

LM339内部有四个独立的电压比较器，在控制器电路中用于组成锯齿波脉冲产生电路和PWM调制电路等，在该电路中也称其为PWM信号产生电路。

Q093

无刷电动机控制器各连接引线的功能是什么?

A093

无刷电动机控制器上的连接引线主要用于与车体上的其他部分进行连接，其连接引线的数量相对于有刷电动机控制器来说较多，通常与之直接连接的部件主要有电动机、转把、闸把、电池、车灯等。

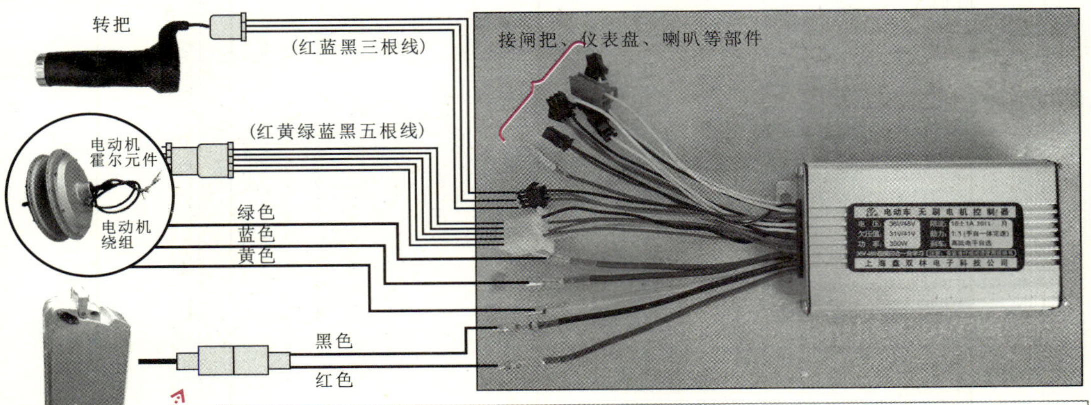

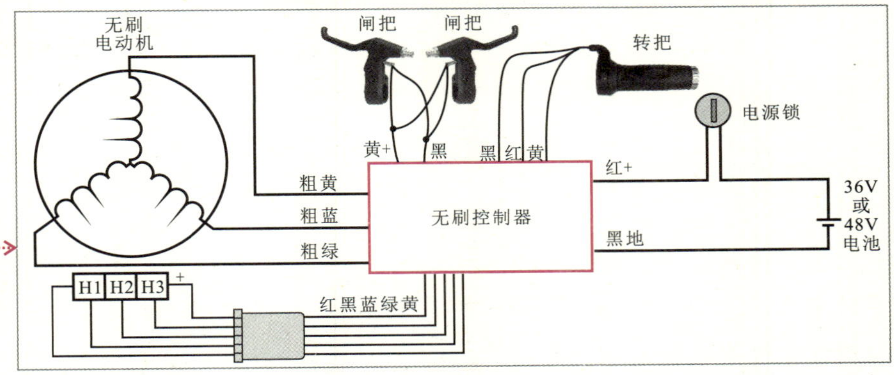

无刷电动机控制器的连接引线关系。

【知识扩展】

一般情况下，无刷电动机控制器输出引线颜色与所接器件对应关系如下。

引线颜色和类型	所接器件	引线颜色和类型	所接器件
红色线（粗）	电源正极	红线(细)扁插头B-1	转把电源
黑色线（粗）	电源负极(地线)	黑线(细)扁插头B-2	转把地线
蓝色线（粗）	电动机线圈B相	绿线(细)扁插头B-3	转把信号线
黄色线（粗）	电动机线圈A相	细白线	限速开关
绿色线（粗）	电动机线圈C相	细白线	限速开关
红色线（细）扁插头A-1	电动机霍尔供电整机	细紫线	制动信号
黄色线（细）扁插头A-2	电动机霍尔输出	细黑线	制动地线
绿色线（细）扁插头A-3	电动机霍尔输出	细绿线	速度指示信号
蓝色线（细）扁插头A-4	电动机霍尔输出	—	—
黑色线（粗）扁插头A-5	电动机霍尔供电负极	—	—

Q094 无刷电动机控制器的电路结构是怎样的?

A094

拆开无刷电动机控制器的金属盒即可看到内部的电路部分，其具体的结构如下。

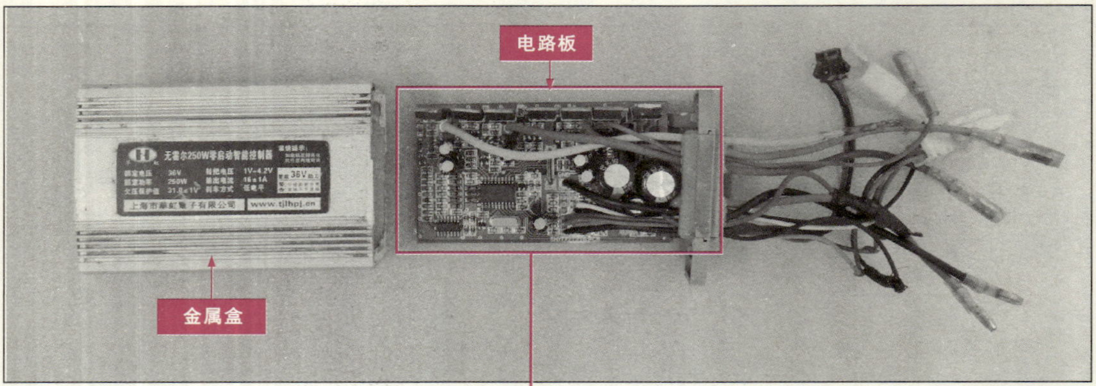

LM324DG内部集成有四个独立的电压比较器，与外围电路构成PWM信号产生电路，用于产生锯齿波脉冲和PWM调制等。

微处理器是控制器的核心控制元件，各部件的协调运作都是由微处理器控制完成的。

在无刷电动机控制器中通常采用6个型号完全相同的功率晶体管（场效应晶体管）构成功率输出电路，用于驱动无刷电动机启动和运转。

控制器电路板上各元器件所需要的工作电压，均低于电池提供的电压，因此，通常将电池电压先进行限流和稳压后，再为控制器电路板各元器件供电，此时常用稳压元器件与限流电阻构成稳压电路实现此功能。

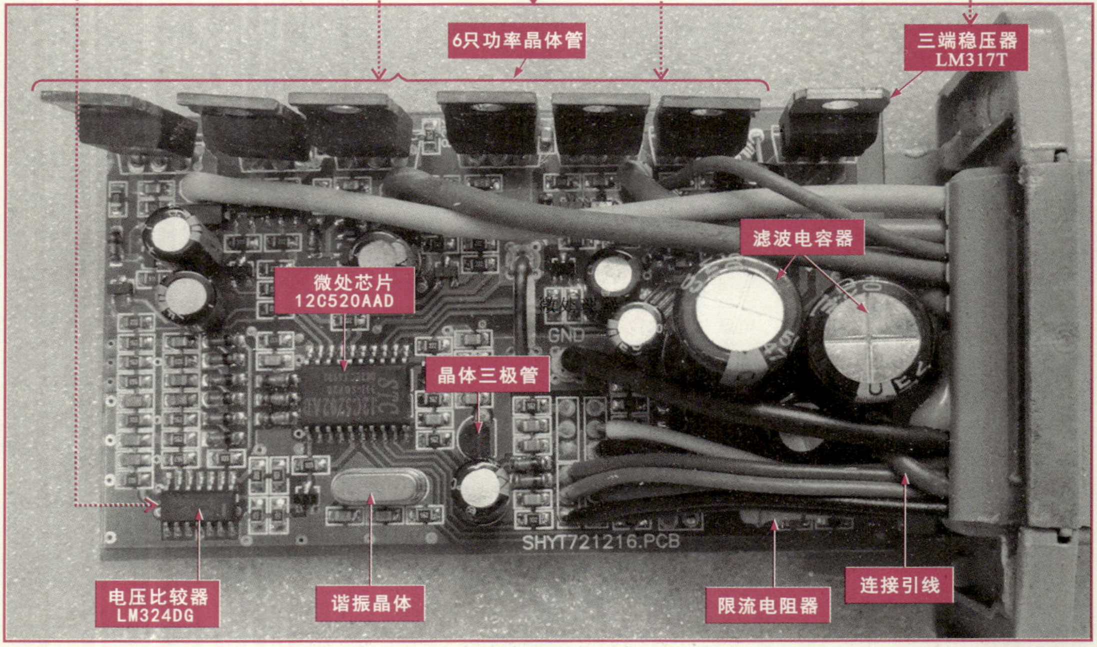

Q095

有刷电动机控制电路是如何工作的?

A095

有刷电动机控制电路是以有刷电动机控制器作为控制核心的，通过连接引线与蓄电池、转把、闸把及有刷电动机进行连接，实现对电动自行车行驶状态的控制。

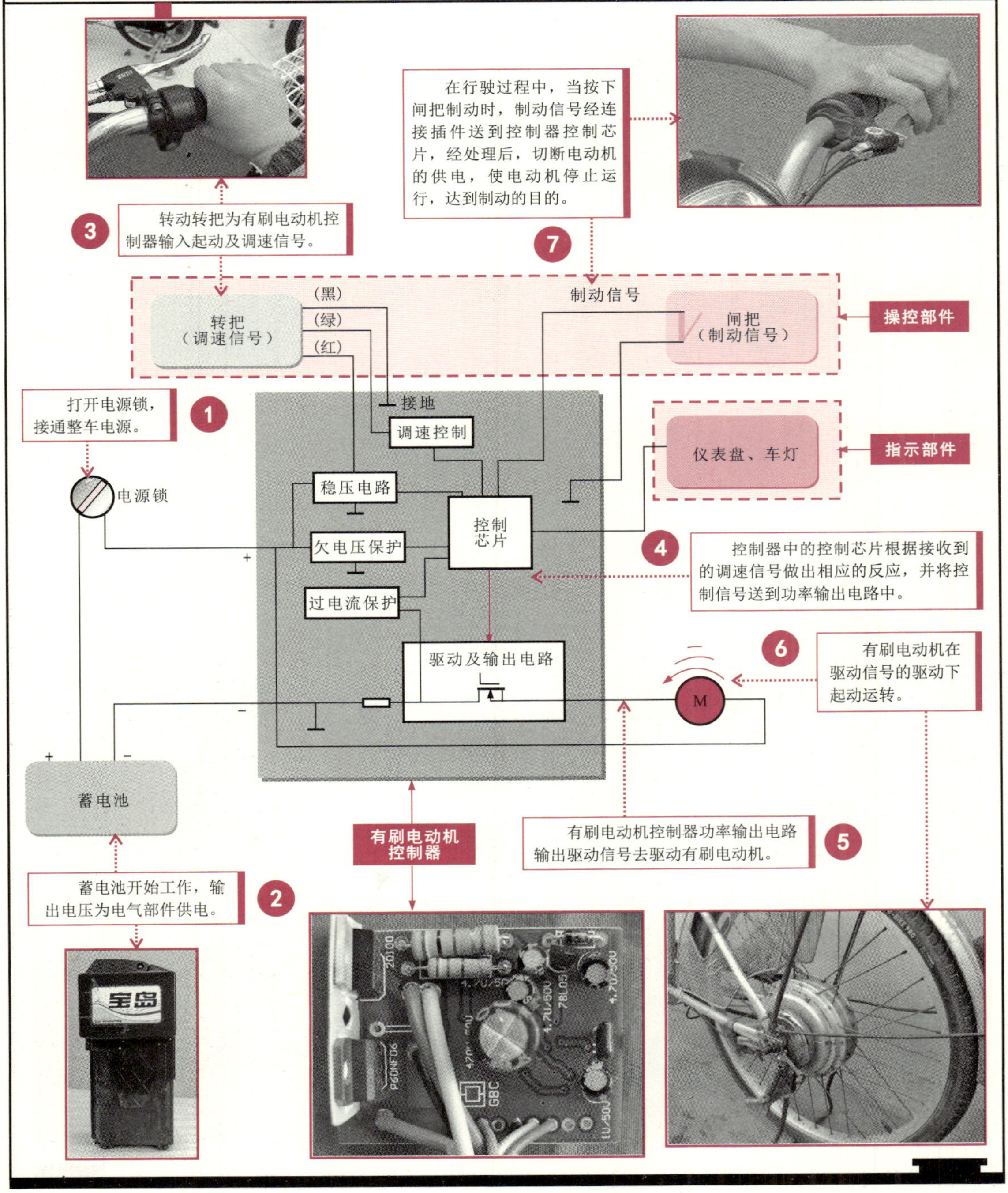

Q096

无刷电动机控制电路是如何工作的?

A096

无刷电动机控制电路是以无刷电动机控制器作为控制核心的，通过连接引线与蓄电池、转把、闸把及无刷电动机进行连接，实现对电动自行车行驶状态的控制。

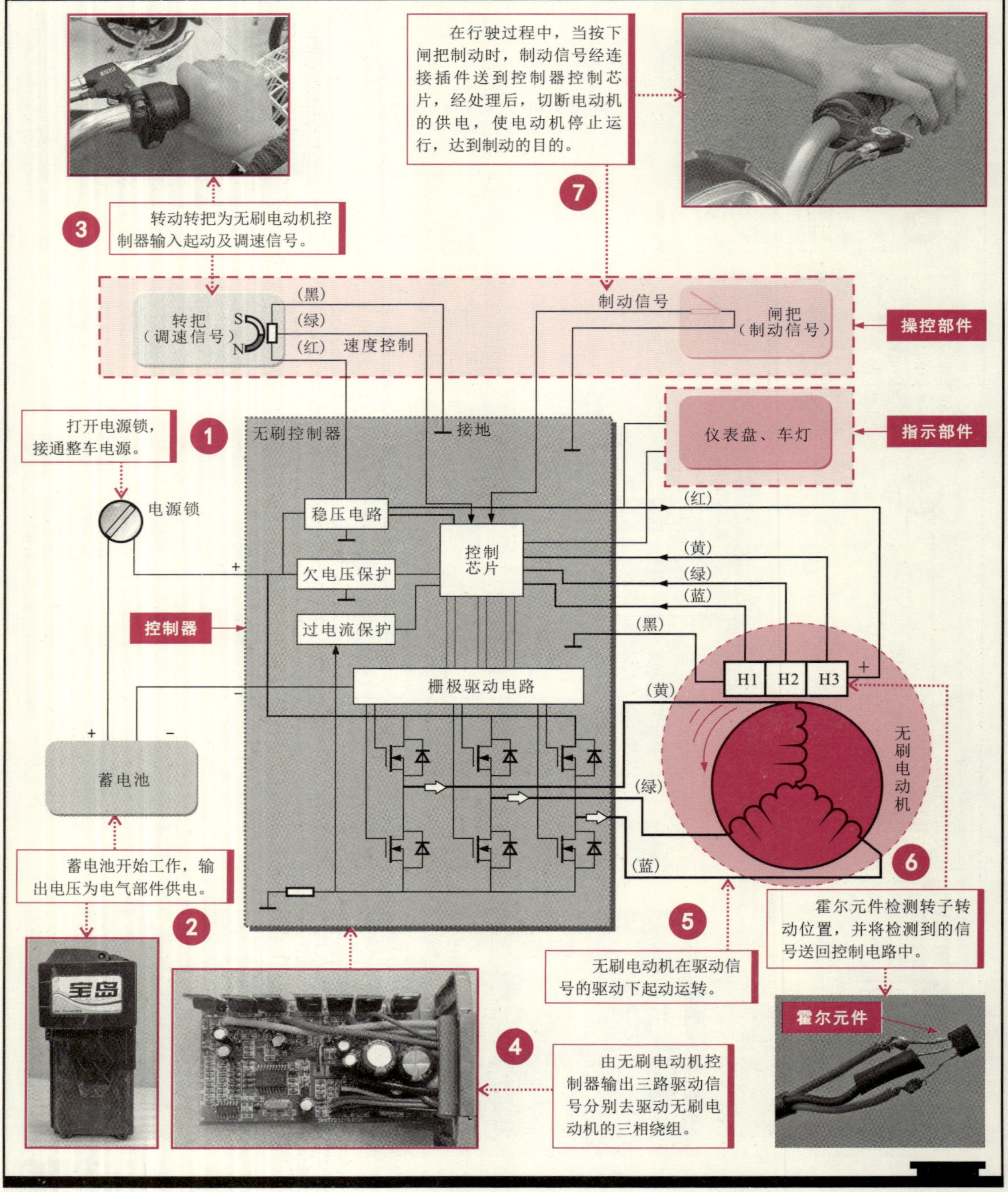

Q097

有刷电动机控制器的具体工作过程是怎样的?

A097

下面以采用TL494芯片构成的有刷电动机控制器为例，分析一下有刷电动机控制器的具体工作过程。

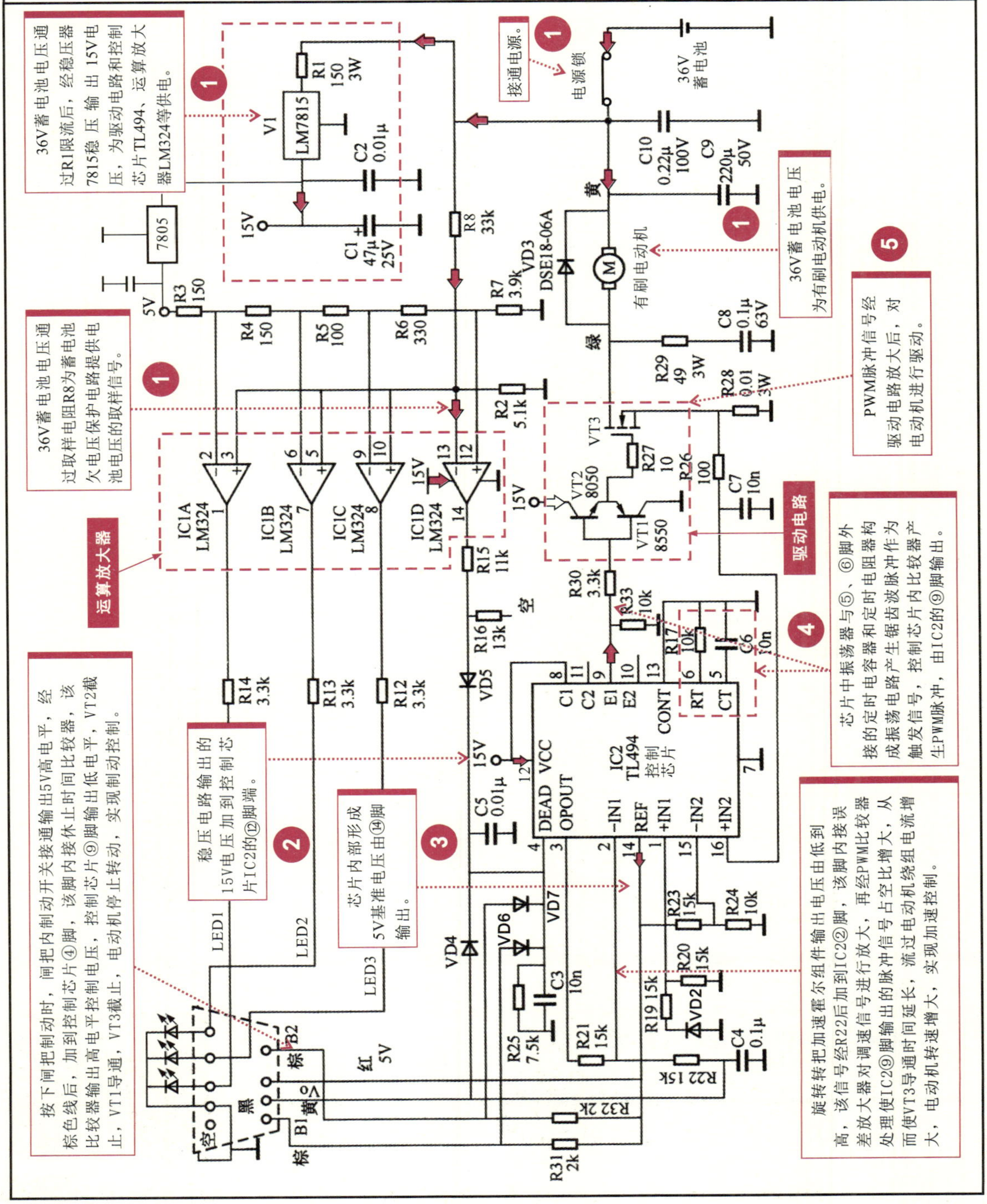

【知识扩展】

T1494芯片的内部是由基准电压发生器、振荡器、误差放大器、双稳态触发器、比较器等构成。该芯片内的振荡器可以以主动振荡的方式进行工作，也可以在同步信号触发的状态进行工作；驱动输出电路可以在双端输出状态下进行工作，也可以在单端状态进行工作。

T1494芯片内部结构

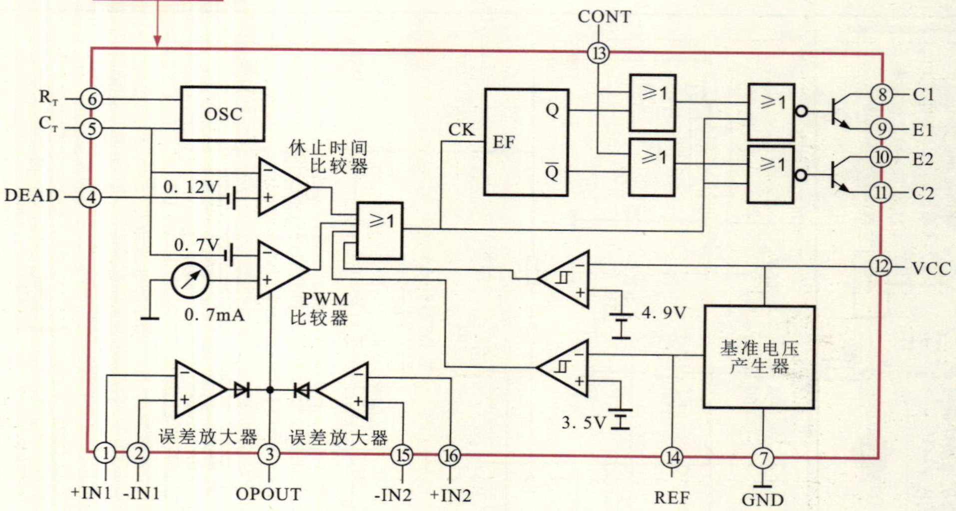

T1494芯片各引脚功能

引脚号	名称	功能	引脚号	名称	功能
①	+IN1	误差放大器1同相输入	⑨	E1	驱动管VT1的E极
②	-IN1	误差放大器1反相输入	⑩	E2	驱动管VT2的E极
③	OPOUT	误差放大器输出	⑪	C 2	驱动管VT2的E极
④	DEAD	休止期控制信号输入	⑫	VCC	电源
⑤	C_T	振荡器外接定时电容	⑬	CONT	激励脉冲输出方式控制（L：单端输出；H：双端输出）
⑥	R_T	振荡器外接定时电阻	⑭	REF	5V基准电压输出
⑦	GND	接地	⑮	-IN2	误差放大器2反相输入
⑧	C1	驱动管VT1的C极	⑯	+IN2	误差放大器2同相输入

Q098

无刷电动机控制器的具体工作过程是怎样的?

A098

下面以由控制芯片MC33035+IR2103组合构成的无刷电动机控制器为例，分析一下无刷电动机控制器的具体工作过程。

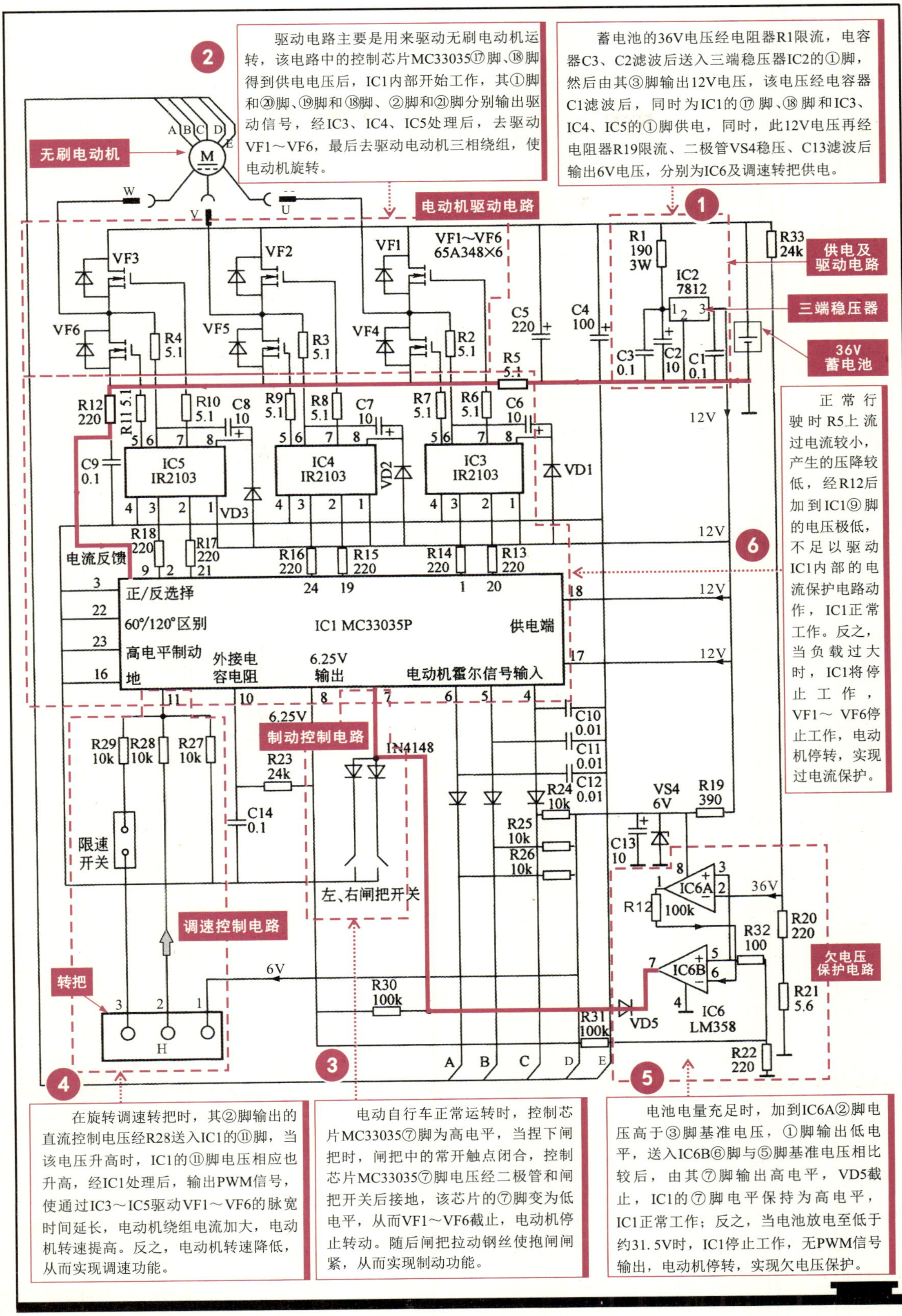

① 蓄电池的36V电压经电阻器R1限流，电容器C3、C2滤波后送入三端稳压器IC2的①脚，然后由其③脚输出12V电压，该电压经电容器C1滤波后，同时为IC1的⑰脚、⑱脚和IC3、IC4、IC5的①脚供电，同时，此12V电压再经电阻器R19限流、二极管VS4稳压、C13滤波后输出6V电压，分别为IC6及调速转把供电。

② 驱动电路主要是用来驱动无刷电动机运转，该电路中的控制芯片MC33035⑰脚、⑱脚得到供电电压后，IC1内部开始工作，其①脚和⑳脚、⑲脚和⑱脚、②脚和㉑脚分别输出驱动信号，经IC3、IC4、IC5处理后，去驱动VF1～VF6，最后去驱动电动机三相绕组，使电动机旋转。

③ 电动自行车正常运转时，控制芯片MC33035⑦脚为高电平，当捏下闸把时，闸把中的常开触点闭合，控制芯片MC33035⑦脚电压经二极管和闸把开关后接地，该芯片的⑦脚变为低电平，从而VF1～VF6截止，电动机停止转动。随后闸把拉动钢丝使抱闸闸紧，从而实现制动功能。

④ 在旋转调速转把时，其②脚输出的直流控制电压经R28送入IC1的⑪脚，当该电压升高时，IC1的⑪脚电压相应也升高，经IC1处理后，输出PWM信号，使通过IC3～IC5驱动VF1～VF6的脉宽时间延长，电动机绕组电流加大，电动机转速提高。反之，电动机转速降低，从而实现调速功能。

⑤ 电池电量充足时，加到IC6A②脚电压高于③脚基准电压，①脚输出低电平，送入IC6B⑥脚与⑤脚基准电压相比较后，由其⑦脚输出高电平，VD5截止，IC1的⑦脚电平保持为高电平，IC1正常工作；反之，当电池放电至低于约31.5V时，IC1停止工作，无PWM信号输出，电动机停转，实现欠电压保护。

⑥ 正常行驶时R5上流过电流较小，产生的压降较低，经R12后加到IC1⑨脚的电压极低，不足以驱动IC1内部的电流保护电路动作，IC1正常工作。反之，当负载过大时，IC1将停止工作，VF1～VF6停止工作，电动机停转，实现过电流保护。

【知识扩展】

MC33035芯片内部结构

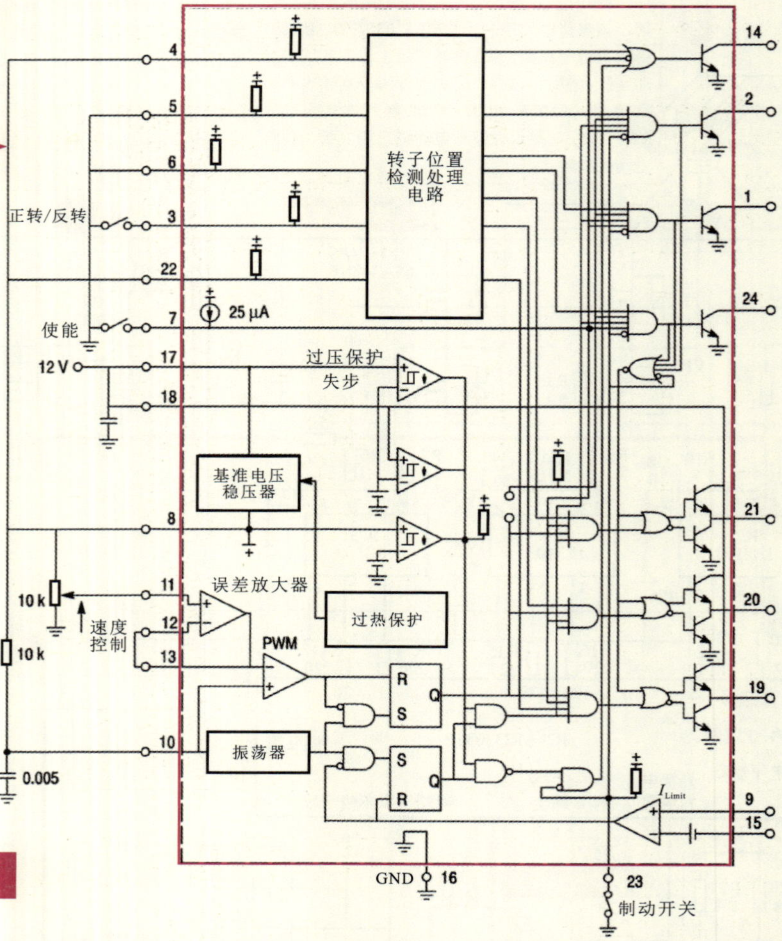

MC33035芯片各引脚功能

引脚	功能定义
① ② ㉔	驱动信号输出端，用于驱动外部上端功率开关晶体管
③	正向/反向输入，用于改变电动机转向
④ ⑤ ⑥	霍尔IC信号输入，用于控制整流序列
⑦	起动端，高电平有效。该脚为高电平时，可使电动机转动
⑧	霍尔IC供电端
⑨	电流检测同相输入
⑩	振荡器引脚，振荡频率由定时元件RT和CT所选择的参数决定
⑪	误差信号放大器同相输入。通常连接到速度设置电位器上
⑫	误差信号放大器反相输入。在开环应用情况下，此输入通常连接到误差放大器输出端
⑬	误差放大器输出/PWM输入。在闭环应用情况下，此管脚作补偿
⑭	故障输出端。当至少满足下列一个条件时，集电极开路输出端被触发而变为低：无效的传感器输入码，电流检测超过100 mV，低电压锁定或热关断
⑮	电流检测反向输入端，用于给内部100 mV门限电压提供参考地，该引脚通常连接电流检测电路的底端
⑯	该引脚用于为控制电路提供一个分离的接地点，并可以作为参考返回到电源地
⑰	正电源。VCC在10～30 V的范围内
⑱	正电源。VCC在10～30 V的范围内
⑲ ⑳ ㉑	驱动信号输出端用于直接驱动外部底部功率开关晶体管
㉒	此引脚的电气状态可决定控制电路的传感器输入状态是工作在60°（高电平）还是120°（低电平）
㉓	起停控制。该引脚为低时允许电动机运行，为高时电动机运行停止

Q099

无刷电动机控制器中6只功率晶体管的工作过程是怎样的?

A099

无刷电动机控制器中的6只功率晶体管在微处理器芯片或PWM信号产生电路控制下，实现交替循环导通和截止，从而不断改变无刷电动机绕组中电流的方向，其具体的工作过程如下。

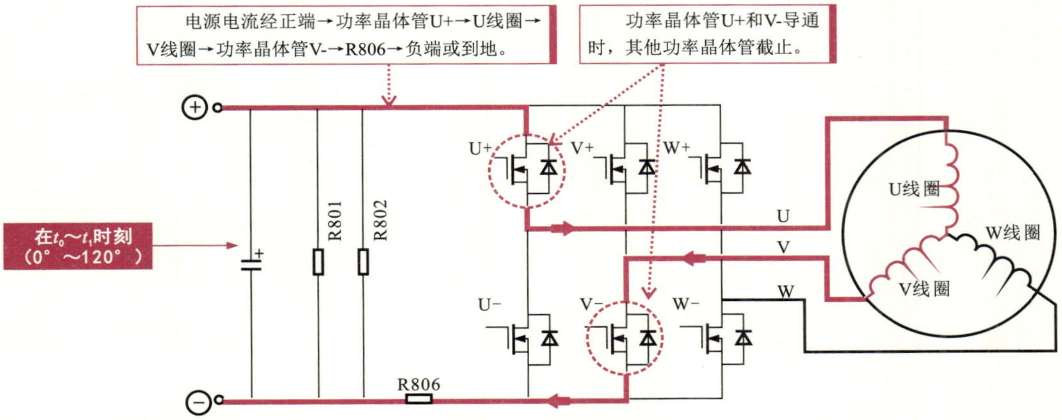

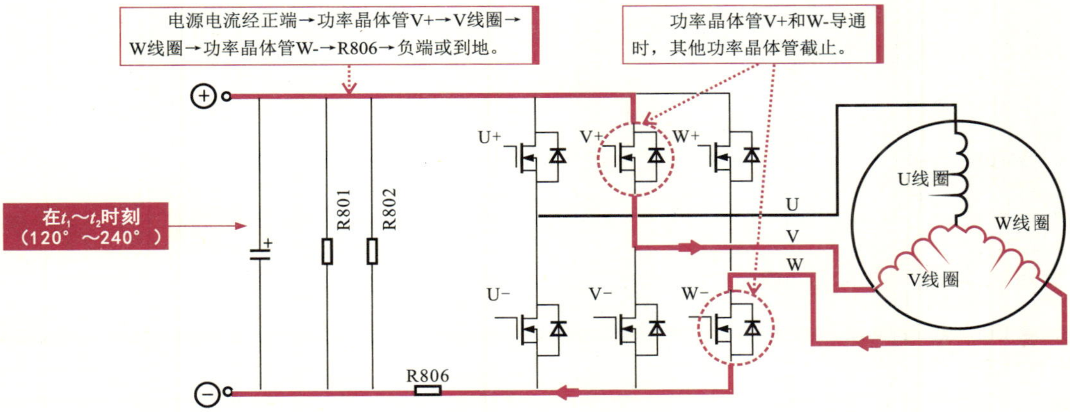

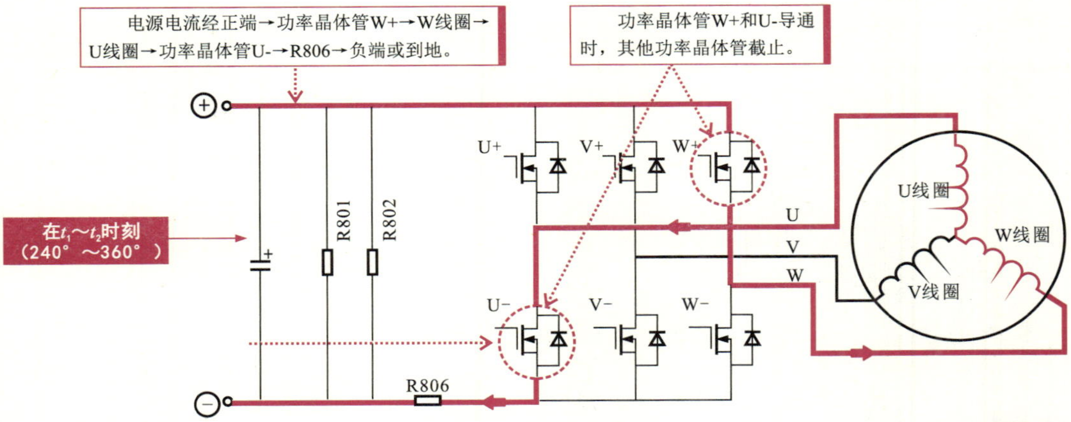

Q100

电动自行车的控制器应该如何拆解?

A100

电动自行车控制器的拆解方法很简单，拆卸时，可先找到控制器将其从电动自行车中取下，然后拔下控制器与其他部件之间的连接引线即可。

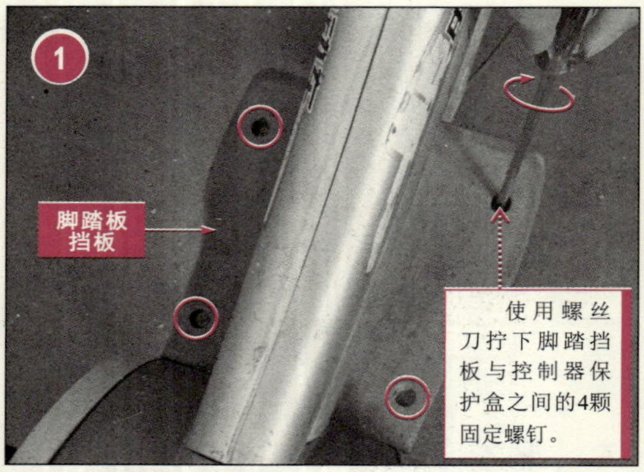

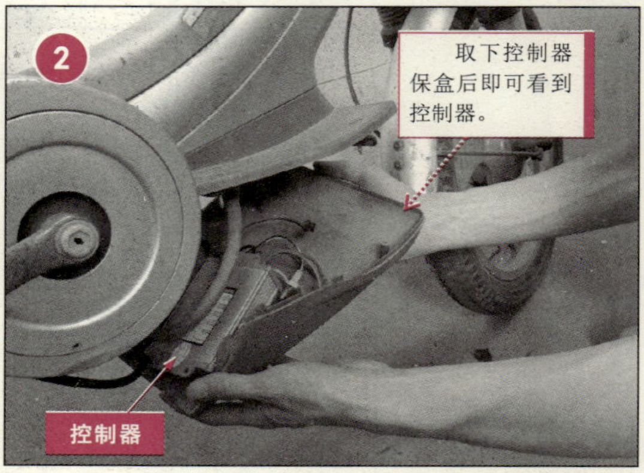

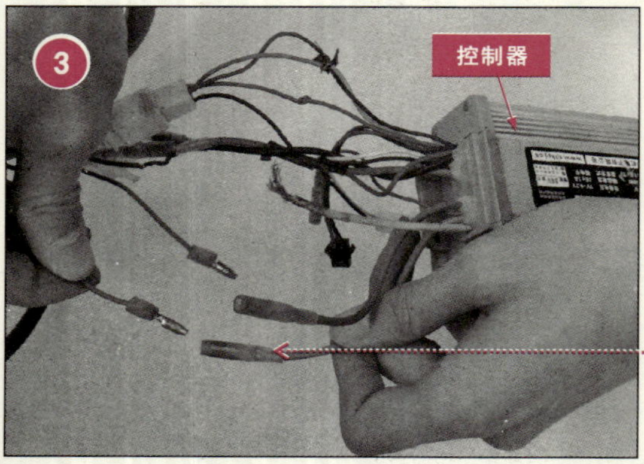

在拔开控制器与其他部件间的连接引线之前，应记录好连接引线的连接关系，以保证在重装控制器时能够一一对应连接，避免连接错误。

拔下控制器与其他部件间的连接引线。

Q101

如何对电动自行车的控制器做日常保养？

A101

电动自行车控制器的日常保养主要是指对电动自行车进行的一些检查、维护性操作，具体日常保养项目可以参考以下几点。

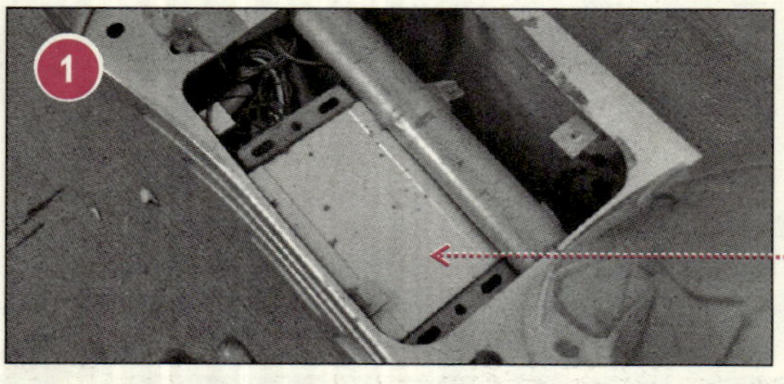

若控制器出现松动应及时对其进行固定，以免在颠簸路段骑行时造成连接线松动、断裂。

定期对控制器的安装位置及固定方式进行检查，以确保安全骑行。

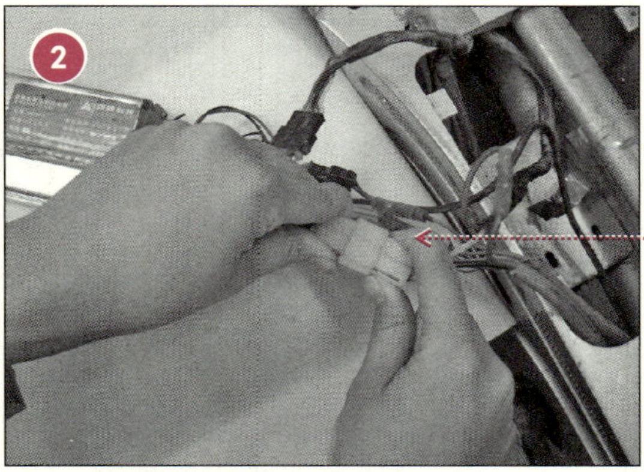

检查控制器与连接插件的连接状态。

若出现脱落、松动或接触不良，应重新进行连接或固定，防止连接线绞断等原因造成车辆故障，影响使用安全。

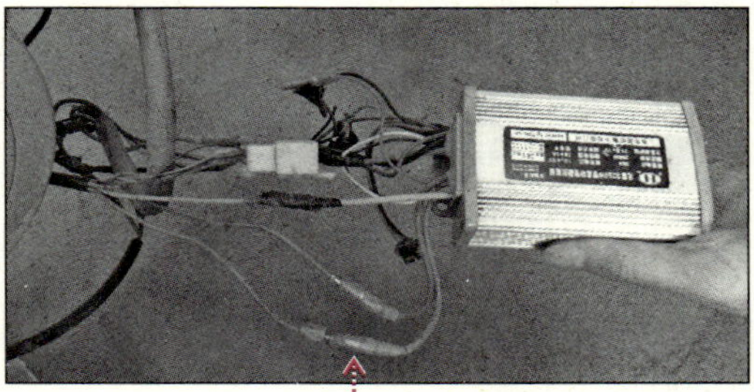

电动机、转把、闸把等部件供电电压是控制器供给的，若控制器内元器件老化会引起供给其他部件的电流变大，影响其他部件使用寿命，因此必须定时对控制器进行检查，必要时更换控制器。

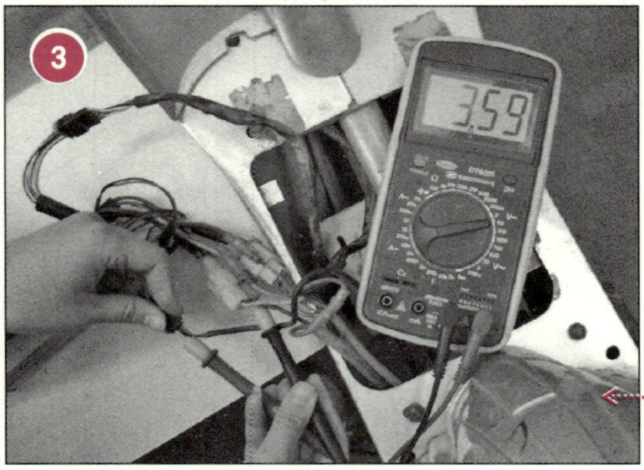

对电动自行车控制器供给其他部件的电压进行检查。

检查控制器内部元器件是否有老化、虚焊或脱焊等。

若内部元器件出现老化现象应及时进行更换，若出现虚焊或脱焊的部件时应及时对其进行焊接。

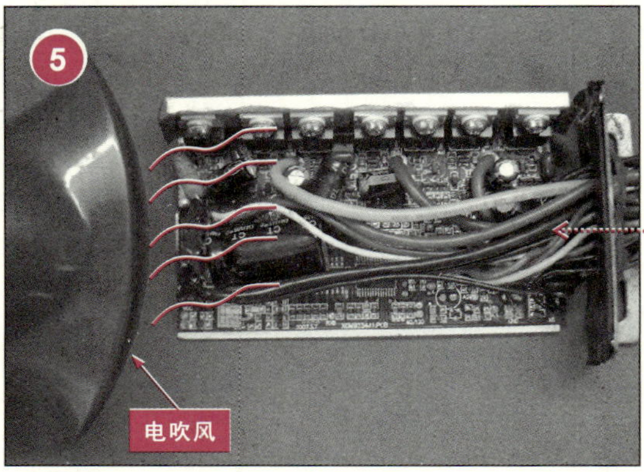

若在骑行过程中或清洁过程中，不小心将水弄到控制器中时，应先关闭电源锁，切断供电，然后取下控制器将内部的水处理干净，再用酒精进行擦拭，最后将其吹干。

Q102

如何检修电动自行车的控制器?

A102

当怀疑电动自行车控制器故障时，可遵循“先外围后自身、先查输出后查内部”的基本原则进行检修。

电动自行车出现异常怀疑控制器发生故障

↓

首先检查控制器与外围部件的连接情况 → 查看连接插件是否松动或损坏

控制器与其他外围部件通过连接插件进行连接，如控制器与转把、闸把、电动机、仪表盘、电源锁等。控制器连接部位容易出现故障，也容易修复。

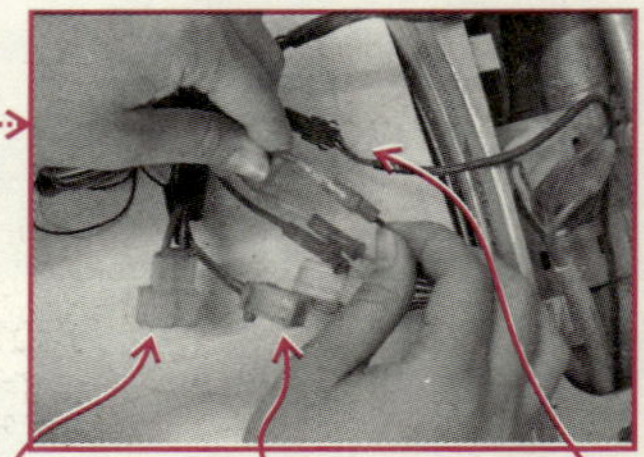

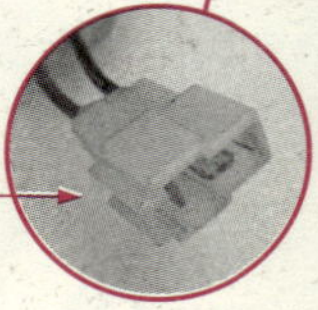

蓄电池连接插件

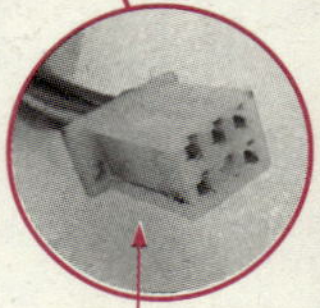

电动机连接插件

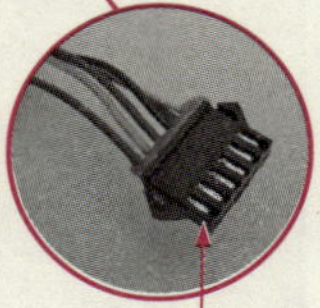

闸把、指示灯等连接插件

↓

接着检查控制器工作条件是否正常 → 检测供电电压、调速信号、制动信号是否正常

检测控制器的供电电压是否正常，排除蓄电池不良的情况；检测调速信号，排除转把不良的情况；检测制动信号，排除闸把不良的情况。

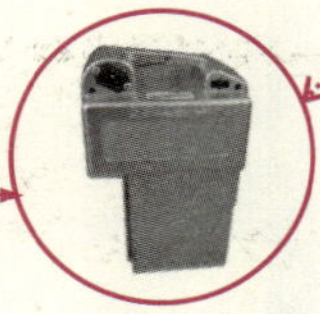

蓄电池

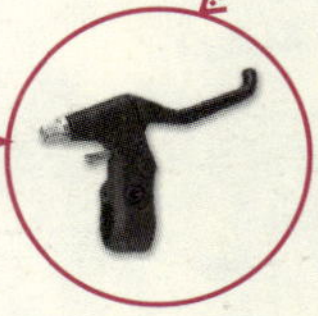

闸把

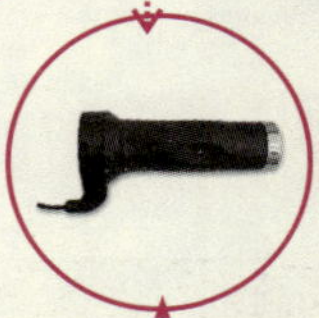

转把

↓

再检查控制器输出的信号是否正常 → 检测电动机供电电压是否正常

检测控制器输出的电动机供电电压是否正常，排除电动机不良的情况。

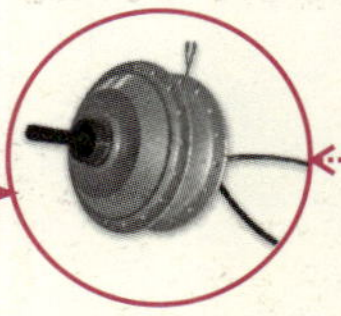

电动机

↓

最后对控制器内的主要元器件进行检测 → 检稳压器件、功率晶体管、控制芯片等是否正常

控制器本身损坏，将直接导致无控制信号输出或输出信号不稳等故障。通常需要检测稳压器件、控制芯片、功率晶体管等。

稳压器件

控制芯片

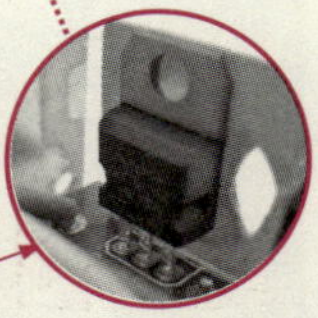

功率晶体管

↓

更换损坏的元器件或代换同类控制器，故障排除

Q103

如何检测控制器的供电电压？

A103

控制器正常工作需要蓄电池为其提供基本工作电压，该电压由蓄电池经连接引线后送入控制器中。若供电电压不正常，控制器无法进入工作状态，其具体的检测方法如下。

检测示意图

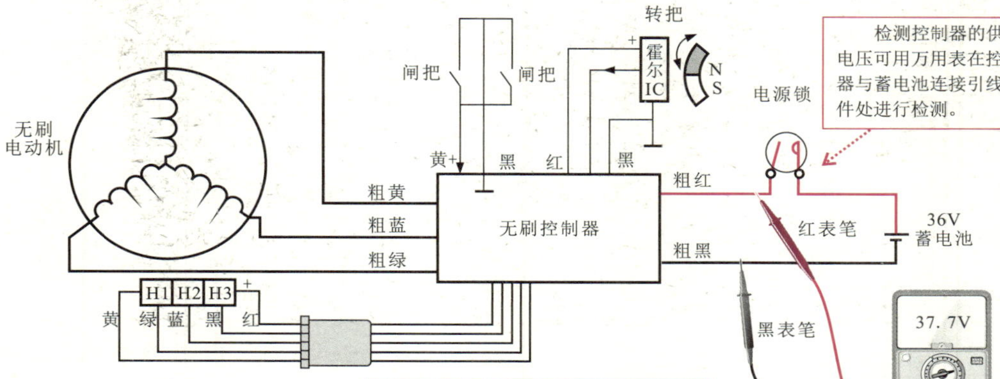

检测控制器的供电电压可用万用表在控制器与蓄电池连接引线插件处进行检测。

控制器电源输入电压值取决于供电蓄电池的额定电压值，通常36 V控制器电源输入端电压约为37.8 V；48 V控制器电源输入端电压约为50.4 V。

实际检测操作

1 打开电源锁。

5 万用表测得电压为37.7V。

3 万用表黑表笔搭在接地端上（粗黑线）。

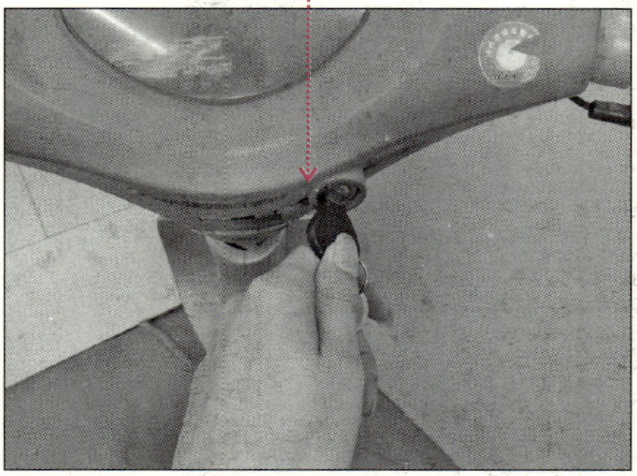

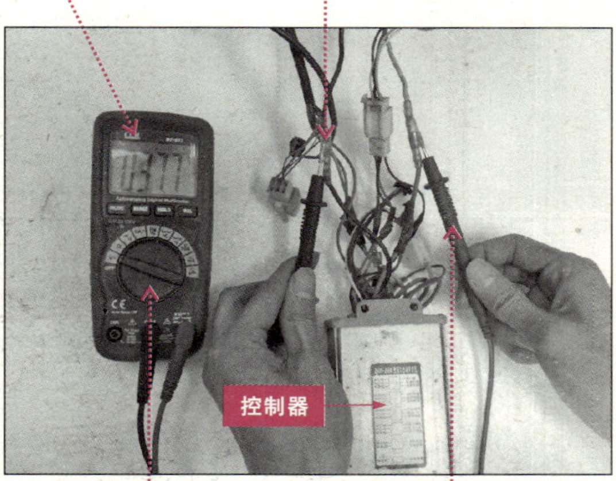

2 将万用表挡位旋钮调至“电压挡”。

4 红表笔搭在控制器的供电端（粗红线）。

正常情况下，万用表可测得一定的电压值，若测得电压值过低或无电压，则应对前级电源锁、蓄电池等进行检测；若电压正常，但指示仪表显示电量不足，应及时对蓄电池充电。

Q104

如何检测控制器输入的转把调速信号?

A104

转把为控制器送入调速信号，只有控制器接收到该信号，才能输出相应驱动信号控制电动机状态，该信号的具体检测方法如下。

检测示意图

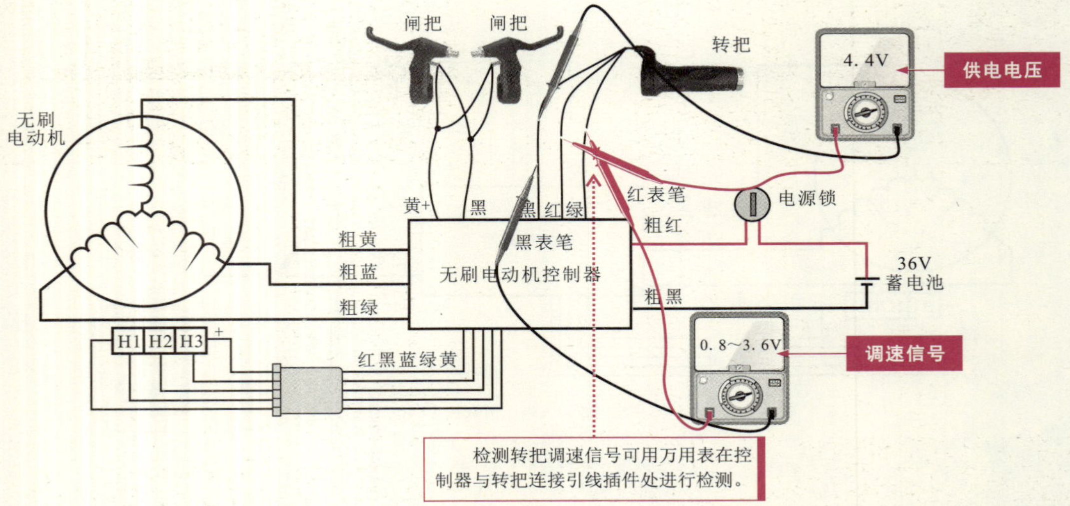

实际检测操作

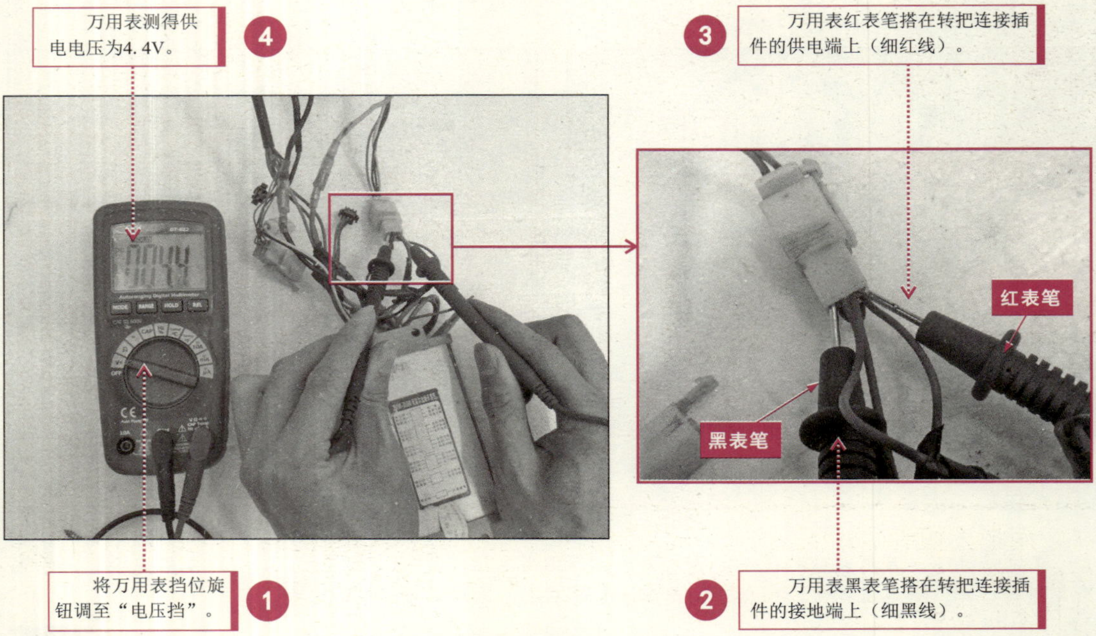

6 红表笔搭在调转把连接插件的调速信号端上。

7 未转动转把，测得电压值为0.8V。

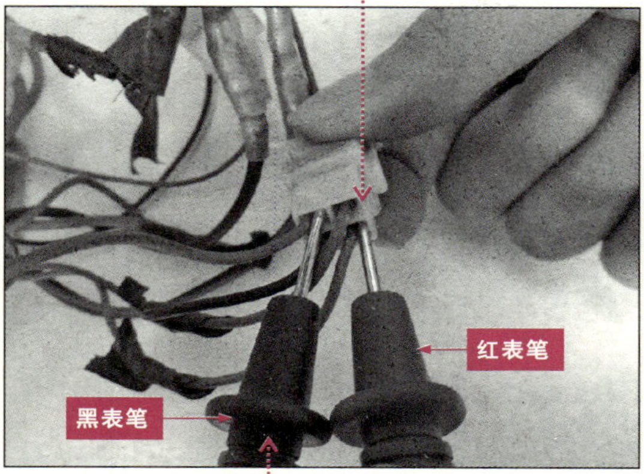

5 黑表笔保持不动。

8 转动转把，直到最大速度。

9 转动转把时，电压值不断上升，当电动机达最大转速时，测得电压值为3.6V。

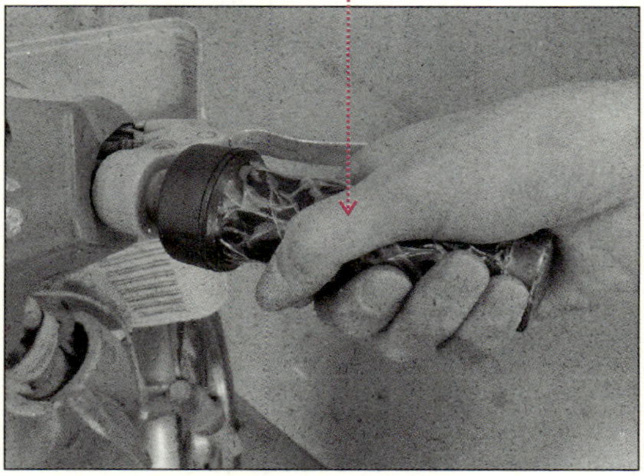

实测控制器输入的转把调速信号在0.8～3.6V之间变化。该变化范围由调速转把的类型决定：一般，万用表读数应在0.8～4.8V之间变化，若在转动转把时，未观察到电压的变化，说明转把可能已损坏。

Q105 如何检测控制器输入的闸把制动信号?

A105

闸把为控制器送入制动信号，控制器接收到该信号，会控制切断电动机的供电。操作闸把时制动信号应有高低电平的变化，该变化可用万用表检测到，其具体的检测方法如下。

检测示意图

检测闸把制动信号可用万用表在控制器与闸把连接引线插件处进行检测。

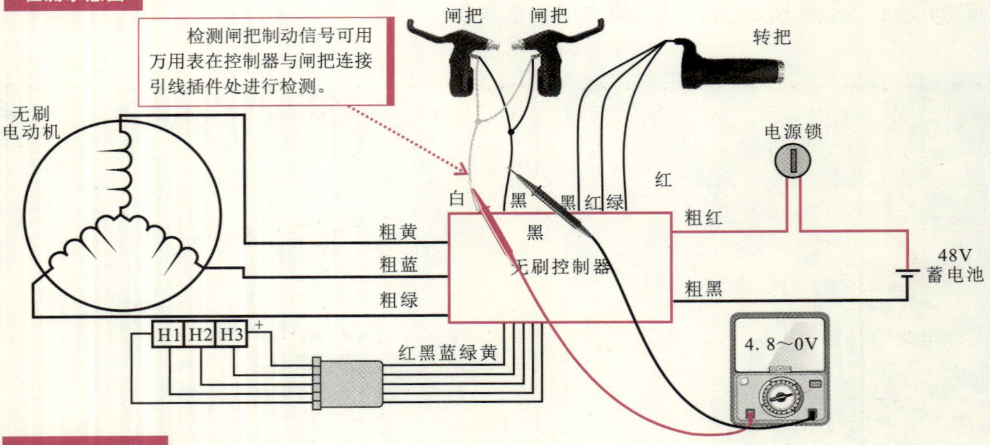

实际检测操作

❷ 万用表黑表笔搭在闸把连接插件的接地端上（细黑线）。

❹ 未捏紧闸把时，测得电压为4. 8V。

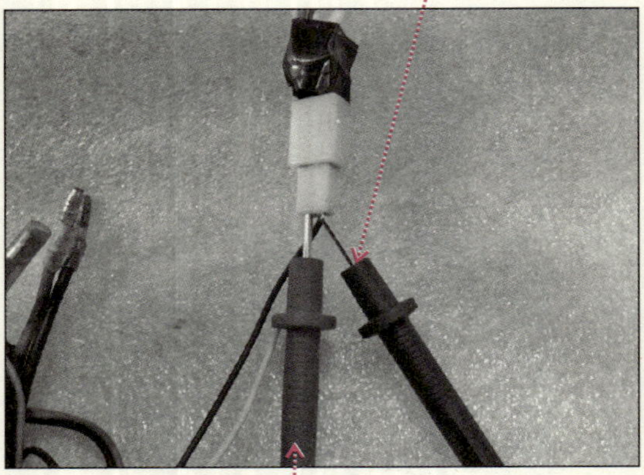

❸ 万用表红表笔搭在闸把连接插件的制动信号端上（细白线）。

❶ 将万用表挡位旋钮调至“电压挡”。

❺ 捏紧闸把。

❻ 捏紧闸把时，电压值变为零。

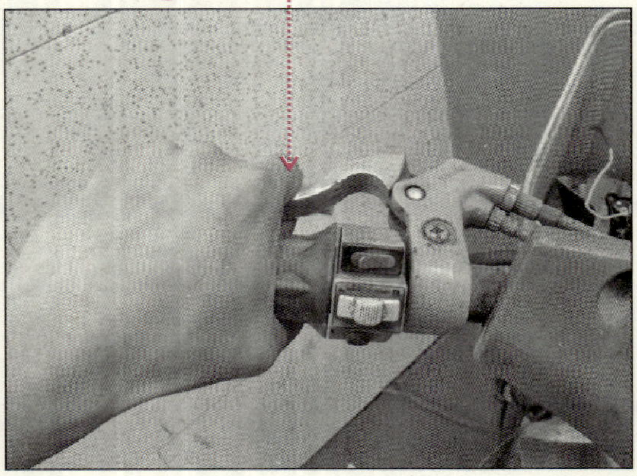

通常，未操作闸把时，控制器与闸把之间的高电平信号应不小于4V；当捏下闸把时，闸把制动信号端的电压应变为低电平（接近0V）。

Q106

如何检测控制器输出的电动机控制信号?

A106

电动自行车正常行驶时，控制器通过三根引线为无刷直流电动机提供驱动控制信号，该控制信号的具体检测方法如下。

检测示意图

检测控制器输出的电动机控制信号可用万用表在控制器与电动机连接引线插件处进行检测。

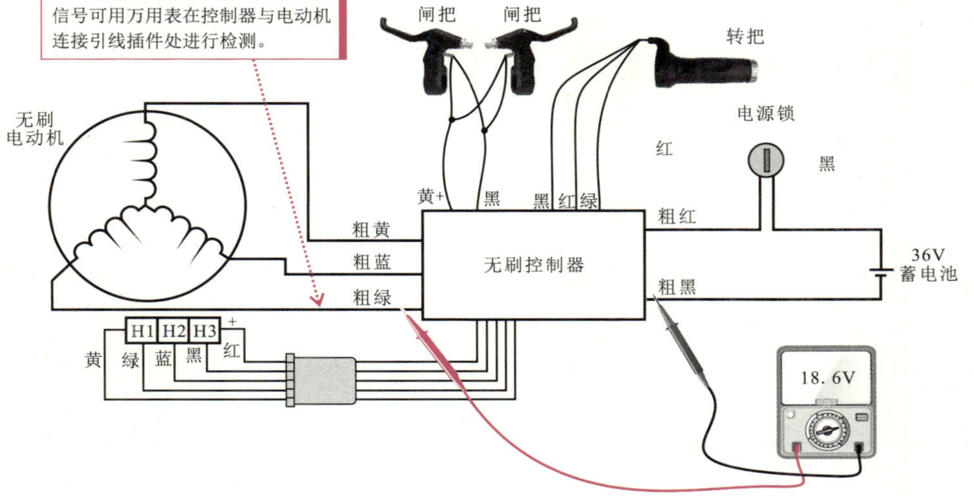

实际检测操作

③ 万用表红表笔搭在三根连接线中的一根上（这里选择绿色）。

④ 未转动转把时，测得供电电压为7. 9V。

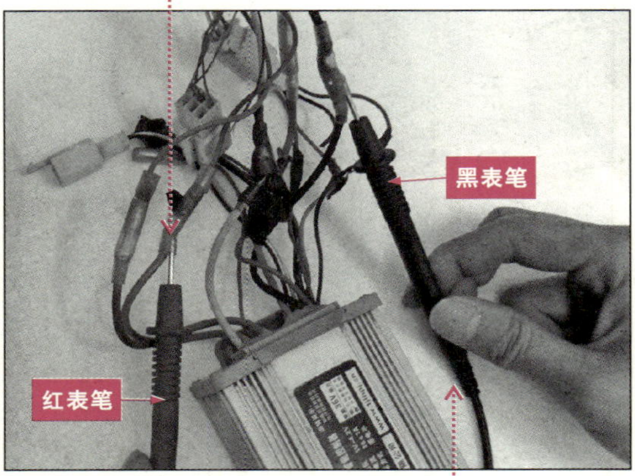

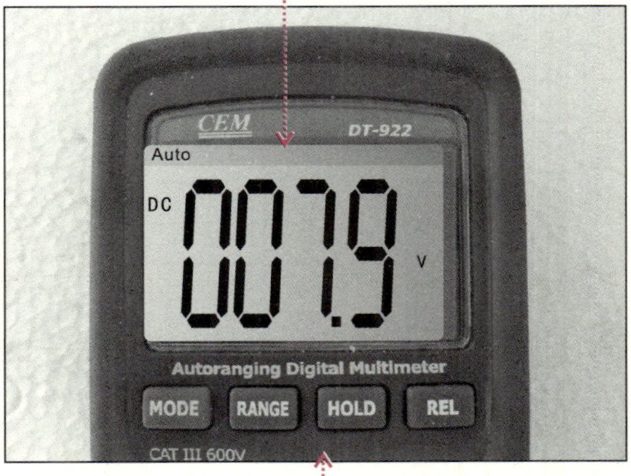

② 万用表黑表笔搭在接地端上（细黑线）。

① 将万用表挡位旋钮调至“电压挡”。

5 转动转把，使电动机达到最大旋转速度。

6 转动转把时，电压值不断变化，当电动机达最大转速时，测得电压值为18.6V。

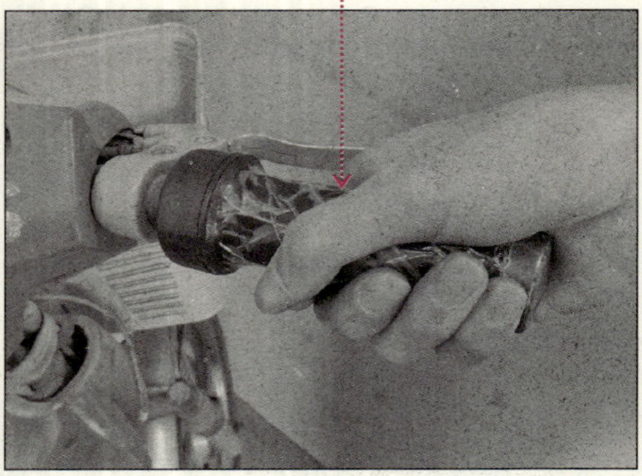

正常情况下，三根引线在电动机达到最大速度时测得的电压值基本相同。若实测时，检测不到电压或某一根引线电压过高或过低，表明控制器内的相关元器件存在故障，应对控制器内部元器件进行检测。

Q107

如何检测控制器输入的电动机霍尔元件位置检测信号?

A107

电动自行车正常行驶时，霍尔元件通过五根引线为控制器提供电动机的位置信号，使电动机连续运转，该信号的具体检测方法如下。

检测示意图

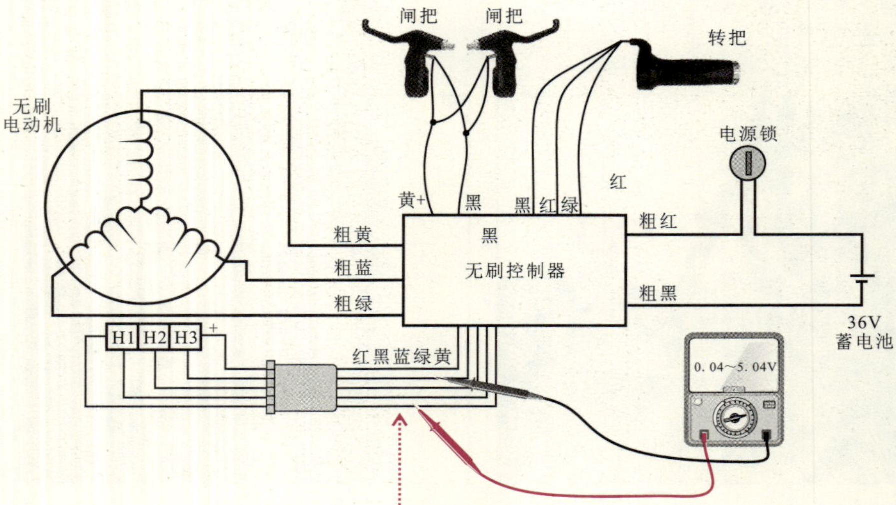

检测霍尔元件位置检测信号可用万用表在控制器与霍尔元件连接引线插件处进行检测。

实际检测操作

3 万用表红表笔搭在单根霍尔信号线上（这里选择黄色）。

4 未转动转把时，测得电压不断变化。

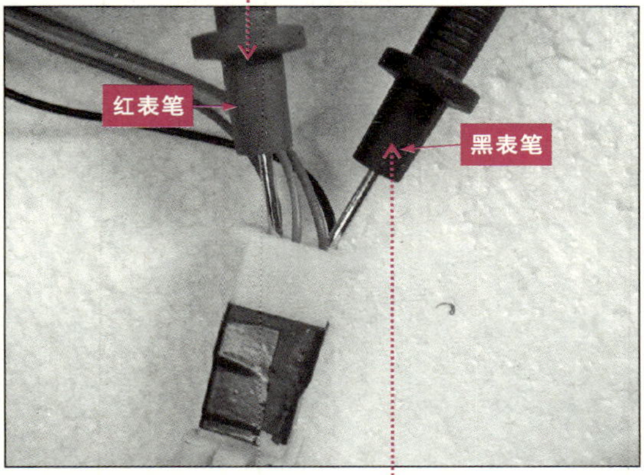

2 万用表黑表笔搭在接地端上（细黑线）。

1 将万用表挡位旋钮调至“电压挡”。

5 转动转把，直到电动机匀速运转。

6 电动机匀速运转，测得电压值为5. 04V。

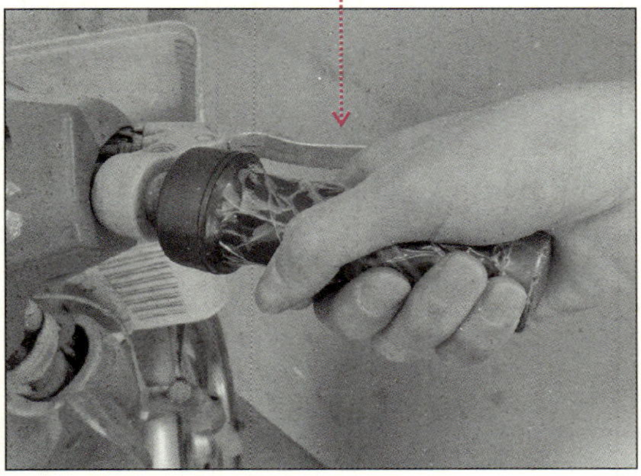

当用手慢慢拨动后轮旋转时（无刷直流电动机转子部分转动），黄色信号线的电压值在0. 04~5. 04V之间缓慢变化；当操作转把到最大转速，并使无刷直流电动机匀速运转时，该信号线电压值为2. 53V，此时，表明控制器与霍尔元件中黄色信号线间的电压值正常。

采用同样的方法分别检测控制器与无刷电动机中其他霍尔元件之间的位置检测信号，正常情况下，检测到的数值如下表所列。

	最低值/V	最高值/V	平均值/V
绿色信号线	0. 04	5. 04	2. 54
蓝色信号线	0. 04	1. 86	2. 44

【知识扩展】

控制器与霍尔元件间的红色引线端为霍尔元件的供电端，正常情况下，该引线处应有4. 33V的供电电压。

Q108

如何检测控制器内的功率晶体管?

A108

控制器中的功率晶体管多为场效应晶体管，通常可在断电状态下通过检测引脚间阻值的方法进行检测和判断。

③ 正常情况下测得功率晶体管两引脚间阻值为7.96kΩ。

④ 调换表笔再次测量这两个引脚间阻值仍为7.96kΩ

功率晶体管引脚焊点

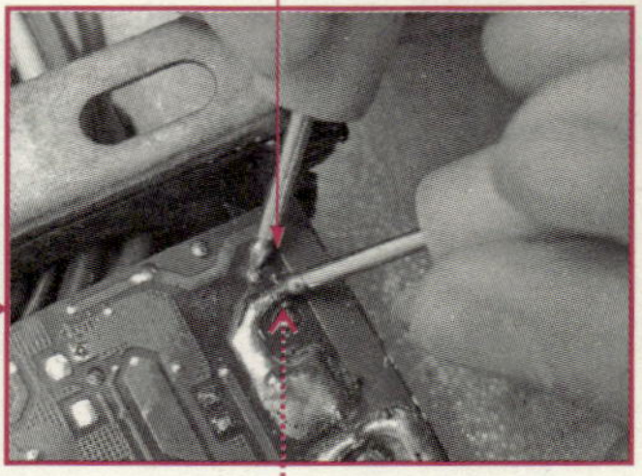

功率晶体管

② 万用表红黑表笔分别搭在功率晶体管的两只引脚上。

① 将万用表挡位旋钮调至“20k”欧姆挡。

⑤ 采用同样方法检测功率晶体管其他两引脚间的阻值，均可测得一个固定值。

正常情况下，检测功率晶体管任意两个引脚间电阻值时，应能测到两组约几千欧姆的数值，其余均趋于无穷大。若不满足该检测结果，或测得某组数值为零，则可能该晶体管已经损坏，应选用相同规格参数和型号的场效应晶体管进行更换。

Q109

如何检测控制器内的稳压器?

A109

控制器中的稳压器主要是将电池电压进行稳压后，输出电路板上其他器件正常工作所需要的直流电压。检测稳压器时通常可在通电情况下检测其输入端和输出端电压的方法进行判断。

检测示意图

使用万用表检测稳压器的输入端电压。

使用万用表检测稳压器的输出端电压。

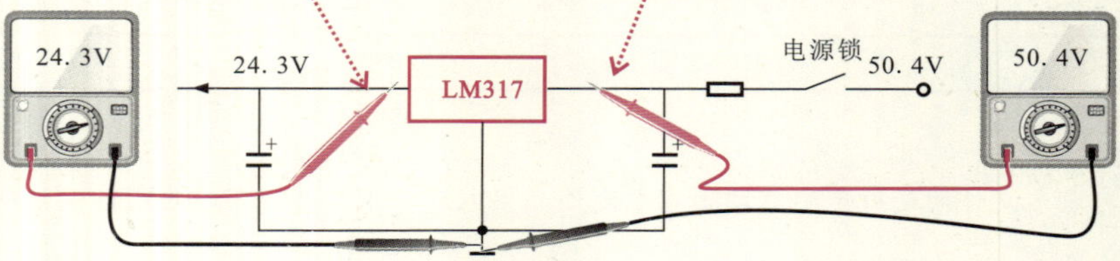

实际检测操作

2 将万用表黑表笔搭在接地端。

3 将万用表红表笔搭在三端稳压器的电压输入端。

4 正常情况下，万用表测得三端稳压器输入电压值为50.4V。

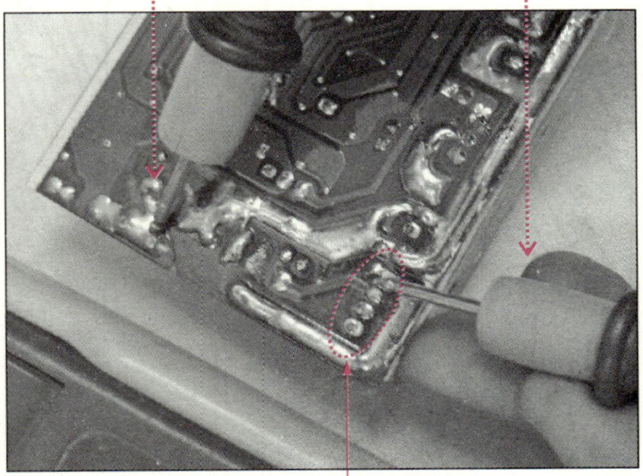

稳压器LM317引脚焊点

1 将万用表挡位旋钮调至“直流电压挡”。

保持万用表黑表笔接地位置不变。

5 将万用表红表笔搭在三端稳压器的电压输出端。

6 正常情况下，万用表测得三端稳压器输出电压值为24.3V。

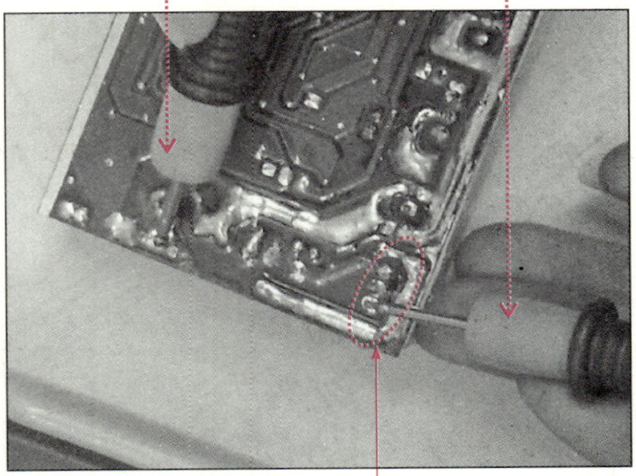

稳压器LM317引脚焊点

保持万用表挡位旋钮位置不变。

实测三端稳压器LM317的输入端电压约为50.4V，输出端电压约为24.3V。若输入正常，无输出，则表明该三端稳压器损坏，应选用同型号三端稳压器进行更换。不同种类的控制器其三端稳压器的输入、输出电压可能略有差异。

【知识扩展】

电动自行车控制器中通常采用的三端稳压器除了上文介绍的可调输出三端稳压器LM317之外，还有固定输出的三端稳压器7805、7806、7812、7815等，这些三端稳压器的检测方法基本相同。

Q110

如何检测控制器内的限流电阻、滤波电容?

A110

在控制器中，限流电阻、滤波电容的损坏几率较高，通常可直接在断电状态下万用表进行测量和判断。

限流电阻的检测

限流电阻

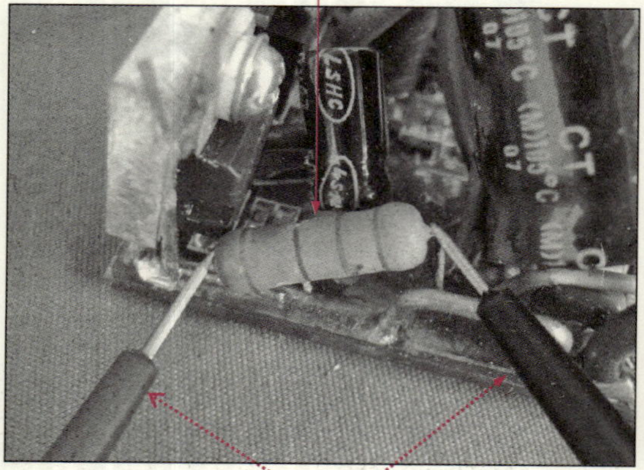

③ 正常情况下测得限流电阻的阻值为330Ω。

② 将万用表红黑表笔分别搭在限流电阻的两引脚上。

① 将万用表挡位旋钮调至“×10”欧姆挡。

滤波电容的检测

滤波电容器

④ 正常时检测滤波电容应有明显的充放电过程。

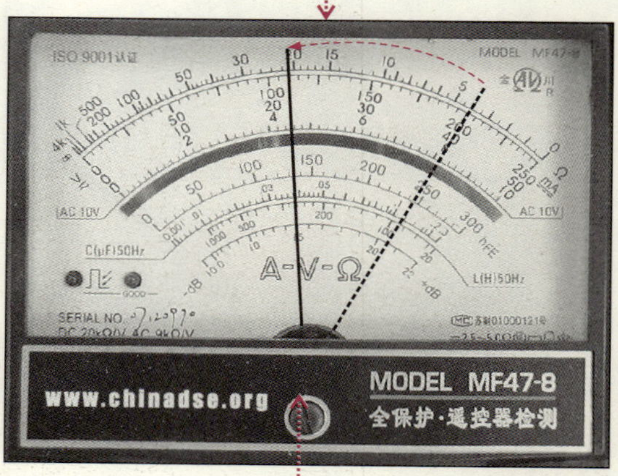

③ 将万用表红表笔搭在滤波电容的正极。

② 将万用表黑表笔搭在滤波电容的负极。

① 将万用表挡位旋钮调至“×1k”欧姆挡。

Q111

如何代换控制器？

A111

当需要对控制器进行代换时，需使用同型号或参数相同的控制器进行代换。控制器的代换操作通常可分为三大步骤，第一步寻找可代替的控制器，第二步代换控制器，第三步通电试机，其具体操作步骤如下。

步骤一：寻找可代替的控制器

根据损坏控制器的参数，选择适合的控制器进行代换。

步骤二：代换控制器

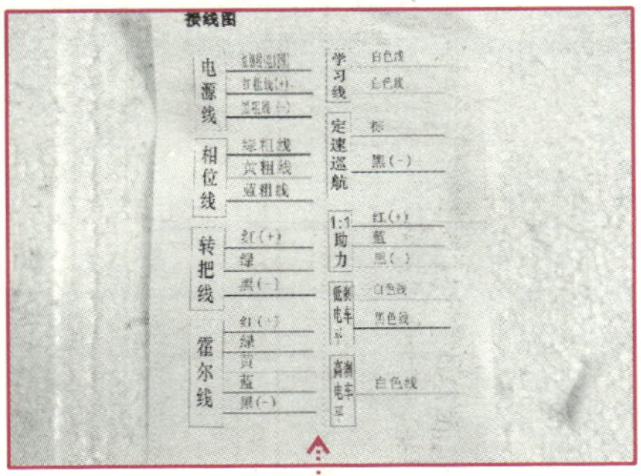

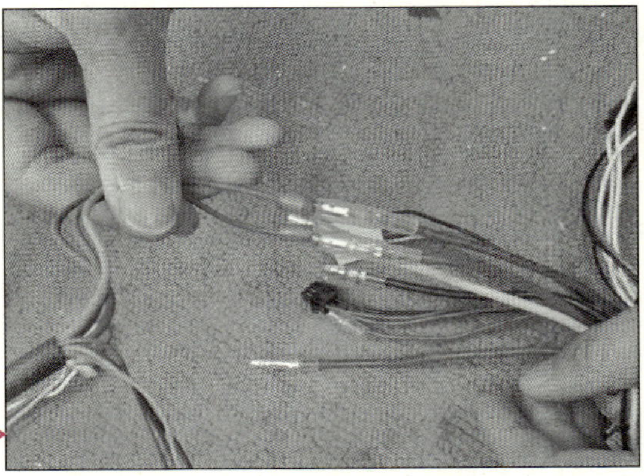

根据新控制器的接线图将新控制器与电动自行车的引线相连。

步骤三：通电试机

打开电源锁，拧动转把，电动机匀速起动，到达最大速度运转过程平稳正常。

拧动转把的同时，捏紧闸把，电动机正常断电并迅速停止转动。

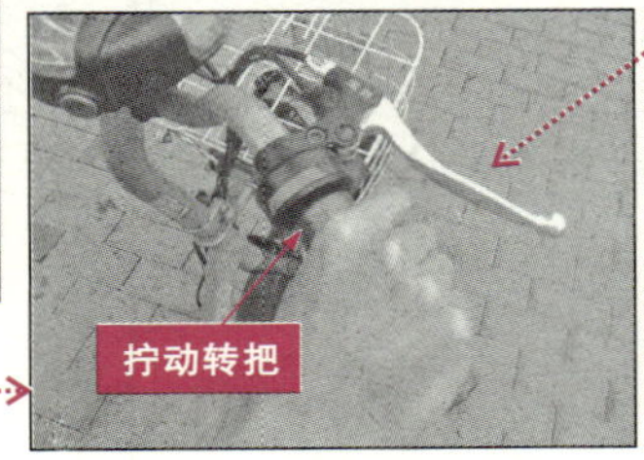

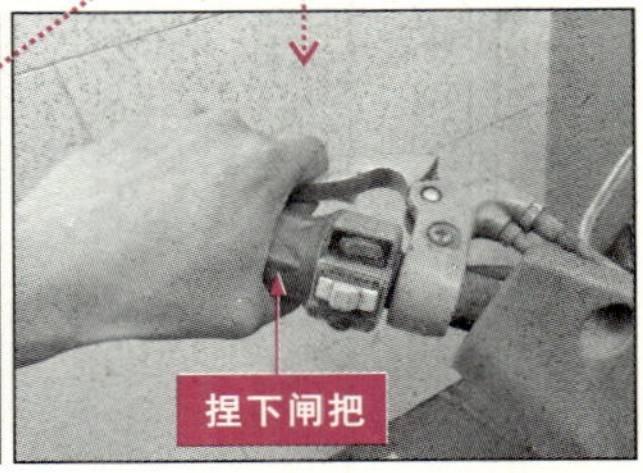

Q112

仪表盘一般安装在电动自行车的什么位置?

A112

仪表盘是显示电动自行车当前工作状态的部件，一般安装在电动自行车的车把中间部位。

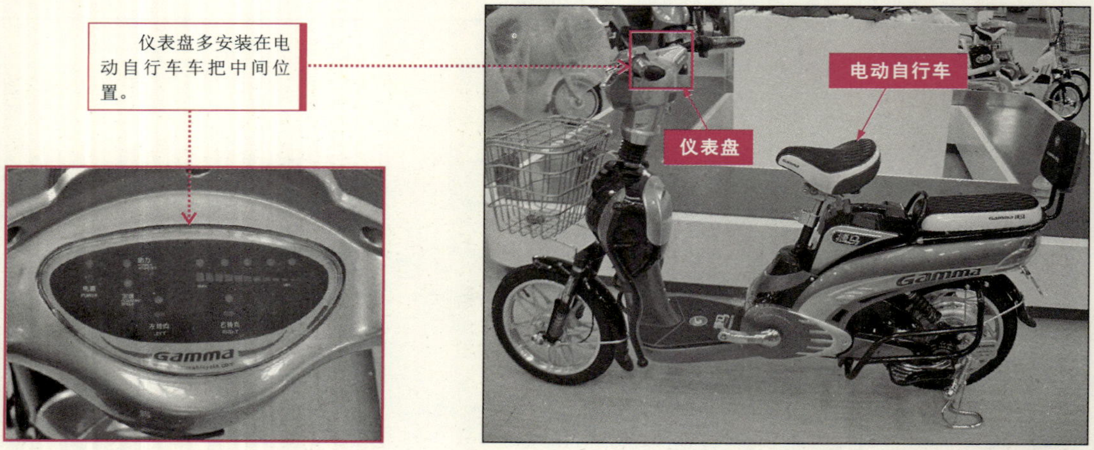

Q113

仪表盘在电动自行车中起什么作用?

A113

电动自行车的仪表盘主要是向骑车人提供电池电压显示、车速显示、骑行状态显示、灯具状态显示等基本信息，以确保行车人在骑行过程中了解电动自行车的运行状况。

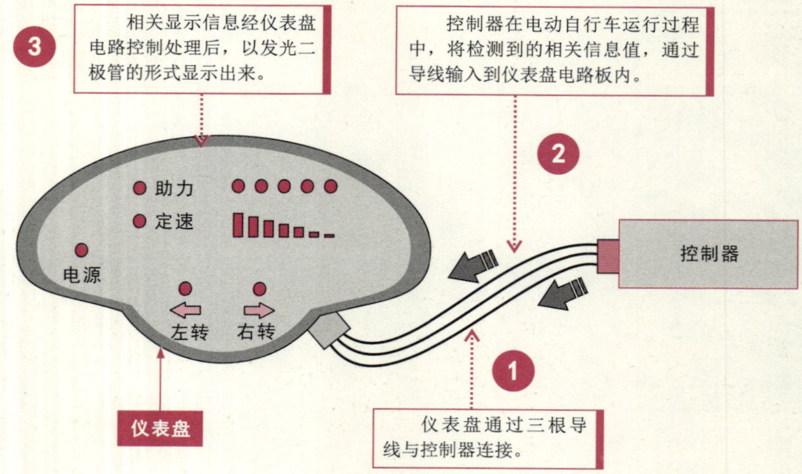

Q114

仪表盘的电路结构是怎样的?

A114

仪表盘的外形多种多样，其内部的电路结构也有明显的不同，如下所示为目前电动自行车中常用的发光二极管仪表盘的电路结构。

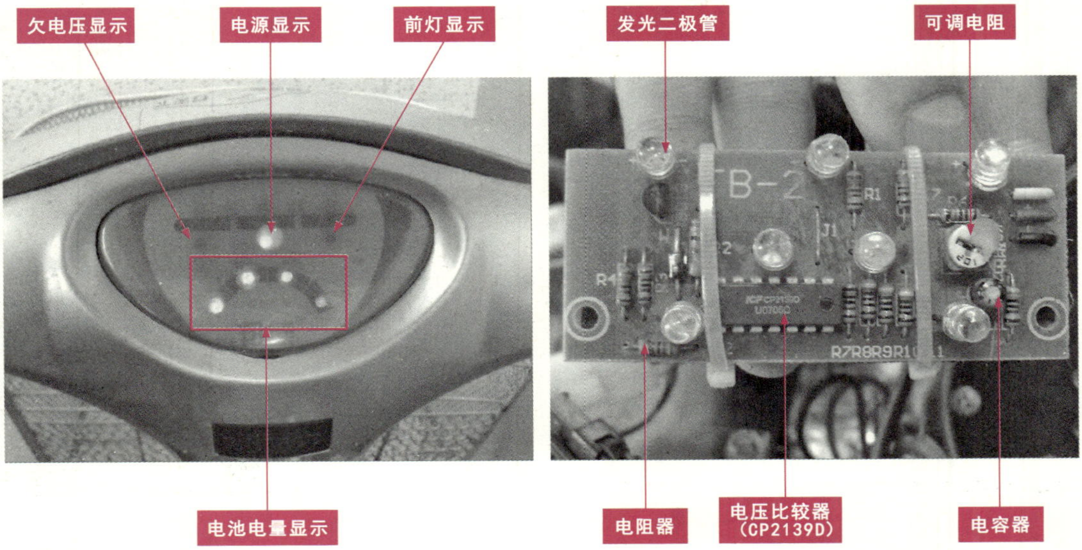

【知识扩展】

目前，电动自行车中仪表盘的外形多种多样，常用的主要有指针式仪表盘、发光二极管仪表盘、LED数码管显示仪表盘、液晶仪表盘以及智能仪表盘等几种。

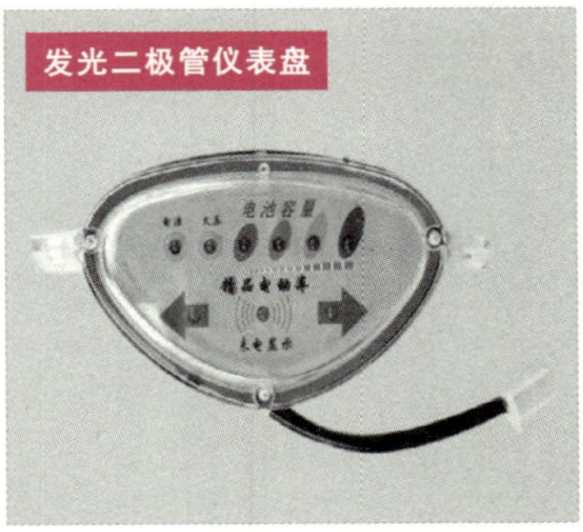

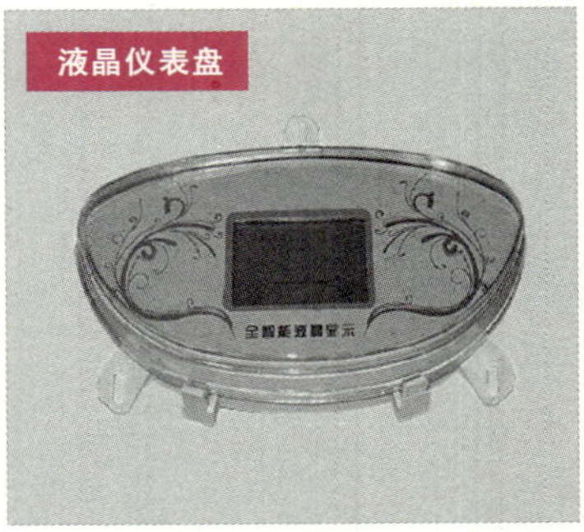

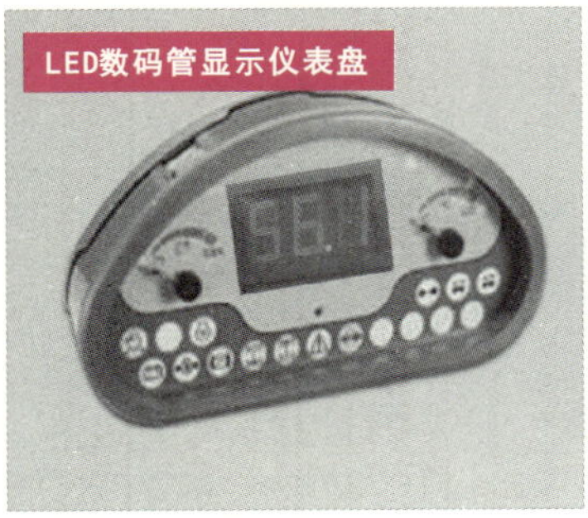

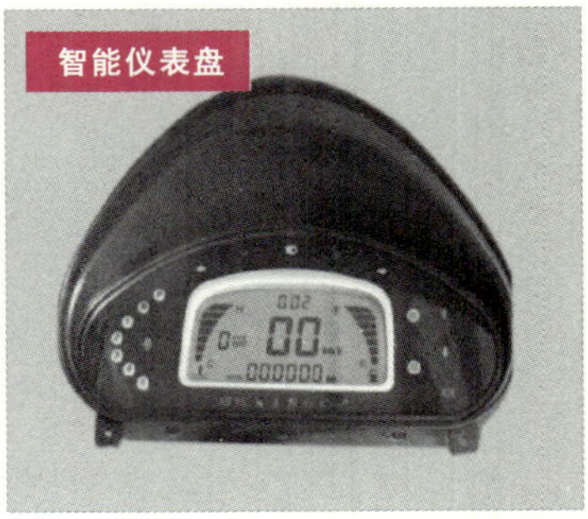

Q115

电动自行车的仪表盘应该如何拆解?

A115

电动自行车仪表盘的拆解方法很简单，拆卸时抽出前壳，将前壳与后壳分离，拧下固定螺钉，具体拆解过程如下。

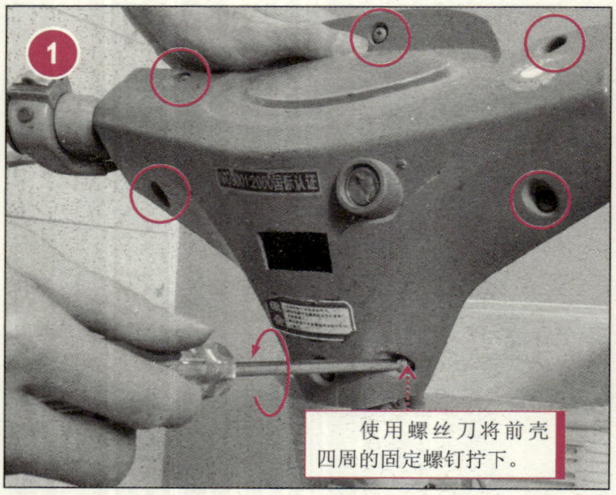

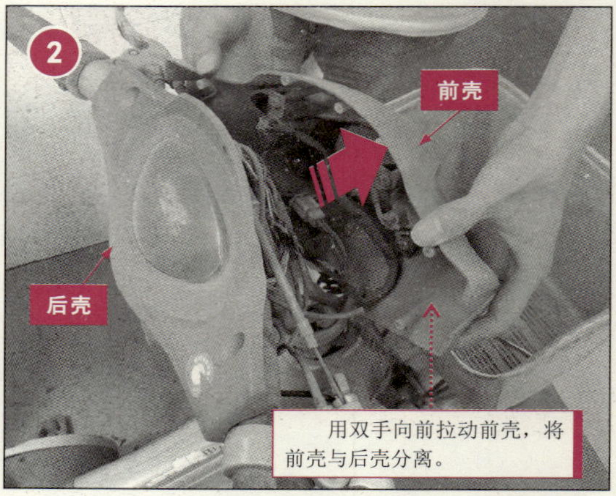

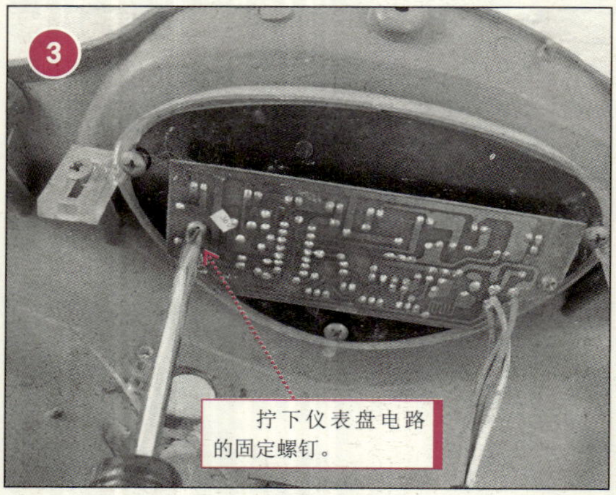

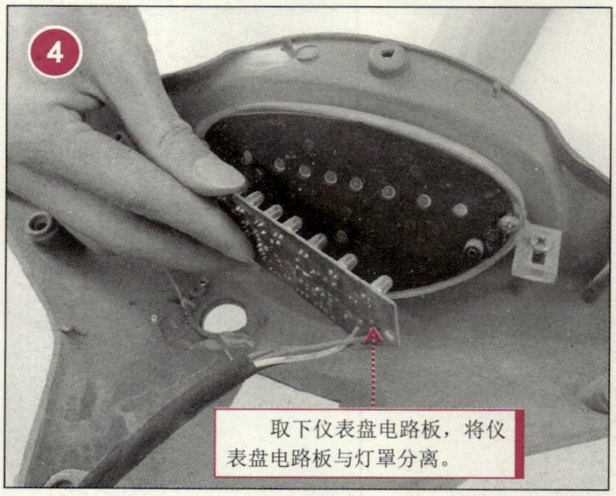

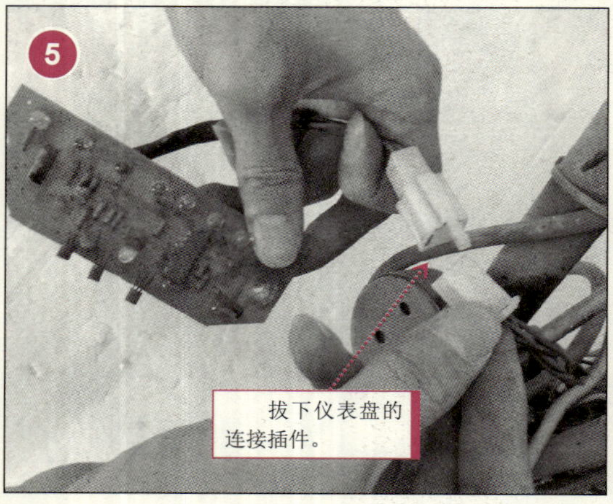

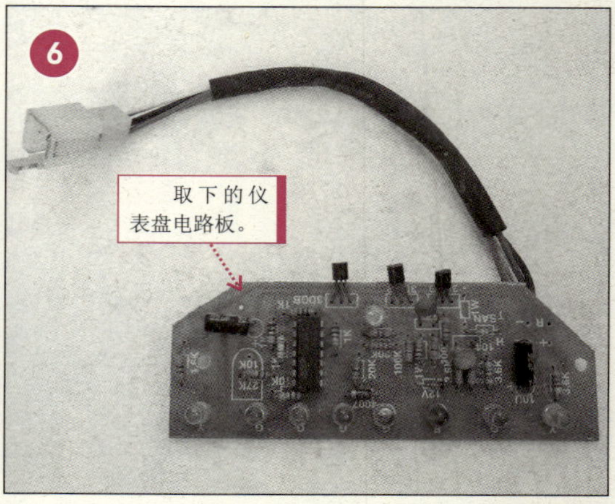

Q116

如何检测电动自行车的仪表盘？

A116

电动自行车仪表盘不能正常显示对其进行检修时，可先在电动自行车通电的情况下通过指示状态判断故障所在，然后再使用万用表进行检测判断。

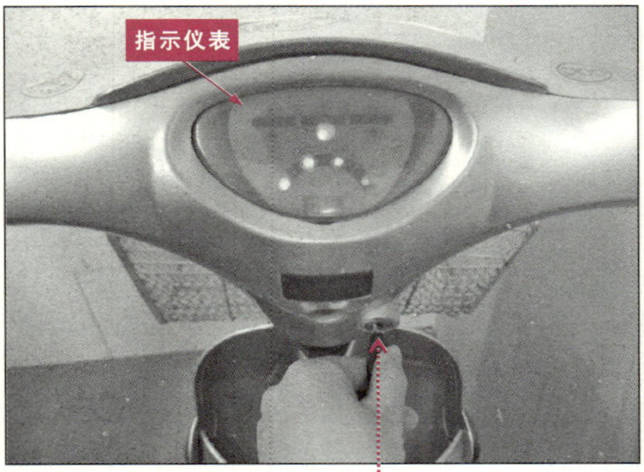

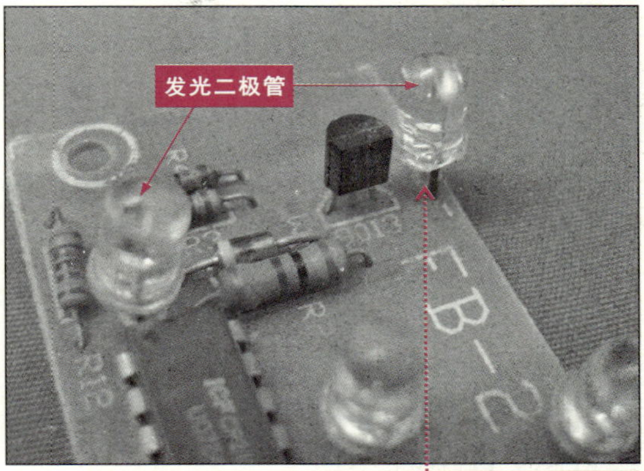

① 打开电动自行车的电源锁，检查仪表盘的各指示灯是否指示正常。

② 若其中一个或几个指示灯不亮，则需要先对指示灯（发光二极管）进行检测，正常情况下，指示灯正向导通，应有一定的固定阻值；反向阻值为无穷大。

③ 将万用表的挡位调整至“直流10V”电压挡。

④ 将万用表的黑表笔搭在仪表盘连接插件的接地端。

⑤ 将万用表的红表笔搭在仪表盘连接插件的供电端。

⑥ 正常情况下，万用表检测的电压值为5V。

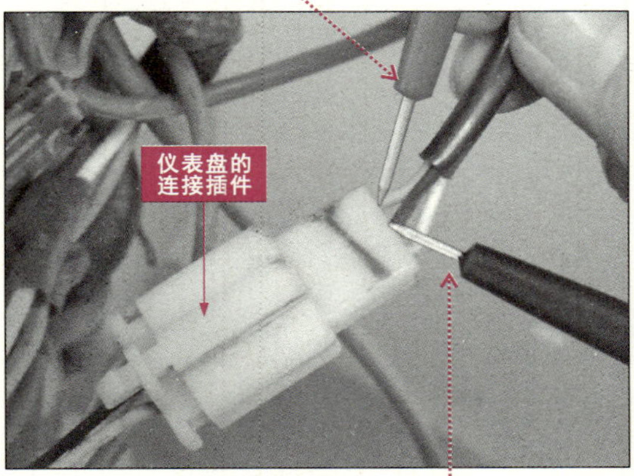

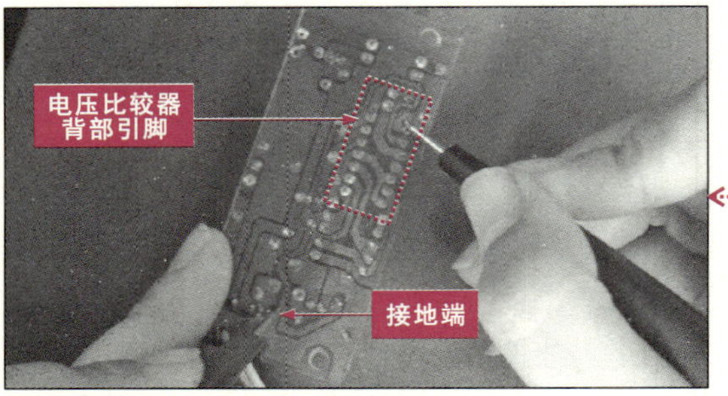

⑦ 若检修仪表盘的供电正常，而显示仍有故障时，则可以重点对仪表盘电路板中的主要元器件电压比较器进行检测。

Q117 如何代换电动自行车的仪表盘？

A117

当仪表盘无法进行检修时，需要对仪表盘进行本身进行代换，代换时应选用相同型号的电路板进行更换，并将性能良好的仪表盘安装在电动自行车中，具体代换方法如下。

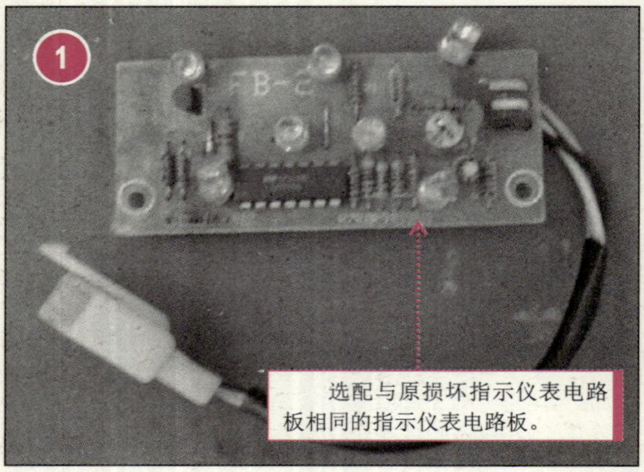

选配与原损坏指示仪表电路板相同的指示仪表电路板。

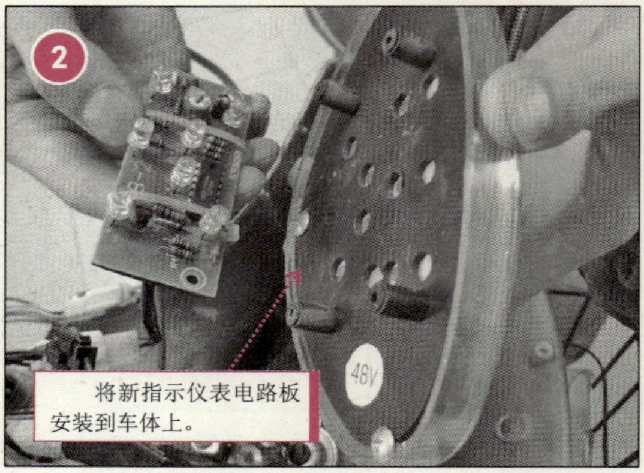

将新指示仪表电路板安装到车体上。

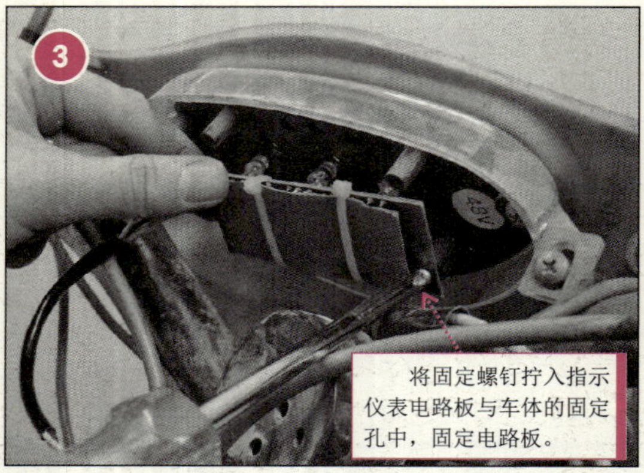

将固定螺钉拧入指示仪表电路板与车体的固定孔中，固定电路板。

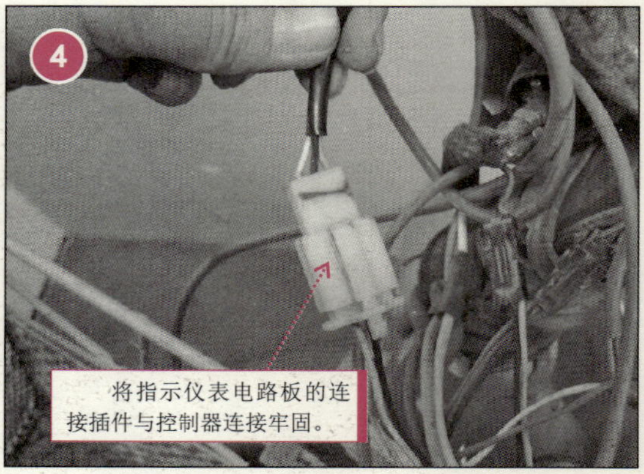

将指示仪表电路板的连接插件与控制器连接牢固。

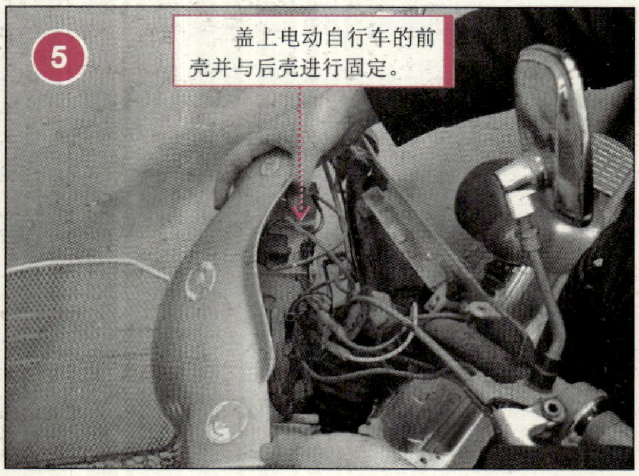

盖上电动自行车的前壳并与后壳进行固定。

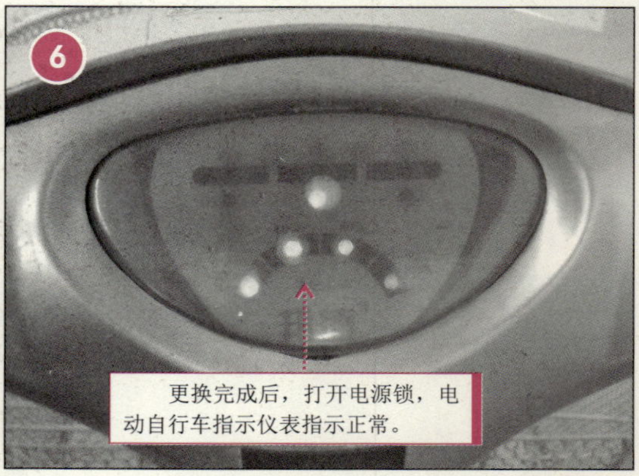

更换完成后，打开电源锁，电动自行车指示仪表指示正常。

Q118

转把一般安装在电动自行车的什么位置?

A118

转把是电动自行车控制、调节行驶速度的重要部件，电动自行车的转把部件一般安装在车把的右手边，可以方便用户进行速度的调整。

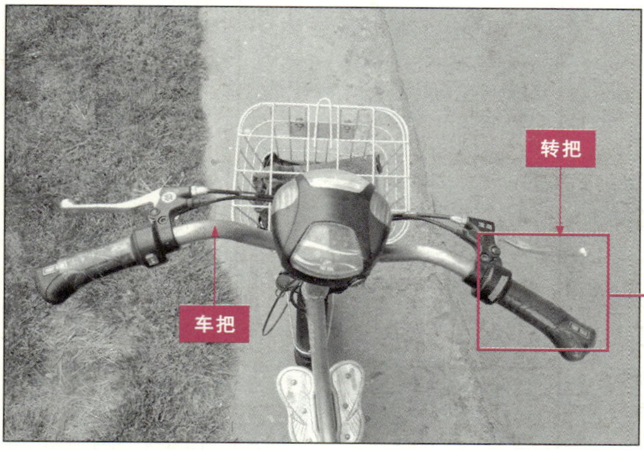

转把安装在车把的右手边。

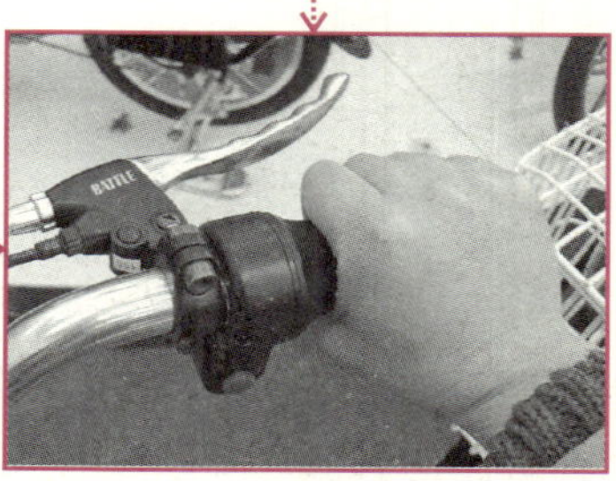

Q119

转把在电动自行车中起什么作用?

A119

电动自行车加电后，转把主要是起动电动机，给电动机提供旋转的驱动信号，根据驱动信号的大小，使电动自行车中电动机的转速受到控制。

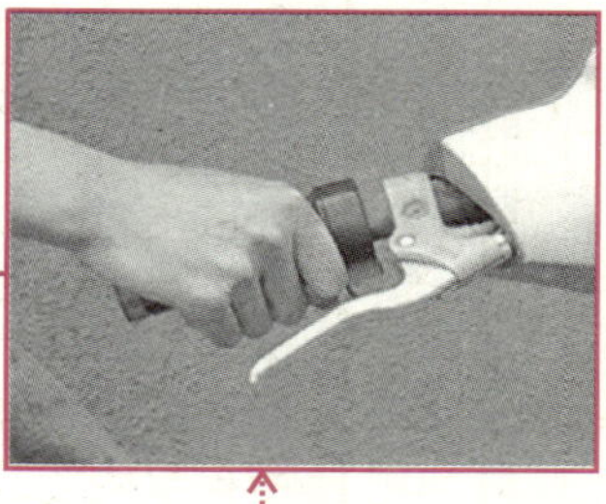

行驶者通过转动右手的转把来调节电动自行车的行驶速度。

Q120 转把的结构是怎样的？

A120

转把内部主要是由磁钢、霍尔元件、复位弹簧、连接线路和塑料外壳构成的。

转把把座是转把的主要机械（支撑）部件。

用于安装霍尔传感器。

霍尔元件与控制器的连接线路。红线接霍尔元件的5V电源端，黑线接负极，绿线为信号输出线。

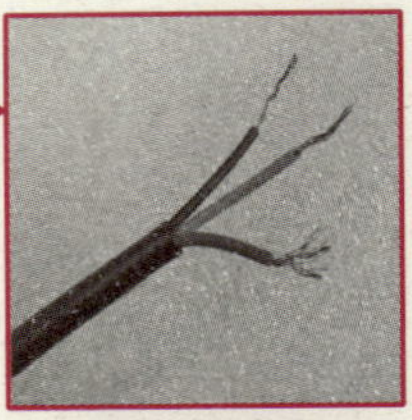

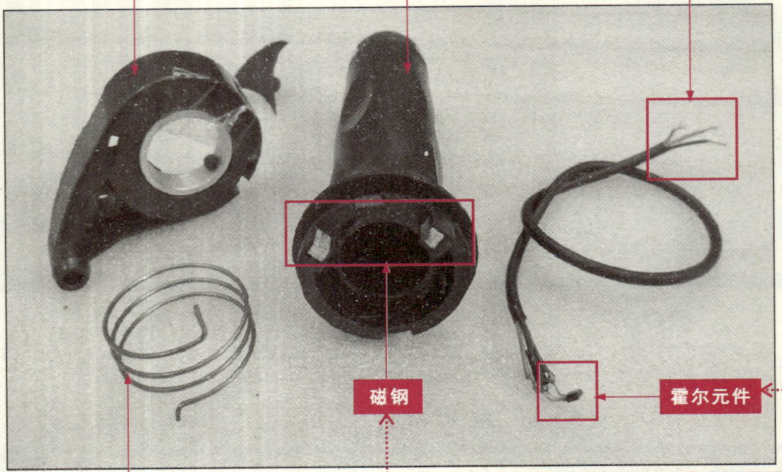

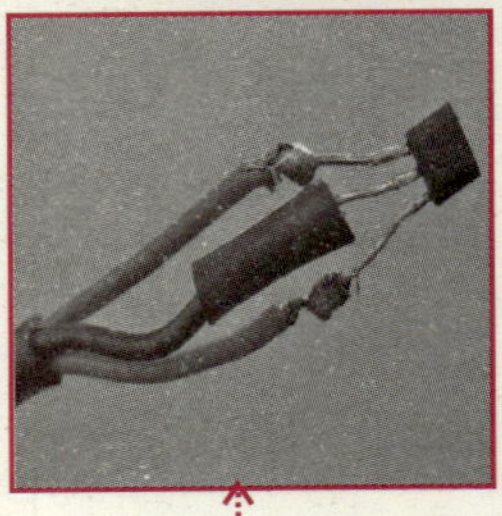

霍尔元件用于将所感应到的磁场信号，转换成相应的电压值，并通过线路送入控制器，从而改变电动自行车的速度。

用于为转把提供复位转矩的零件，当转把升速后，可自动复位进行限速防止飞车。

位于转把手柄内侧，有南北极（N/S）之分，用于向霍尔元件提供磁场信号。

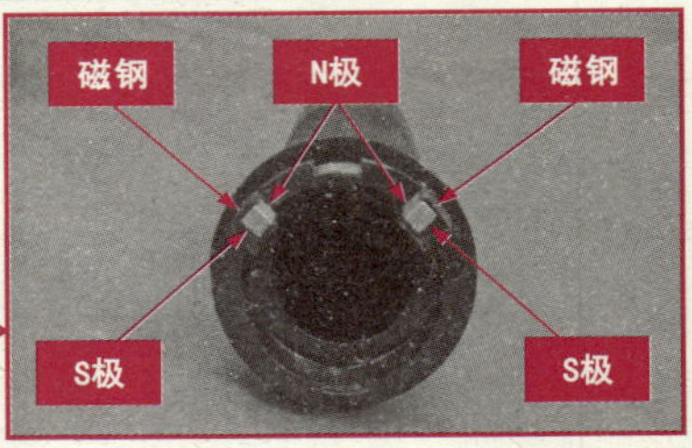

【知识扩展】

根据转把内部使用的传感器不同，可以分为霍尔转把和光电转把两种，霍尔转把是以霍尔元件作为传感器，光电转把是以光电变换器作为传感器。目前市场上多数转把采用霍尔元件作为传感器。

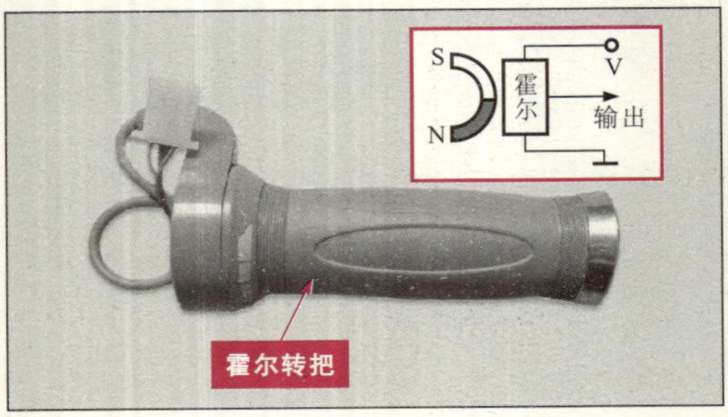

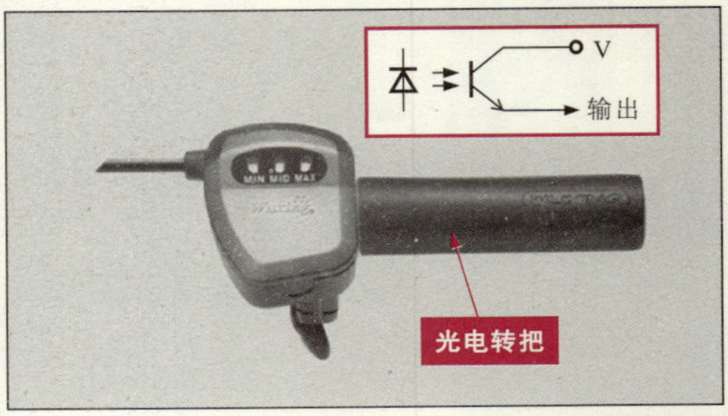

Q121

闸把一般安装在电动自行车的什么位置?

A121

闸把是控制电动自行车制动的重要部件，不论是哪种类型的电动自行车，闸把都安装在车把上，左右各一个。

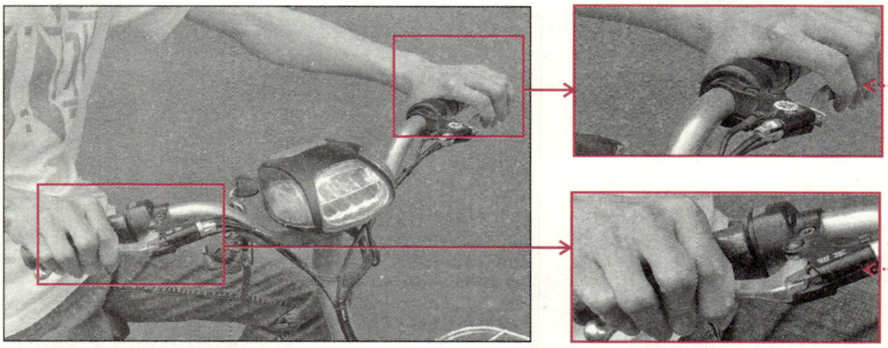

左手的闸把负责控制电动自行车的前轮制动。

右手的闸把负责控制电动自行车后轮的制动。

Q122

闸把的结构是怎样的?

A122

闸把种类多种多样，但基本结构大致相同，目前电动自行车中采用较多的闸把为机械闸把，该类闸把主要是由闸把把座、闸把手柄、闸线等组成的。

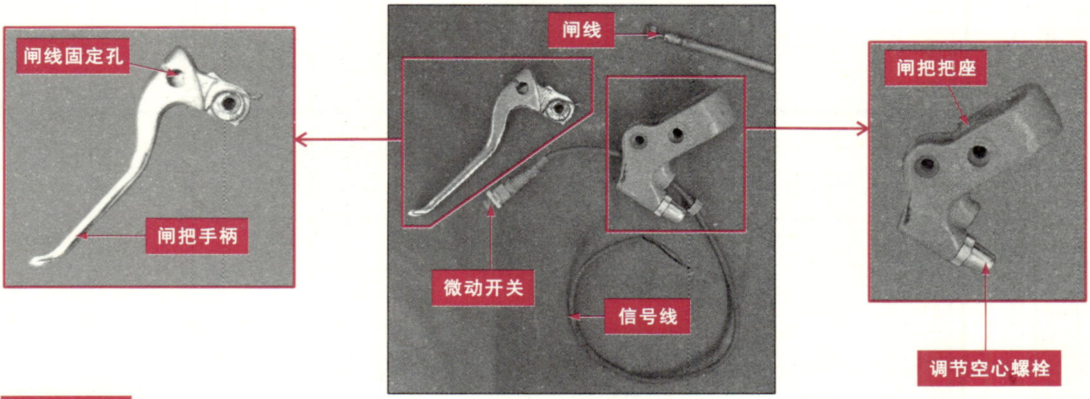

【知识扩展】

除了上述机械闸把外，目前有些电动自行车中采用电子闸把进行制动控制。

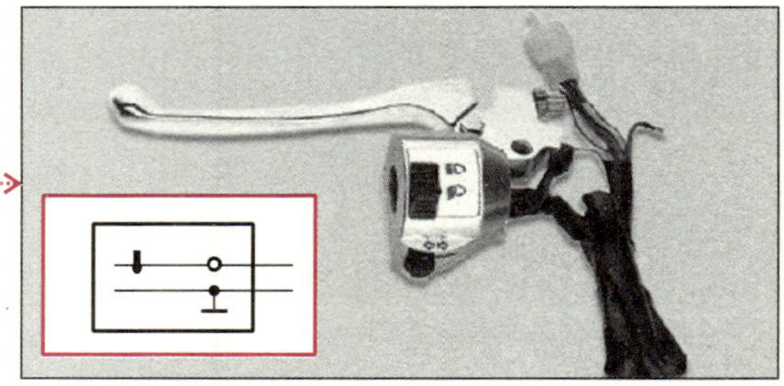

Q123

电动自行车的转把是如何工作的？

A123

转把主要是通过内部元件感应调速信号，然后将不同的调速信号传送到控制器中，由控制器识别和处理后，输出相应的电动机驱动信号，从而实现电动机的速度控制功能的。

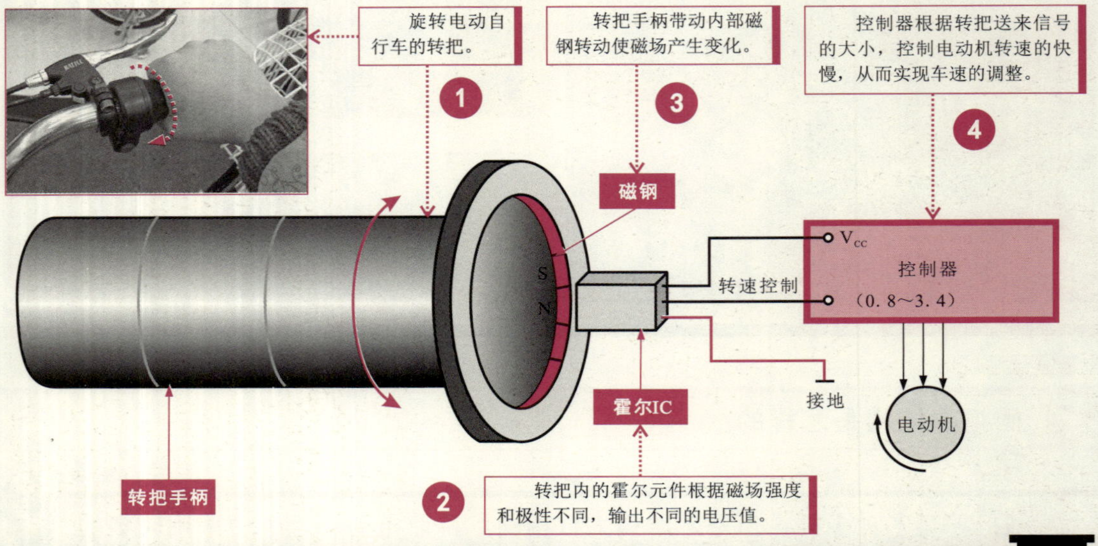

Q124

电动自行车的闸把是如何工作的？

A124

闸把是电动自行车的制动部件，当需要制动时，操作闸把给控制器一个制动信号，控制器接收到这个信号后，会切断电动机的供电实现制动断电功能。

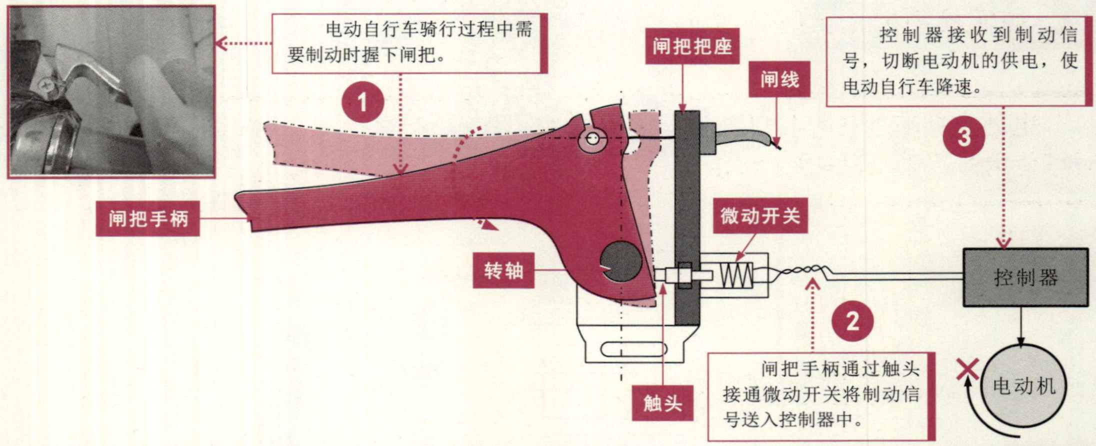

Q125

电动自行车的转把应该如何拆解？

A125

电动自行车转把的拆解方法很简单，拆卸时拧下转把的固定螺钉，即可将转把取下，具体拆解过程如下。

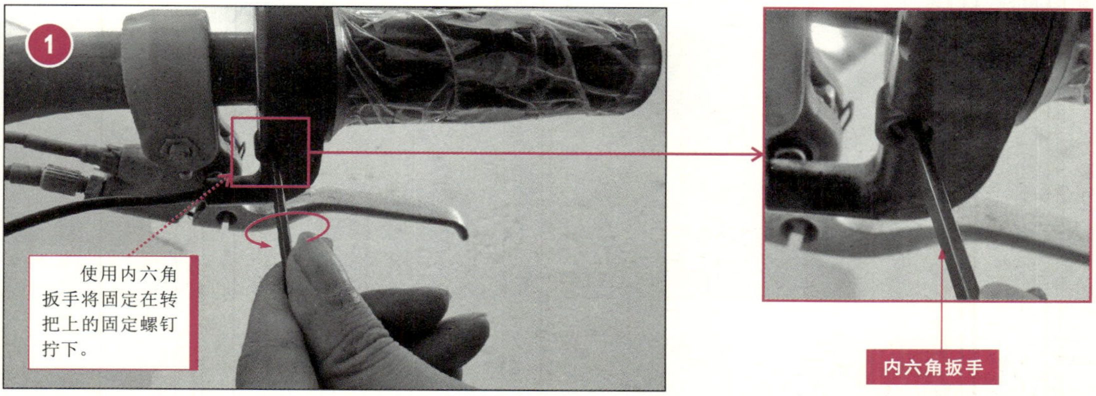

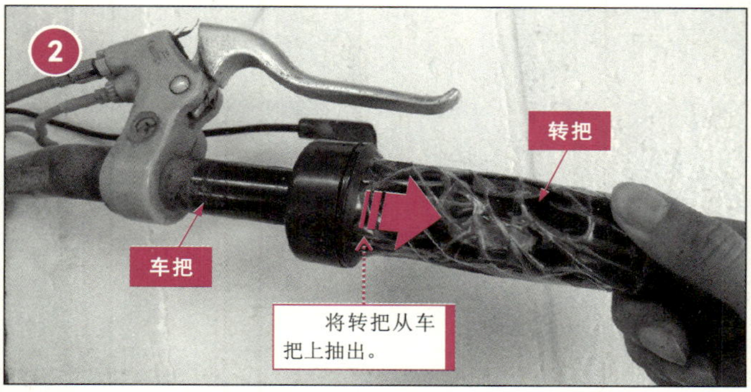

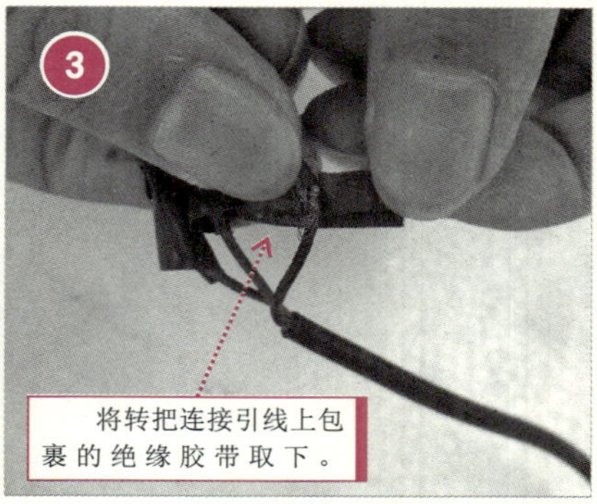

Q126

如何检测电动自行车的转把？

A126

电动自行车的转把损坏，电动自行车将无调速信号输出，对转把进行检测时可使用万用表检测转把内部的霍尔元件是否正常，其具体的检测方法如下。

检测示意图

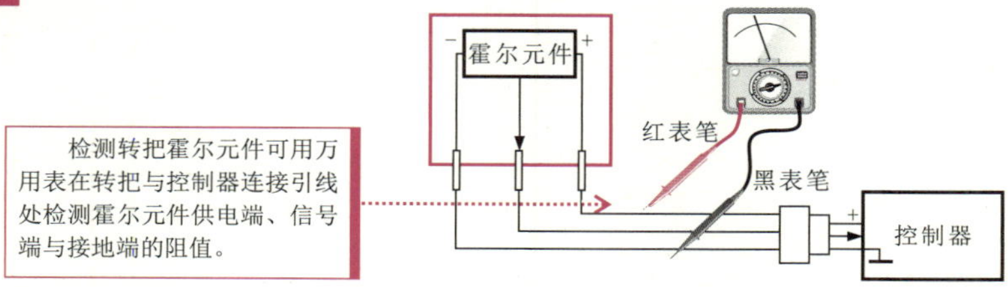

实际检测操作

❷ 万用表黑表笔搭在转把连接引线的接地端上（黑线）。

调换表笔，测得反向阻值也为1. 4kΩ。

万用表测得供电端与接地端正向阻值约为1. 4kΩ。❹

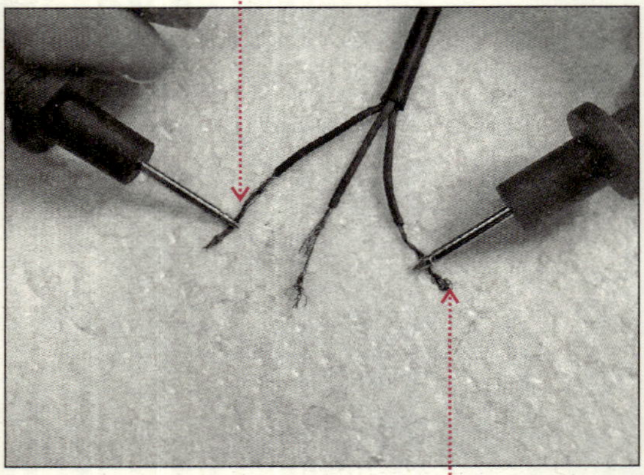

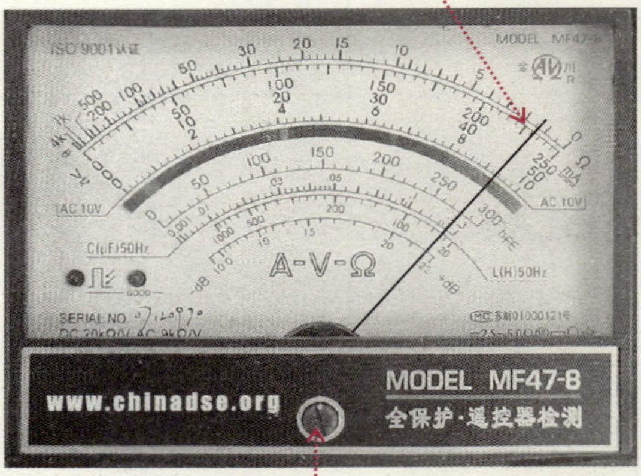

❸ 万用表红表笔搭在转把连接引线的供电端（红线）。

将万用表挡位旋钮调至“×1k”欧姆挡。❶

❺ 万用表黑表笔保持不动。

调换表笔，测得反向阻值也为无穷大。

万用表测得调速信号端与接地端正向阻值约为8kΩ。❼

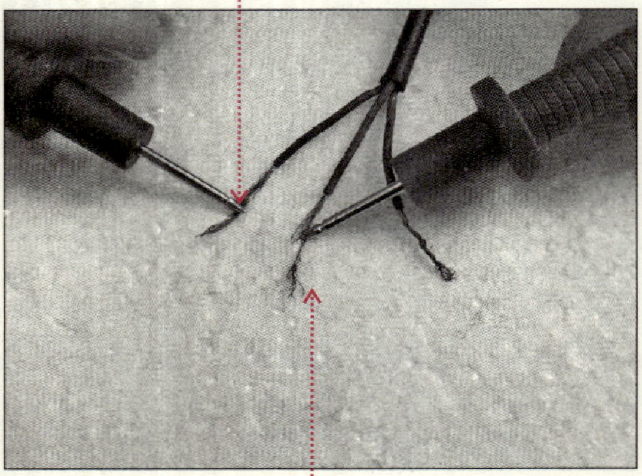

❻ 万用表红表笔搭在转把连接引线的调速信号端（绿线）。

若检测的霍尔元件阻值与实际阻值相差较大，说明霍尔元件可能损坏，需要使用性能良好的霍尔元件进行代换或整体更换转把。

除了对霍尔元件进行检测外，还应对转把内的复位弹簧、磁钢进行检查。

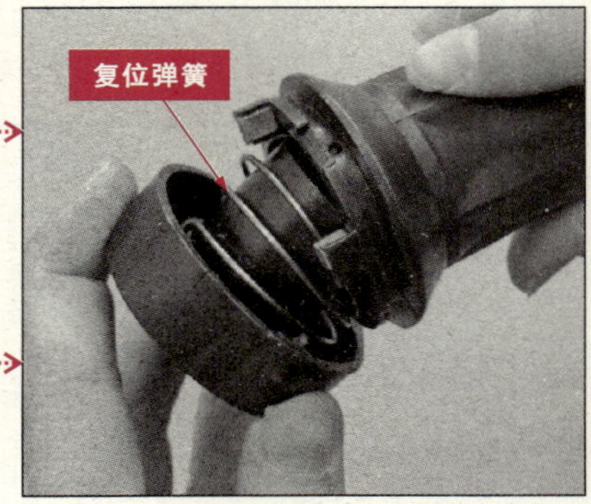

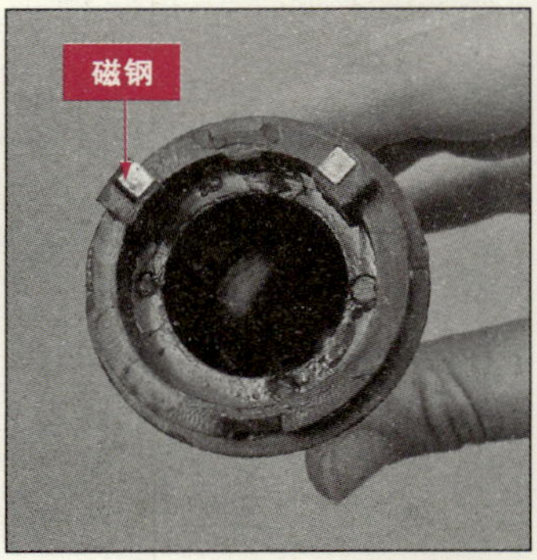

Q127

电动自行车的闸把应该如何拆解?

A127

电动自行车闸把的拆解方法很简单，拆卸时抽出闸线，拧下闸把的固定螺钉，即可将闸把取下，具体拆解过程如下。

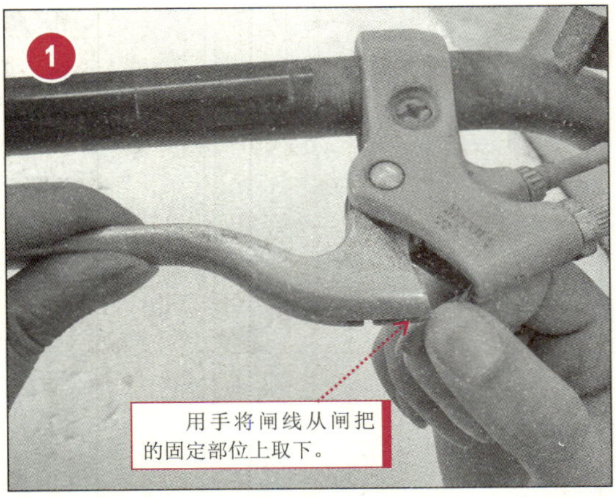

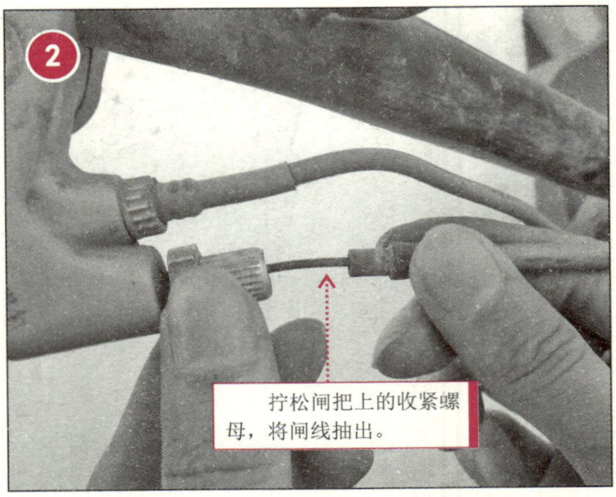

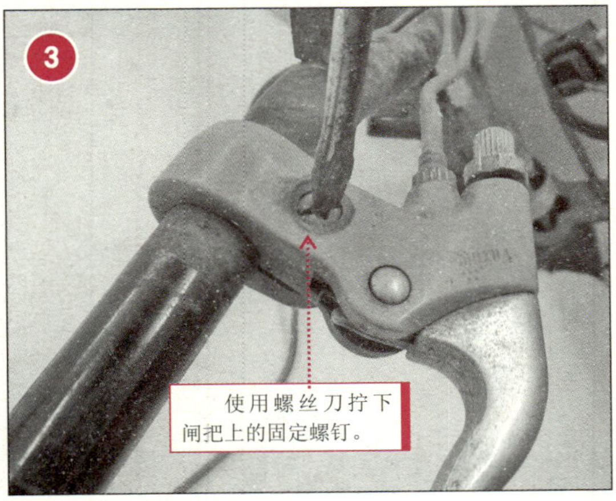

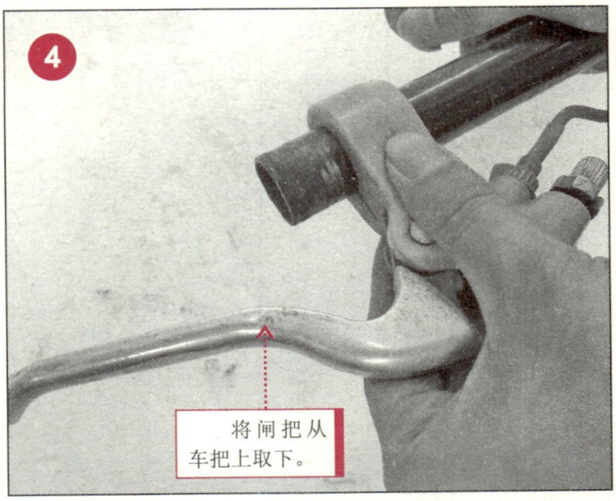

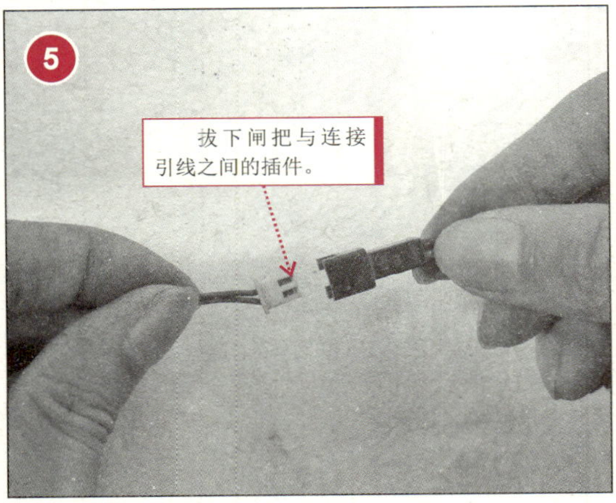

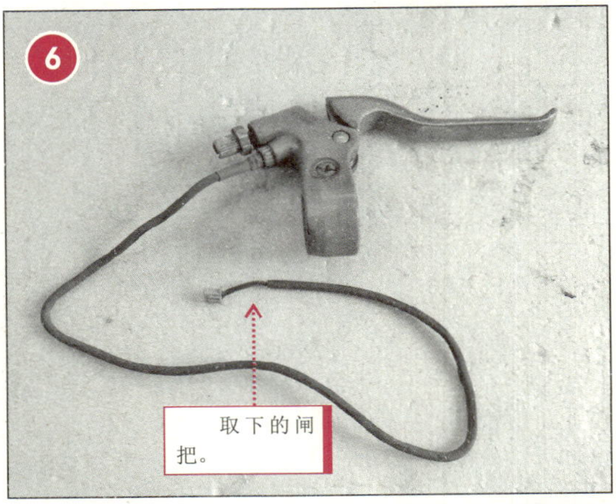

Q128

如何检测电动自行车的闸把？

A128

电动自行车的闸把损坏，将无法向控制器输送制动信号，对闸把进行检测时可使用万用表检测闸把内部的微动开关是否正常，具体检测方法如下。

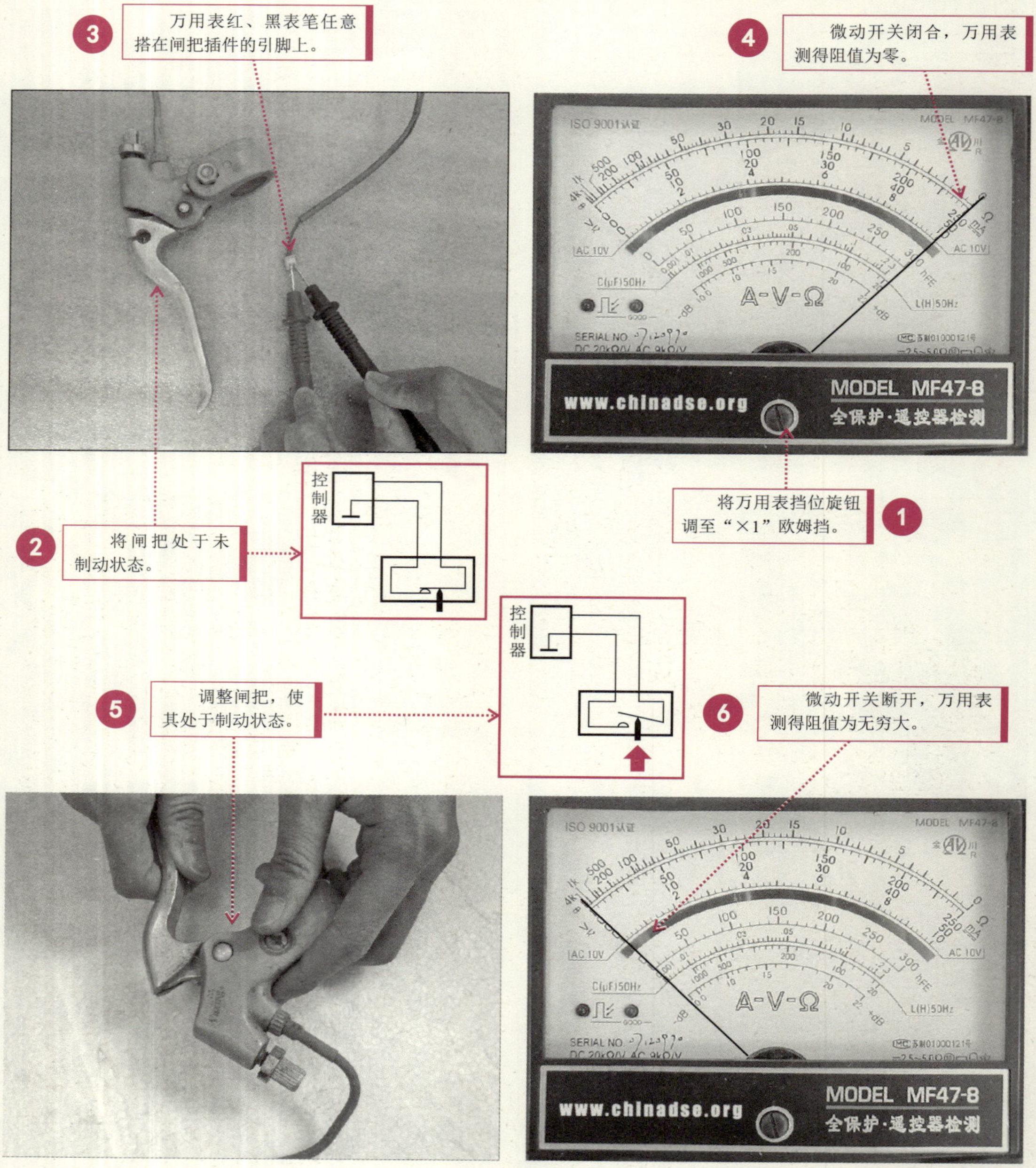

正常情况下，检测闸把内的微动开关，微动开关闭合（闸把松开状态），测得的阻值为零；微动开关断开（闸把捏紧状态），测得的阻值为无穷大。若测量结果与上述情况不符，说明闸把内的微动开关可能已损坏，需进行更换。若电动自行车制动不良，可对闸把上闸线的固定部位进行检查。

Q129

车灯及控制车灯的开关一般安装在电动自行车的什么位置？

A129

电动自行车的车灯主要包括前灯、后灯、左右指示灯、侧灯和车轮反光片，分别安装在电动自行车不同的位置，而用于控制车灯的开关则通常安装在电动自行车的左车把上。

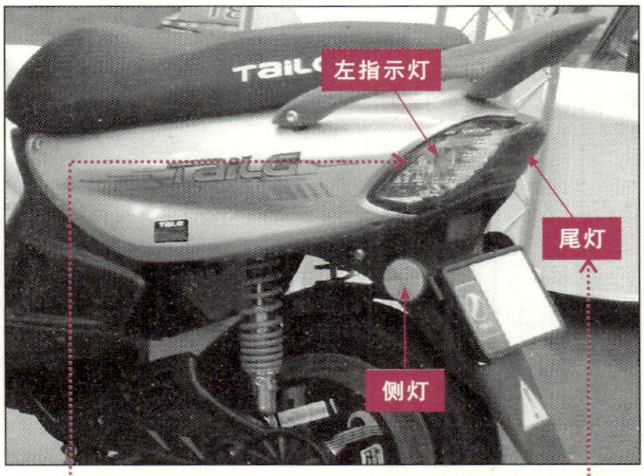

电动自行车的前灯、后灯、左右指示灯通常为电路控制的照明灯。

反光的侧灯、尾灯和车轮反光片是利用光的反射原理，利用互成直角的小平面镜组成发光的。

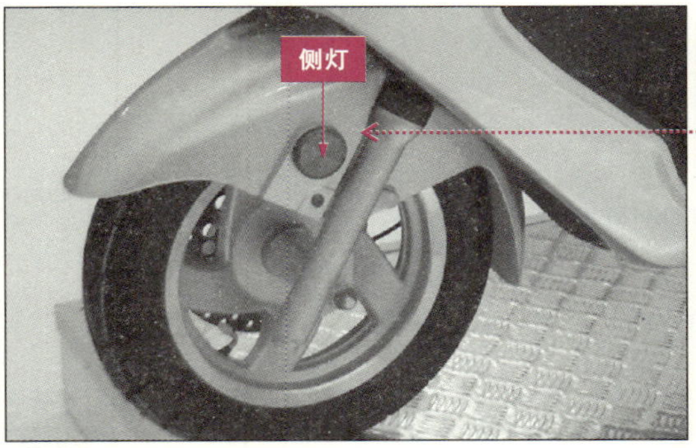

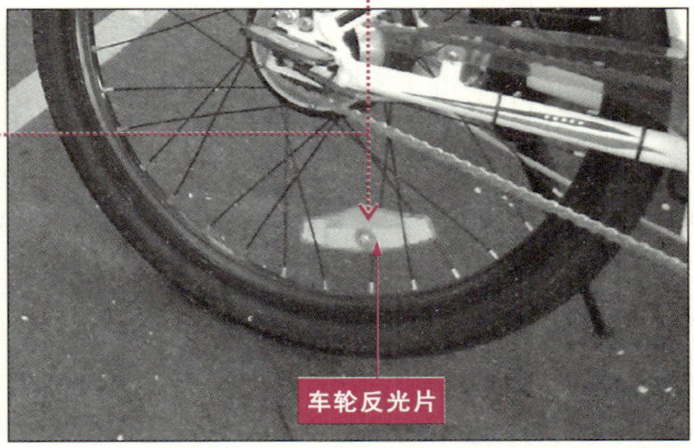

电动自行车的车灯开关通常位于左车把上。

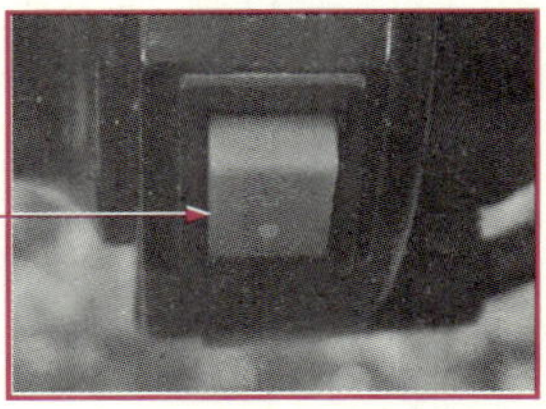

Q130

电动自行车车灯的工作原理是什么?

A130

电动自行车车灯的供电电路很简单，通常是由电动自行车左、右车把上的控制开关控制车灯的开关开启或闭合，其具体工作过程如下。

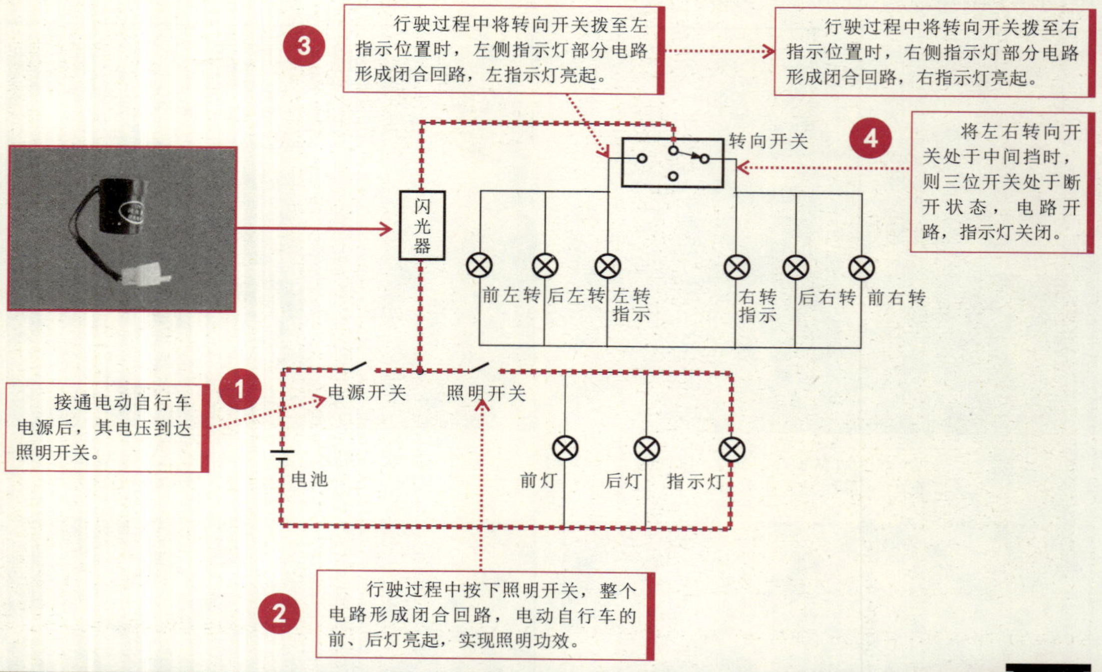

Q131

电动自行车的车灯应该如何拆解?

A131

电动自行车的车灯拆解方法很简单，拆卸时打开电动自行车的灯罩，即可对车灯进行拆解，具体拆解过程如下。

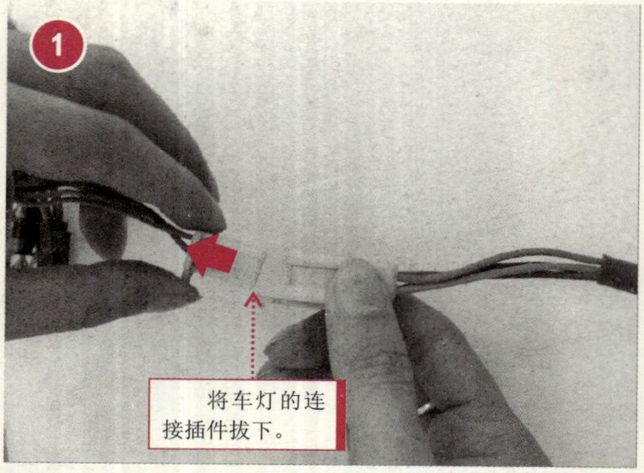

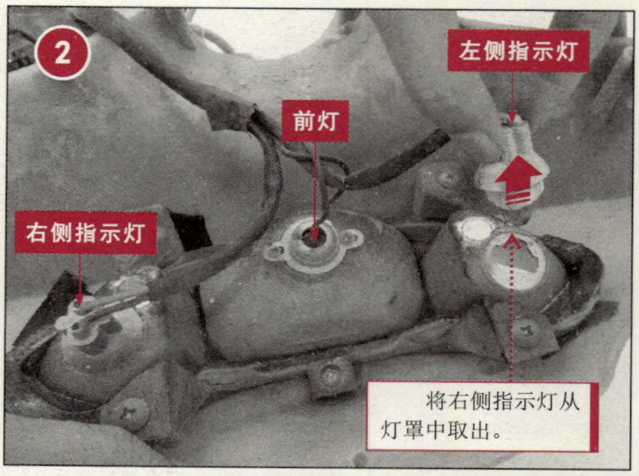

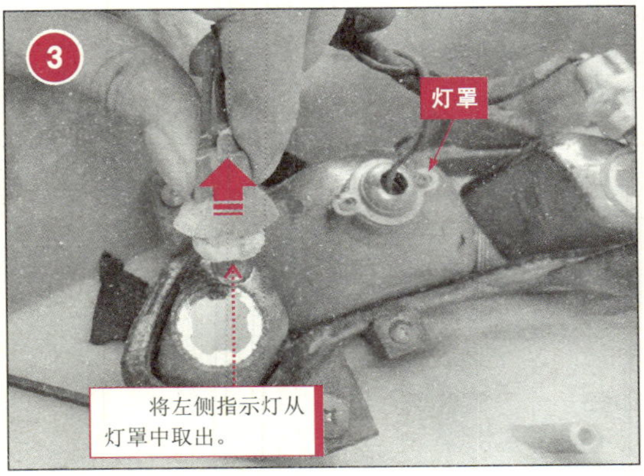

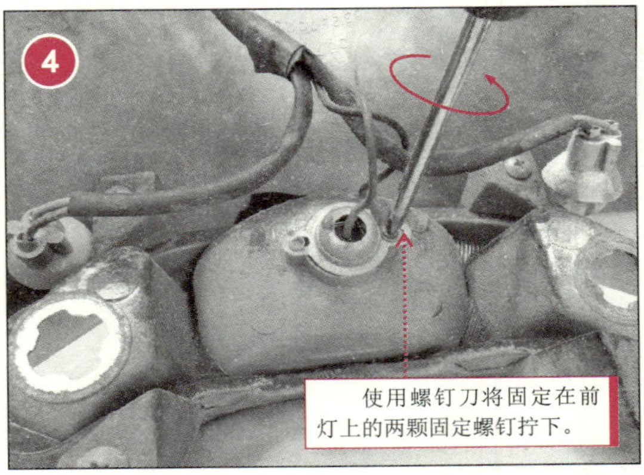

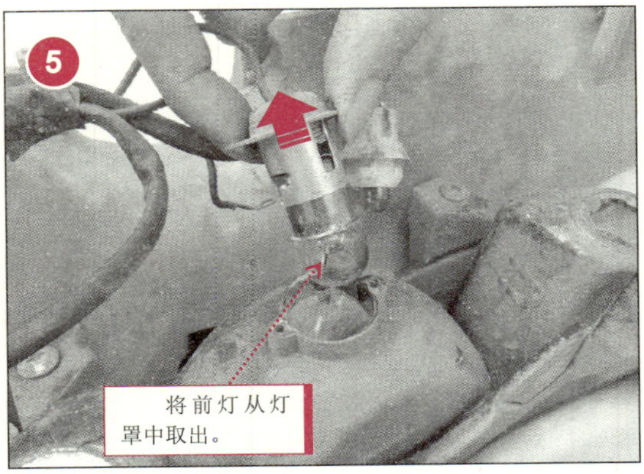

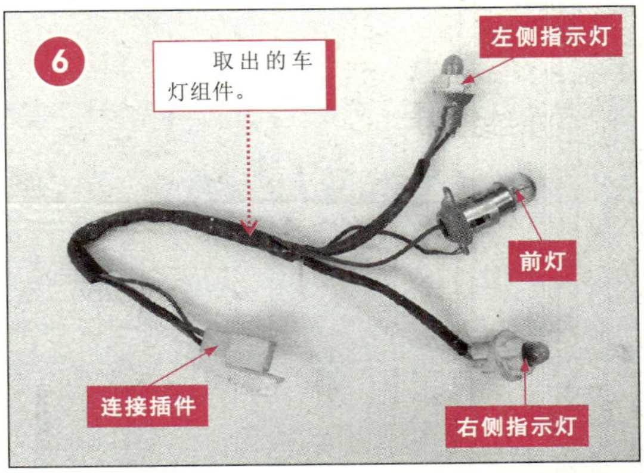

Q132

如何检修电动自行车的车灯?

A132

当怀疑电动自行车的车灯损坏时，应先将电动自行车进行通电后，开启车灯电源检查车灯是否正常，若车灯不能点亮，则应对连接引线、开关、灯泡等进行检修，具体检修方法如下。

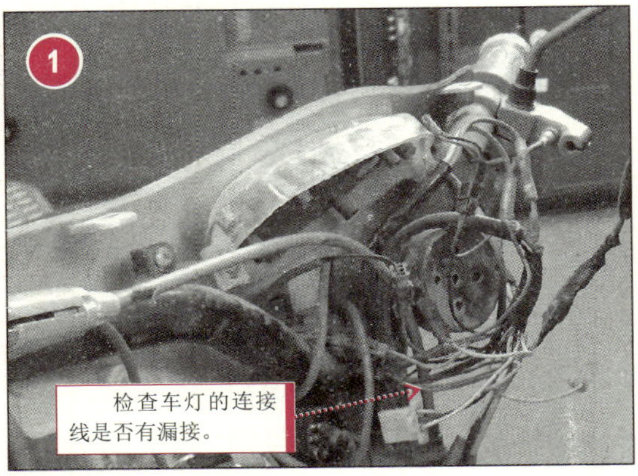

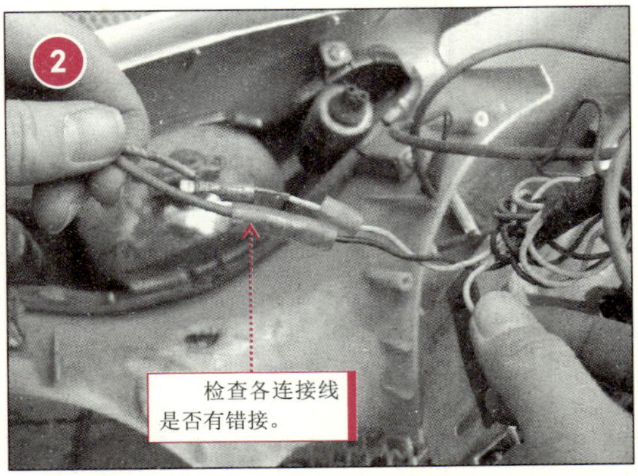

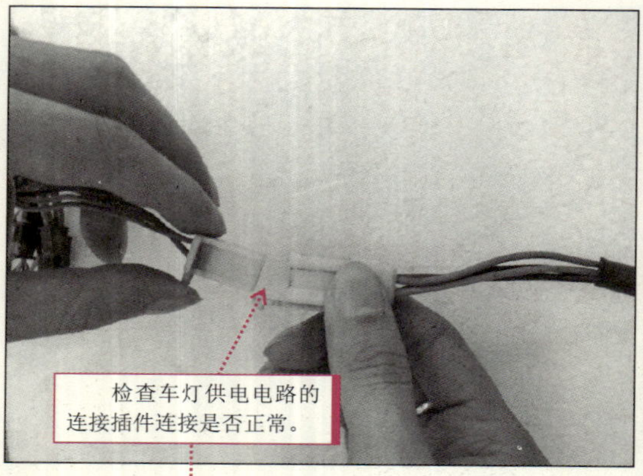

检查车灯供电电路的连接插件连接是否正常。

若连接松动应重新进行插接连接。

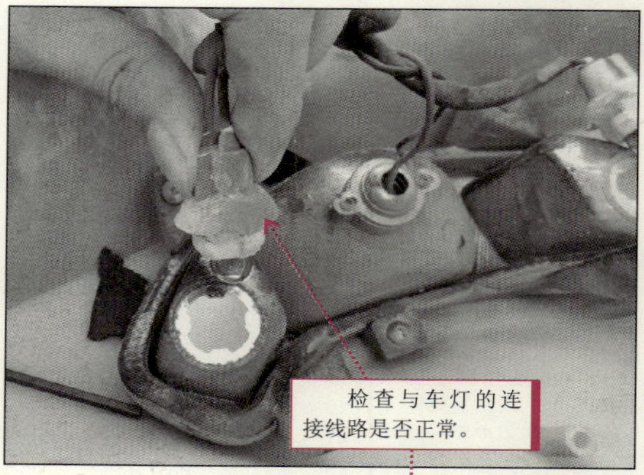

检查与车灯的连接线路是否正常。

若连接线路老化，则需连同车灯一起更换。

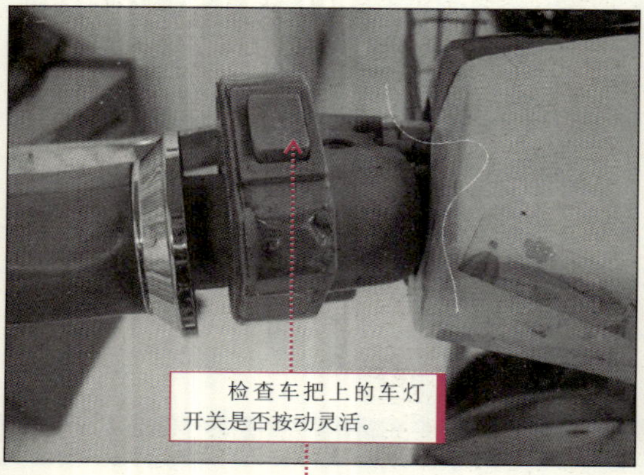

检查车把上的车灯开关是否按动灵活。

若车灯开关按动不灵活应对其进行更换。

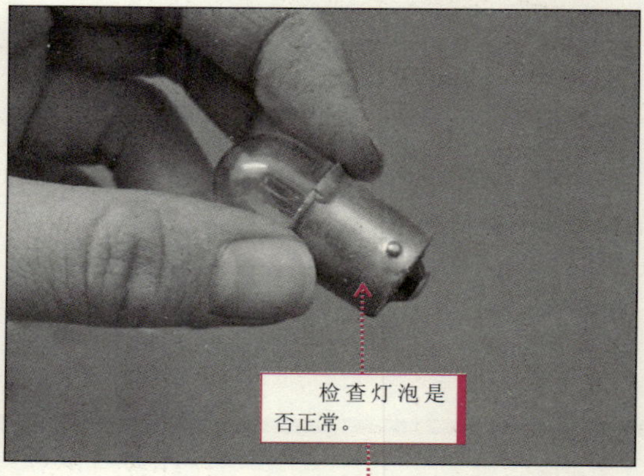

检查灯泡是否正常。

若灯泡内的灯丝断裂则需对灯泡进行更换。

若无12V供电电压，则需对蓄电池供电线路进行检查。

正常情况下，万用表检测的电压值约为12V左右。

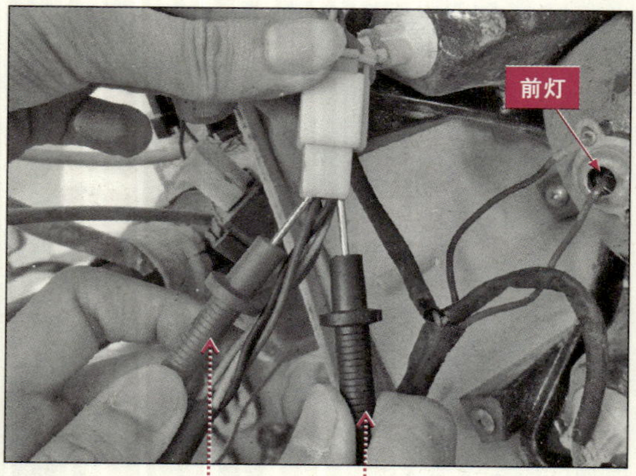

将万用表红表笔搭在车灯的供电端。

将万用表黑表笔搭在车灯的接地端。

将万用表挡位旋钮调至电压挡。

Q133

喇叭一般安装在电动自行车的什么位置?

A133

电动自行车的喇叭是一种提醒装置，通常安装在电动自行车仪表盘与车灯的防护罩内，可以实现报警、转向功能。

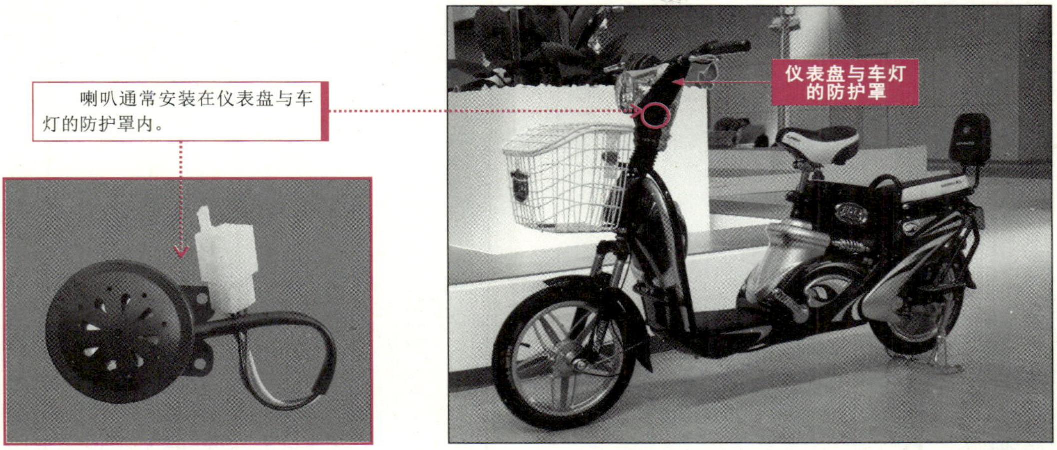

Q134

电动自行车的喇叭电路是如何工作的?

A134

根据电动自行车喇叭功能的不同，喇叭的连接线也有所不同，对于可以实现报警、转向功能的喇叭电路的具体工作过程如下。

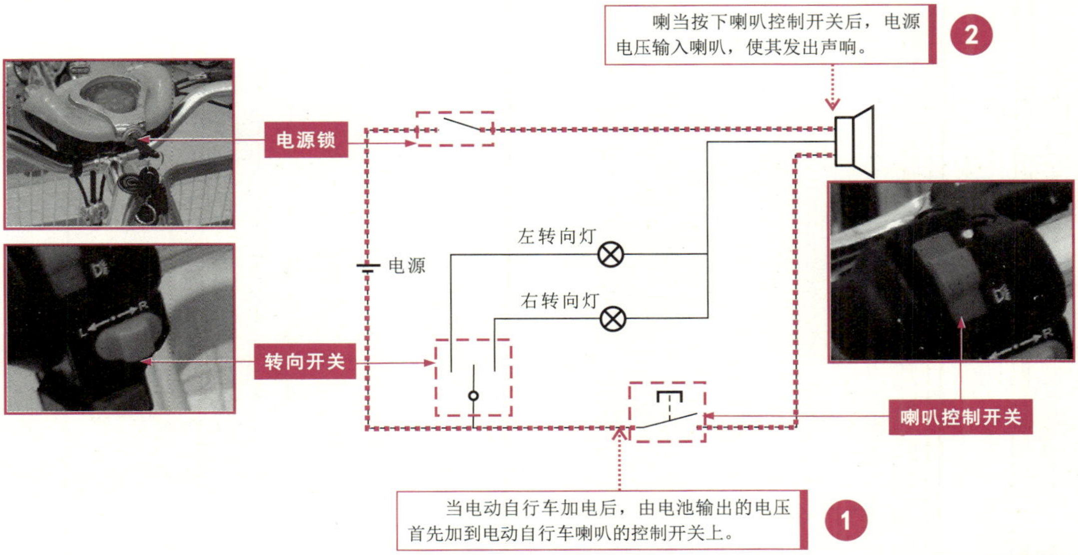

Q135

如何检修电动自行车的喇叭?

A135

引起电动自行车喇叭不响的原因主要有喇叭控制开关故障和喇叭自身故障两方面，其具体检修方法如下。

① 检查喇叭控制开关是否能正常按下，若开关不正常，则需要对开关进行更换。

② 若喇叭控制开关正常，很可能是喇叭本身损坏，可采用替换法排除喇叭故障。

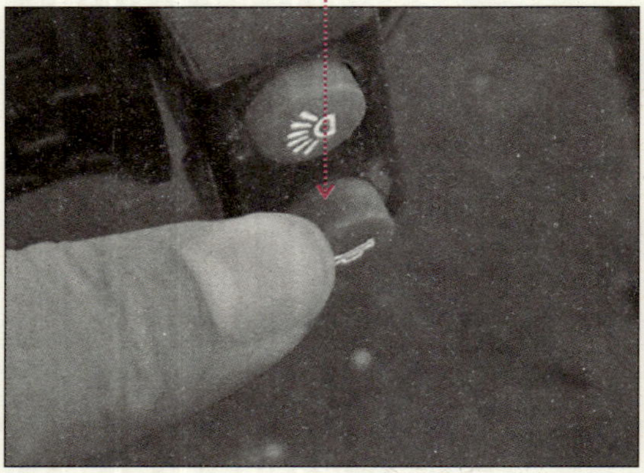

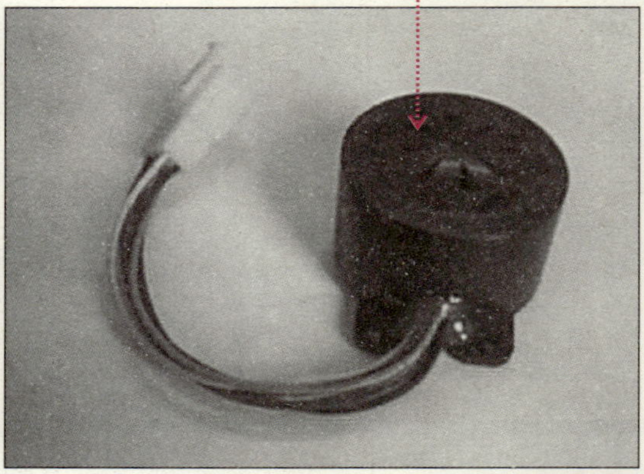

Q136

如何代换电动自行车的喇叭?

A136

对喇叭进行代换时，需对损坏的喇叭进行拆卸，然后将选配的新喇叭固定在原损坏喇叭的固定位置，最后插紧喇叭的连接线，即完成喇叭的代换，具体代换方法如下。

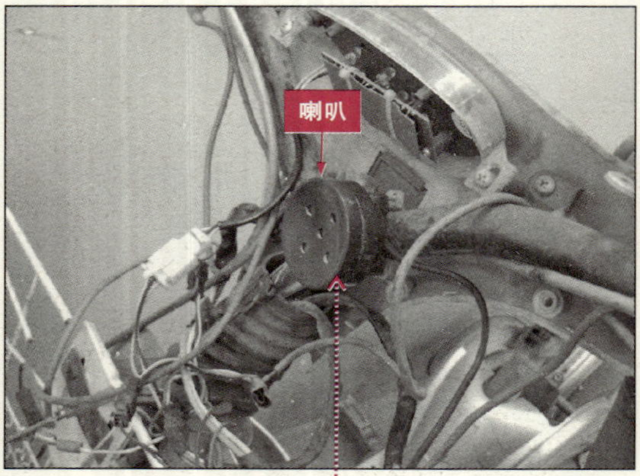

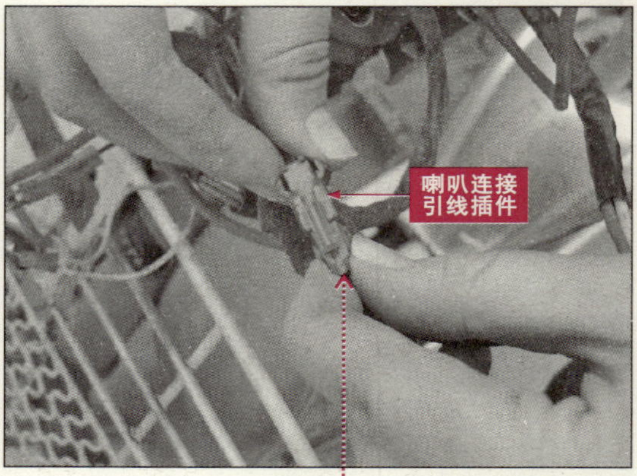

① 将性能良好的喇叭安装在车体中，并进行固定。

② 连接喇叭的连接引线，并插紧进行固定。

Q137

电源锁一般安装在电动自行车的什么位置?

A137

电源锁是电动自行车带锁的电源开关，一般位于电动自行车仪表盘与车灯防护罩的后部，有些则位于蓄电池或连接蓄电池的外壳上，主要用来控制电动自行车电源电路。

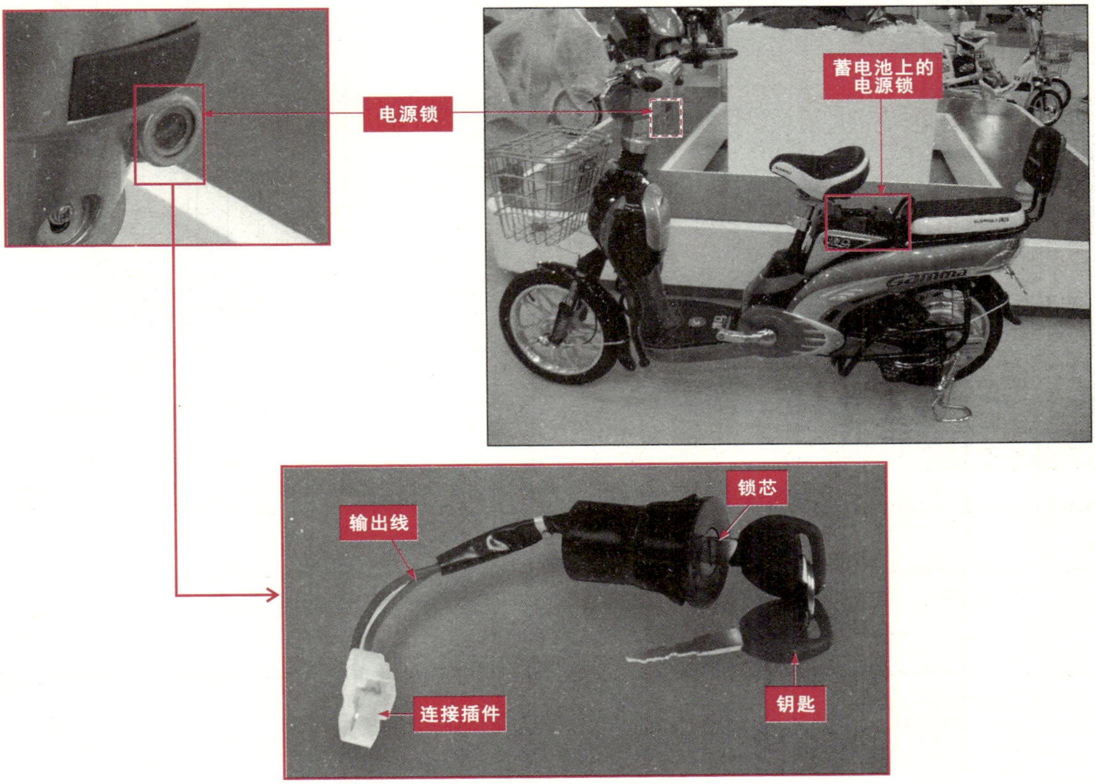

【知识扩展】

随着电动自行车制造的发展，电动自行车锁具不仅仅限于电源锁，而是将提高电动自行安全性作为宗旨，如安装防盗锁。一些厂家还将智能身份识别系统融入电动车的制造中。

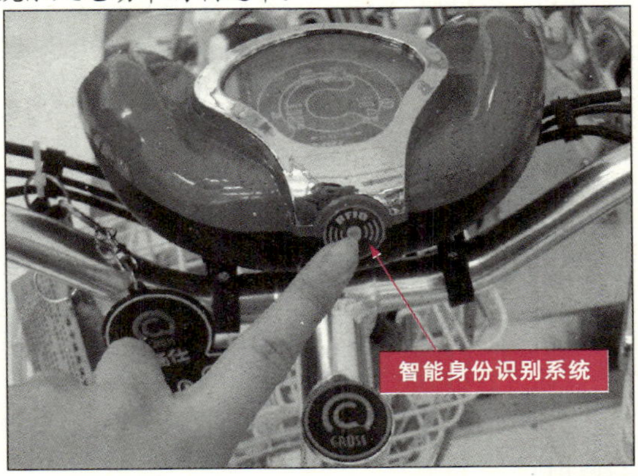

Q138

电动自行车的电源锁电路是如何工作的？

A138

电源锁是电动自行车带锁的电源开关，是控制电动自行车电源电路的开关部件，也控制着整车电路的通断。

打开电源锁后，电动自行车电路处于闭合状态。

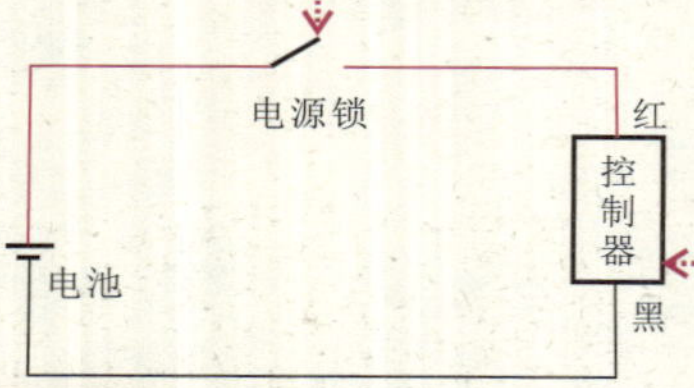

蓄电池将直接为控制器输出工作电压，使控制器开始工作。之后，再由控制器分别向其他电路输出控制电压。

【知识扩展】

电动自行车电源锁通常有一挡、二挡、三挡三个挡位，当钥匙向右旋转一下时为一挡，电动自行车处于电动模式状态；当钥匙向右旋转两下时为二挡，电动自行车处于助力模式状态；当钥匙向右旋转三下时为三挡，电动自行车处于前、后灯开启状态。由于不同厂家设计不同，其挡位的设置也有所不同，应根据具体情况进行分析。

Q139

如何检测电动自行车的电源锁?

A139

检测电源锁时，可使用万用表对其不同挡位下连接引线之间的阻值进行检测，来判断电源锁是否正常，其具体检测方法如下。

步骤一：电源锁处于“一挡”状态

4 正常情况下万用表测得阻值为无穷大。

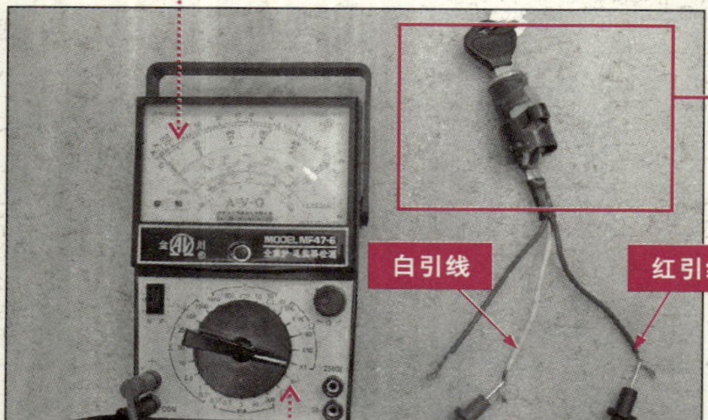

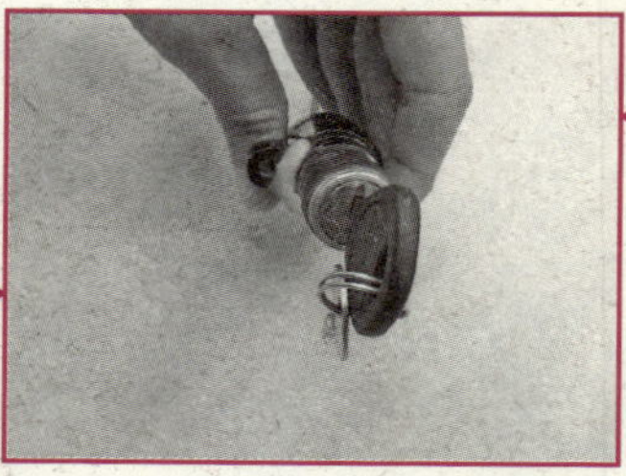

1 将电源锁调至“一挡”，即电源锁关闭。

电源锁一挡时内部开关全部断开。

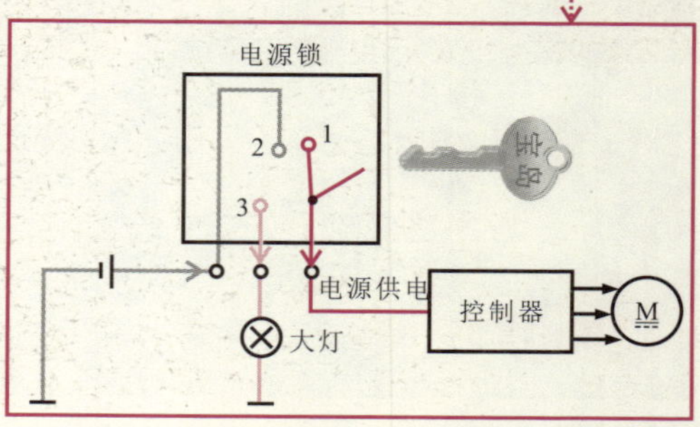

2 将万用表的挡位调整至“×1”欧姆挡。

3 将万用表的红、黑表笔分别搭在电源锁的红白引线上。

步骤二：电源锁处于“二挡”状态

1 将电源锁调至“二挡”，即电源锁向右转动一次。

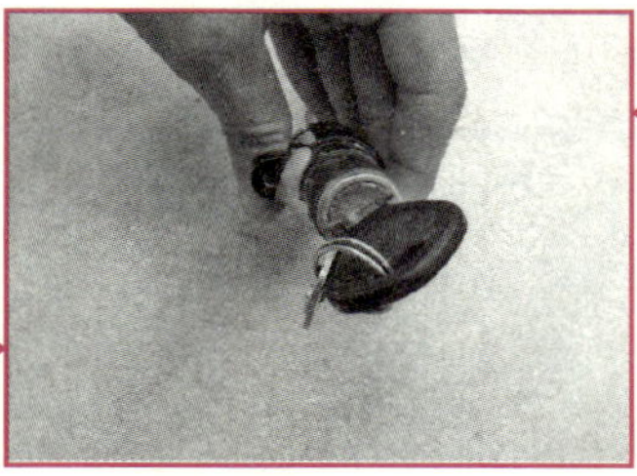

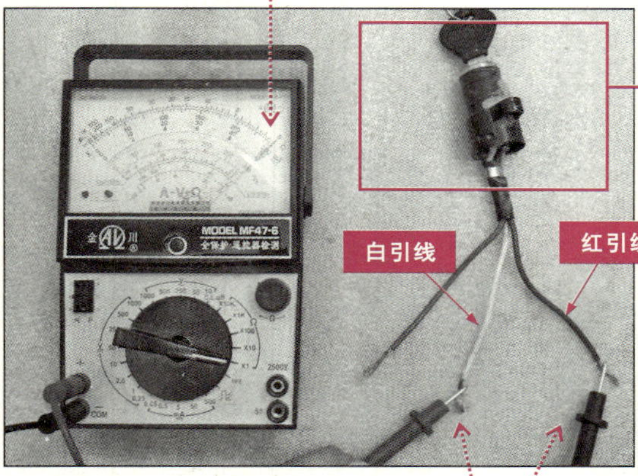

2 将万用表的红、黑表笔分别搭在电源锁的红白引线上。

4 正常情况下万用表测得阻值为零。

电源锁二挡时，红白引线导通，绿白引线和红绿引线都断开。

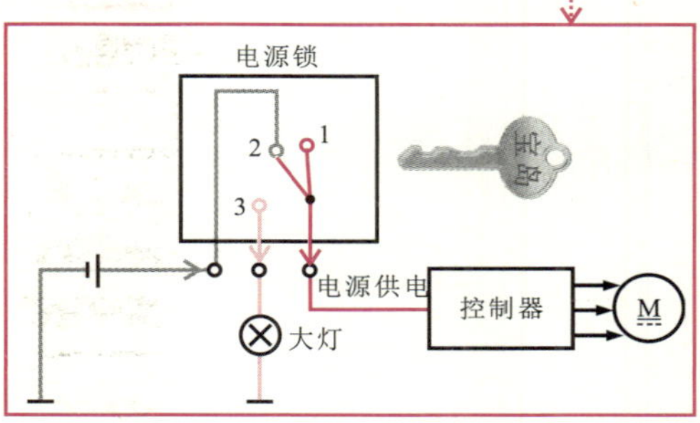

步骤三：电源锁处于“三挡”状态

1 将电源锁调至“三挡”，即电源锁向右转动两次。

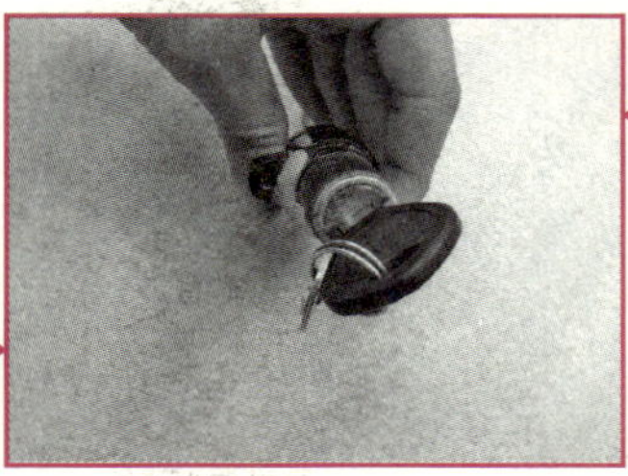

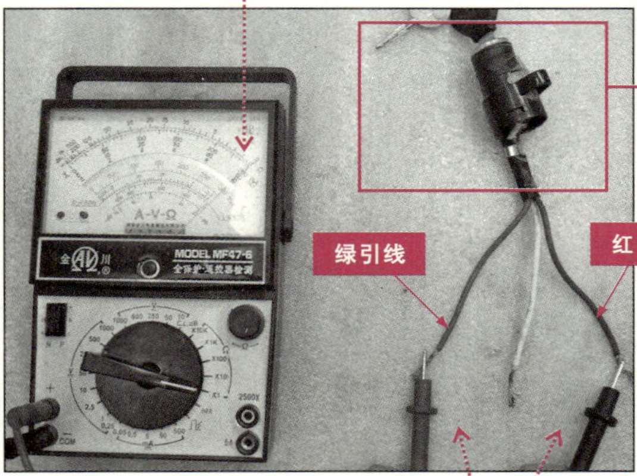

2 将万用表的红、黑表笔分别搭在电源锁的红绿引线上。

4 正常情况下万用表测得阻值为零。

电源锁三挡时，三根引线都导通。

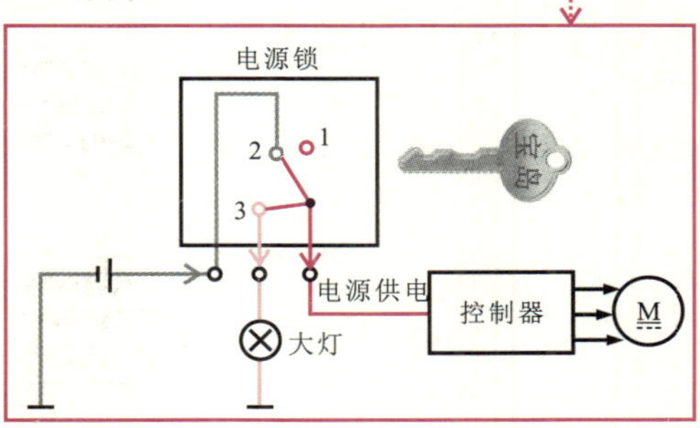

正常情况下，电源锁关闭时（即“一挡”）所有引线都断开，当电源锁拨到“二挡”时，红白引线接通，电源锁拨到“三挡”时，所有引线都接通。若电源锁不同挡位所测得的结果都相同，说明电源锁存在故障，需进行更换。

Q140

如何代换电动自行车的电源锁?

A140

当电源锁无法进行检修时，需要对电源锁进行代换，代换时应选用相同型号（即大小、引线数相匹配）的电源锁，然后将选配的电源锁安装在电动自行车中，具体代换方法如下。

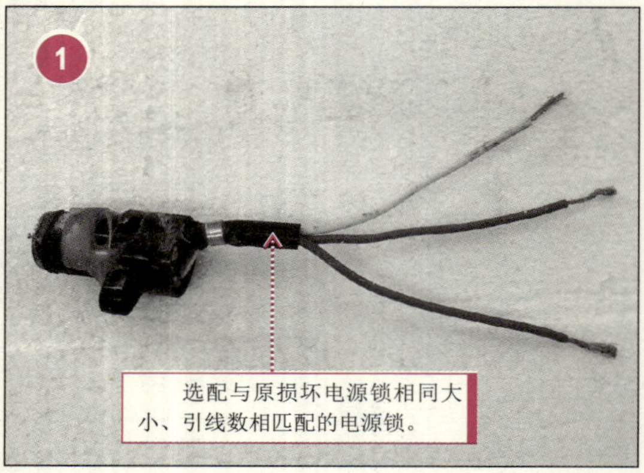

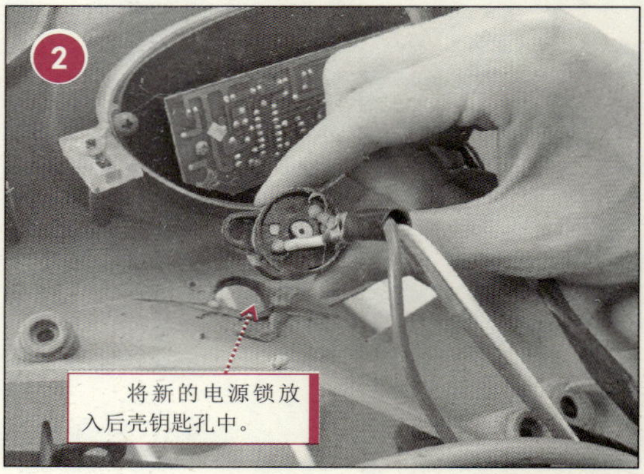

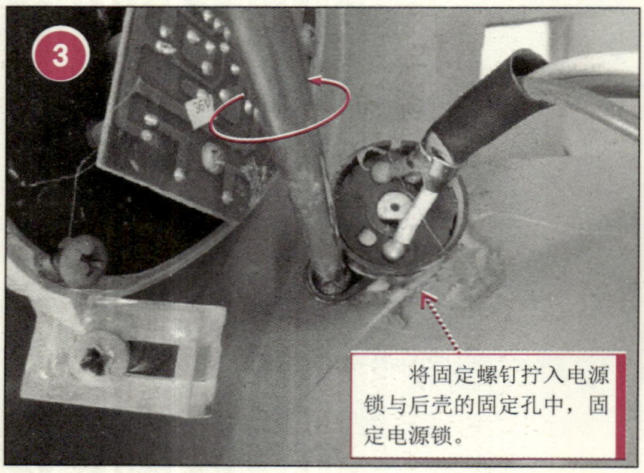

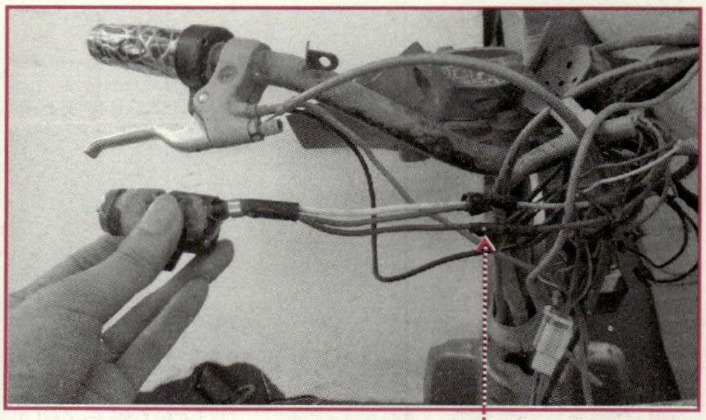

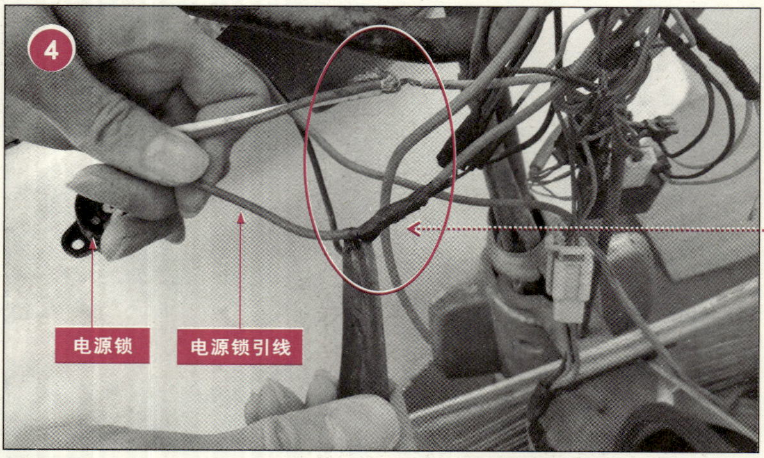

电源锁红色引线和红色供电线相连，白、绿两引线同时和黄色供电线相连，以实现挡位的变化。

将电源锁引线和供电线连接牢固。

Q141

如何解决控制器无输出或通电烧控制器的故障?

A141

控制器无电压输出直接体现在电动机不起动，电动自行车通电后无反应或电动自行车通电后烧控制器，该故障的具体解决方法如下。

控制器无输出或通电烧控制器

检查控制器供电引线的连接是否良好?（否→重新插接供电引线。）

检查供电引线正、负极是否接反。

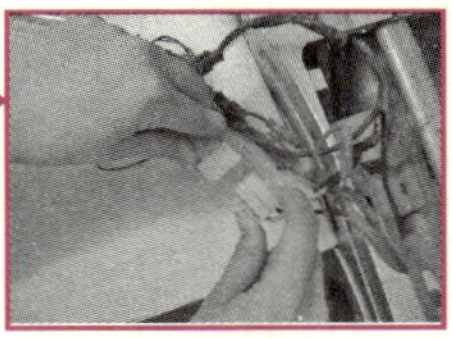

是↓

检查控制器是否进水?（是→整体更换控制器。）

打开控制器，查看内部有无进水、烧损的现象。

否↓

检查电动机绕组是否有短路或断路故障?（是→检修电动机。）

否↓

检查控制器内部元器件是否良好?（否→修复搭接、短路的元器件或更换控制器。）

检查控制器内部元器件是否存在搭接或与金属壳短路现象。

Q142

如何解决控制器输出电压异常的故障?

A142

控制器输出电压异常会引起电动机不起动或其他一些控制失灵的故障，该故障的具体解决方法如下。

控制器输出电压异常。

检查控制器输出的供电电压是否正常?（是→电压正常，转把和闸把可正常工作。）

检查控制器输送到转把、闸把的供电电压。

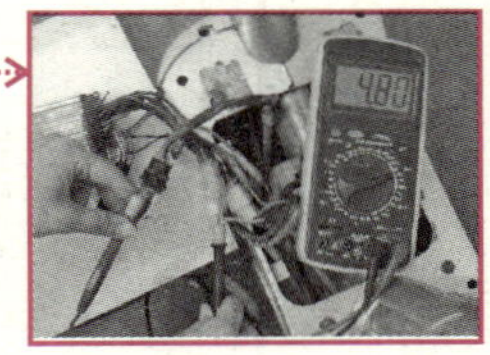

否↓

检测控制器输入电压是否正常?（否→检查蓄电池、电源锁、供电线路。）

使用万用表检测控制器输入电压。

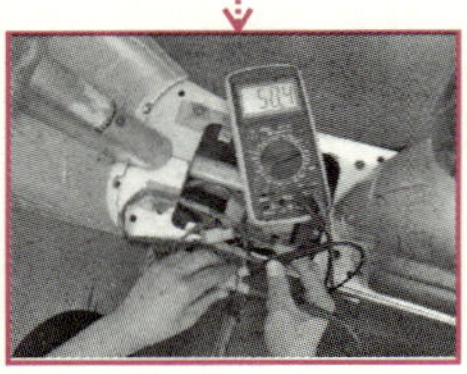

是↓

检查控制器。（→检测控制器中的控制芯片。）

↓

检查控制芯片外围元器件是否有老化、性能下降、脱焊、虚焊现象。

Q143

如何解决控制器输出电压不稳定的故障?

A143

控制器输送给电动机的电压不稳定，会造成电动自行车骑行过程中电动机转速时快时慢，该故障属于电动机转速控制失常故障，其具体解决方法如下。

控制电路输出电压不稳。

→ 检查控制器的印制电路板是否正常? 否 → 重新焊接或更换整个控制器。

检查控制器的印制电路板是否存在虚焊、烧焦的迹象。

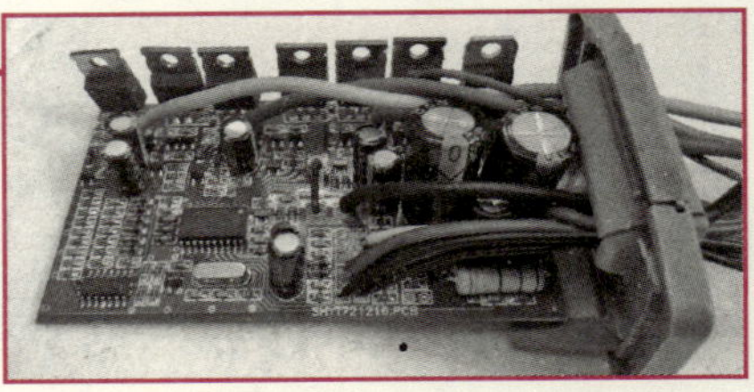

是 → 检查转把是否正常? 否 → 检测转把内各元器件是否损坏?

检查转把内霍尔元件、复位弹簧、磁钢等。

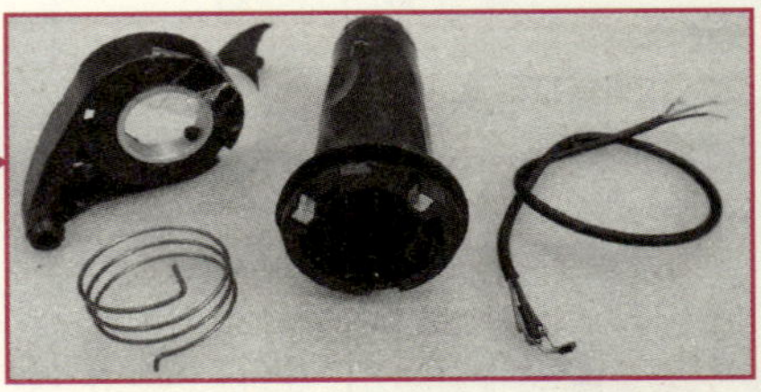

是 → 检测控制器中的元器件是否正常? 否 → 更换性能不良的元器件。

Q144

如何解决电动自行车通电后，电动机高速运转的故障?

A144

电动自行车打开电源锁后，电动机高速运转、不受转把控制的故障也称为“飞车”故障，该故障比较常见，多是由于控制器内部的功率晶体管击穿短路、转把损坏等原因引起的，该故障的具体解决方法如下。

电动自行车通电后，电动机高速运转。

→ 检查转把的引线连接是否正常? 否 → 修复连接引线。

重新连接转把与控制器间的插件或更换引线。

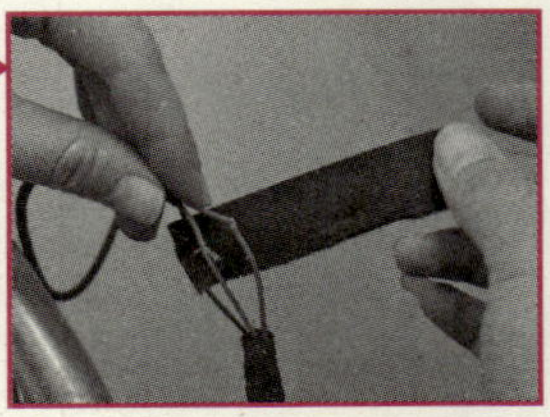

是 → 检查转把是否正常? 否 → 更换转把。

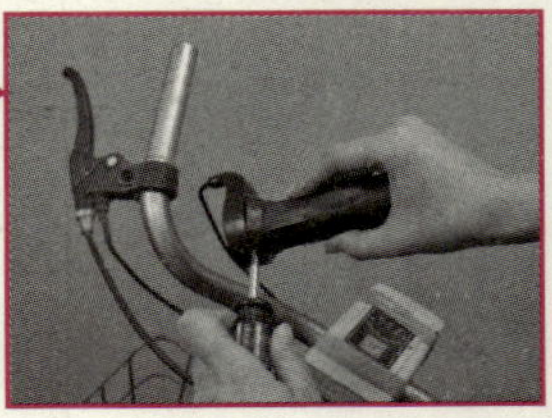

是 → 检查控制器中的功率晶体管是否正常? 否 → 更换损坏的功率晶体管。

检测功率晶体管是否击穿短路，查找出损坏的元器件，用同型号的功率晶体管进行代换。

Q145

如何解决控制器断相故障?

A145

控制器断相多是指无刷电动机控制器三路输出中某一路无输出的故障，通常会引起电动机转动中抖动、转速不稳等现象，该故障具体解决方法如下。

控制器断相。

↓

检测控制器送到电动机的供电电压是否正常?

- 否 → 某一相电压为零，表明该相所对应的一组功率晶体管击穿短路。
- 是 ↓

检查控制器送到电动机的供电电压。

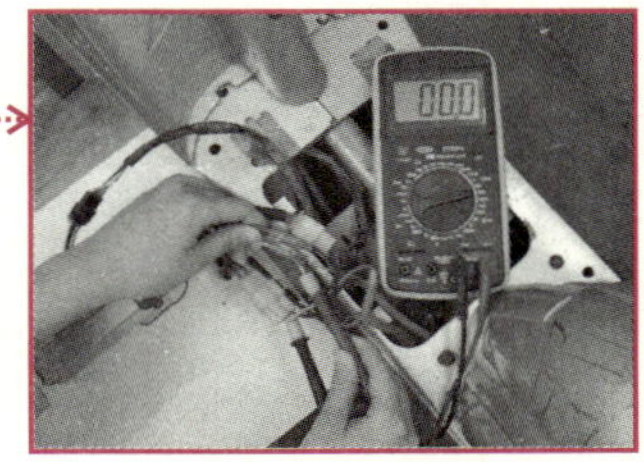

检测控制器送到霍尔元件的供电电压是否正常?

- 是 → 供电正常，表明控制器中霍尔控制电路正常。
- 否 ↓

使用万用表检测霍尔元件的供电电压。

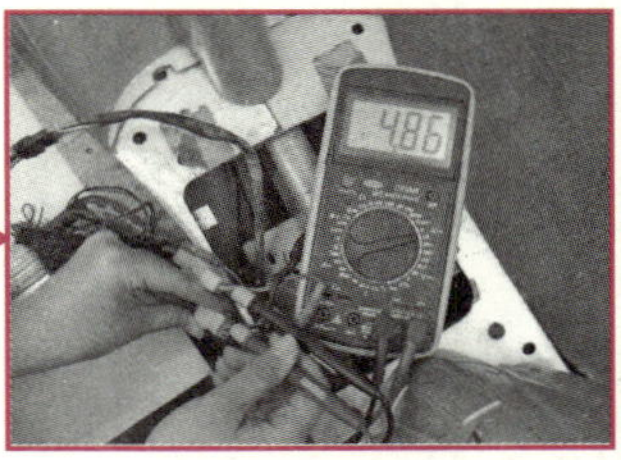

某一相电压为零，表明控制器中霍尔控制电路部分异常。 → 更换损坏元器件或整体更换控制器。

Q146

电动自行车常见的充电器有哪几种?

A146

根据充电器输出直流电压值的不同，充电器可分为36V和48V两类。此外，充电器根据蓄电池容量还可进行分类，例如36V/10Ah、36V/12Ah或48V/14Ah、48V/17Ah等。

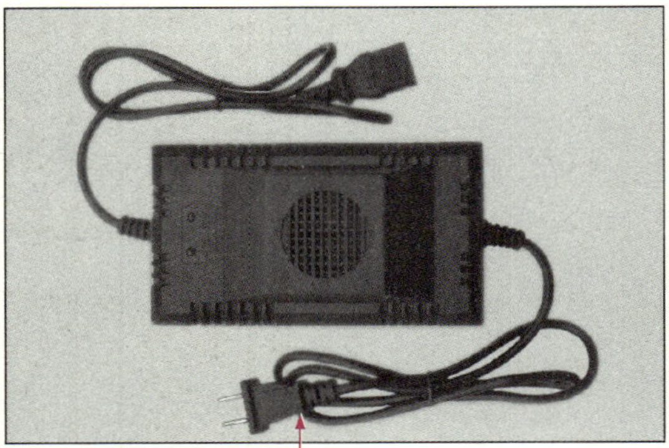

36V充电器

48V充电器

充电器的外形大致相同，但输出的直流电压值不同。

Q147

充电器在电动自行车中起什么作用?

A147

充电器是电动自行车重要的配套器件，其主要作用是将交流220V电压转换成36V或48V左右的电压，从而为电动自行车的蓄电池充电。

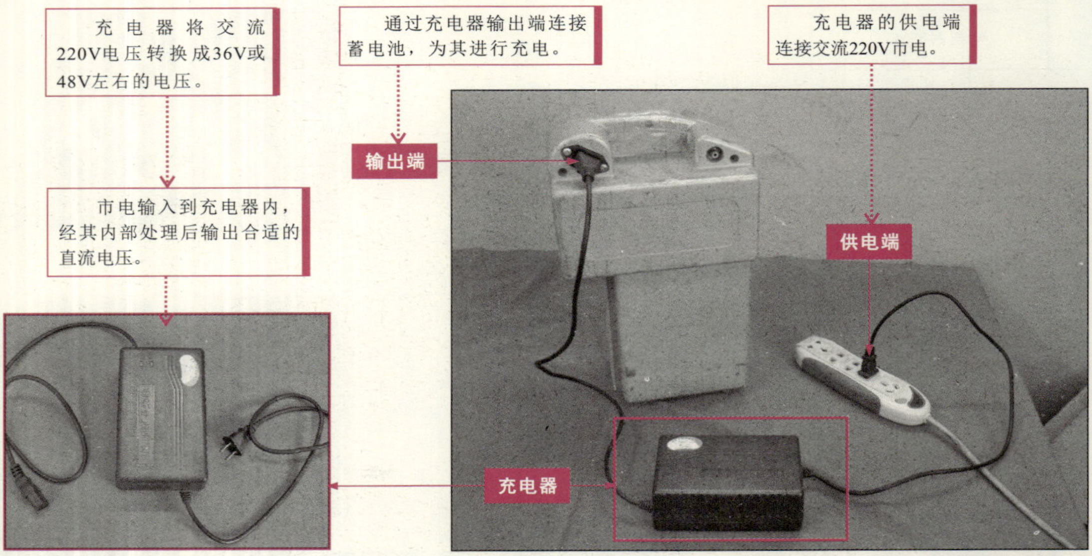

Q148

如何区分36V充电器和48V充电器?

A148

48V充电器和36V充电器的区分方法有两种：一种是通过充电器外壳上的铭牌标识进行区分；另一种是通过检测直流电压的方式进行区分。

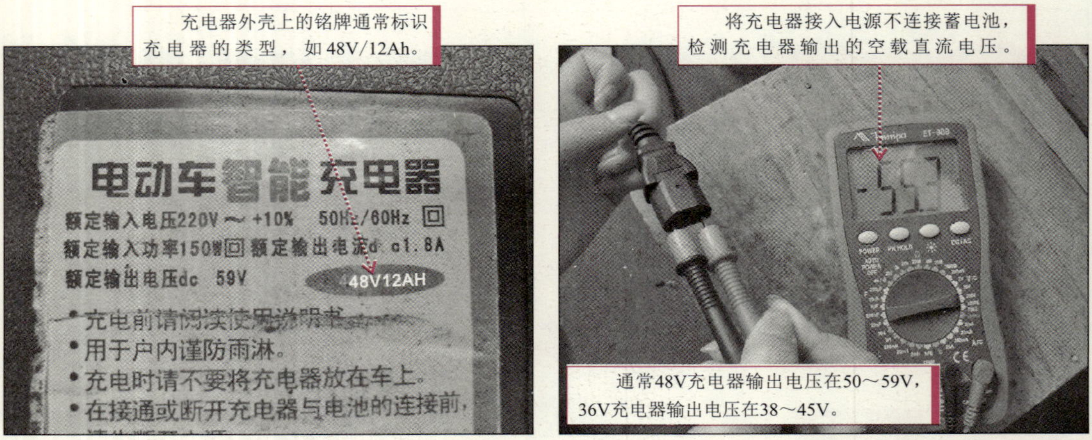

Q149

充电器的结构是怎样的？

A149

充电器的外形多数为长方形，外壳通常为塑料盒，外部引出两条电线，内部固定有印制电路板，其具体结构如下。

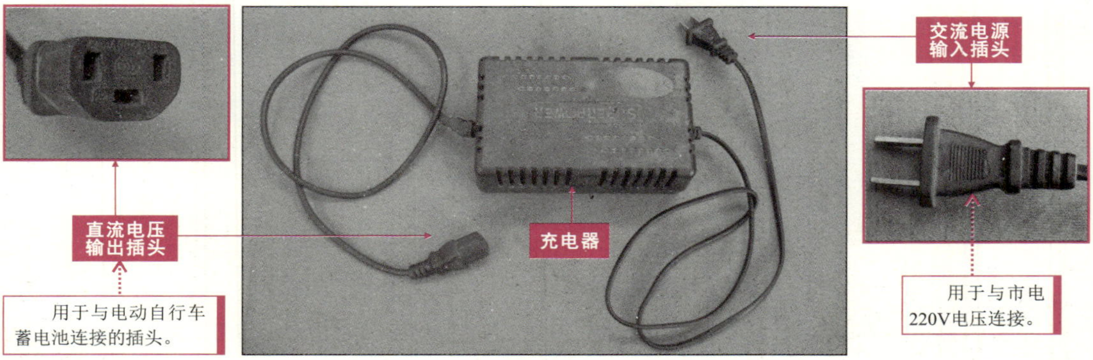

内部结构

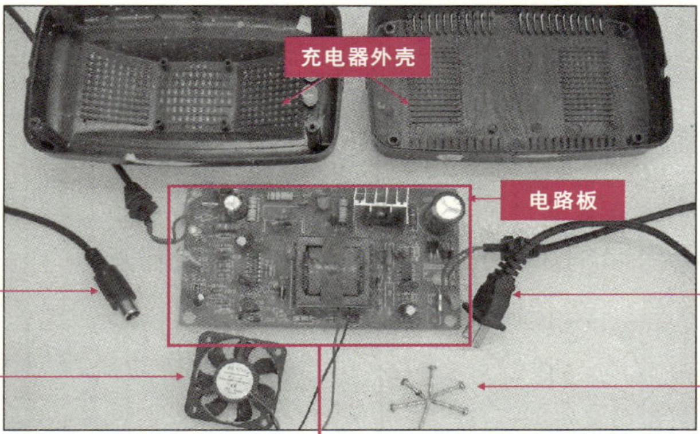

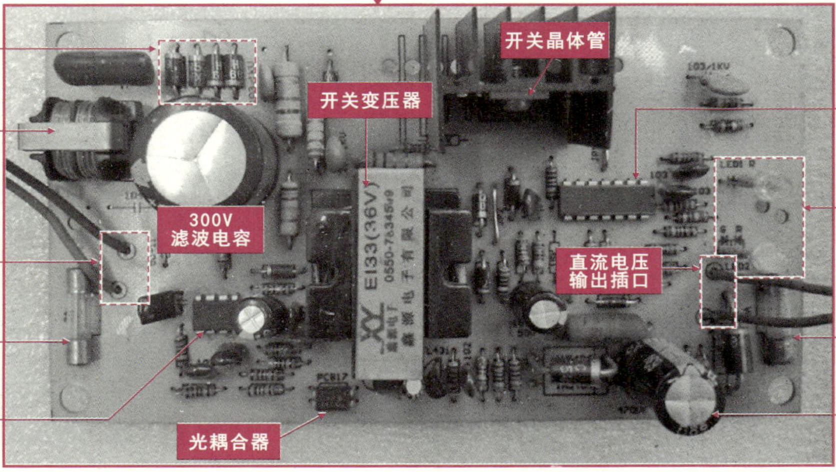

Q150

充电器是如何工作的?

A150

充电器电路通常采用开关电源电路，它是将市电交流220V电压经整流、滤波、降压和稳压后输出蓄电池所需的直流电压，其大体工作过程如下。

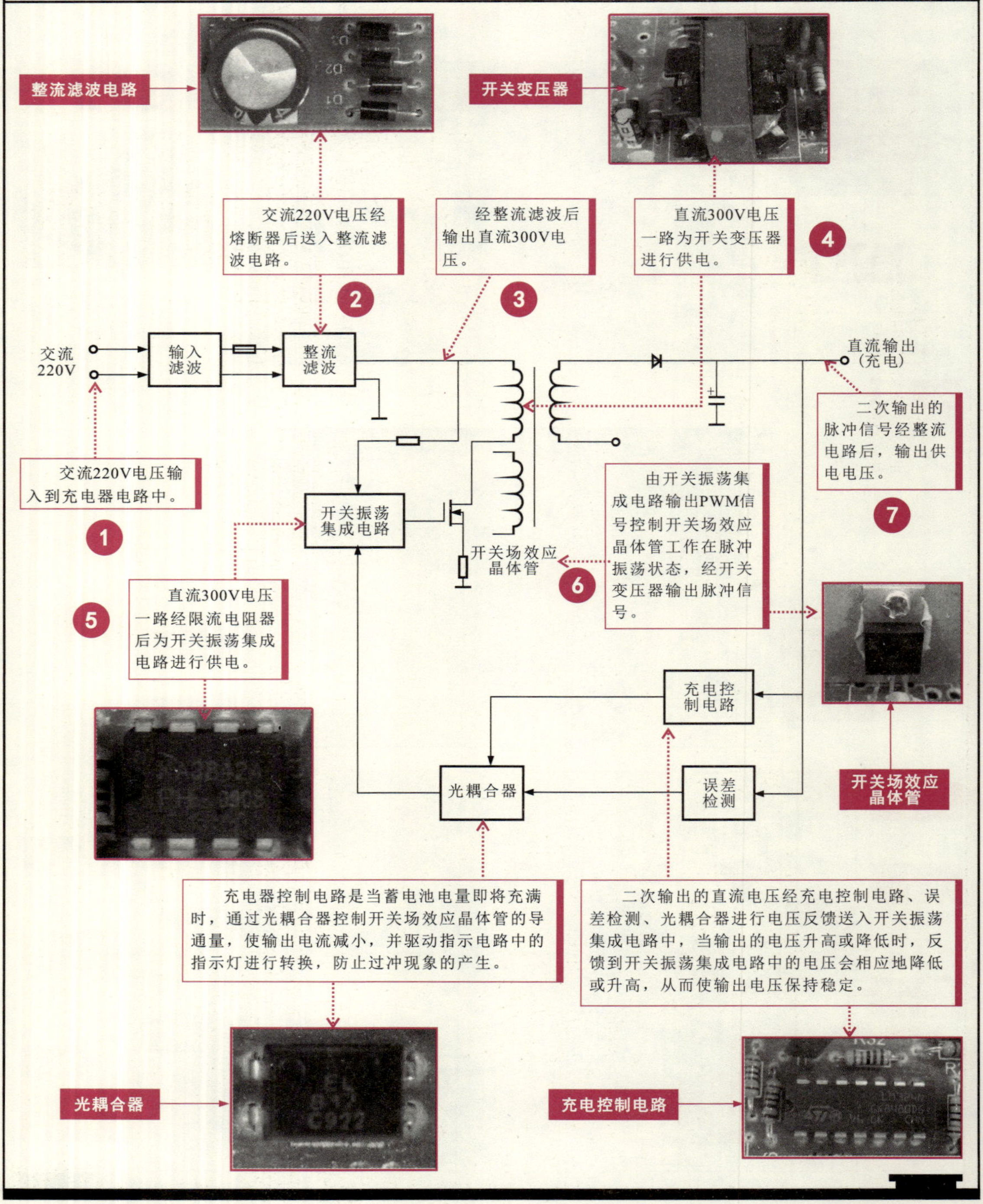

Q151

如何划分电动自行车充电器电路?

A151

充电器电路采用的元器件很多，电路结构较复杂，对该电路进行划分时，可根据各元器件的功能特点进行划分，具体划分方法如下。

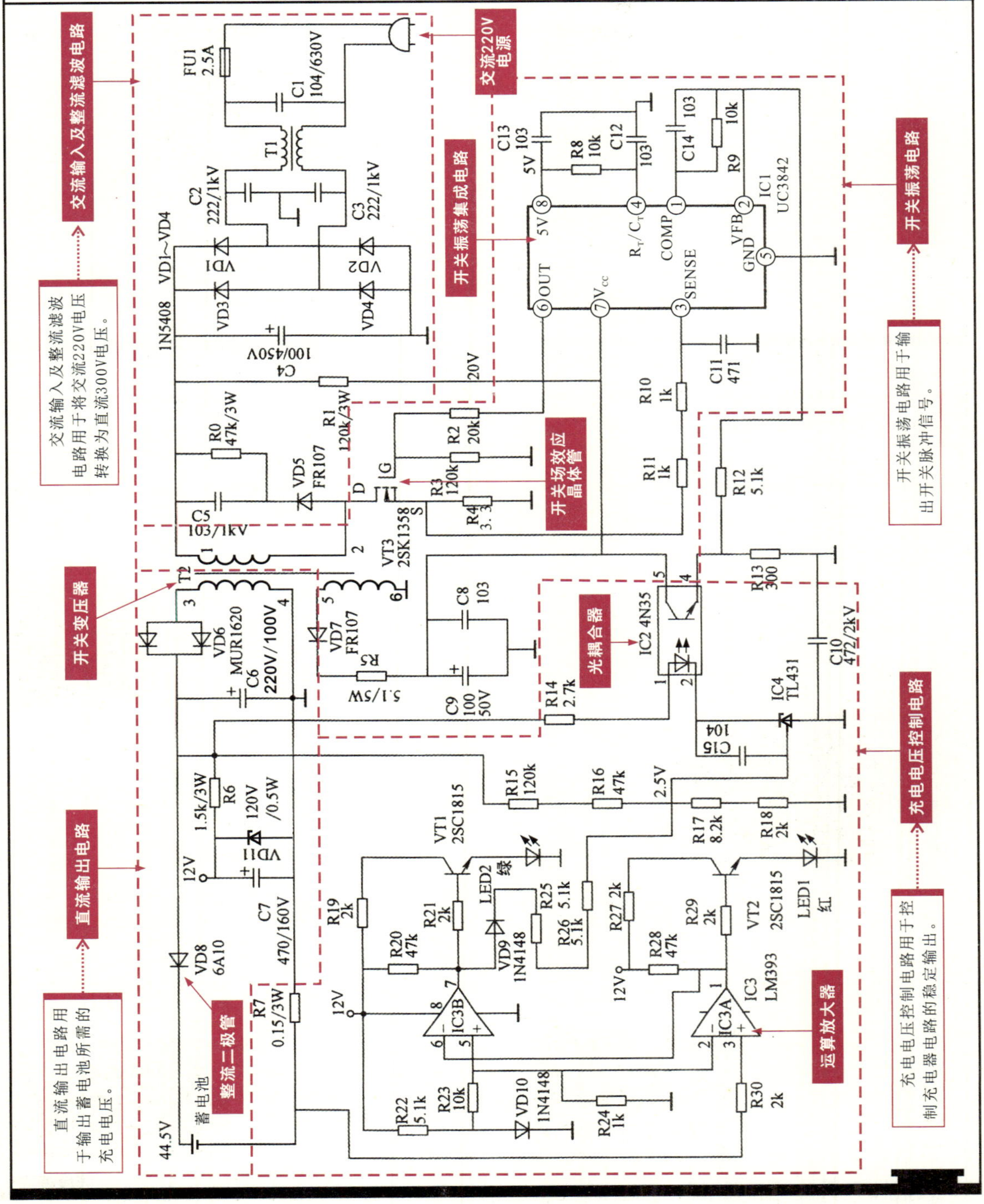

Q152

充电器电路中交流输入及整流滤波电路是如何工作的?

A152

交流输入及整流滤波电路是用于将交流220V电压转换成直流300V电压的电路，该电路的具体工作过程如下。

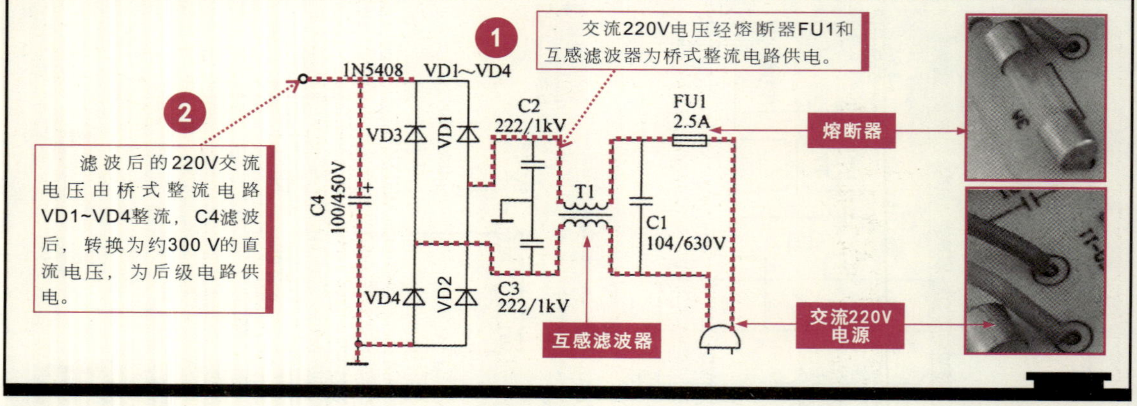

Q153

充电器电路中开关振荡电路是如何工作的?

A153

开关振荡电路是用于输出开关脉冲信号的电路，该电路的工作过程如下。

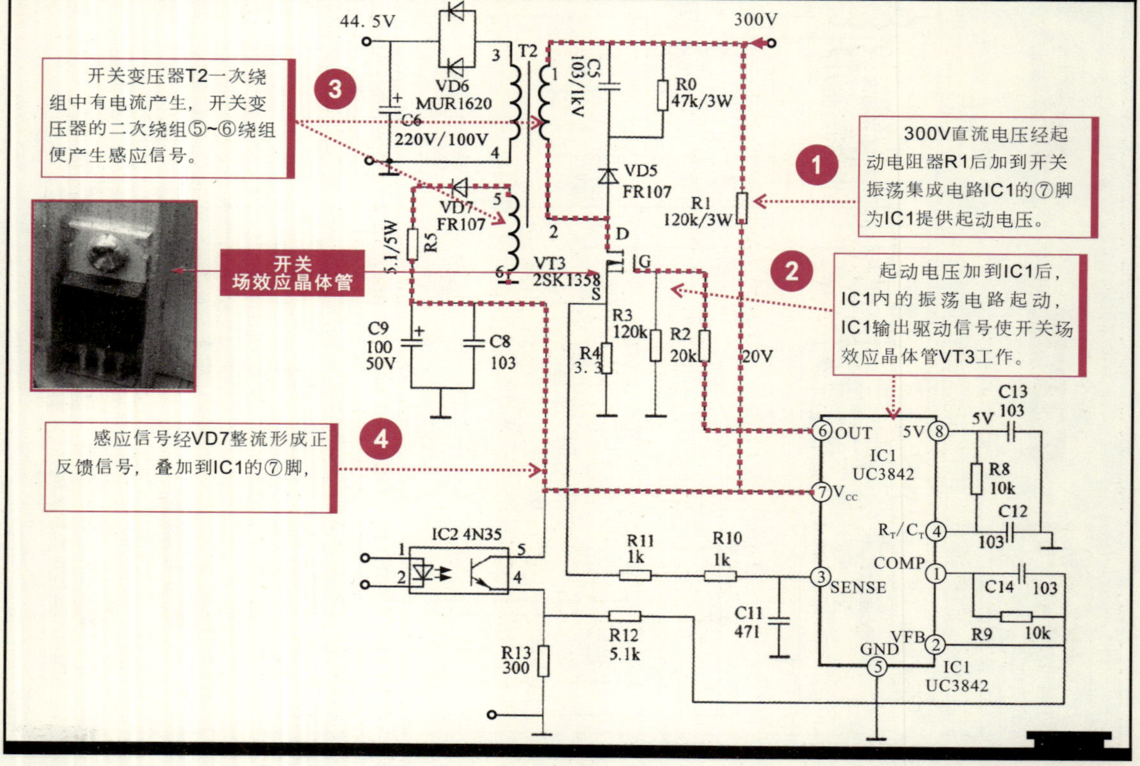

Q154

充电器电路中充电电压控制电路是如何工作的?

A154

交流输入及整流滤波电路是用于将交流220V电压转换成直流300V电压的电路，该电路的具体工作过程如下。

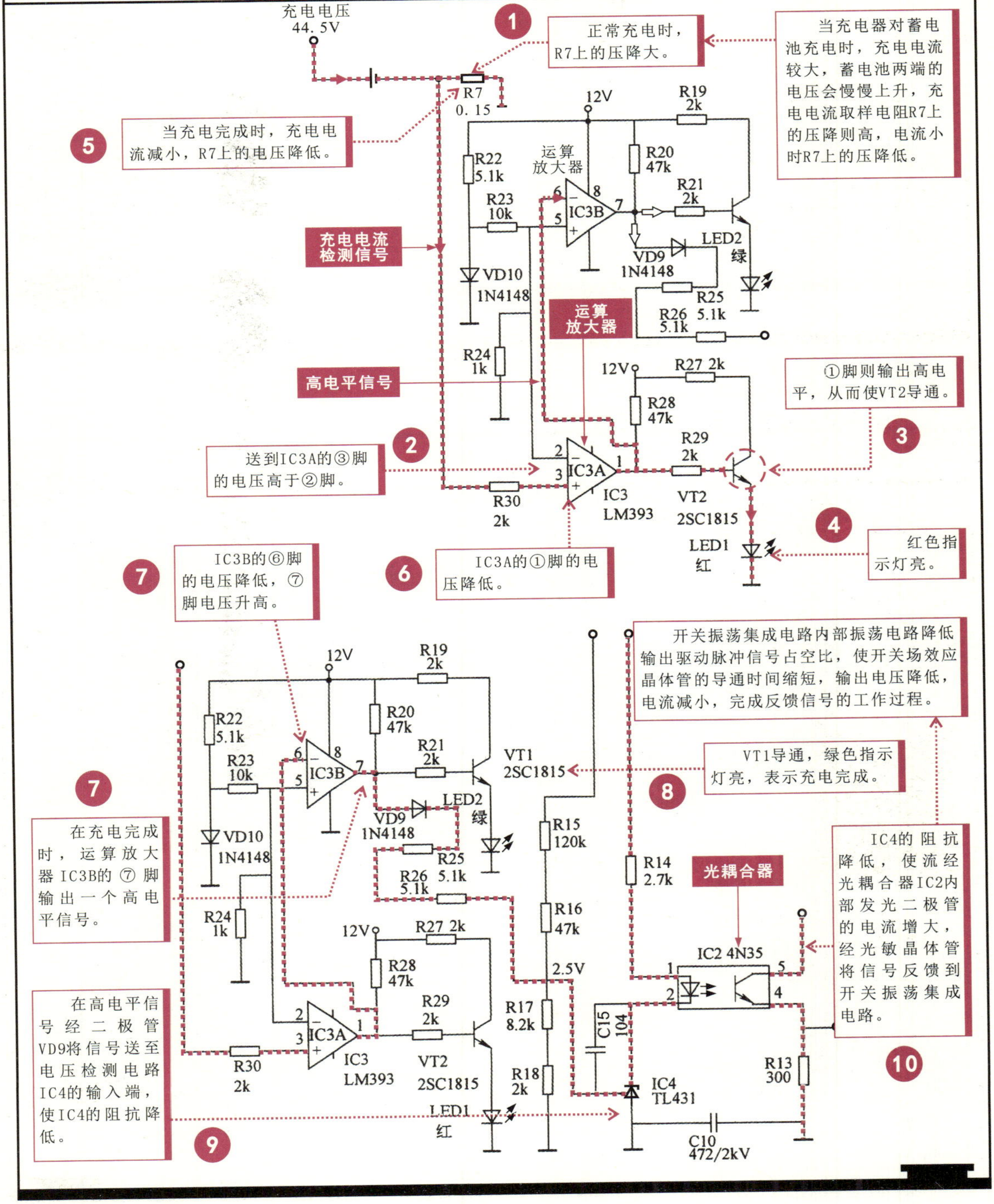

Q155

充电器电路中直流输出电路是如何工作的?

A155

直流输出电路是用于输出蓄电池所需充电电压的电路，该电路的具体工作过程如下。

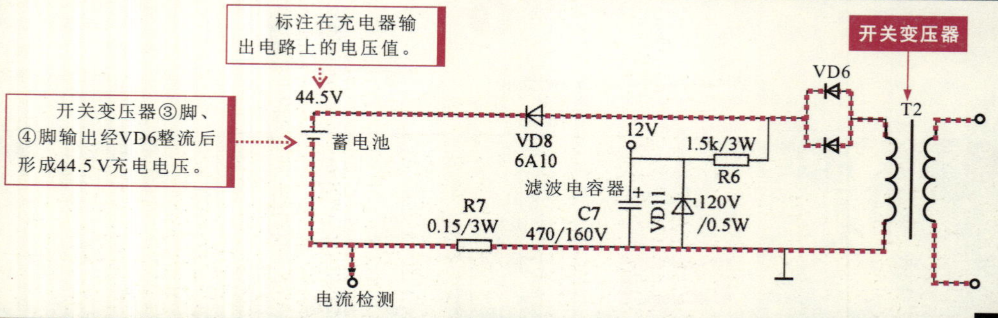

Q156

电动自行车的充电器应该如何拆解?

A156

充电器的拆解方法很简单，拆卸时拧下充电器外壳的固定螺钉，打开外壳，将电路板取出，即可完成充电器的拆解，具体拆解过程如下。

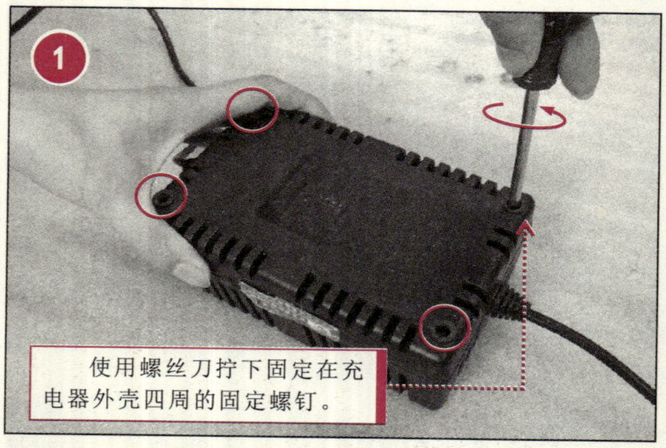

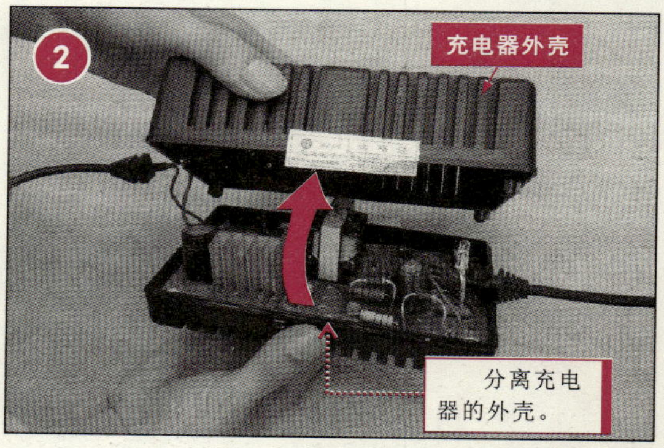

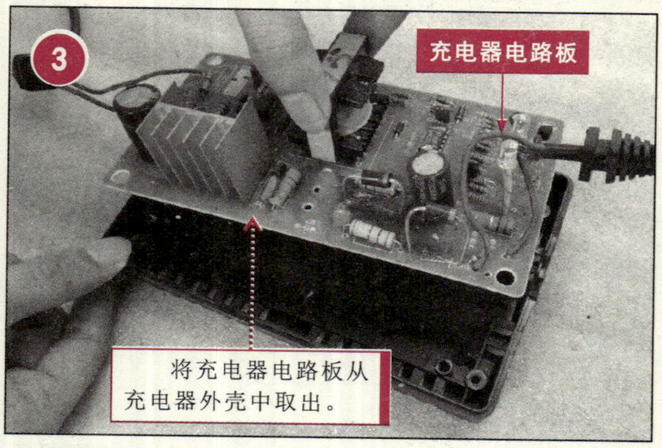

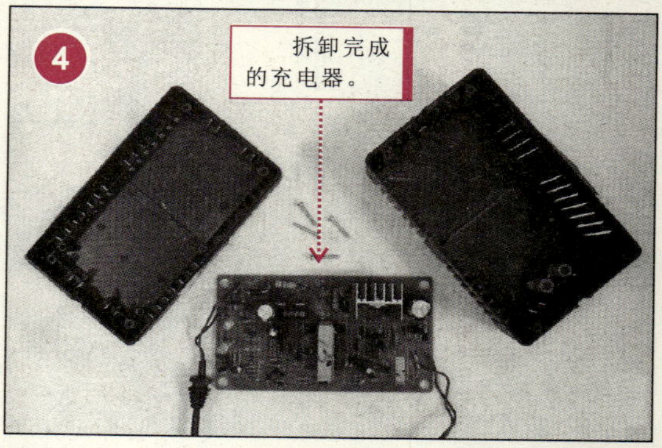

Q157

如何判断电动自行车充电器的好坏?

A157

判断充电器是否正常可通过检测充电器的输出电压和输入电压进行判断，若输入的电压正常，而无输出电压，则表明充电器本身可能损坏。

输出电压的检测

① 将充电器的输入端插入电源插座，接通220V供电。

③ 万用表检测的电压值为57.8V。→ 正常情况下，48V充电器的输出电压值应在55V～58V之间。

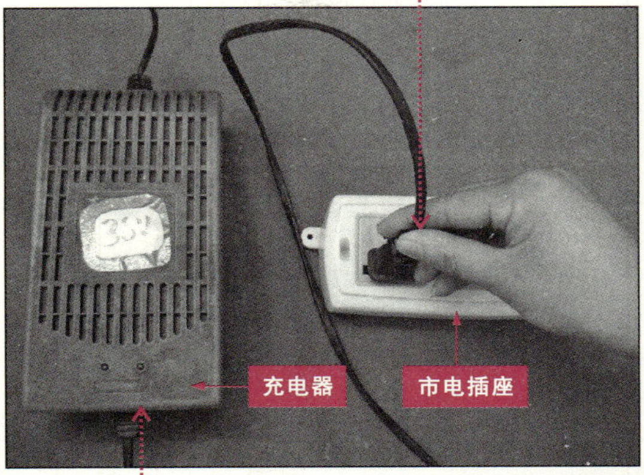

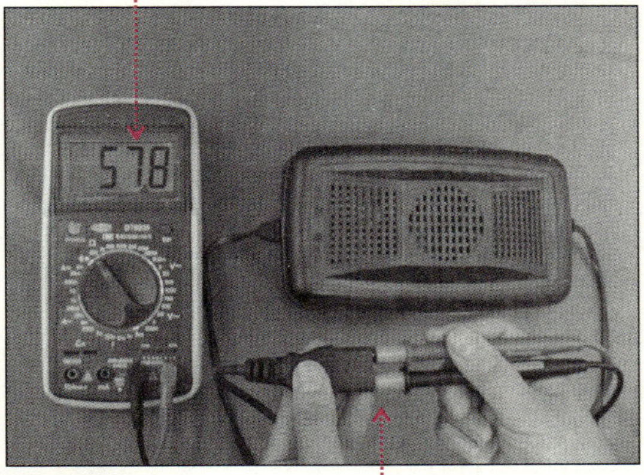

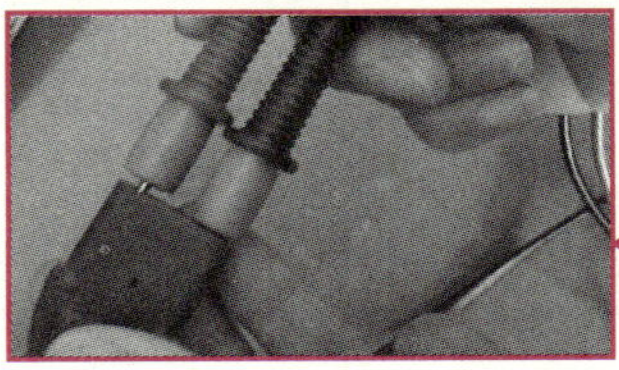

为充电器接通电源后充电器进入工作状态。

② 将万用表的红、黑表笔分别搭在充电器的直流输出端。

输入电压的检测

检测充电器的输入电压是否正常时，还可以使用万用表检测插座输出的电压是否正常。→ ② 将万用表的两表笔分别搭在插座的交流输出端。

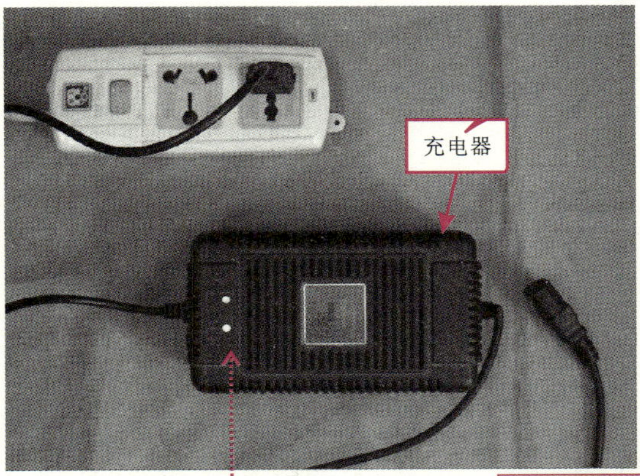

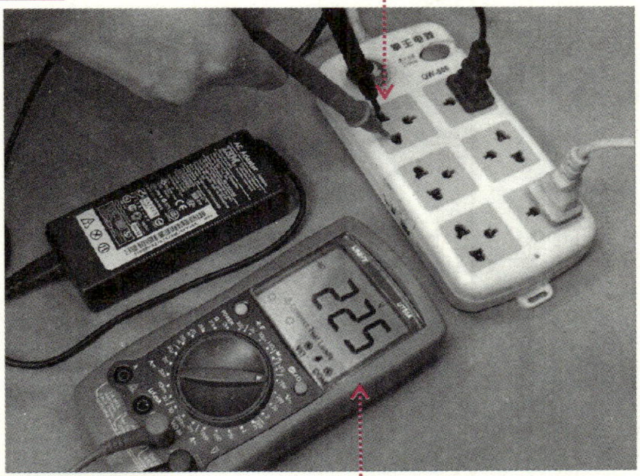

① 检查充电器的输入电压是否正常时，可以将充电器通电后，检查指示灯是否正常点亮。

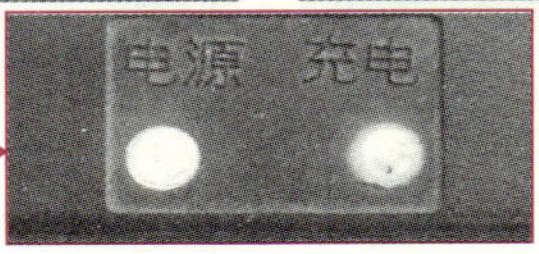

③ 正常情况下，将插座通电后可以输出交流220V电压，为充电器提供工作条件。

Q158

如何检测充电器中的熔断器?

A158

充电器电路中，由于电流的波动较大，熔断器很容易被熔断，检测时可用万用表对熔断器的阻值进行测量，来判断熔断器的好坏，具体检测方法如下。

① 在检测熔断器阻值之前先查看熔断器是否有破损、烧焦或内部熔丝熔断现象。

② 将万用表量程调至“×1”欧姆挡。

③ 将万用表红黑表笔分别搭在熔断器的两端。

④ 正常情况下测得熔断器阻值趋近于0。

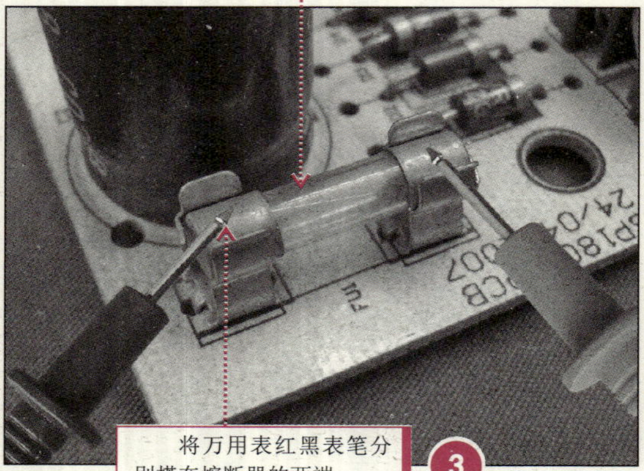

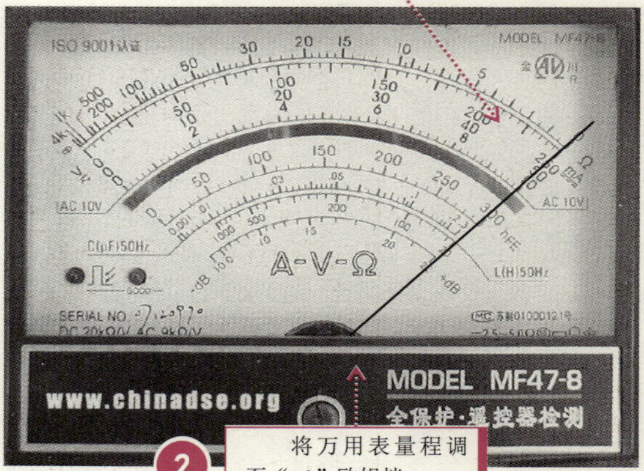

Q159

如何检测充电器中的桥式整流电路?

A159

桥式整流电路主要将交流220V整流后输出，该电路是由4个整流二极管构成的，检测时可分别检测4个二极管的好坏，具体检测方法如下。

① 将万用表量程调至“×1k”欧姆挡。

② 将万用表黑表笔搭在二极管正极，红表笔搭在二极管负极，检测正向阻值。

③ 正常情况下二极管正向阻值为一固定值，实测阻值为6. 5kΩ。

④ 将万用表红黑表笔位置对调，检测反向阻值。

⑤ 正常情况下二极管反向阻值为无穷大。

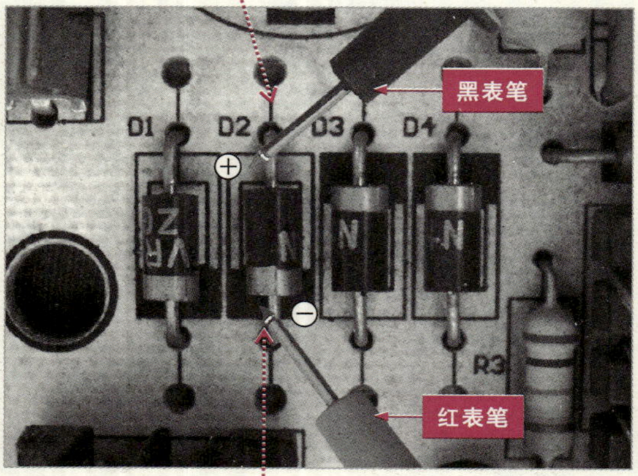

Q160

如何检测充电器中的开关振荡集成电路?

A160

开关振荡集成电路是充电器电路中较容易损坏的器件，可在断电状态下使用万用表检测开关振荡集成电路对地阻值来判断好坏，检测方法如下。

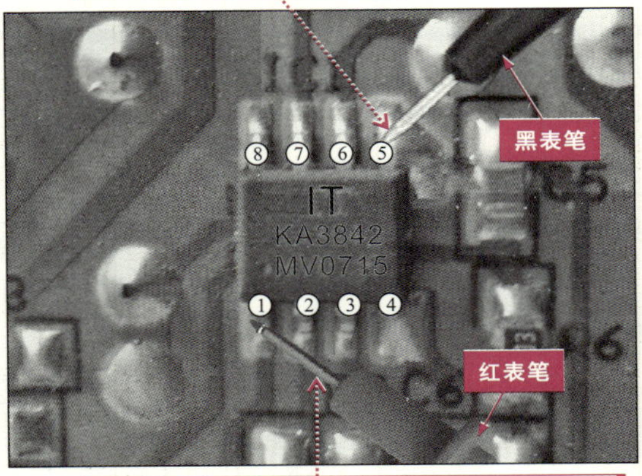

① 将万用表量程调至“×1k”欧姆挡。

② 将万用表黑表笔搭在开关振荡集成电路的接地端（⑤脚），红表笔依次搭在各个引脚端（以①脚为例）。

③ 正常情况下，测得①脚的正向对地阻值为6. 6kΩ。

④ 将万用表红黑表笔位置对调，检测①脚的反向对地阻值。

⑤ 正常情况下，测得①脚的反向对地阻值为8kΩ。

Q161

如何检测充电器中的场效应晶体管?

A161

场效应晶体管也是充电器电路中的易损器件，可在断电状态下检测场效应晶体管各引脚之间的阻值来判断好坏，具体检测方法如下。

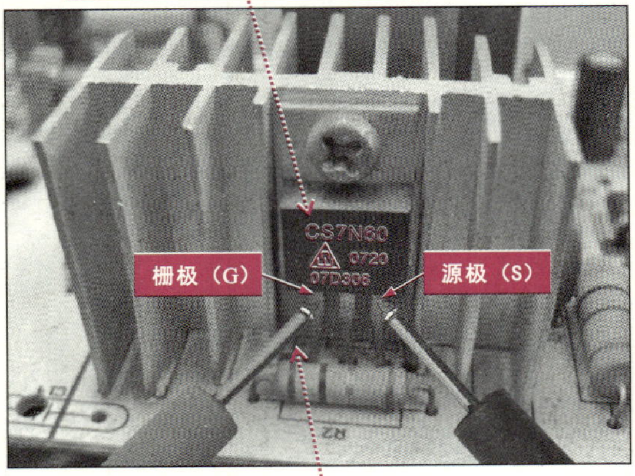

① 将万用表量程调至“×1k”欧姆挡。

② 将万用表黑表笔搭在场效应晶体管的源极（S），红表笔搭在场效应晶体管的栅极（G）。

③ 正常情况下，可测得5. 2kΩ的阻值。

④ 将万用表红黑表笔位置对调，检测源极与栅极间反向阻值。

⑤ 正常情况下，可测得7. 3kΩ的阻值。

经实际检测，场效应晶体管（CS7N60）引脚间的阻值如下表，若测量结果与表中数值差别较大，说明该场效应晶体管已损坏。如果检测场效应晶体管漏极和源极之间的正反向阻值偏差较大，不能直接判断该管损坏，可能是由外围元器件引起的偏差，此时应将该管引脚焊点断开或焊下，在开路的状态下，利用上述方法再次检测，若测量结果仍不正常则可判断该管可能击穿损坏。

红表笔	黑表笔	阻值	红表笔	黑表笔	阻值
栅极(G)	漏极(D)	∞(外接电容)	源极(S)	栅极(G)	7.3kΩ
漏极(D)	栅极(G)	15.8kΩ	漏极(D)	源极(S)	4.3kΩ
栅极(G)	源极(S)	5.2kΩ	源极(S)	漏极(D)	∞(外接电容)

Q162

如何检测充电器中的光耦合器？

A162

光耦合器是由一个光敏晶体管和一个发光二极管构成的，若怀疑光耦合器损坏，可使用万用表分别检测内部发光二极管和光敏晶体管的正、反向阻值来判断光耦合器的好坏，具体检测方法如下。

④ 将万用表红黑表笔位置对调，检测发光二极管反向阻值。

⑤ 正常情况下，测得内部发光二极管的反向阻值为8kΩ。

③ 正常情况下，测得内部发光二极管的正向阻值为6.5kΩ。

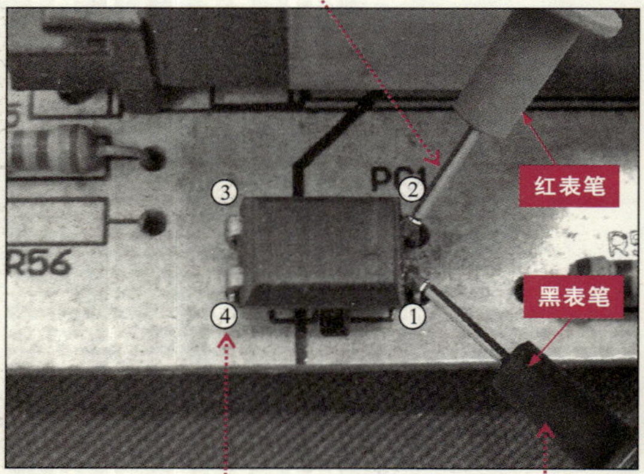

② 将万用表黑表笔搭在光耦合器的①脚，即发光二极管的正极，红表笔搭在光耦合器的②脚，即发光二极管的负极。

① 将万用表量程调至“×1k”欧姆挡。

⑥ 使用同样的方法检测光耦合器内部光敏晶体管的正反向阻值，经检测内部光敏晶体管正反向均有一固定值。

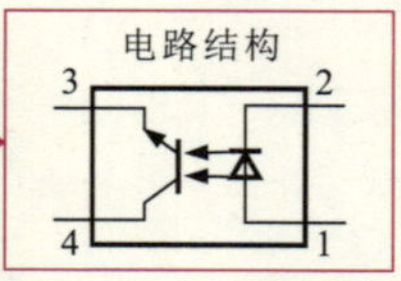

在路检测光耦合器的引脚阻值时，①脚与②脚的正向阻值为6.5kΩ左右，反向阻值为8kΩ左右；③脚与④脚的正反向也有一定的阻值，若测得其正反向阻值相同时，应查看电路板中光耦合器外围是否安装有其他元器件，或将光耦合器取下后再进行检测。

Q163

如何检修操作转把无反应、电动机不转、无法行车的故障?

A163

电动机不转动，则表明未接收到调速信号或无供电，引起该故障的原因主要有：（1）控制器连接插件松动；（2）闸把短路；（3）转把损坏；（4）电动机损坏；（5）控制器本身损坏。我们可逐步进行检测，找到故障元器件，排除故障。

步骤一：检查控制器的连接

将闸把、仪表盘、喇叭、前灯等部件与控制器连接。

控制器

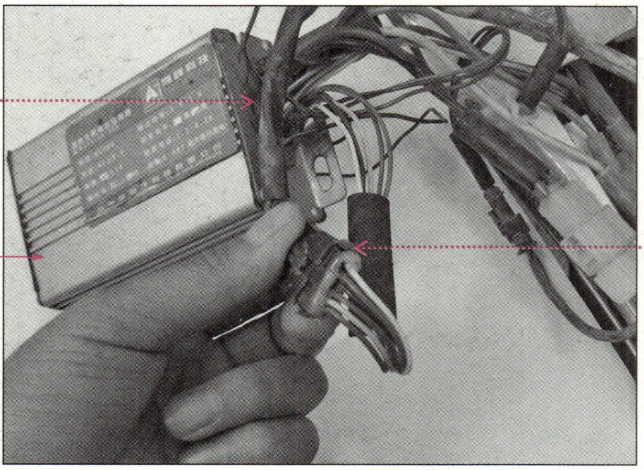

检查各连接引线均正常。

步骤二：检查闸把

将万用表红表笔搭在闸把的黄色引线端。③

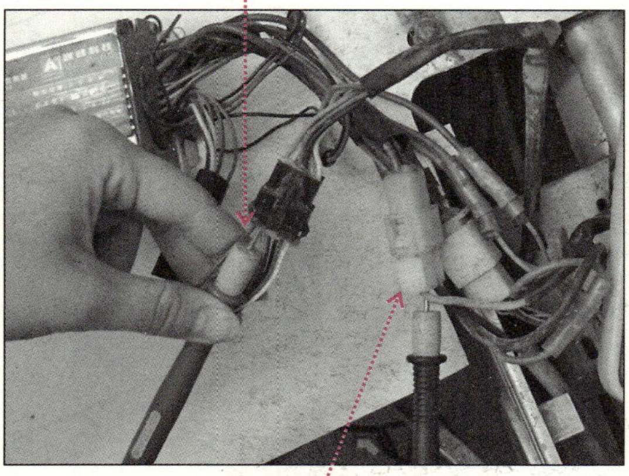

将万用表黑表笔搭在黑色引线端（接地端）。②

万用表显示电压值为0V。④

将万用表挡位旋钮调至直流电压挡。①

经检测在未按下闸把时，闸把与控制器间的电压值为0V，表明闸把存在故障，需对闸把进行更换，更换闸把后，将电动自行车通电试机，电动自行车运转正常，故障排除。

若实际检测中，检测到闸把正常，则还需对其他几个故障原因逐一进行检查，直至找到损坏的部件，排除故障。

Q164

如何检修电动自行车速度失控的故障?

A164

电动自行车速度失控的故障也称为飞车故障。根据维修经验，引起电动自行车速度失控的原因主要有：（1）转把损坏，输出与电源端短路，霍尔IC地线断路；（2）控制器内部有损坏的元器件，通常控制器中功率晶体管击穿容易出现该故障。我们可逐步进行检测，找到故障元器件，排除故障。

步骤一：检查转把

调速转把与控制器的连接引线。

控制器

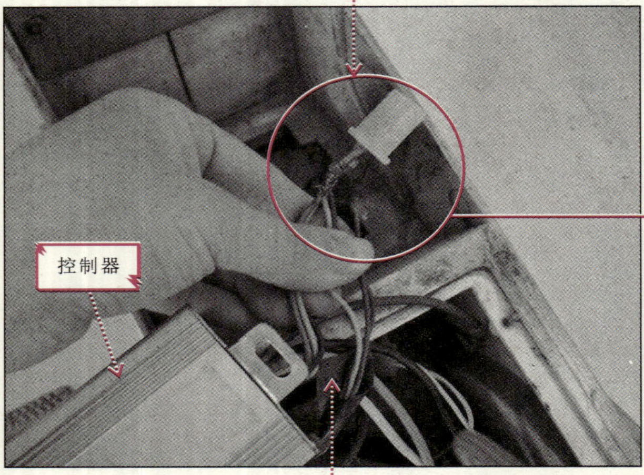

1 打开电动自行车的脚踏板盖找到内部的控制器及其相关引线。

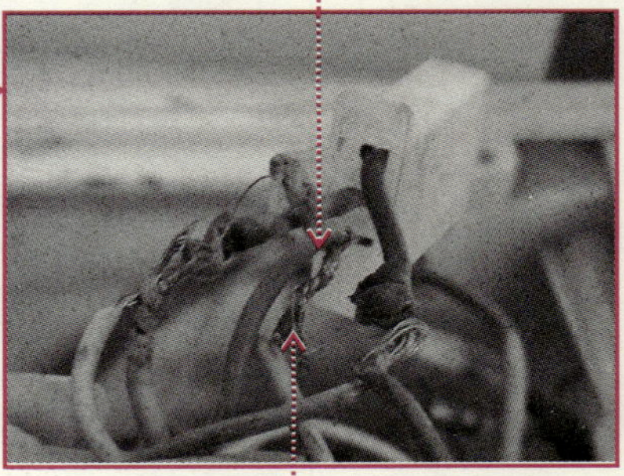

2 通过观察可以发现连接引线较为粗糙，很容易造成短路的故障。

3 对连接引线重新进行连接，并做绝缘处理。

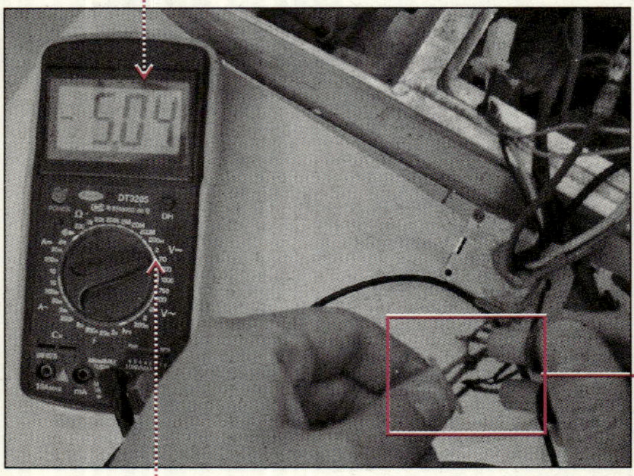

4 将万用表量程旋钮调至“直流20V”电压挡。

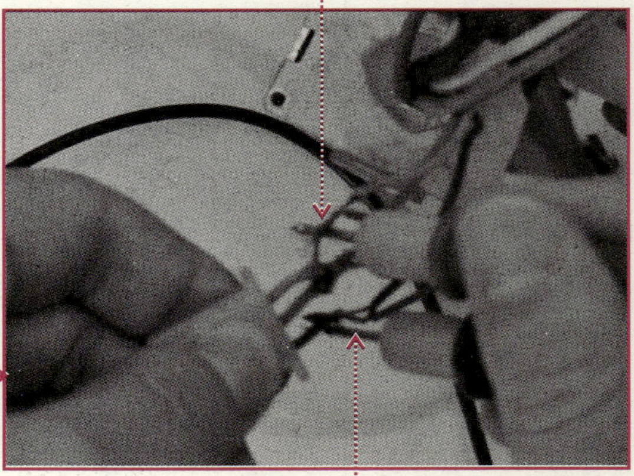

5 将万用表黑表笔搭在转把的接地端。

6 将万用表红表笔搭在转把的供电引线端。

7 实测万用表显示的电压值为5.04V，正常。

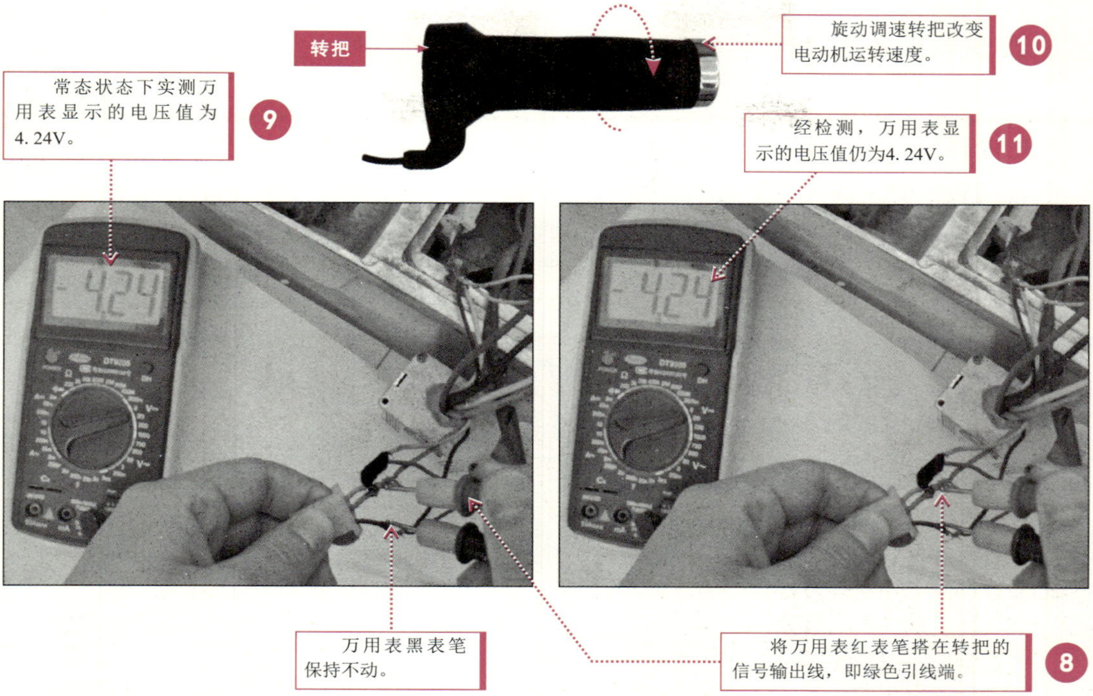

经检测发现，转把在不同状态下，输出的驱动电压均为4.24V，怀疑转把损坏（而正常时，旋动转把该信号线电压应0.8～4.24V间变化），以同型号的转把进行更换后，通电测试，发现电动机的速度仍不能准确控制，怀疑是控制器出现了故障，接下来应对控制器进行检测。

步骤二：检查控制器

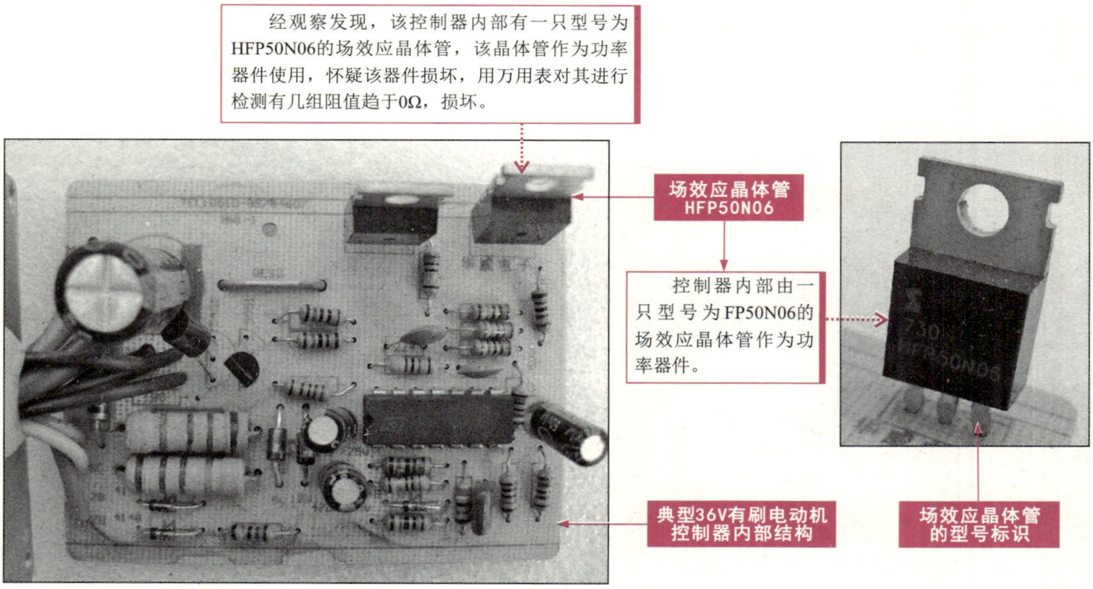

经实际检测，场效应晶体管引脚间的阻值有几组趋近于0Ω，怀疑是该场效应晶体管击穿短路，以同型号的场效应晶体管进行更换后，电动自行车通电试机，故障排除。

Q165

如何检修电动自行车不制动反而加速运行的故障?

A165

根据维修经验，电动自行车出现不制动反而加速运行的故障原因主要有：（1）闸把输出电压异常；（2）电动机供电系统异常；（3）控制器控制失常。我们可逐步进行检测，找到故障元器件，排除故障。

步骤一：检查闸把

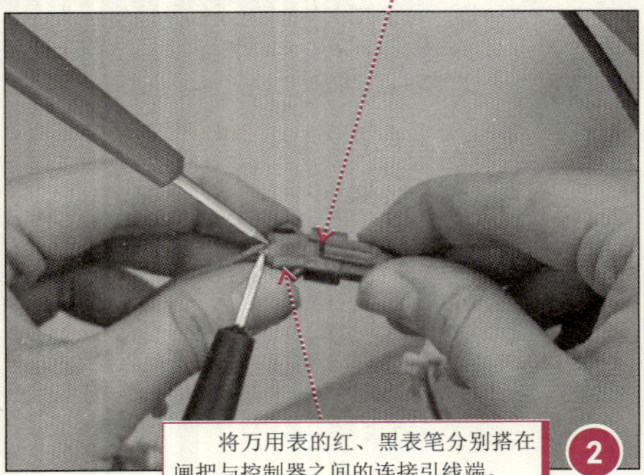

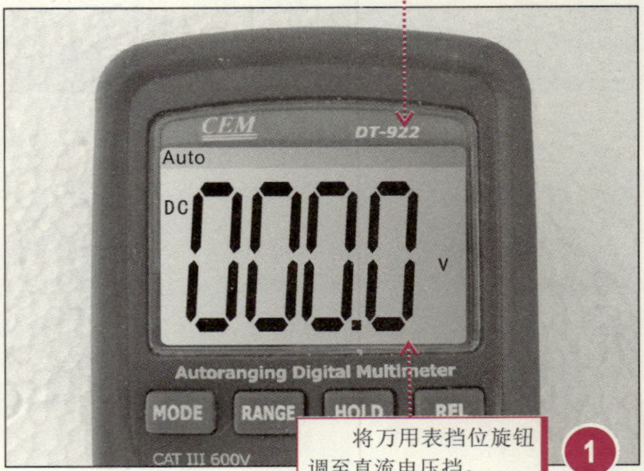

1 将万用表挡位旋钮调至直流电压挡。

2 将万用表的红、黑表笔分别搭在闸把与控制器之间的连接引线端。

3 在未按下闸把时，闸把与控制器间的电压值为0V，正常。

4 捏下电动自行车的闸把。

5 捏下闸把时，闸把与控制器间的电压值为3.9V，正常。

步骤二：检查电动机供电

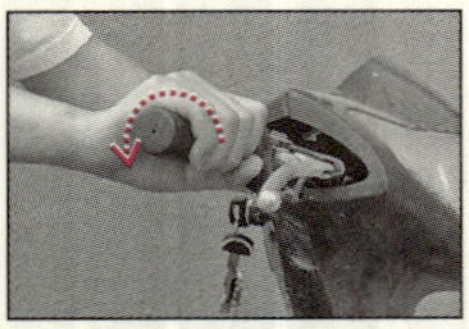

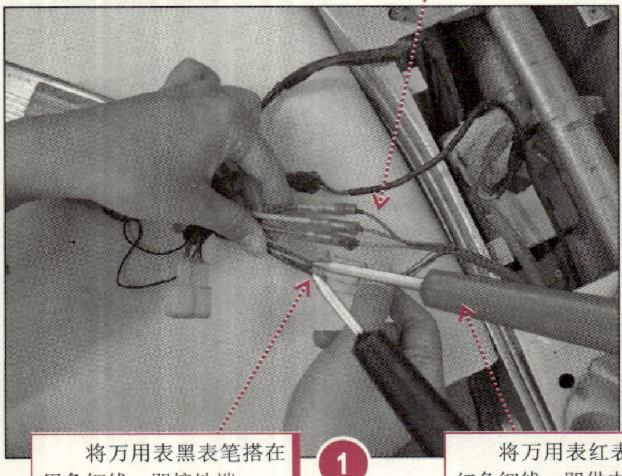

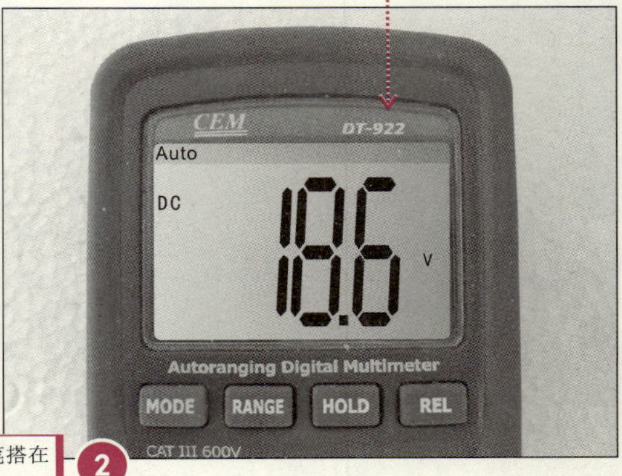

1 将万用表黑表笔搭在黑色细线，即接地端。

2 将万用表红表笔搭在红色细线，即供电端。

3 缓慢转动转把，然后轻轻松开转把。

4 在转动转把时实测万用表显示电压值由小变大，正常。

步骤三：检查控制器

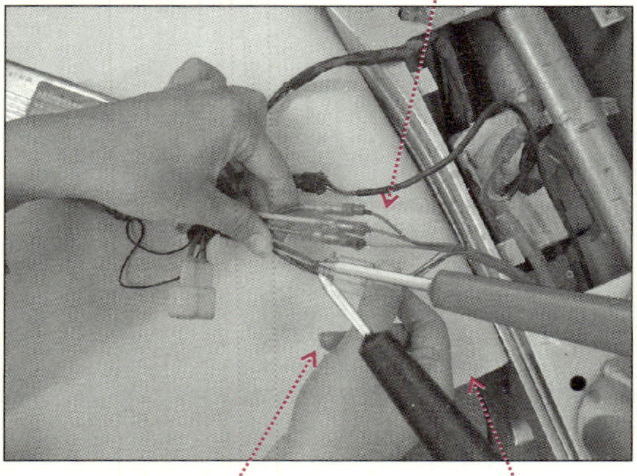

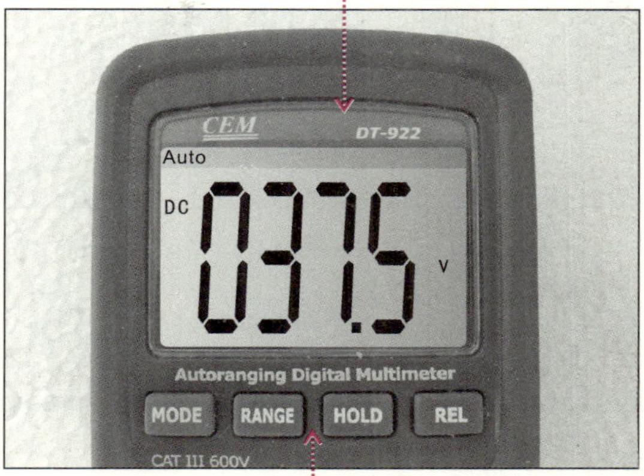

1 将万用表挡位旋钮调至直流电压挡。

2 将万用表黑表笔搭在黑色细线，即接地端。

3 将万用表红表笔搭在红色细线，即供电端。

4 扳动电动自行车左、右任一闸把。

5 实测万用表显示电压值为37.5V。

经检测，扳动电动自行车左、右任一闸把后，检测电动机的供电电压升为37.5V，表明制动的信号电压是直接加到了控制器电路中功率晶体管的控制极，使其完全处于导通的状态，使电动机的供电电压增加了五分之一左右，根据维修经验可知，引起该现象的原因，主要是控制器内的激励脉冲调制集成块损坏，对集成块进行更换后，试制动操作，故障排除。

Q166

如何检修电动自行车起动突跳的故障?

A166

电动自行车起动突跳，表明电动机在短时间内出现加电、断电、又加电的动作。引起该故障的原因主要有：（1）电动机供电引线出现断线或接触不良；（2）电池电压不足。我们可逐步进行检测，找到故障元器件，排除故障。

1 剥开电动机轴端至控制器之间的引线连接端头的绝缘胶带。

2 检查电动机供电引线，发现引线连接处出现断线。

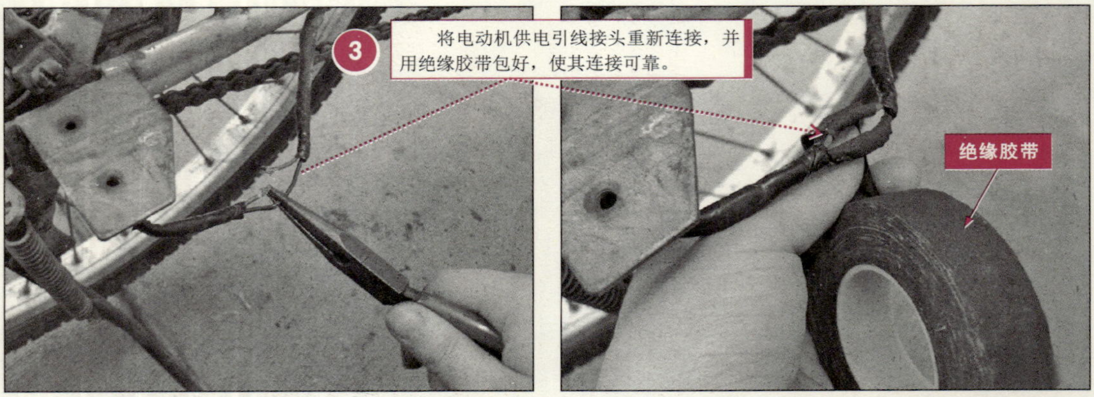

将电动机供电引线连接好后，接通电动自行车电源，旋动调速转把发现电动机可以正常起动，运转平稳，故障排除。

若实际检测中，检测到电动机供电引线连接正常，则还需对蓄电池的电量进行检查，找到故障原因，排除故障。

Q167

如何检修电动自行车屡烧控制器内功率晶体管的故障?

A167

在控制电路中一般都设有功率晶体管的过电流保护电路，当电动机运行时出现瞬间电流过大时，会起动过电流保护电路，自动保护功率晶体管。根据维修经验，当电动自行车出现该故障时，通常都需要对过电流保护电路中的易损元器件进行检查。

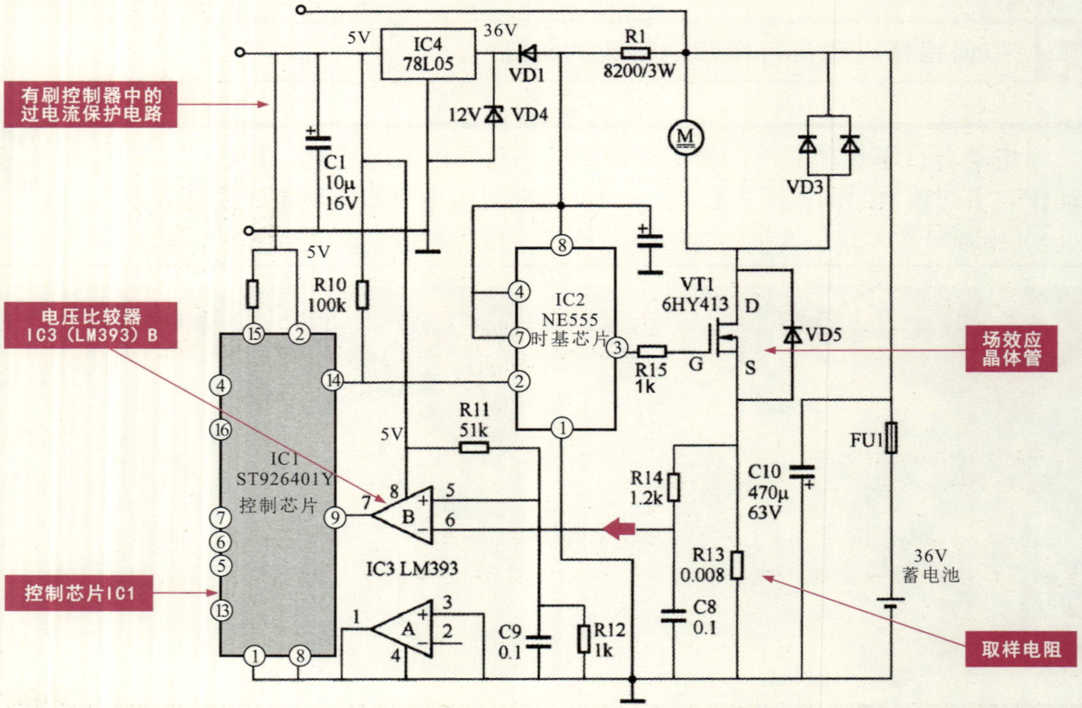

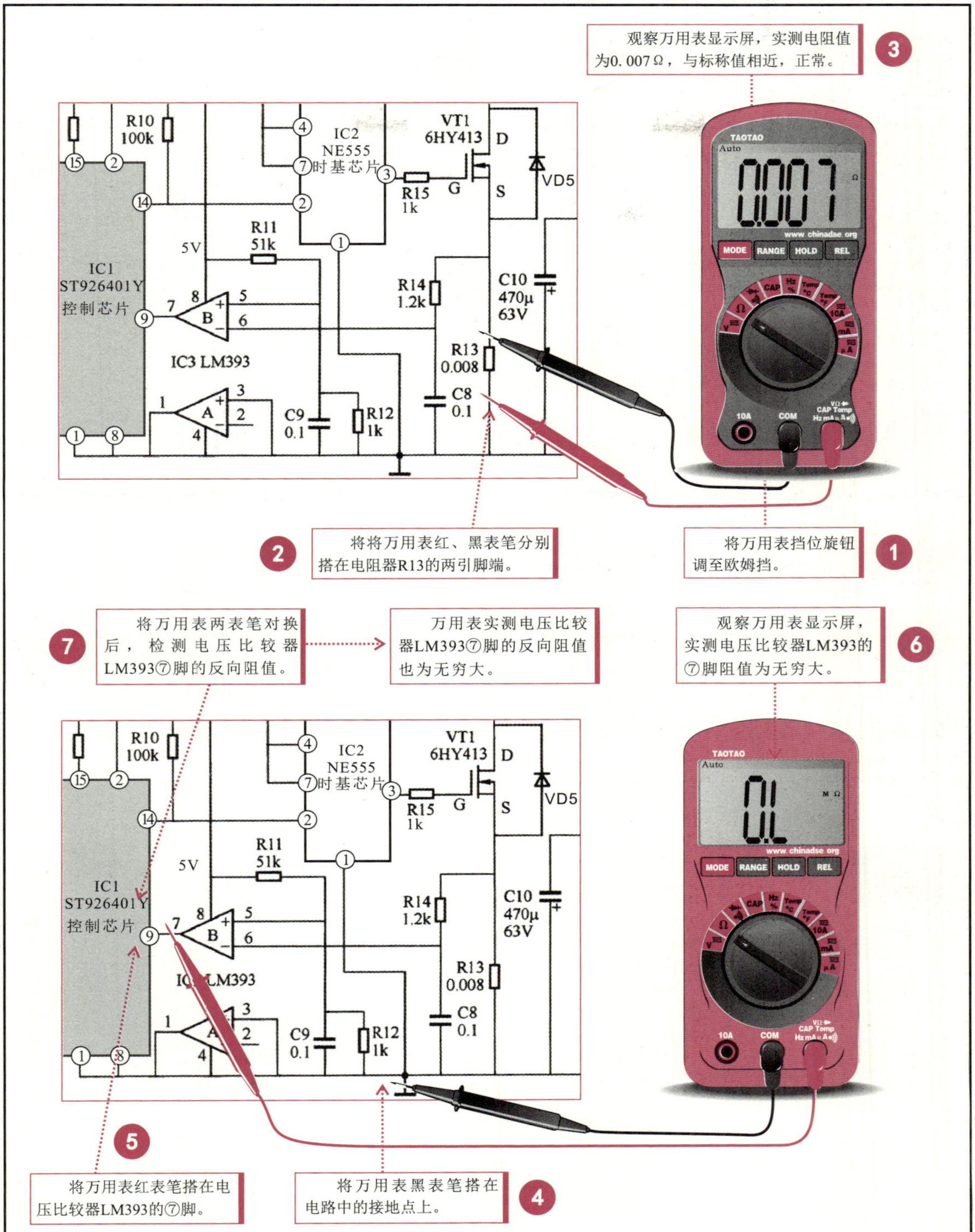

经检测发现LM393⑦脚的正、反向对地阻值均为无穷大，怀疑该电压比较器损坏，使过电流保护功能失常，无法启动保护作用，用同型号的集成电路将LM393进行更换后，检测其外围元器件均正常后，通电试车，故障排除。

若实际检测中，检测到取样电阻和电压比较器均正常，则还需对该电路的其他易损元器件逐一进行检查，直至找到损坏的元器件，排除故障。

Q168

如何检修电动自行车颠簸或振动时车速不稳的故障?

A168

电动自行车在行驶过程中，若出现颠簸或振动，车速不稳,电动机时转时停，引起该故障的原因主要有：（1）控制部件连接不良或断裂；（2）闸把输出信号异常；（3）转把输出信号异常；（4）控制器输出信号异常。我们可逐步进行检测，找到故障元器件，排除故障。

1 检查控制部件的连接，经检查连接均正常。

4 在未握下闸把时，万用表实测的电压值在0~3.9V之间变化，且时有时无。

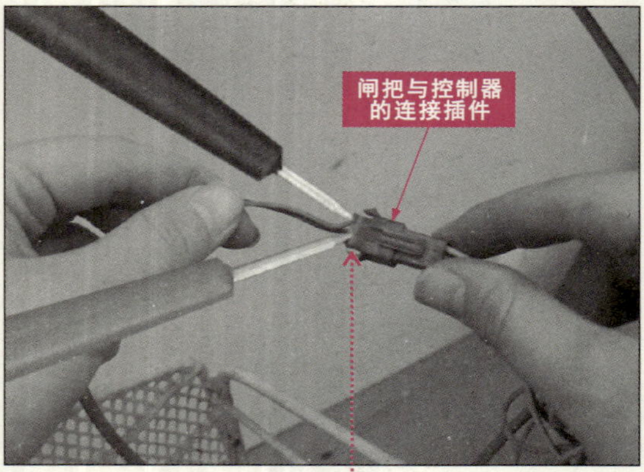

3 将万用表红、黑表笔分别搭在闸把与控制器连接插件的引线端。

2 将万用表挡位旋钮调至直流电压挡。

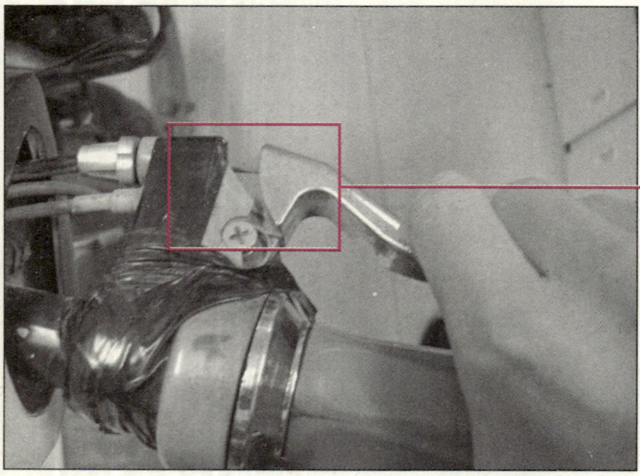

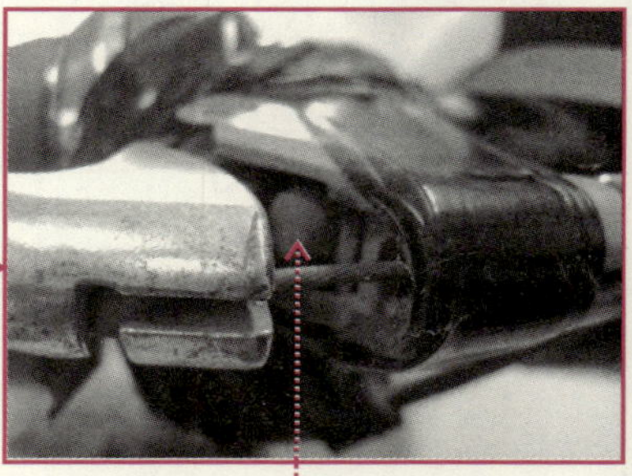

5 将闸把握下后，检查闸把内部触点，经检查内部触点不能正常复位。

正常情况下在行驶过程中，未按下闸把时，制动信号始终没有，经检查闸把内部触点不能正常复位，因此在颠簸或振动状态，造成闸把输出的制动信号时有时无，此时需对闸把进行更换，更换闸把后，将电动自行车通电试机，电动自行车运转正常，车速稳定，故障排除。

若实际检测中，检测到闸把正常，则还需对其他几个故障原因逐一进行检查，直至找到损坏的元件，排除故障。

Q169

如何检修电动自行车喇叭无声的故障?

A169

电动自行车喇叭不响，其他功能正常，说明故障发生在与喇叭直接相关的部件。由于电动自行车喇叭的电路比较简单，在检修时，应重点检测喇叭开关和喇叭本身，找到故障元器件，排除故障。

步骤一：检查喇叭开关

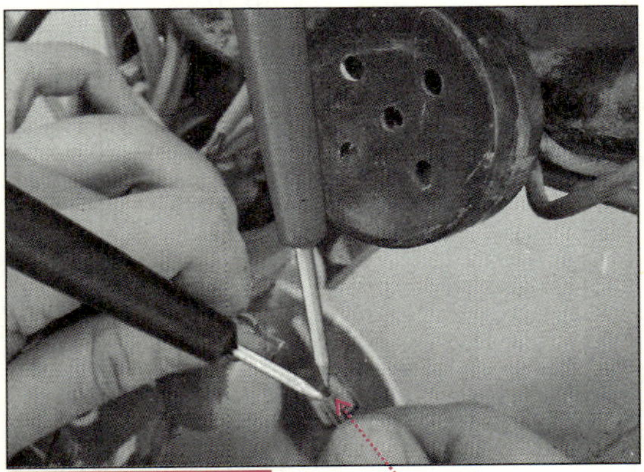

1 将万用表挡位旋钮调至直流电压挡。

2 将万用表红黑表笔分别搭在喇叭开关的连接插件，并按下喇叭开关。

3 实测在按下喇叭开关时的阻值为0，正常。

步骤二：检查喇叭

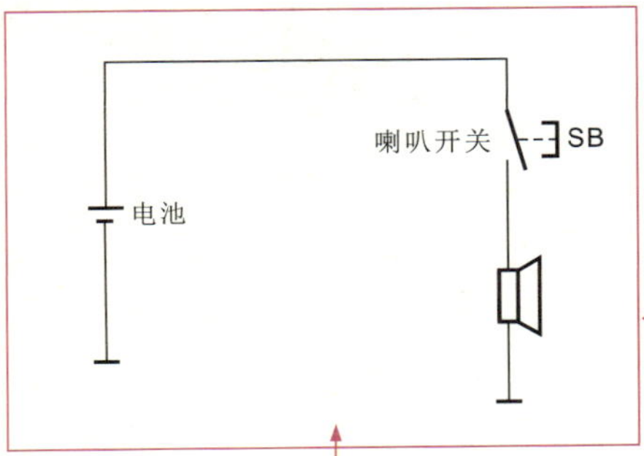

开关与喇叭的连接关系

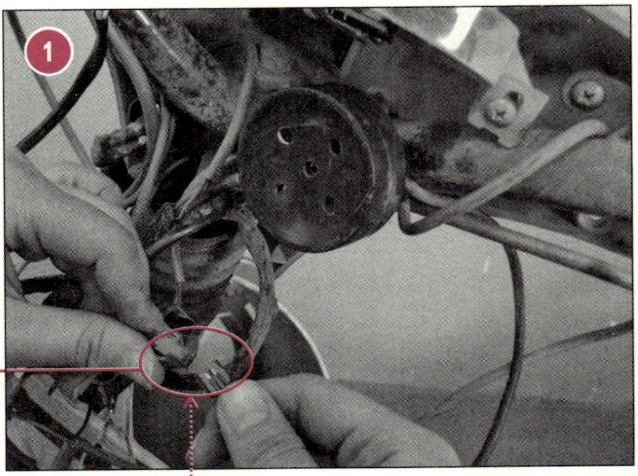

1 将喇叭与开关的连接插件拔下。

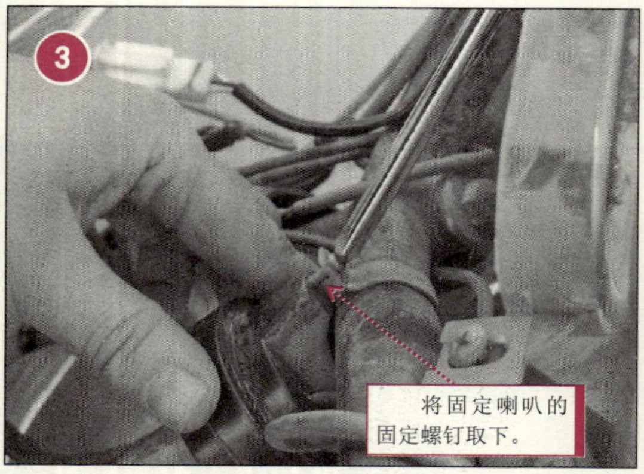

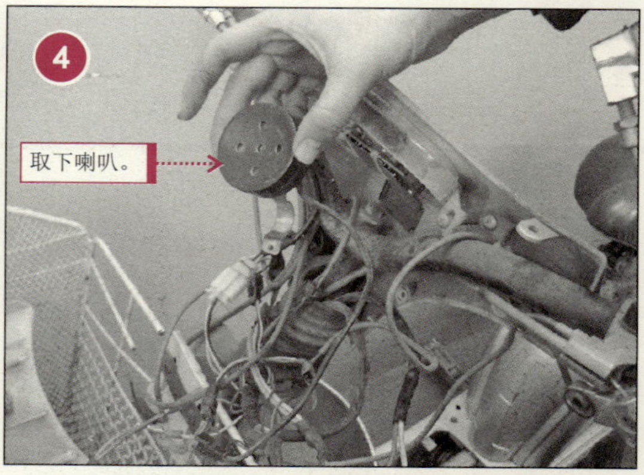

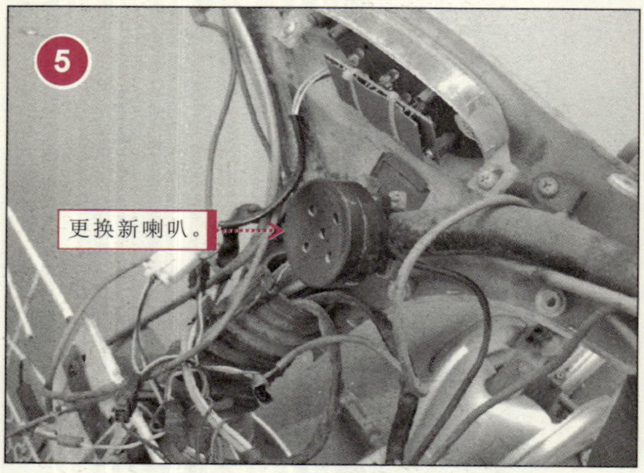

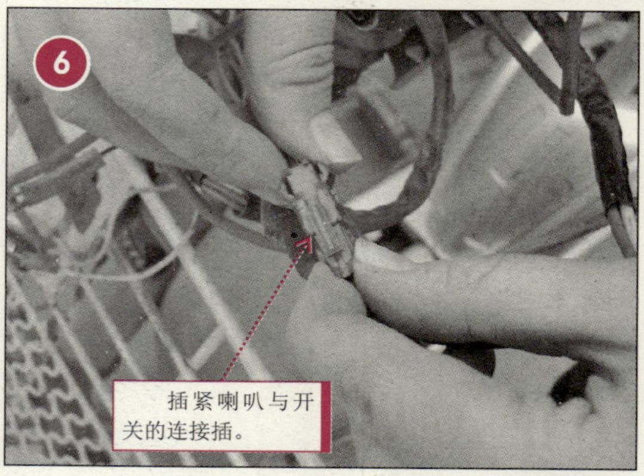

经检测，将怀疑损坏的电动自行车的喇叭进行更换后，开通电源锁，再次按下喇叭开关时，喇叭发出响声，故障排除。

Q170

如何检修电动自行车前闸制动不减速的故障?

A170

电动自行车前闸制动不能减速，表明车闸没有起到制动的作用，引起该故障的原因主要有：（1）钢丝绳套有破损；（2）钢丝绳与钢丝绳套被黏住或钢丝绳过长；（3）闸皮与车圈距离过远。我们可逐步进行检测，找到故障点，排除故障。

步骤一：检查钢丝绳套

检查钢丝绳套是否有破损现象，经检查钢丝绳套正常。

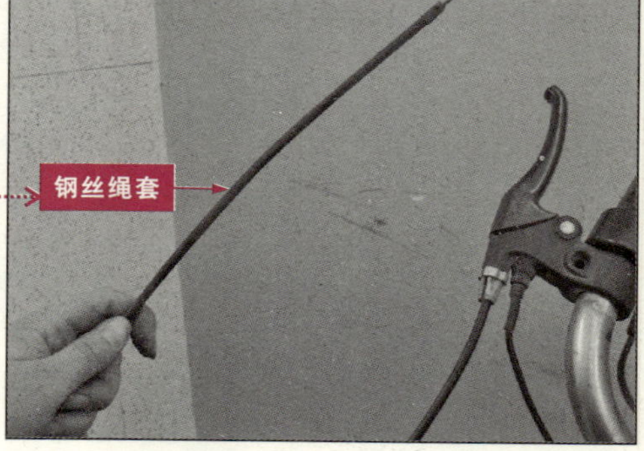

步骤二：检查钢丝绳与钢丝绳套是否黏连

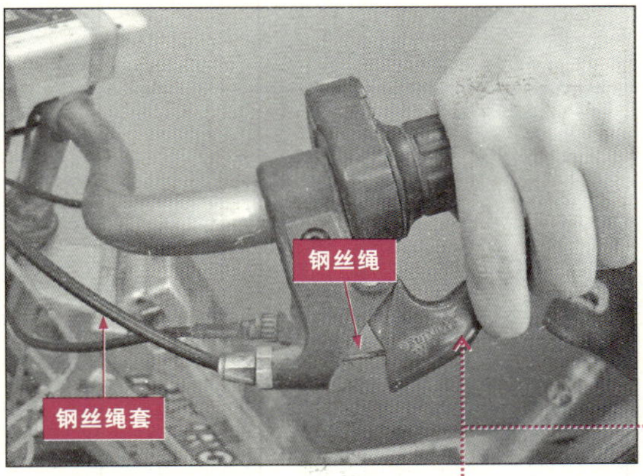

若闸把不能够顺畅带动闸皮，说明钢丝绳和钢丝绳套之间有异物黏连，需注入适当的润滑油。

握下闸把检查钢丝绳是否能够顺畅带动闸皮。

经检查也正常。

步骤三：检查闸皮与车圈距离

检查闸皮与车圈之间的距离，经检查由于长时间磨损，闸皮与车圈的距离拉大，使得按下闸把时，闸皮不能进行减速操作。

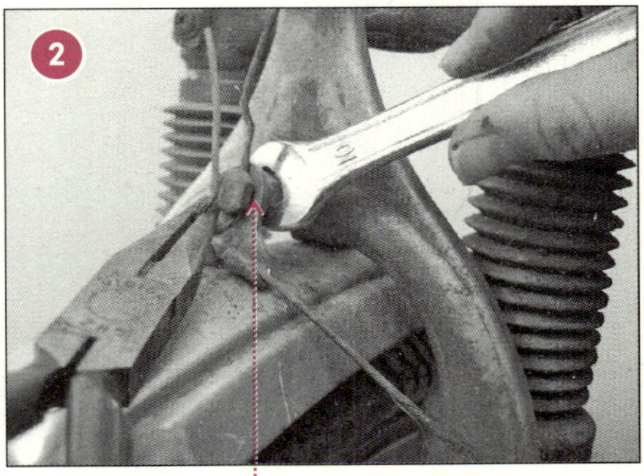

将钢丝绳固定螺母拧松，松开磨损的闸皮。

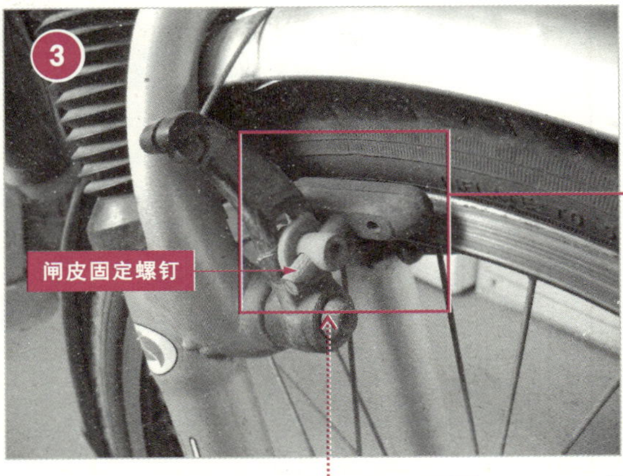

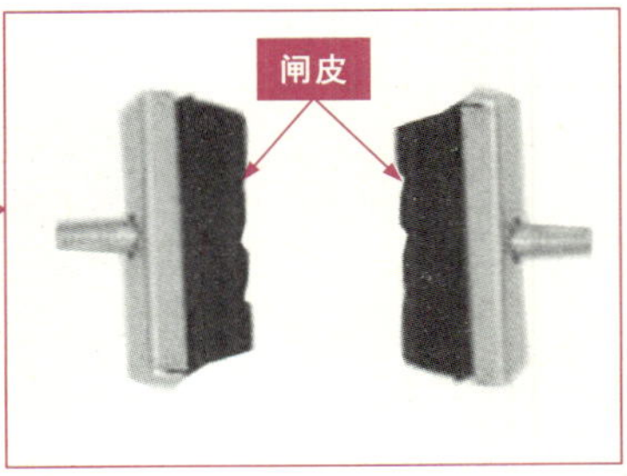

将闸皮固定螺钉拧开，将磨损的闸皮取下，更换新的闸皮。

调整钢丝绳的固定螺母，使钢丝绳拉紧，再次使用制动时，故障排除。

Q171 如何检修电动自行车无法定速的故障?

A171

电动自行车能正常行驶，说明蓄电池供电正常，电动自行车无法定速，引起该故障的原因主要有：（1）巡航功能按钮损坏；（2）巡航功能引线接触不良。我们可逐步进行检测，找到故障点，排除故障。

1 找到转把内的巡航功能控制按钮。

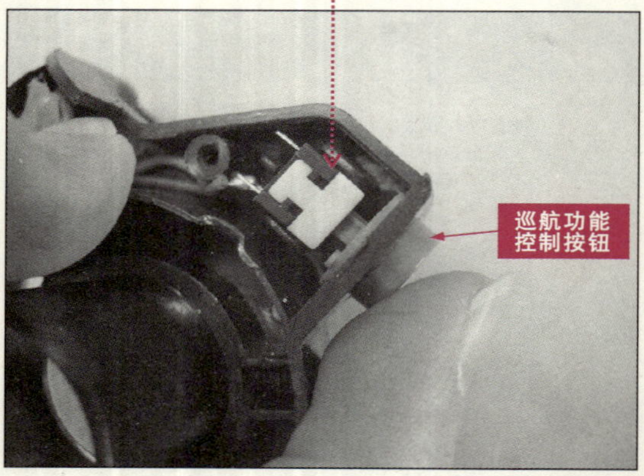

2 将巡航功能控制按钮从调速转把卡槽中取出。

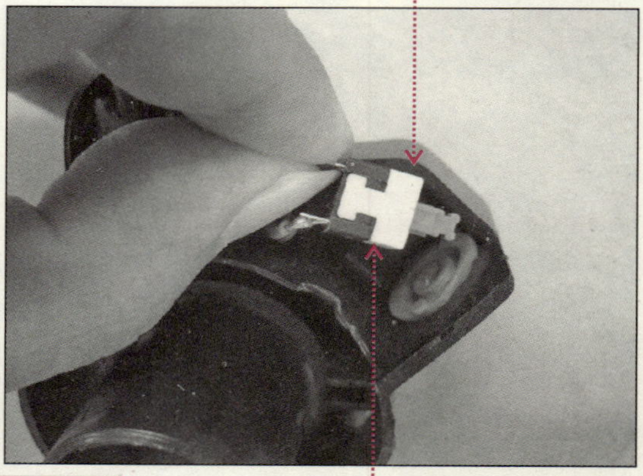

电动自行车速度锁定，以当前速度行驶。

3 将巡航功能控制按钮两引脚短接，可以锁定当前速度，怀疑巡航功能控制按钮内部损坏。

4 将巡航功能控制按钮焊下。

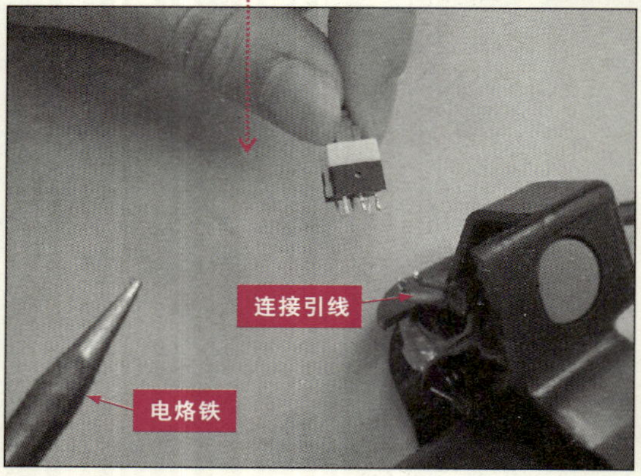

5 用同型号性能良好的巡航功能控制按钮替换，试机故障排除。

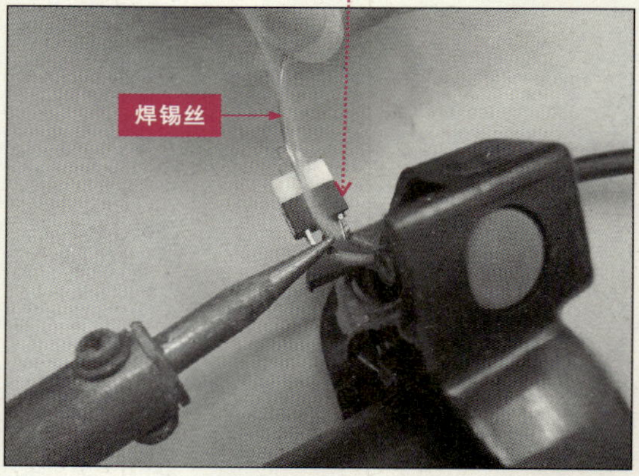

【知识扩展】

值得注意的是，有些电动自行车转把上未设置巡航控制按钮，该类电动自行车一般具有自动巡航功能，即当旋动调速手柄至一定速度后，保持该速度30s左右不变化，电动自行车便自动锁定以当前速度行驶，即使松开转把手柄也能保持住，直到握下闸把断电或再次旋动转把调整速度时解除锁定。

Q172

如何检修电动自行车调速不稳的故障？

A172

电动自行车调速不稳，通常是由转把输出调整信号不稳定引起的，从而使经控制器处理后的电动机调速信号也不平稳，最终使得电动机旋转速度失常。通常转把引起调速不稳的原因主要有：（1）转把内部磁钢损坏；（2）转把内部霍尔元件损坏；（3）转把连接引线连接异常。我们可逐步进行检测，找到故障点，排除故障。

步骤一：检查转把内部磁钢

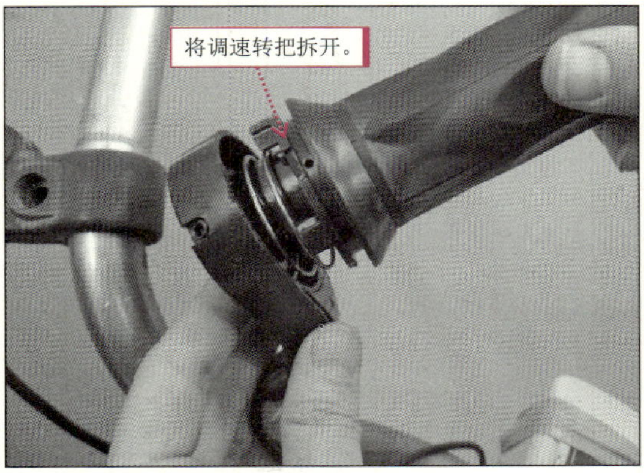

步骤二：检查转把内霍尔元件

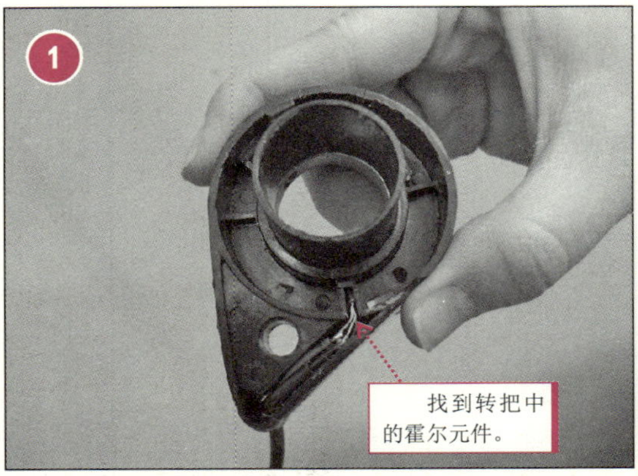

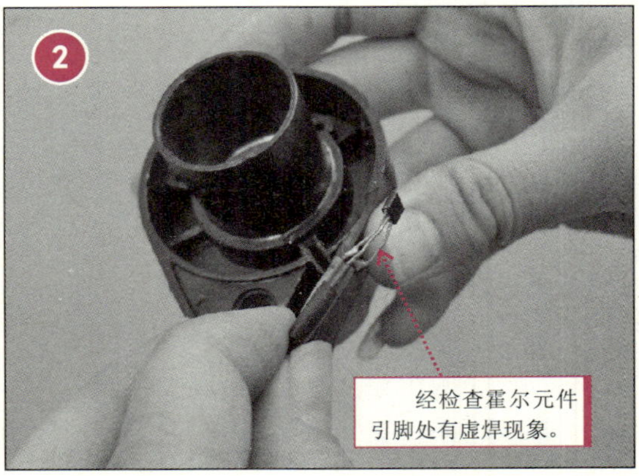

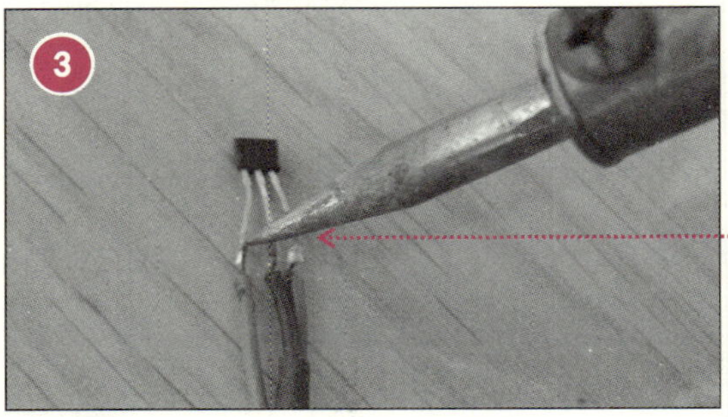

焊接时间不能过长，以免损坏霍尔元件。

使用电烙铁对引脚重新焊接。

回装转把，试机故障排除。

若实际检测中，转把磁钢及霍尔元件均正常，则还需对转把连接引线进行检查，排除故障。

Q173

如何检修电动自行车无法助力骑行的故障？

A173

电动自行车助力传感器的位置偏低，在淋雨后，很容易出现故障，从而出现无法助力骑行的故障，引起该故障的原因主要有：（1）助力传感器的连接线路是否短路；（2）磁盘位置偏转；（3）磁盘发生消磁现象。我们可逐步进行检测，找到故障点，排除故障。

步骤一：检查助力传感器连接插件

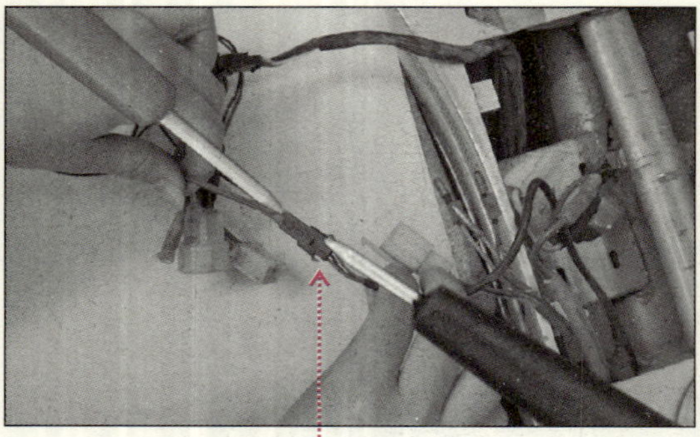

③ 实测传感器连接插件阻值为0，并伴有蜂鸣声。

② 将万用表红黑表笔分别搭在助力传感器连接插件的两端。

① 将万用表挡位旋钮调至蜂鸣挡。

步骤二：检查磁盘与助力传感器的距离

检查磁盘与助力传感器之间的距离。→ 经检查距离过大，此时对磁盘进行调整。→ 调整后故障依旧存在。

步骤三：检查磁盘是否消磁

使用铁钉放在磁盘上，看其是否吸附。

经检查，磁钢存在消磁现象，对其进行更换，试机故障排除。

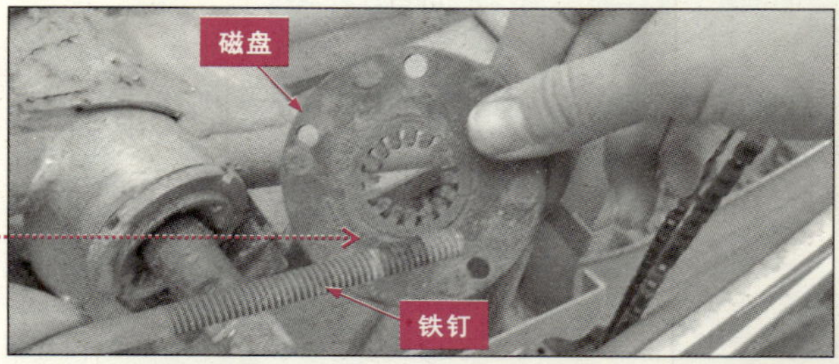

Q174

如何检修电动自行车全车没电、电动机不起动的故障?

A174

电动自行车全车没电，表明电动自行车中的电源部分异常。引起该故障的原因主要有:（1）蓄电池输出电压异常；（2）供电电路部分异常。我们可逐步进行检测，找到故障点，排除故障。

步骤一:: 检测蓄电池输出电压

② 将万用表红表笔搭在蓄电池输出接口正极接线柱上。

① 将万用表黑表笔搭在蓄电池输出接口负极接线柱上。

③ 经检测电压值为51.0V，正常。

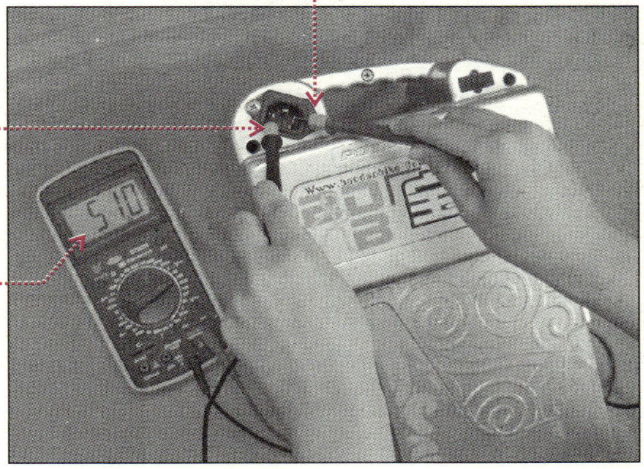

步骤二:检测供电电路部分

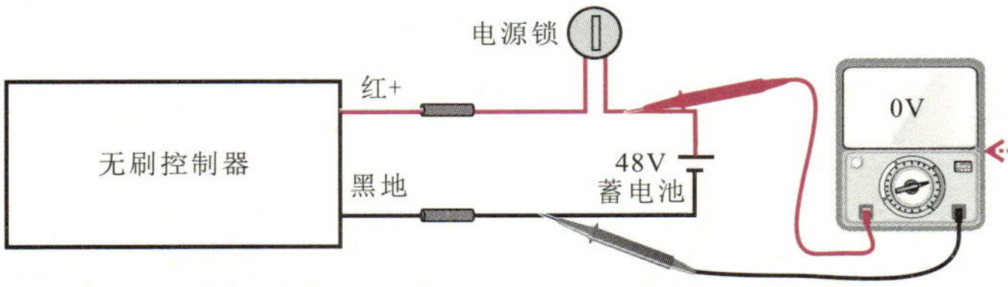

③ 经检测控制器供电电压为0V，异常。

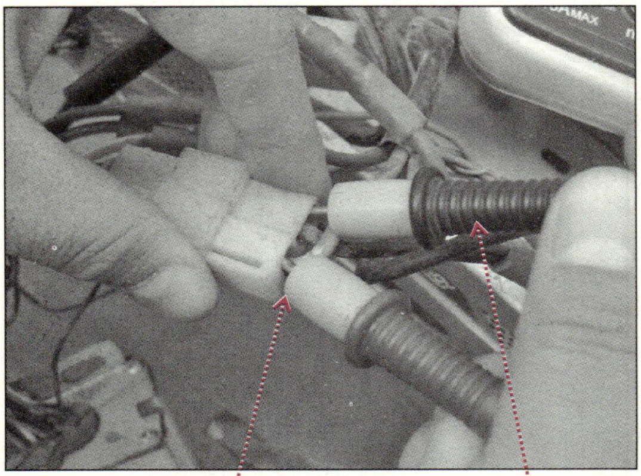

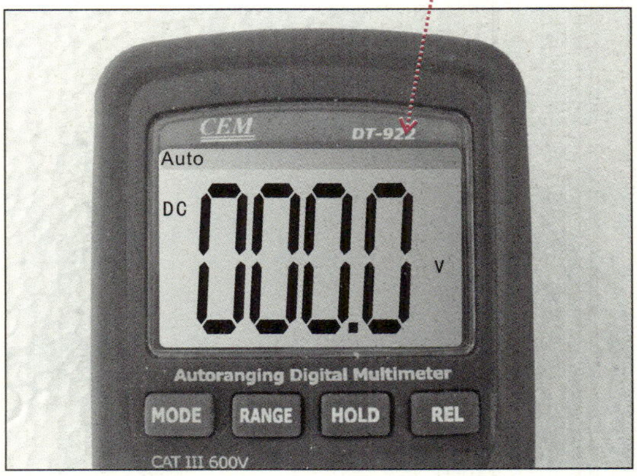

① 将万用表红表笔搭在控制器供电引线插件的红色供电引线上。

② 将万用表黑表笔搭在控制器供电引线插件的黑色接地引线上。

5 插入钥匙，使电源锁处于接通状态。

7 经检测，电源锁接通状态下阻值为无穷大，没有蜂鸣声。

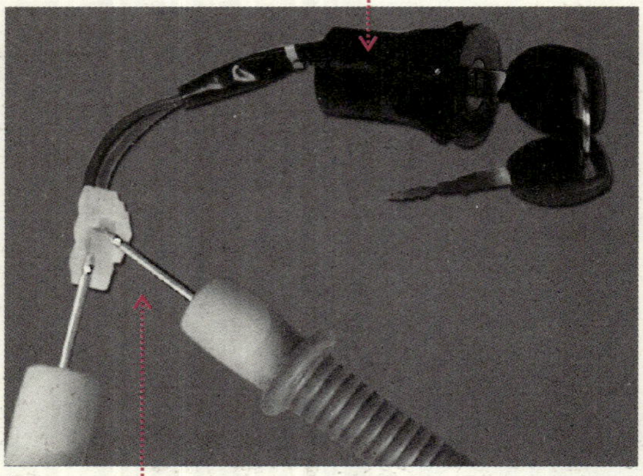

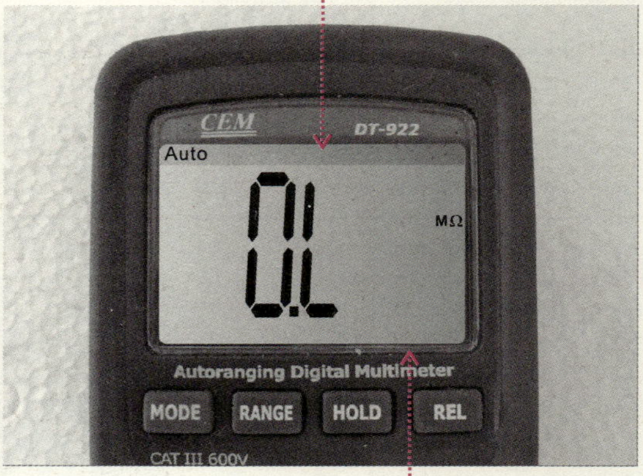

6 将万用表红、黑表笔分别搭在电源锁两根连接引线段。

4 将万用表挡位旋钮调至蜂鸣挡。

经检测，电源锁接通状态下，万用表在蜂鸣挡不响，而且显示阻值无穷大，怀疑电源锁本身损坏，用同型号的电源锁更换后，打开电源锁，仪表盘显示正常，喇叭和照明系统均能够正常使用，旋动转把，电动机起动，平稳运转，故障排除。

若实际检测电源锁也正常，则还需继续对供电电路进行检查，直至找到故障点，排除故障。

Q175

如何检修电动自行车显示正常、电动机不起动的故障?

A175

电动自行车显示正常，表明蓄电池及其供电线路基本正常，引起该故障的原因主要有：（1）控制器损坏；（2）电动机损坏。我们可逐步进行检测，找到故障元件，排除故障。

步骤一：检查控制器

3 将万用表红表笔搭在有刷控制器电动机驱动信号输出端的粗黄色线引线端。

4 旋转转把至最大速度，测得电压值为25V，正常。

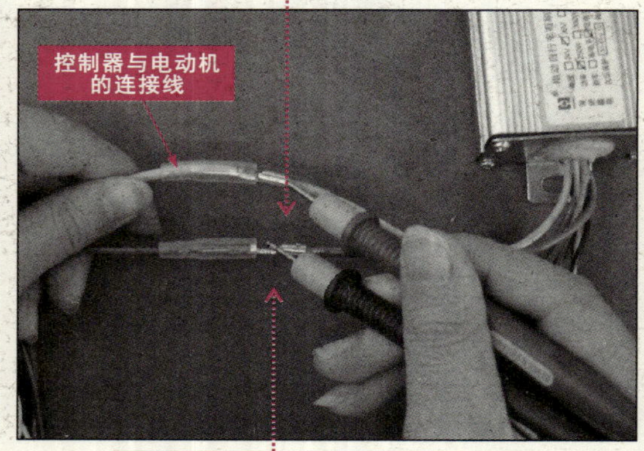

2 将万用表红表笔搭在有刷控制器电动机驱动信号输出端的粗蓝色线引线端。

1 将万用表的挡位旋钮调至直流电压挡。

步骤二：检查电动机

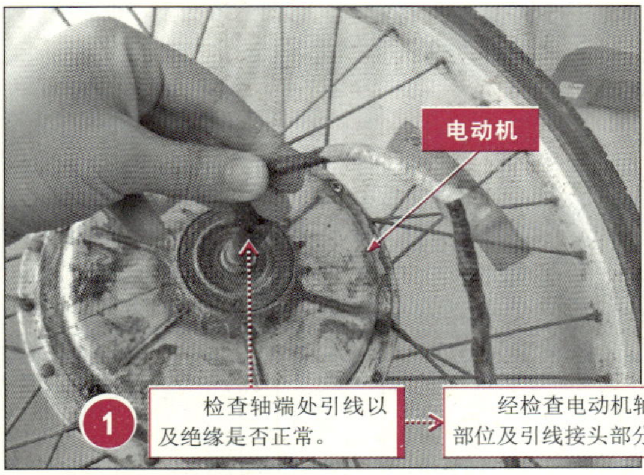

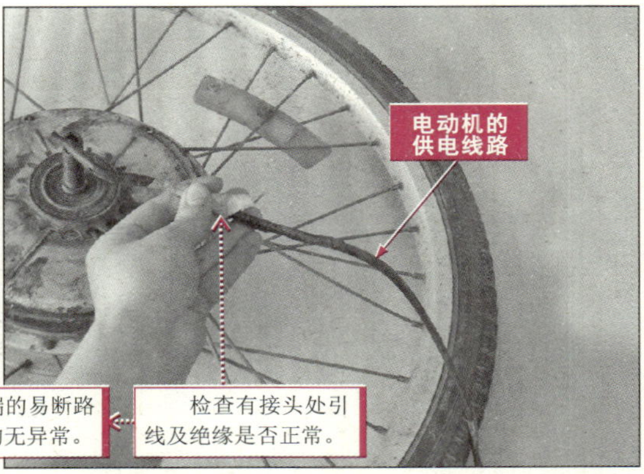

① 检查轴端处引线以及绝缘是否正常。

经检查电动机轴端的易断路部位及引线接头部分均无异常。

检查有接头处引线及绝缘是否正常。

② 按照正确的操作规范对电动机进行拆解。

③ 检查电动机内部，发现正极电刷接线处有明显烧蚀现象。

更换损坏的正极电刷，进行初步调试和通电前的检查后，通电试车故障排除。

Q176

如何检修无刷电动自行车行驶过程中抖动的故障?

A176

无刷电动自行车出现抖动的故障时多为动力系统不良。通常引起该类故障的原因主要有：（1）电动自行车后轮变形或辐条折断；（2）无刷控制器与无刷电动机连接不良；（3）无刷电动机轴承损坏；（4）无刷电动机进水。我们可逐步进行检测，找到故障部位，排除故障。

步骤一：检查电动自行车后轮及辐条

检查后轮轮毂有无变形，经检查正常。

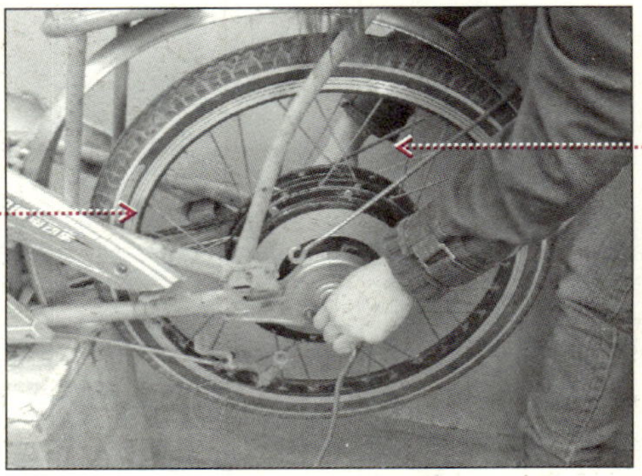

检查辐条有无弯曲、折断，经检查正常。

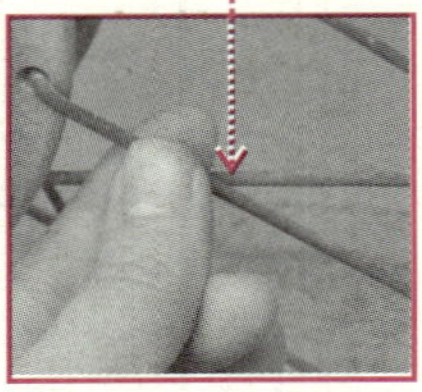

步骤二：检查无刷控制器与无刷电动机的连接

找到无刷控制器的安装位置，取出无刷控制器。

检查无刷控制器与无刷电动机连接引线的连接情况，经检查连接正常。

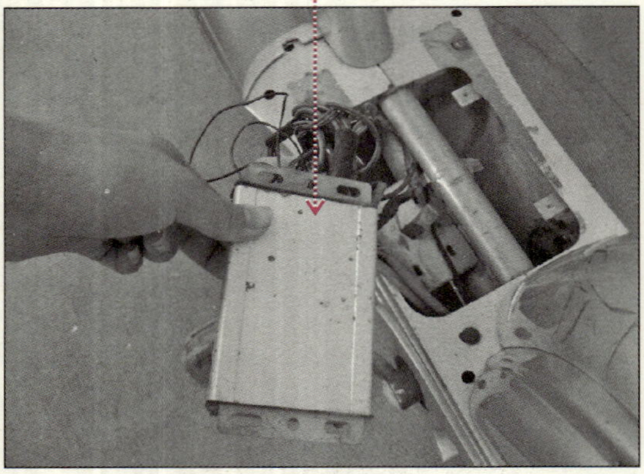

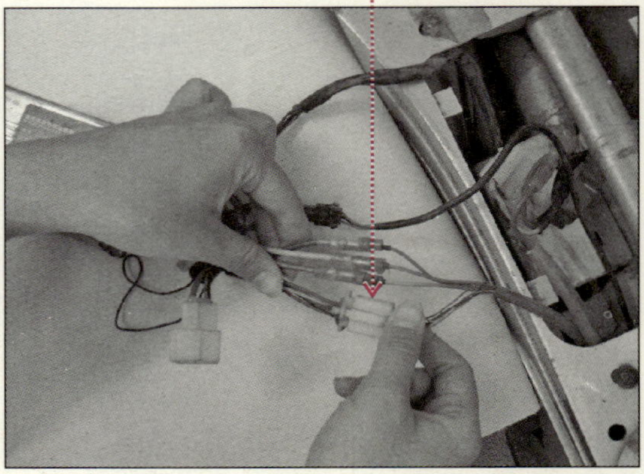

步骤三：检查无刷电动机轴承

检查电动机轴承。

轴承有轻微磨损迹象，且晃动时有“咯吱”噪声。

更换新的电动机轴承。

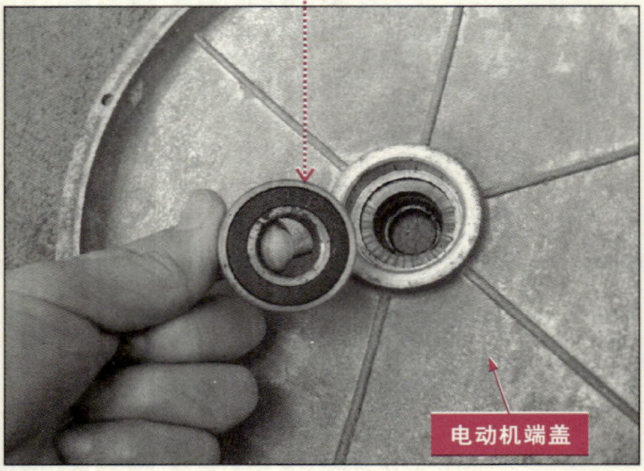

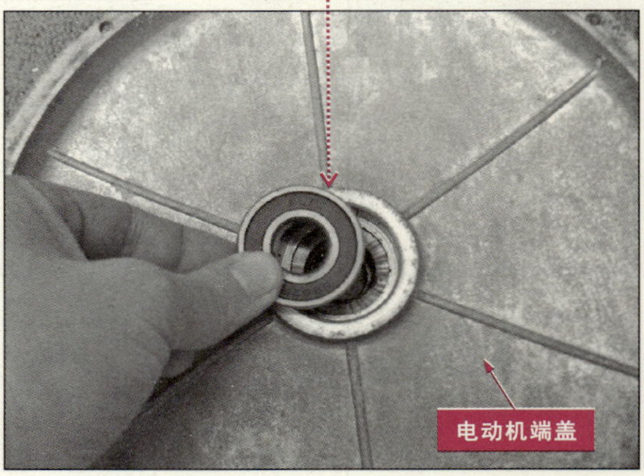

步骤四：烘干电动机定子绕组及转子部分

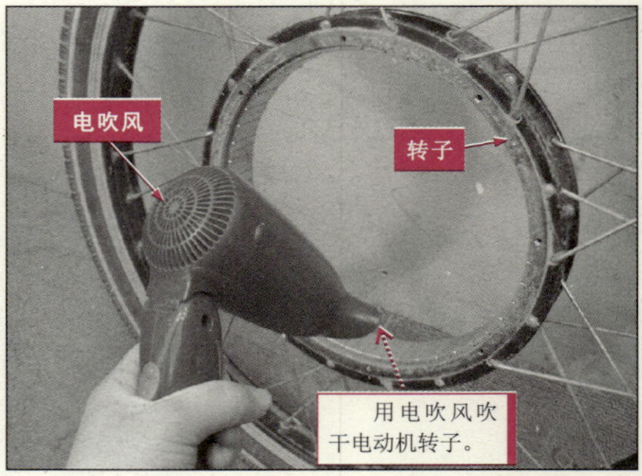

检查电动机轴承有轻微磨损情况，更换电动机轴承。在重装电动机之前，需要检查电动机转子有无锈蚀、受潮情况，若受潮则需要进行烘干处理。

Q177

如何检修电动自行车行驶速度缓慢且驱动无力的故障?

A177

电动自行车行驶速度缓慢且驱动无力，属于典型的动力不足故障，引起该故障的主要原因主要有：（1）电动机绕组断路；（2）电动机霍尔元件损坏；（3）蓄电池电量不足；（4）电动自行车转把异常。我们可逐步进行检测，找到故障元器件，排除故障。

步骤一：检查电动机绕组

② 将万用表红黑表笔分别搭在电动机任意两根绕组引线上。

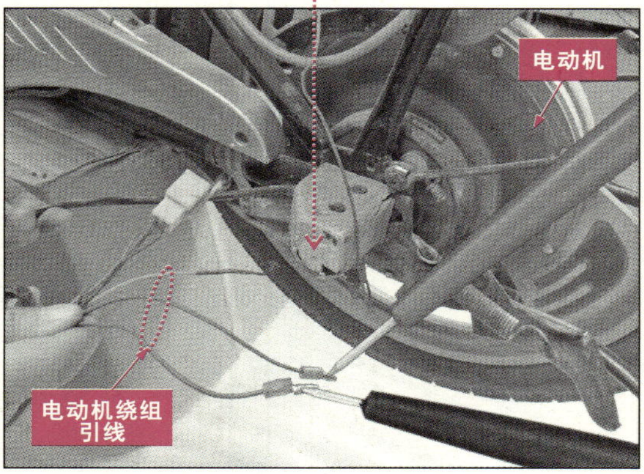

③ 经检测电动机任意两根绕组之间的阻值均为0.4Ω。

① 将万用表挡位旋钮调至欧姆挡。

步骤二：检查电动机霍尔元件

① 将万用表黑表笔搭在霍尔元件连接插件的黑色引线（接地线）上。

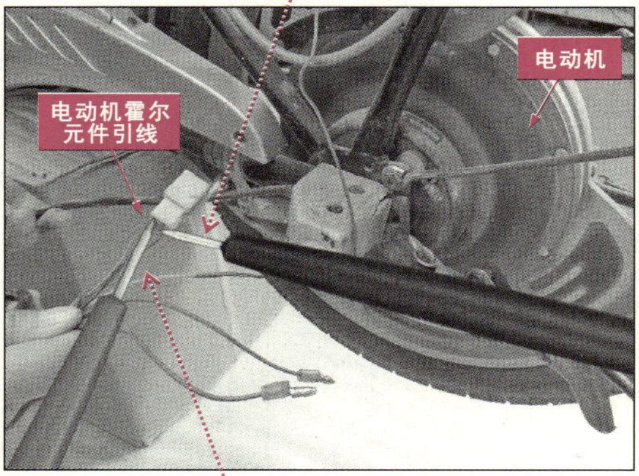

② 将万用表红表笔分别搭在霍尔元件连接插件的其他信号引线（蓝黄绿线）上。

③ 经检测电动机霍尔元件信号端对地阻值均为无穷大，异常。

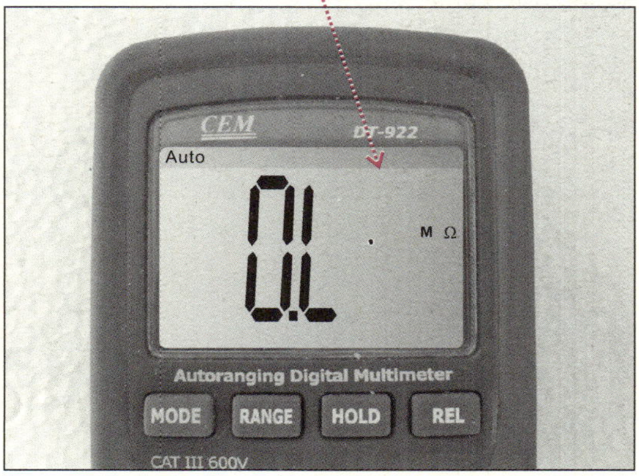

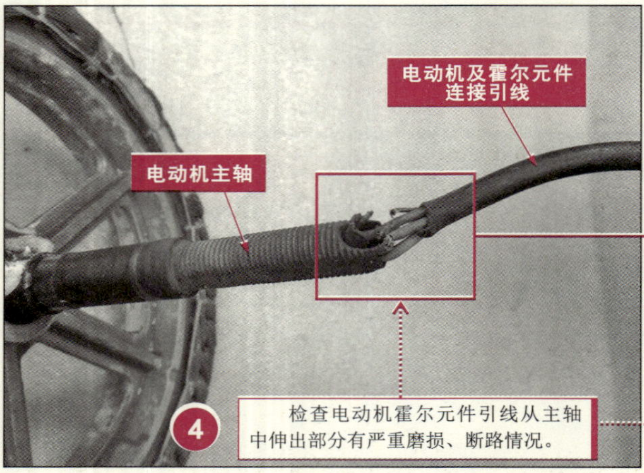

4 检查电动机霍尔元件引线从主轴中伸出部分有严重磨损、断路情况。

重新连接绝缘后，再次检测发现有2个霍元件信号线对地线阻值正常，另外1个阻值为无穷大，怀疑该霍尔元件损坏，导致无刷电动机断相转动无力。

5 拆卸电动机，找到霍尔元件以及印制板。

电动机相位角为120°。

左右两个霍尔元件型号面朝上，中间的霍尔元件无字一面朝上。

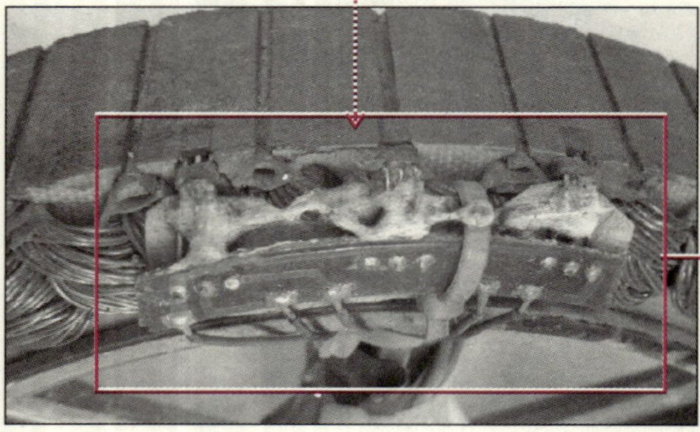

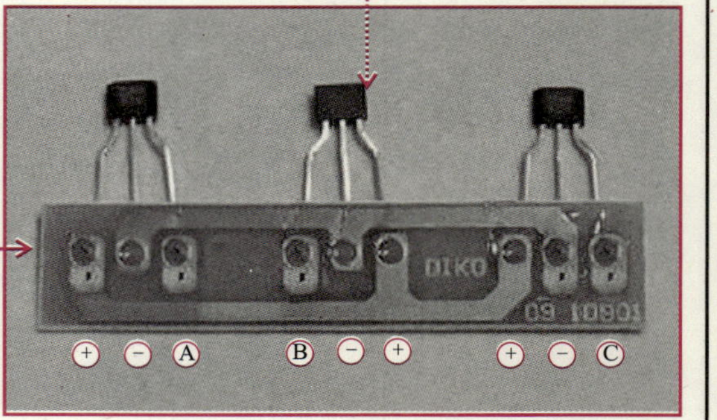

6 用电烙铁将霍尔元件从印制板上焊下。

7 将印制板固定用的绑扎线束取下。

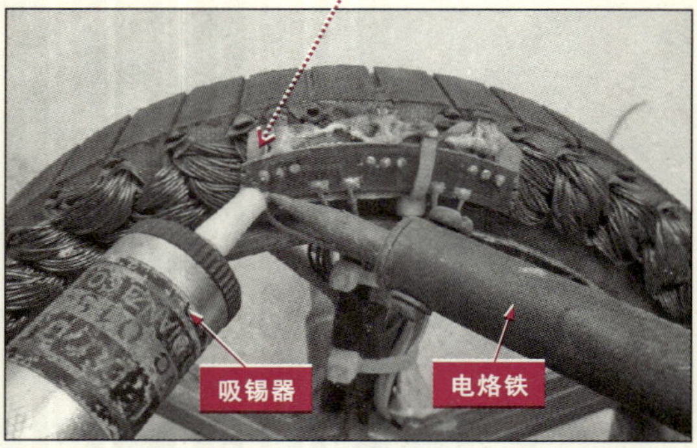

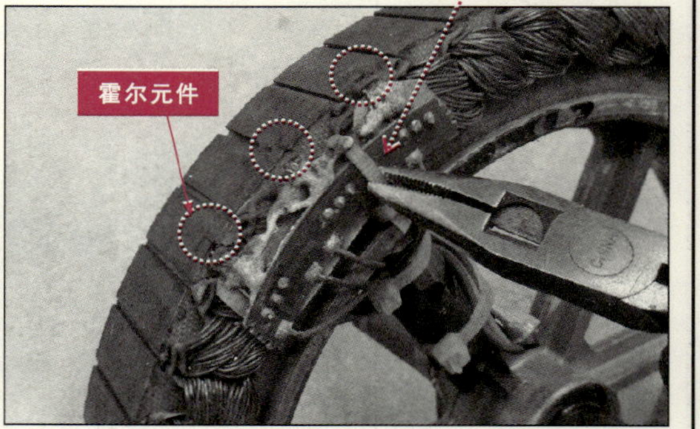

8 将霍尔元件从固定槽中取出，剪断霍尔元件引脚，取下损坏霍尔元件。

9 将新的3只霍尔元件安装到原霍尔元件安装槽中，重新焊接完成代换。

更换电动机霍尔元件后，将电动自行车通电试机，电动自行车运转正常，故障排除。若实际检测中，检测到霍尔元件也正常，则还需对其他几个故障原因进行检查，找到故障点，排除故障。

Q178

如何检修电动自行车骑行很短路程后电动机外壳温度过高的故障?

A178

电动自行车在骑行过程中电动机有一定的发热情况属于正常，但若其短时间内便达到烫手的温度，多为存在故障隐患。引起该故障的原因主要有：（1）电动自行车机械部分异常；（2）电动机本身故障。我们可逐步进行检测，找到故障元器件，排除故障。

步骤一：检查机械部分

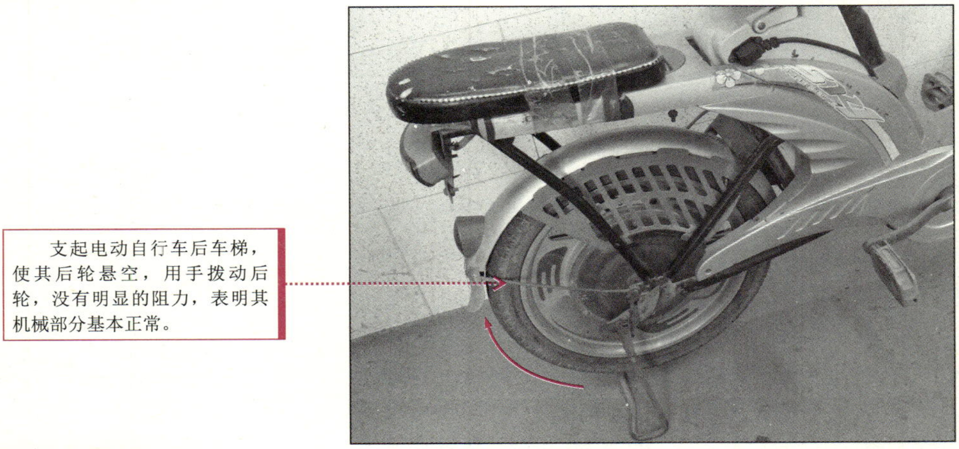

步骤二：检查电动机

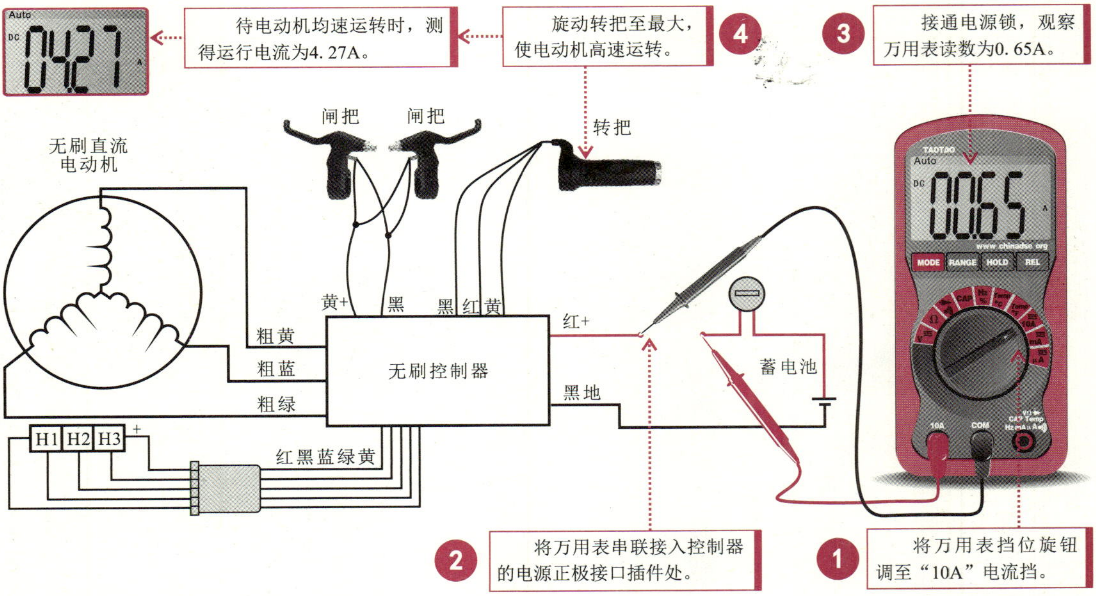

根据实际计算得到该电动机的空载电流I=4.27A−0.65A=3.62A，远远大于电动机的正常空载电流（36V高速无刷电动机空载电流为1A；48V高速无刷电动机空载电流为0.6A），表明电动机的空载电流过大，应对电动机自身进行检查。

5 拆解电动机，向下按压电动自行车后轮轮毂部分分离定子和转子时发现定子和转子很容易分离，未感觉到磁力作用。

怀疑电动机转子磁钢部分严重退磁。

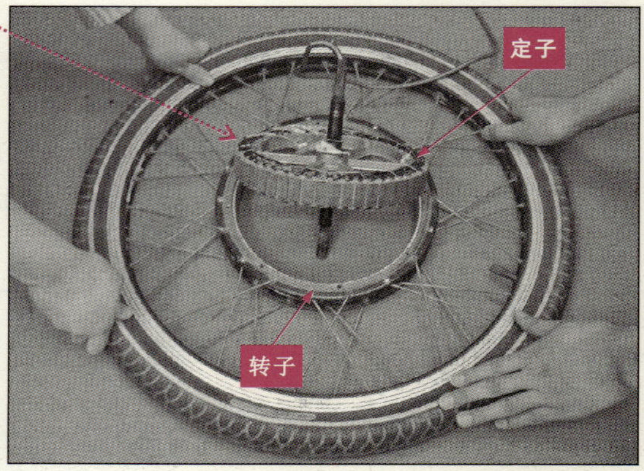

用铁磁性金属物靠近时，也能感觉到磁钢明显磁力消失，用同型号的磁钢将该电动机转子磁钢全部进行更换，然后将电动机进行重装，并进行初步调整和测试后，通电试车，大约30min后，用手触摸电动机外壳，只有温热的感觉，表明故障排除。

Q179

如何检修电动自行车起步困难，需加外力才能起动且行驶无力的故障?

A179

电动自行车起步困难，需外加力才能起动，行驶无力属于明显动力不足故障，引起该故障的原因主要有：（1）蓄电池电量不足；（2）电动机霍尔元件断相；（3）控制器输出断相。我们可逐步进行检测，找到故障元器件，排除故障。

步骤一：检查蓄电池

2 将万用表黑表笔搭在蓄电池输出接口负极接线柱上。

4 实测蓄电池输出总电压为51.8V，正常。

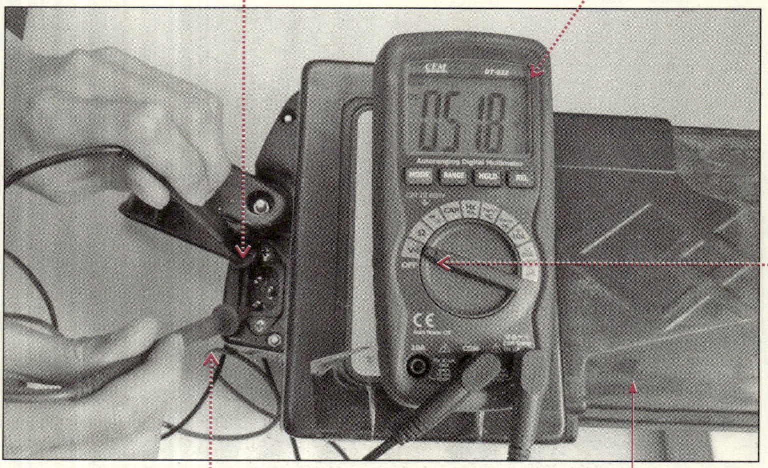

1 将万用表挡位旋钮调至电压挡。

3 将万用表红表笔搭在蓄电池输出接口正极接线柱上。

48V蓄电池

步骤二：检查电动机霍尔元件

② 将万用表黑表笔搭在霍尔元件黑色线上。

④ 实测3只霍尔元件信号端对地阻值均为110Ω，正常。

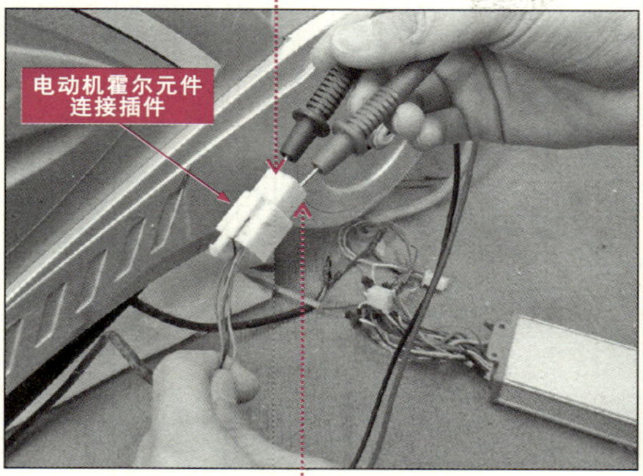

③ 将万用表红表笔依次搭在电动机霍尔元件信号线（绿、黄、蓝色线）上。

① 将万用表挡位旋钮调至“×10”欧姆挡。

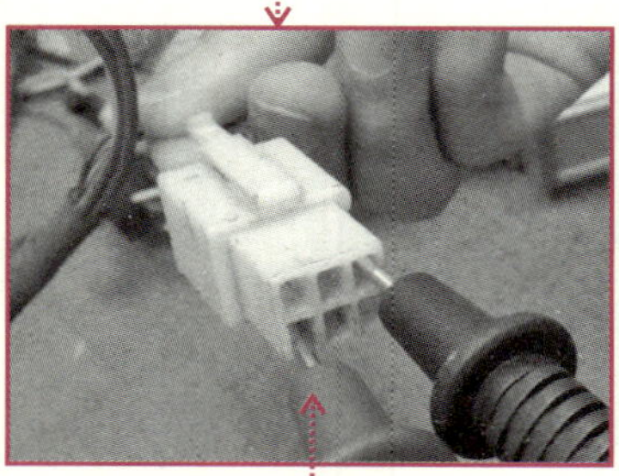

黑表笔接黑色地线；红表笔接绿色信号线。

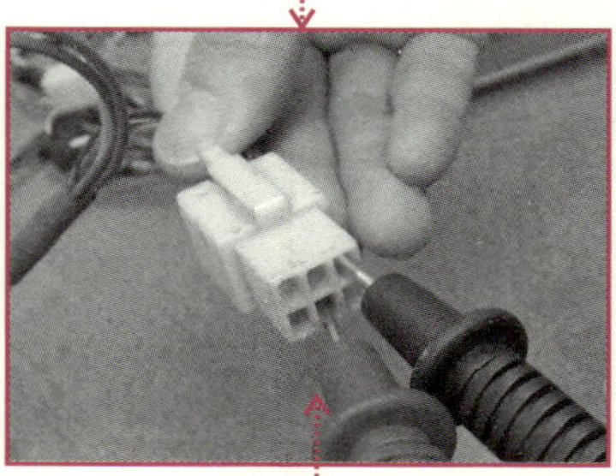

黑表笔接黑色地线；红表笔接蓝色信号线。

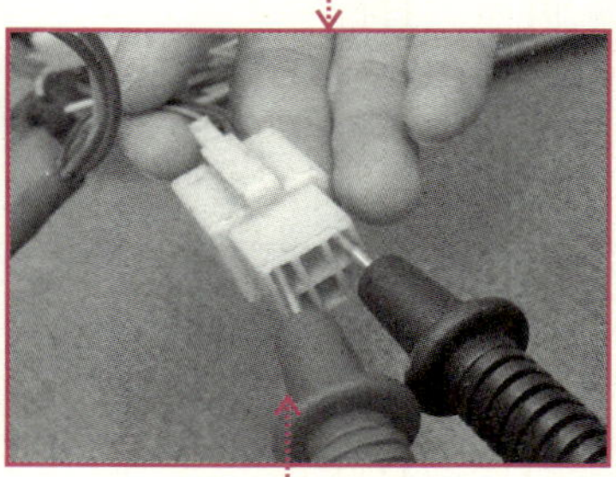

黑表笔接黑色地线；红表笔接黄色信号线。

步骤三：检查控制器输出

③ 将万用表红表笔依次搭在控制器蓝、绿、黄色相线上。

② 将万用表黑表笔搭在蓄电池供电引线的黑色线插口处。

④ 实测蓝、黄色相线电压为7.9V，绿色线电压极低。

① 将万用表挡位旋钮调至电压挡。

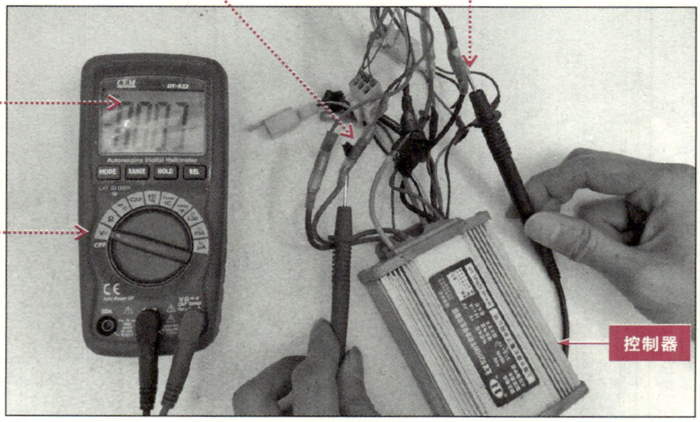

经检测发现，控制器绿线电压严重偏低，说明控制器此相输出异常，怀疑控制器内部损坏，更换控制器后，将电动自行车通电试机，电动自行车运转正常，故障排除。

Q180

如何检修电动自行车行驶过程中有停顿感的故障?

A180

电动自行车时走时停，有一种停顿感，引起该故障的原因主要有：（1）供电系统接触不良；（2）动力系统中零部件异常，如制动系统、转把损坏、电动机损坏等。我们可逐步进行检测，找到故障元器件，排除故障。

步骤一：检查供电系统

蓄电池电压输出接口

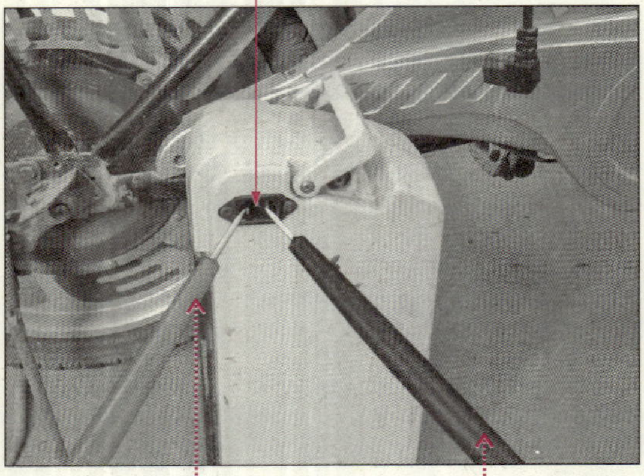

③ 将万用表红表笔搭在蓄电池输出接口正极引脚上。

② 将万用表黑表笔搭在蓄电池输出接口负极引脚上。

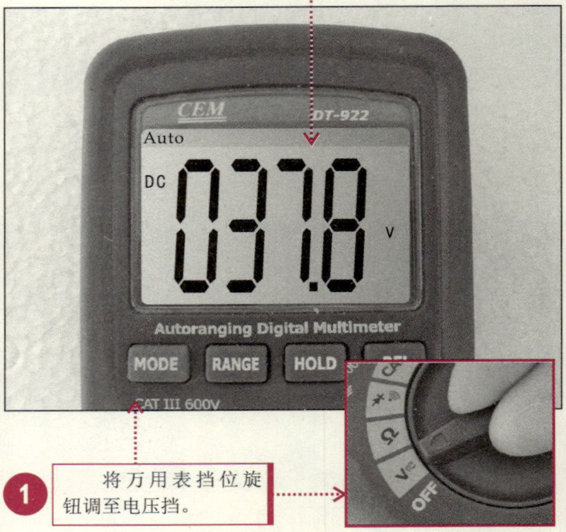

④ 经检测蓄电池输出电压为37.8V，正常。

① 将万用表挡位旋钮调至电压挡。

步骤二：检查动力系统

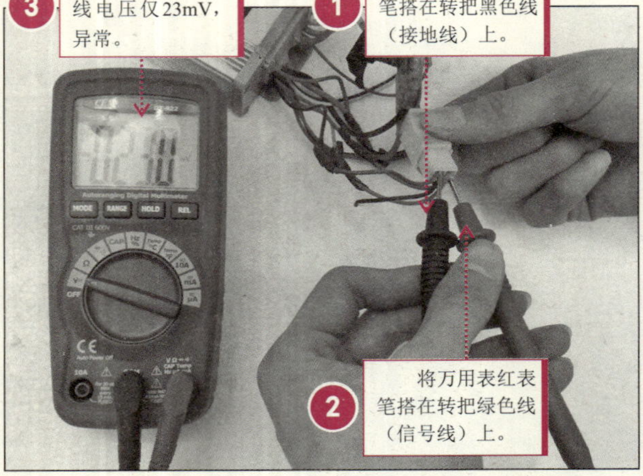

① 将万用表黑表笔搭在转把黑色线（接地线）上。

② 将万用表红表笔搭在转把绿色线（信号线）上。

③ 实测转把信号线电压仅23mV，异常。

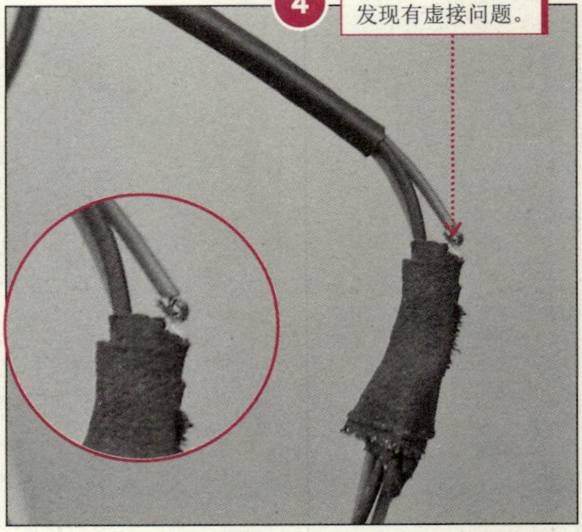

④ 检查转把引线发现有虚接问题。

对转把连接引线重新连接后，再次测试调速信号为1～4.4V，接通电源锁，试车运行，故障排除。若实际检测中，检测到转把正常，则还需对动力系统中的其他部件逐一进行检查，直至找到损坏的部件，排除故障。

Q181

如何检修电动自行车行驶过程中突然断电的故障?

A181

电动自行车行驶过程中突然断电，根据维修经验，该故障多是由蓄电池断电引起的，而引起蓄电池断电的原因主要有：（1）蓄电池盒内熔断器断；（2）蓄电池内单体蓄电池之间连接线断；（3）电源锁引线脱落或损坏。我们可逐步进行检测，找到故障部位，排除故障。

1 使用万用表检测蓄电池输出电压，经检测电压为0V。

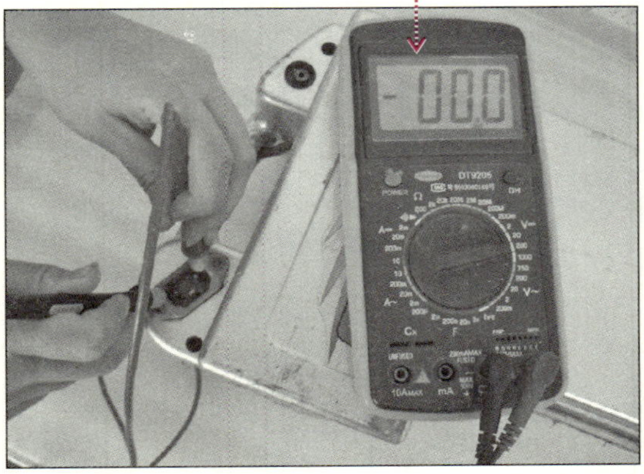

2 在蓄电池盒上找到熔断器的安装位置。

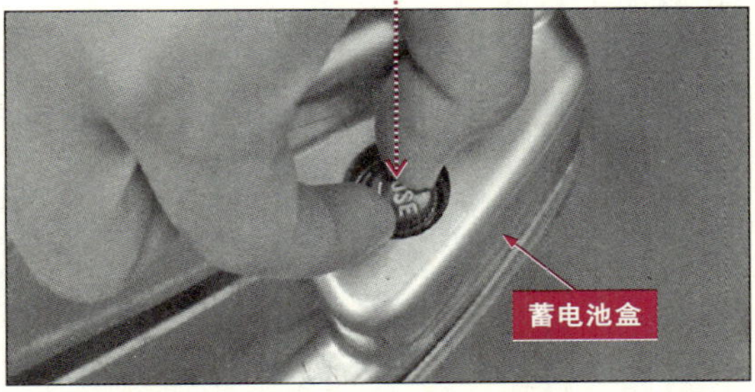

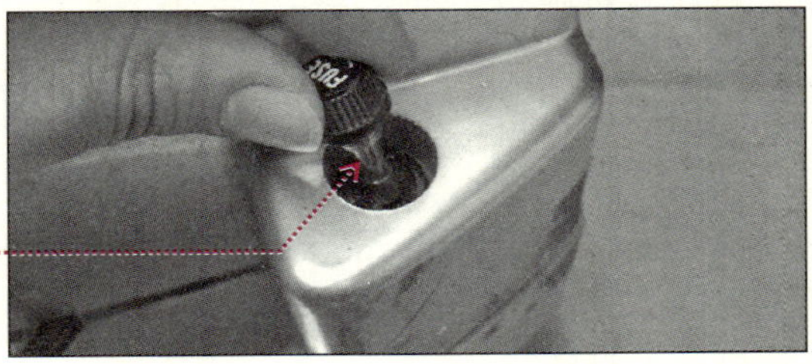

3 逆时针旋转，将熔断器取下。

4 将万用表红黑表笔分别搭在熔断器两端。

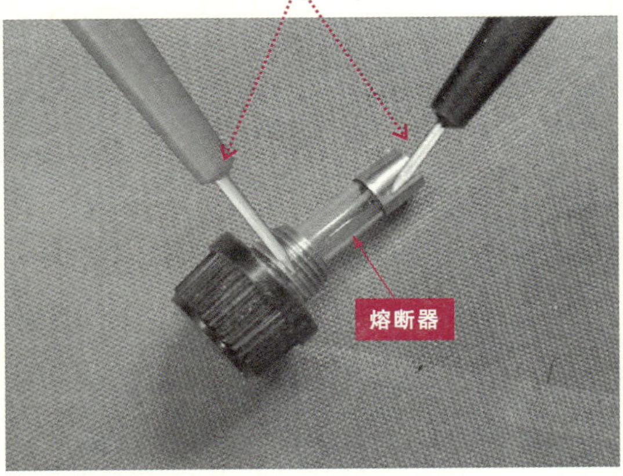

正常情况下，熔断器的阻值应为0Ω。

5 实测熔断器的阻值为“0L”，即无穷大。

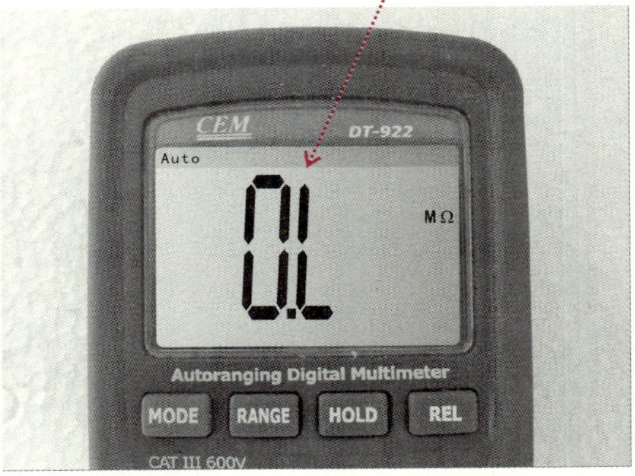

经检测发现，熔断器阻值为无穷大，说明熔断器已经烧断，应对熔断器进行更换。一般48V蓄电池熔断器规格为20A，选一只20A熔断器更换，然后再次检测蓄电池输出电压，正常，故障排除。

若实际检测中，检测到熔断器正常，则还需对其他几个故障原因逐一进行检查，直至找到损坏的部件，排除故障。

Q182

如何检修电动自行车淋雨后电动机突然不转的故障?

A182

电动自行车行驶正常，在淋雨后出现无法起动故障，一般是由于电动自行车电气系统进水引起的，需要对其进行检查的部位主要有：（1）闸把；（2）转把；（3）控制器；（4）电动机。我们可逐步进行检测，找到故障元器件，排除故障。

步骤一：检查闸把

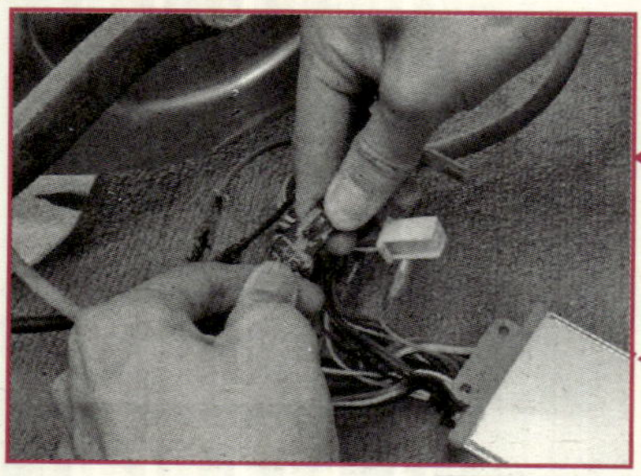

① 将闸把与控制器之间的插件拔开，排查闸把故障。

② 打开电源锁，旋动转把，电动机仍不能起动，则排除闸把引线短接故障。

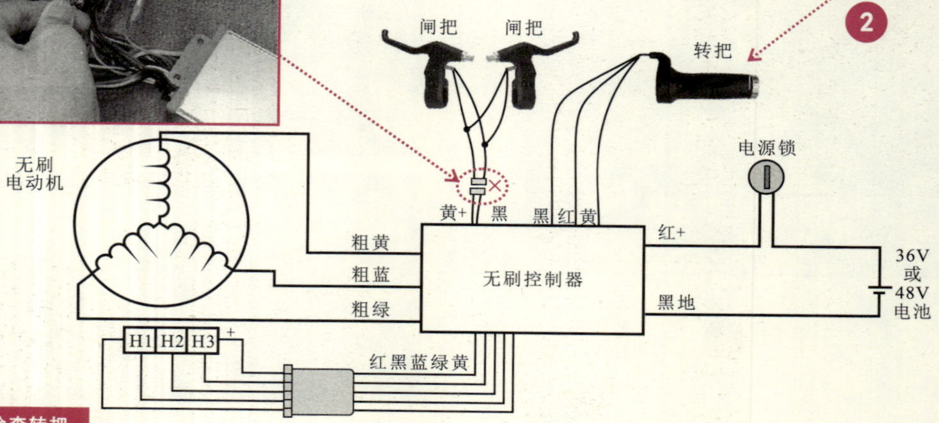

步骤二：检查转把

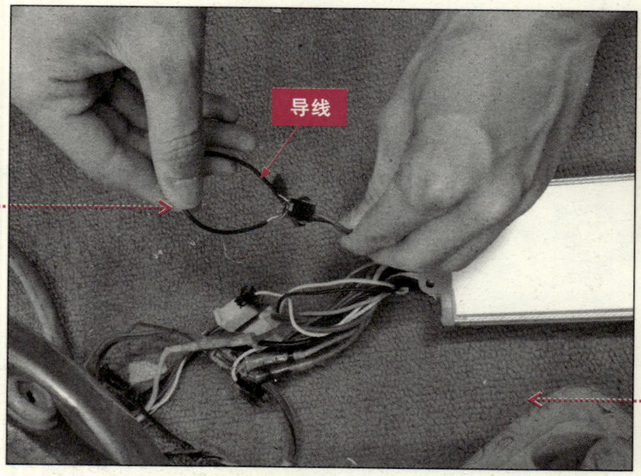

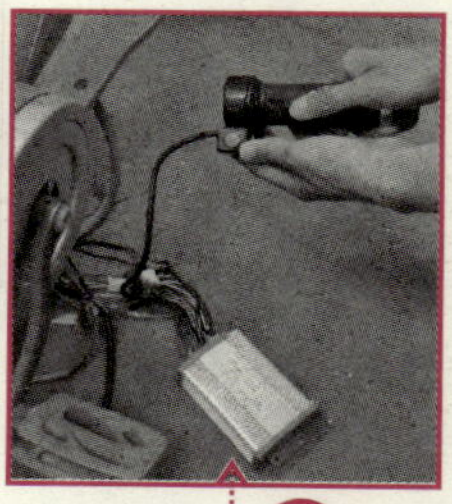

① 用一根导线短接转把的信号线和电源线正极。

将供电电压作为调速信号电压，即强制输出调速信号。

电动机仍转动正常。

② 也可以采用替换法，在控制器与原转把连接插件处外接已知性能良好的转把，排查故障。

经检测短接转把信号线和电源线强行输出调速信号时，电动机转动正常，怀疑是由于转把进水引起的电动机突然不转的故障，更换转把后，将电动自行车通电试机，电动自行车运转正常，故障排除。

若实际检测中，检测到转把正常，则还需对控制器及电动机进行检查，通常控制器和电动机具有一定的密封性，但气密性一旦降低，就很容易导致控制器和电动机进水或内部潮湿。

Q183

如何检修无刷电动自行车骑行中颠簸后突然飞车的故障？

A183

无刷电动自行车在骑行中突然出现飞车故障，引起该故障的原因主要有：（1）转把连接线连接异常；（2）转把的三根引线异常。我们可逐步进行检测，找到故障元器件，排除故障。

步骤一：检查转把连接连接线连接情况

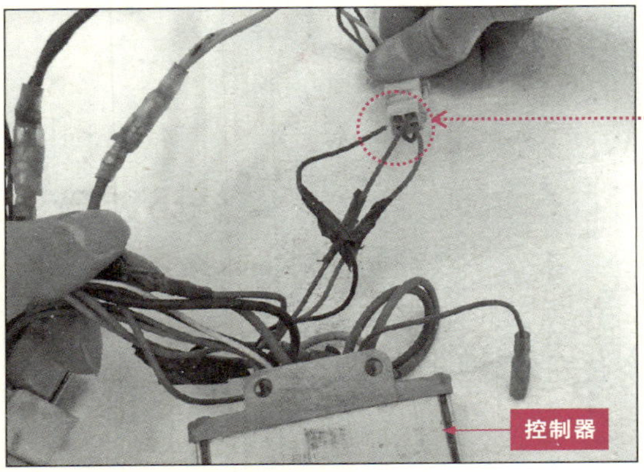

检查转把与控制器连接引线间的连接情况，经检查黑色接地线从插件中脱落。

重新连接黑色接地线后故障依旧存在。

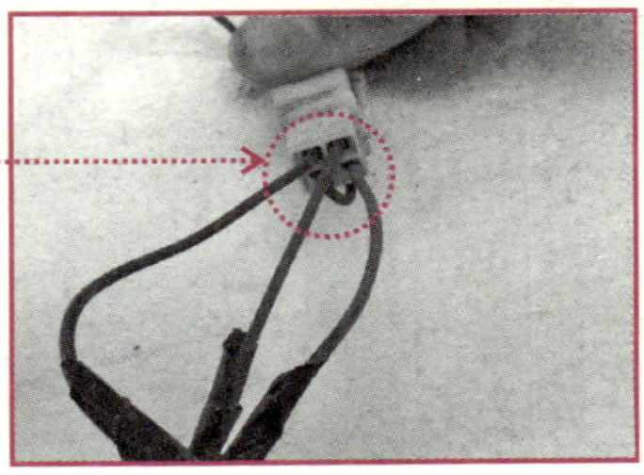

步骤二：检查转把的三根引线

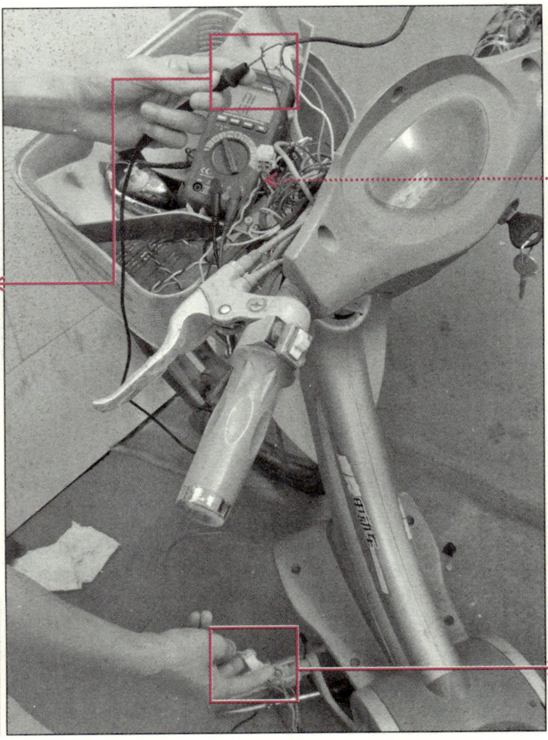

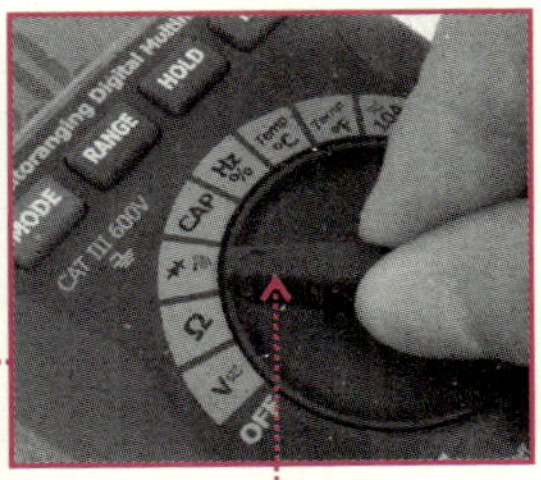

① 将万用表置于蜂鸣挡。

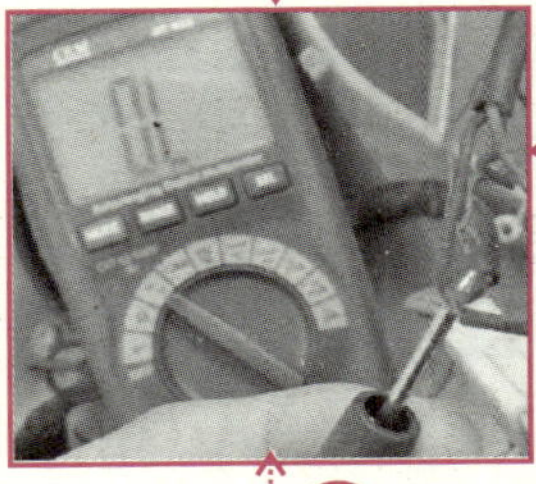

转把自带引线比较短，一般先与仪表盘内部的引线连接延长后，再通过车架送到控制器附近与控制器连接，因此检测时可在接线处检测。

② 将万用表一只表笔搭在转把黑色接地线上。

③ 将万用表另一只表笔搭在转把与控制器连接的插件触片上。

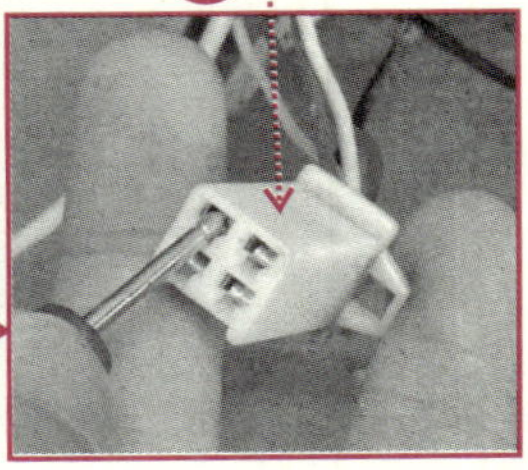

④ 实测，绿色信号线、红色信号线都有蜂鸣声，但黑色接地线无蜂鸣声，且显示“0L”（无穷大）。

经检查发现，转把黑色接地线两端阻值为无穷大，且无蜂鸣声，接地线不通，怀疑引线中有断路情况，用新线替换转把黑色线，重新走线后，再次试车，故障排除。

Q184

电如何检修电动自行车行驶途中时而断电时而正常的故障?

A184

电动自行车，在行驶过程中，会突然掉一下电，有时会自动通电，有时通不上电，道路比较颠簸时这种情况会较严重，造成该类故障的原因主要为电动自行车的供电系统有虚接或虚焊的情况，应重点沿供电线路及蓄电池内部引线进行排查。

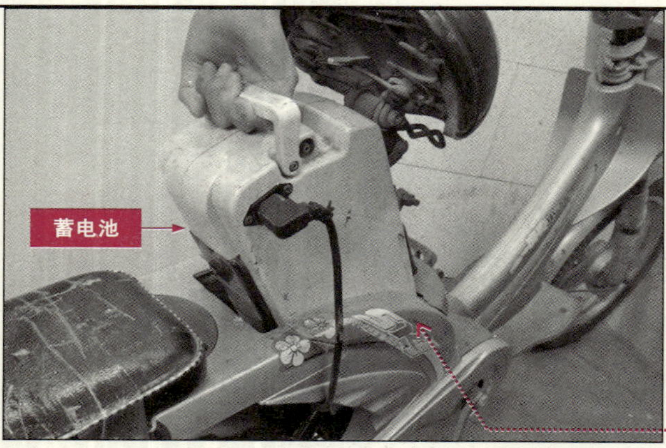

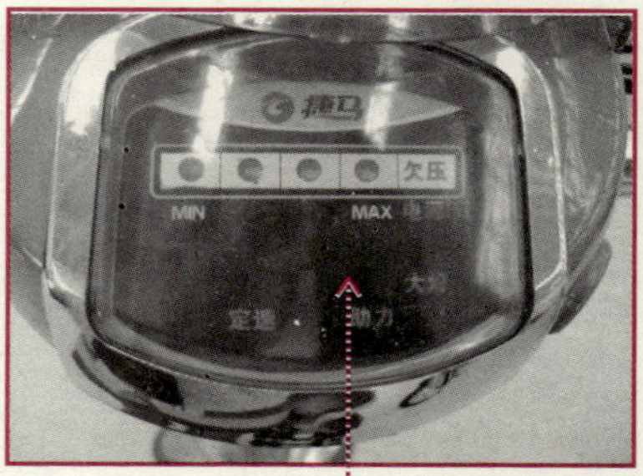

1 在供电引线插头与蓄电池连接状态下，晃动蓄电池，发现仪表盘有断电情况。

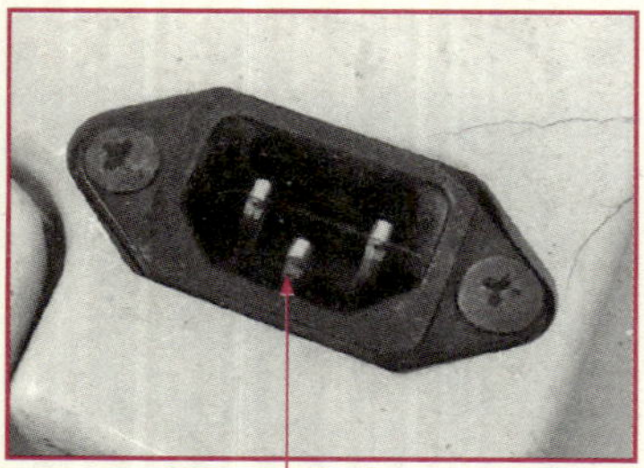

经检查发现蓄电池输出接口接线柱松动。

2 拔插电动自行车供电引线插头检查电动自行车供电引线插头有无氧化情况，输出接口接线柱有无松动。

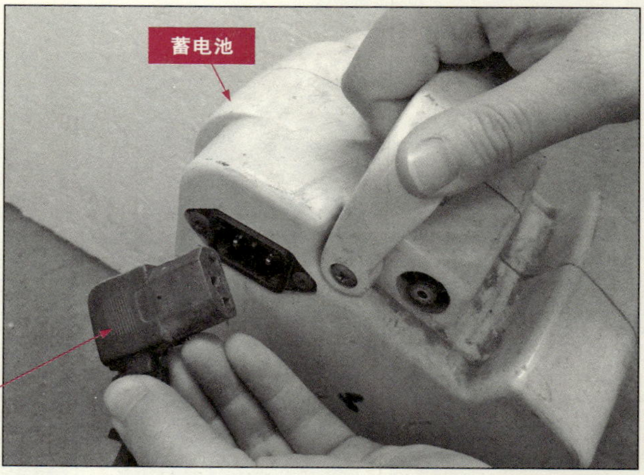

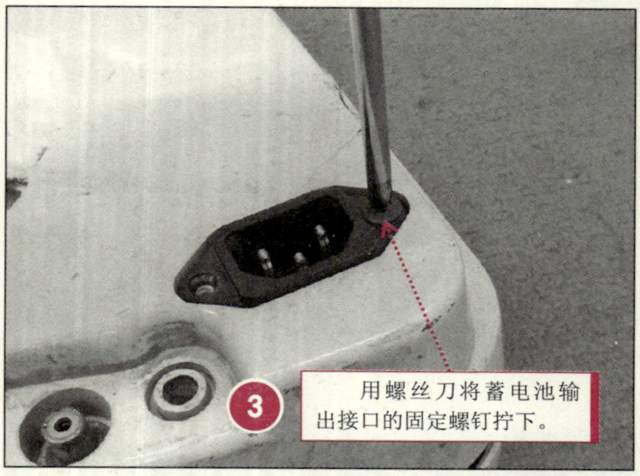

3 用螺丝刀将蓄电池输出接口的固定螺钉拧下。

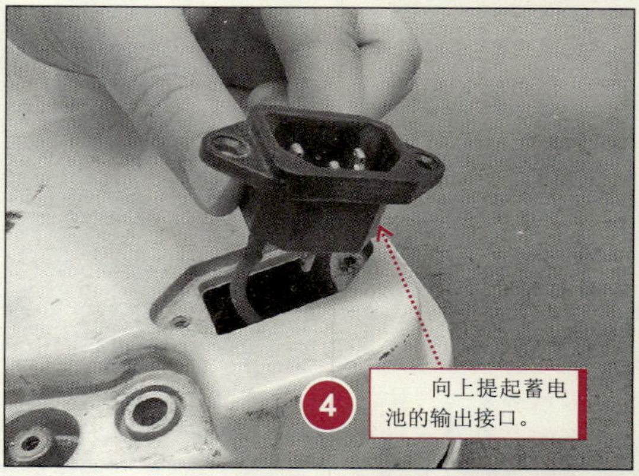

4 向上提起蓄电池的输出接口。

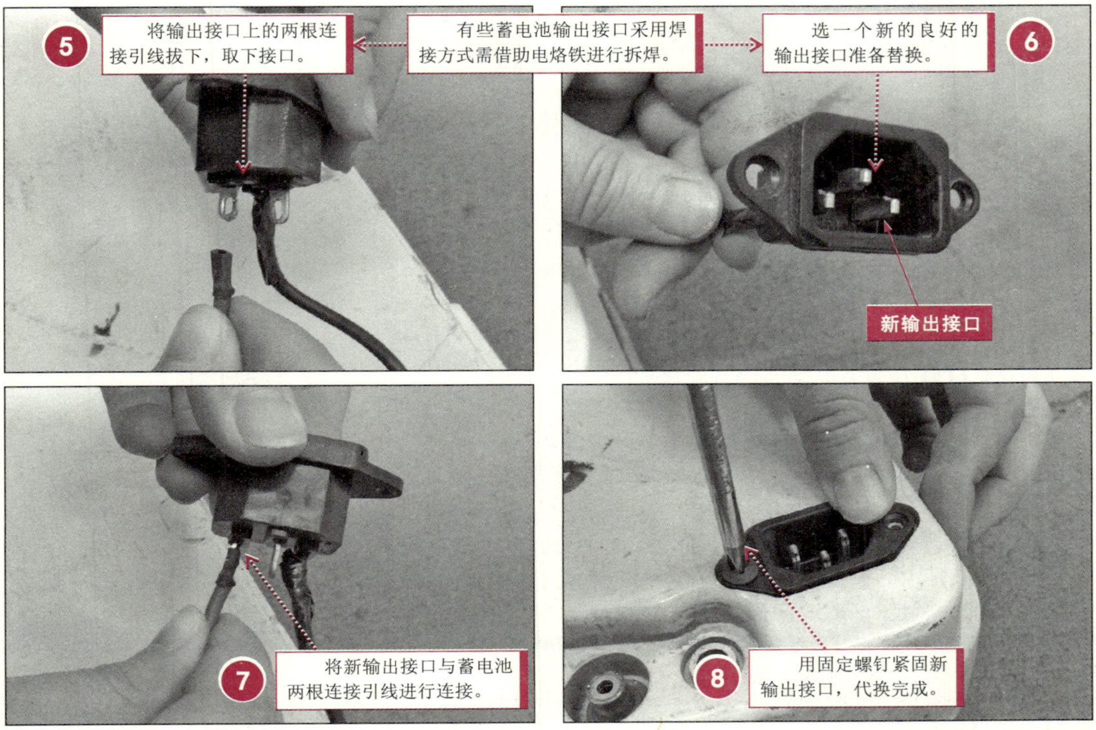

更换蓄电池输出接口后，将电动自行车通电试机，并晃动蓄电池，电动自行车运转正常，故障排除。若实际检测中，检测到蓄电池输出接口正常，则还需对蓄电池内部单体单体的连接、闸把、转把、控制器以及电动机的连接线路进行检查，直至找到故障部位，排除故障。

Q185

如何检修电动自行车存放一段时间后蓄电池存电不足的故障?

A185

电动自行车蓄电池放置一段时间后存电不足或无电，属于其自放电故障，该类故障多是由蓄电池供电导线对地短路、蓄电池内部故障引起的。

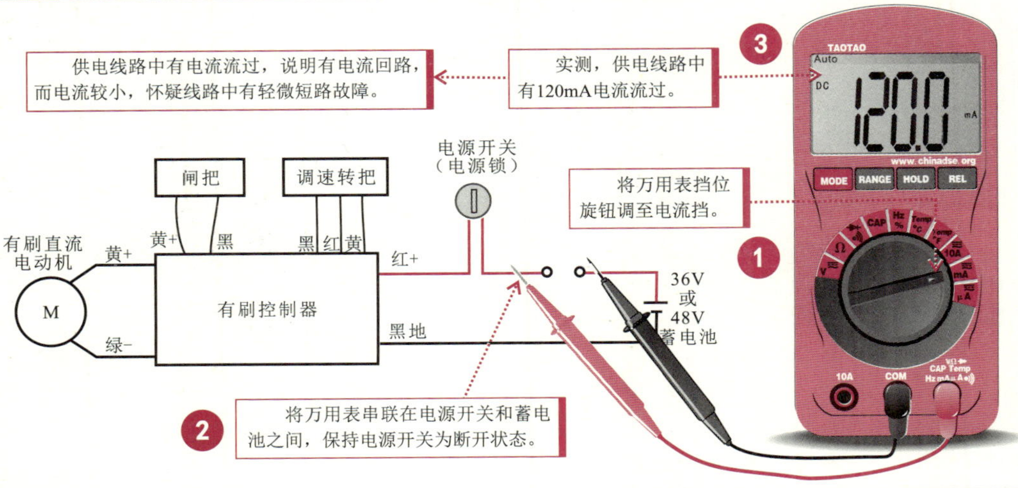

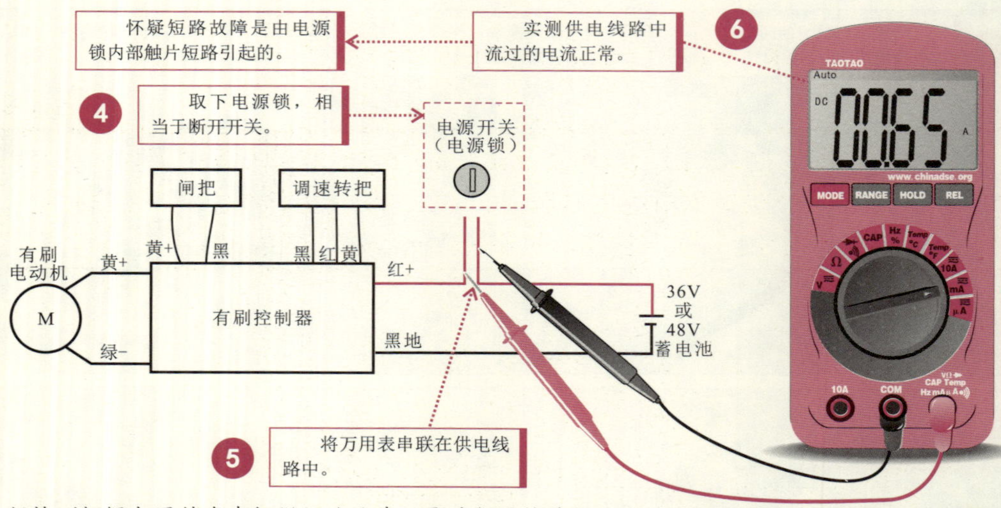

经检测怀疑电源锁存在轻微短路故障，需对电源锁进行更换，更换电源锁后，再将电动自行车放置一段时间后，再次检查蓄电池的电量正常，故障排除。

若实际检测中，检测到电源锁正常，则还需对电路中的其他可能出现短路的部件进行检查；若电路不存在轻微短路故障，则说明是蓄电池自身自放电引起的，应对蓄电池部分进行检修。

Q186

如何检修电动自行车行驶途中转把突然失灵的故障?

A186

与转把相关的部件主要有转把本身、控制器和电动机，转把将调速信号送入控制器中，经控制器识别处理后输出电动机的驱动信号，因此转把突然失灵，可能的故障原因主要有：（1）转把本身损坏；（2）控制器损坏；（3）电动机损坏。我们可逐步进行检测，找到故障元器件，排除故障。

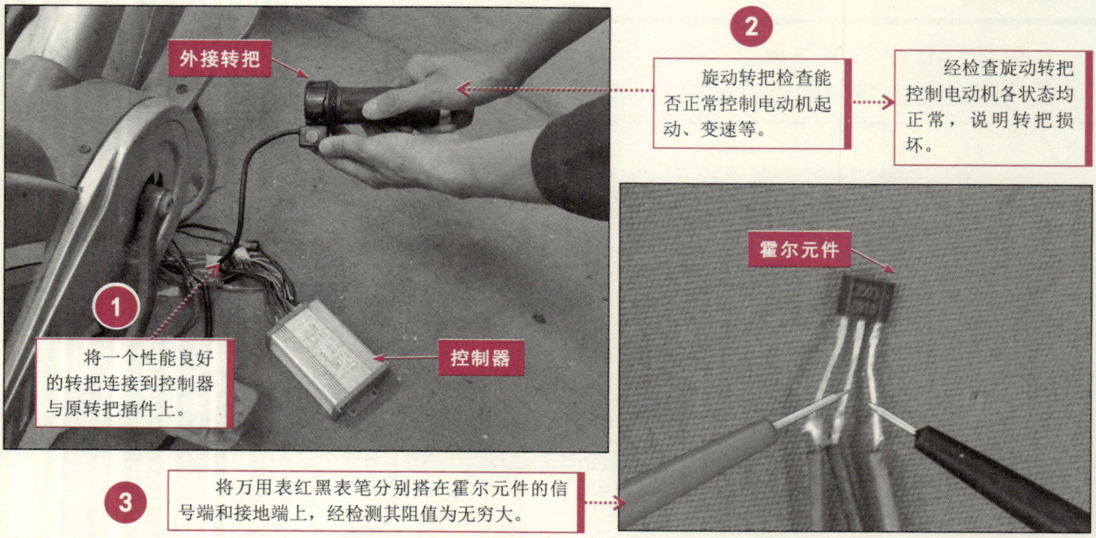

对转把霍尔元件进行更换，更换后试机，故障排除。若实际检测中，检测到转把正常，则还需对其他几个故障原因逐一进行检查，直至找到损坏的部件，排除故障。

Q187

如何检修电动自行车充电器输出电压过高的故障?

A187

充电器对蓄电池充电时，输出电压过高，充电器不能进入浮充状态。引发该类故障的原因有：（1）取样电阻器损坏；（2）误差检测电路损坏；（3）光耦合器损坏等。我们可逐步进行检测，找到故障元器件，排除故障。

充电器的电路原理图

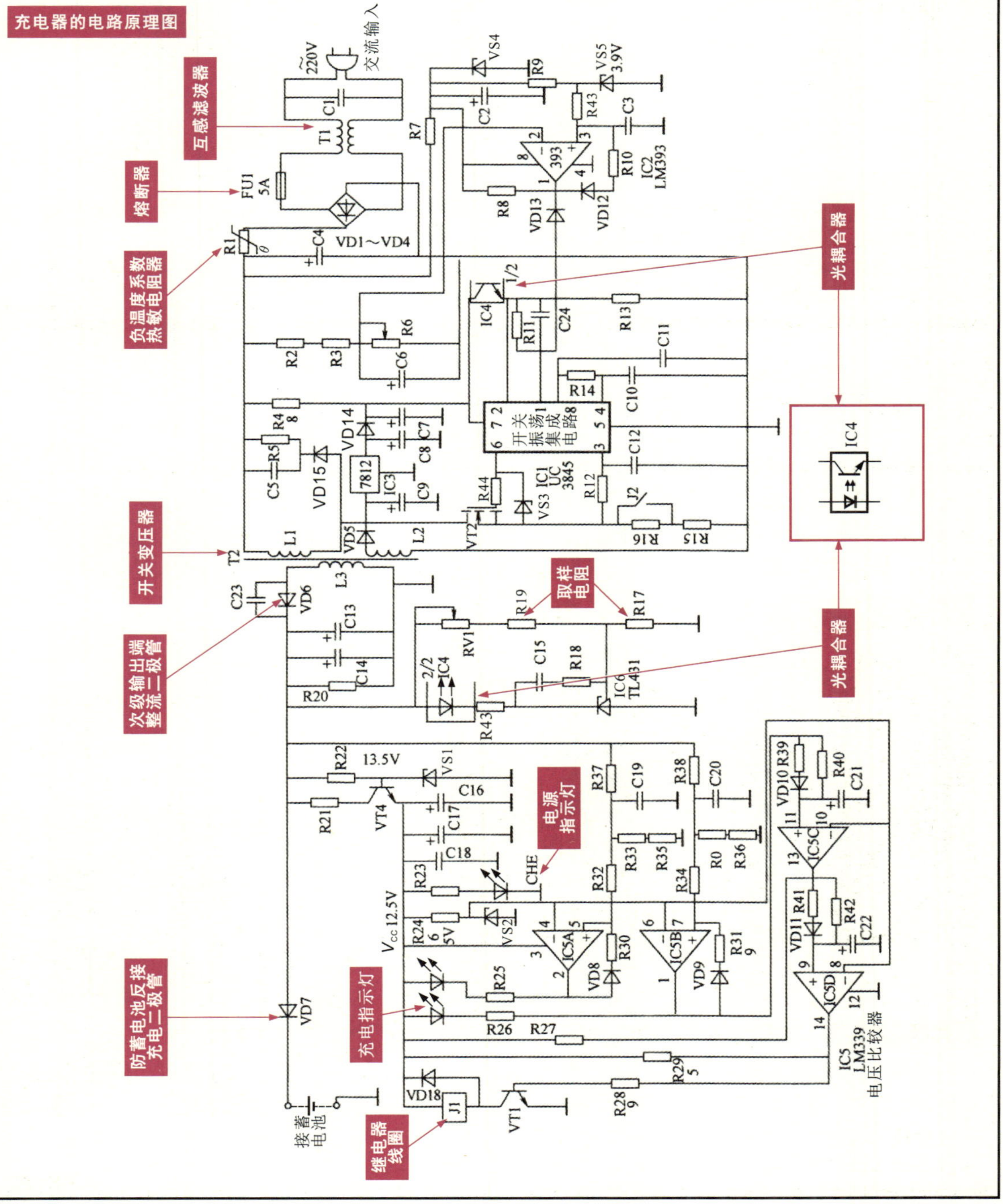

步骤一：检测取样电阻器

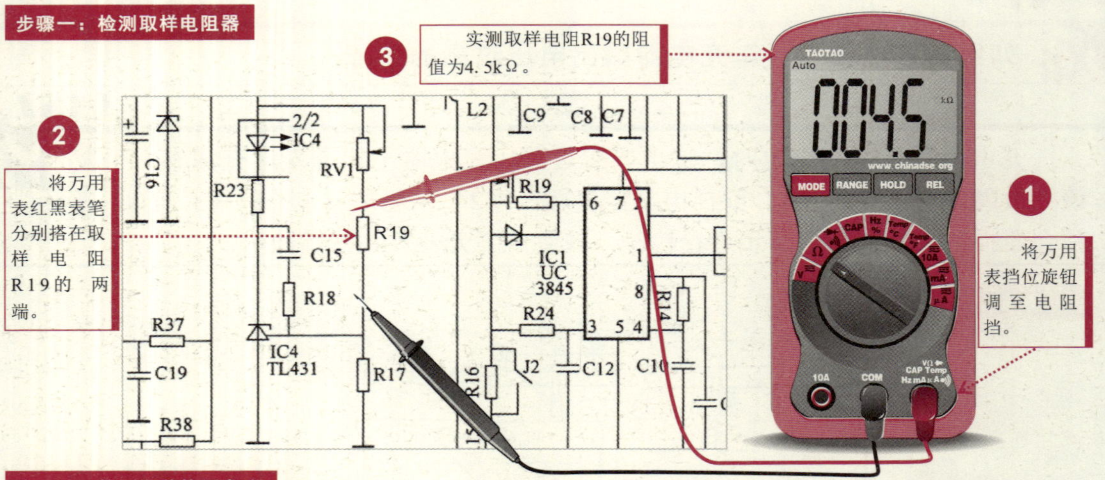

步骤二：检测误差检测电路

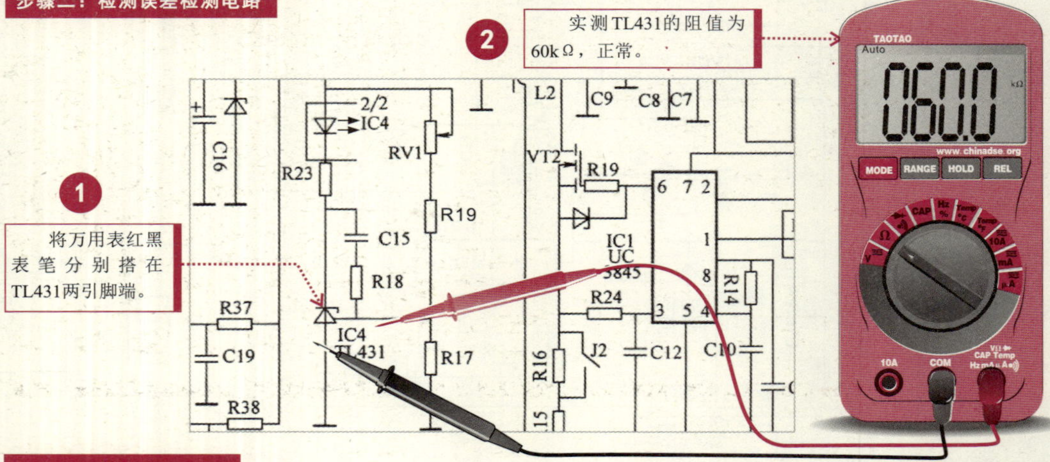

步骤三：检测光耦合器

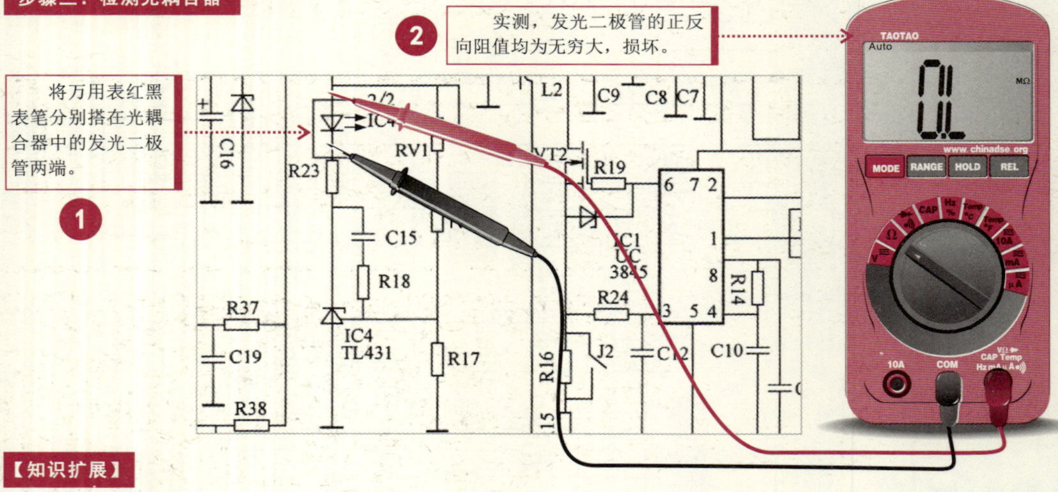

【知识扩展】

更换光耦合器后，通电试机故障排除。若经检测上述元器件均正常，则怀疑IC1性能不良，可采用替换法排除故障。值得注意的是，通电检测充电器时，应将熔断器取下，然后在熔断器座上串联一只40～100W的灯泡，实现限流保护。而且，还可根据灯泡发光状态，来初步判断充电器是否正常工作。一般，若灯泡发光强度很高与直接接在220V时亮度相差不多，则表明电路中存在严重的短路故障。

Q188

如何检修电动自行车行驶有异常的响声、蓄电池不能进行充电的故障?

A188

电动自行车行驶有异常响声，蓄电池不能充电两种现象并存时，其故障原因多是由于蓄电池引起的，应重点对蓄电池充电器的充电接口、蓄电池内部的连接引线进行检查，排除故障。

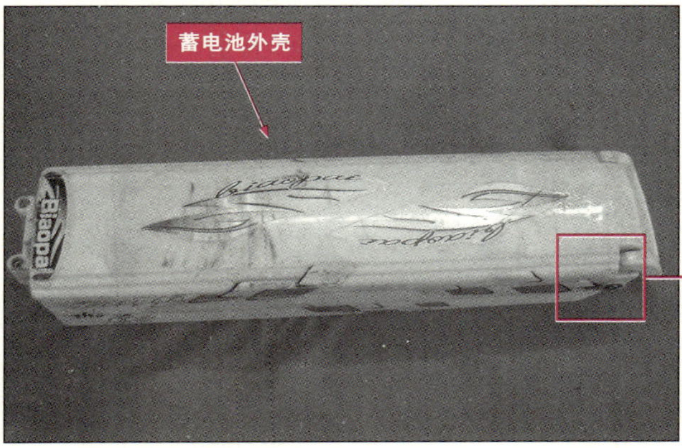

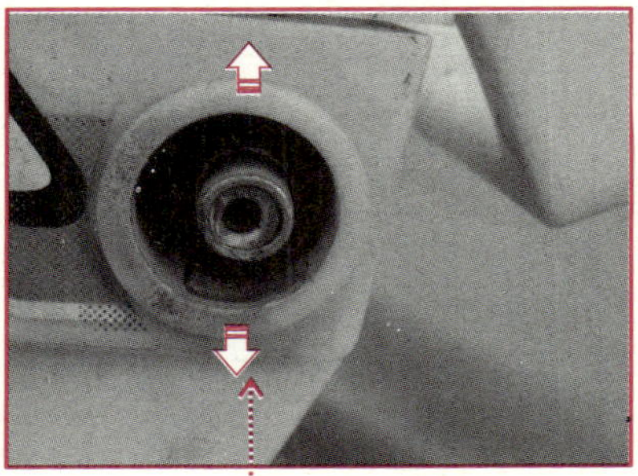

1 检查蓄电池上充电接口是否松动。

经检查蓄电池的充电器接口固定正常。

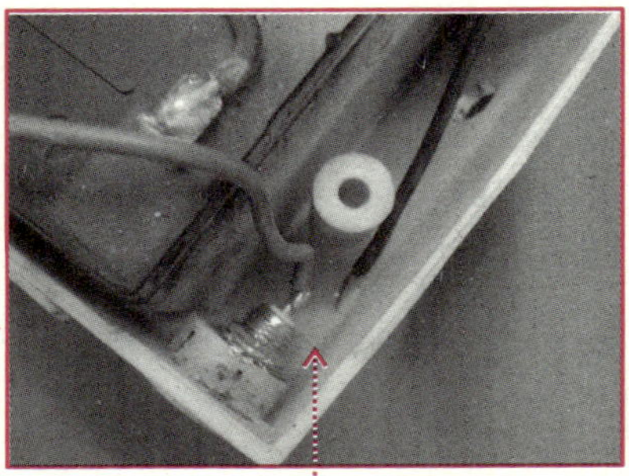

2 打开蓄电池外壳，检查充电器接口内部连接情况。

经检查发现蓄电池充电器接口处的焊点断开，并有一段接口引线脱落。

由于只是充电接口引线脱落，未影响到输出接口的电压输出，所以电动自行车仍能正常骑行。

将脱落的充电接口引线重新焊接好，电动自行车在骑行中无异常响声，可以进行正常充电，故障排除。

Q189

如何检修充电器不能充电、内部熔断器烧断的故障?

A189

充电器熔断器熔断，表明电路中存在严重短路的故障。根据维修经验，电路中导致熔断器熔断的故障多为开关晶体管击穿引起的，因此对于该类故障首先检测开关晶体管，然后再根据电路图理顺信号检查可能引起开关晶体管击穿的原因。

充电器的电路原理图

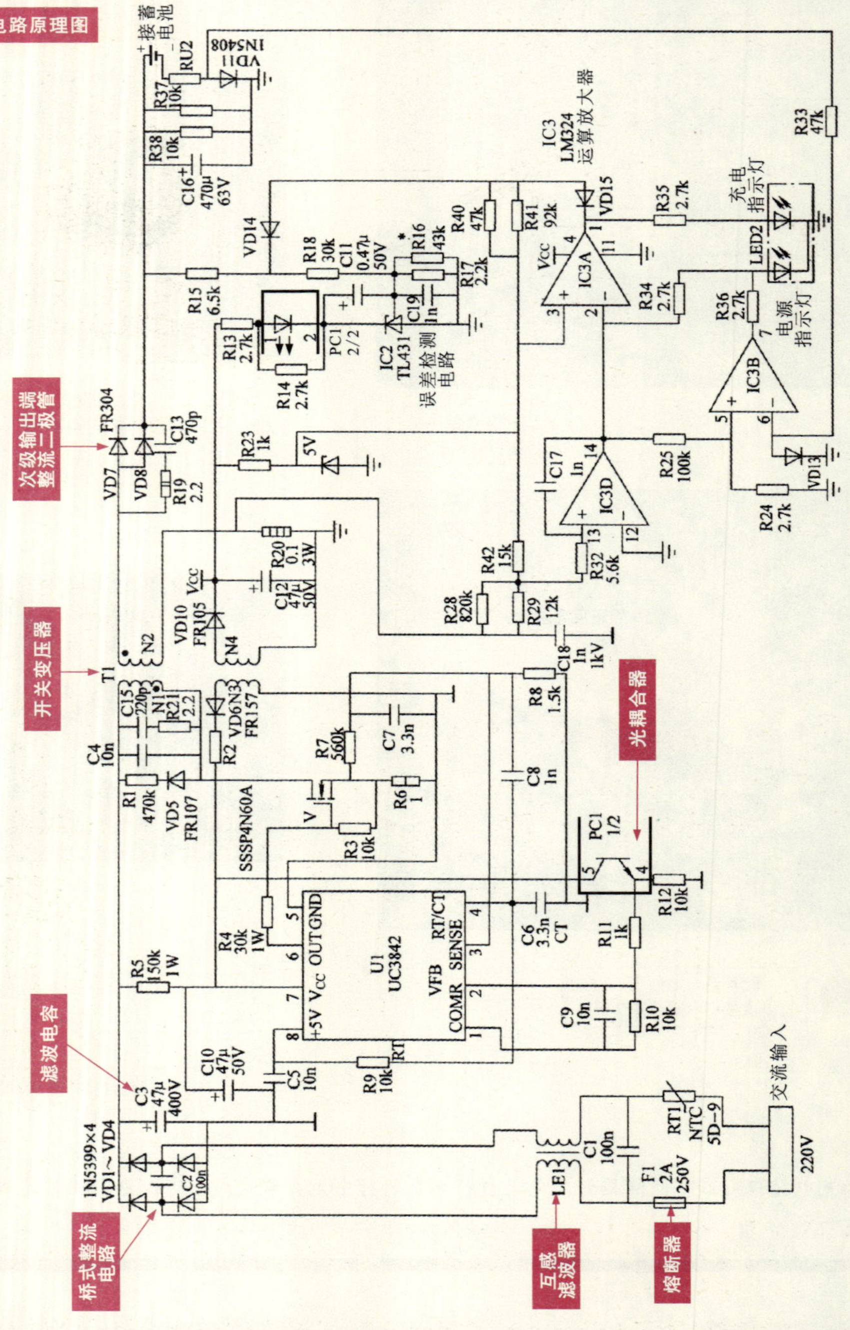

步骤一：检测开关晶体管

正常情况下，在路检测时，两两引脚间应均有一定的阻值，表明开关晶体管已经击穿损坏。

③ 实测，开关晶体管两两引脚间的阻值均为0。

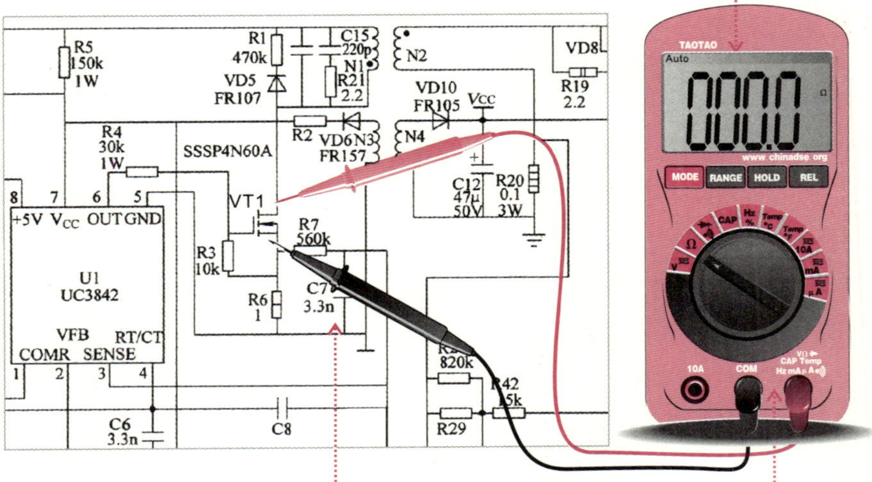

② 将万用表红黑表笔分别搭在开关晶体管的引脚上。

① 将万用表挡位旋钮调至电阻挡。

步骤二：查找短路故障

采用相同的方法测得二极管VD6的正反向阻值也均为无穷大。

③ 实测，二极管VD的正反向阻值均为无穷大。

充电电路中次级输出电路中的整流二极管。

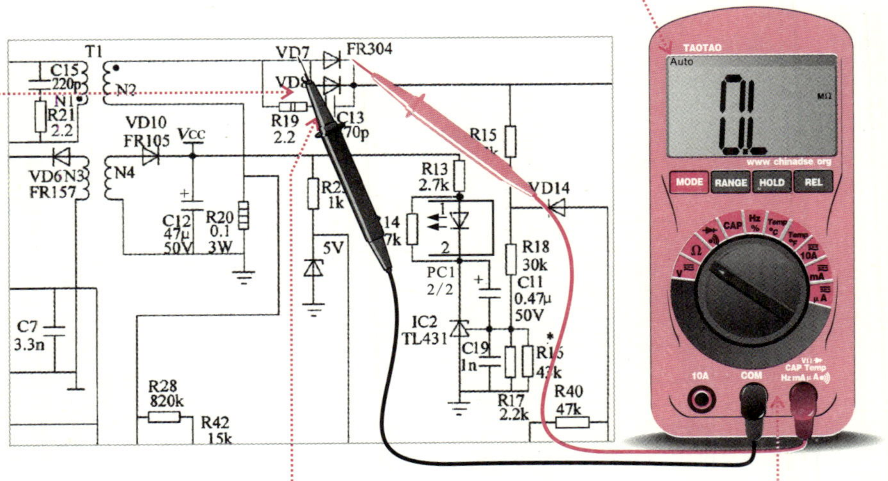

② 将万用表红黑表笔分别搭在二极管VD7的两端。

① 将万用表挡位旋钮调至电阻挡。

经检测充电电路中次级输出电路中的整流二极管击穿导致开关变压器二次绕组输出的交流电压对地短路，从而引起开关晶体管负载过重，发热量加剧，一段时间后就会烧毁。最后，用同型号的整流二极管、开关晶体管和熔断器进行更换后，通电检测，故障排除。

Q190

如何检修充电器充电时温度过高、外壳发烫的故障?

A190

充电器充电时，其外壳温度很高，其故障原因有：（1）充电器散热风扇电动机的供电电压异常；（2）充电器电路板上热敏电阻器异常；（3）温度继电器异常。我们可逐步进行检测，找到故障元器件，排除故障。

充电器的电路原理图

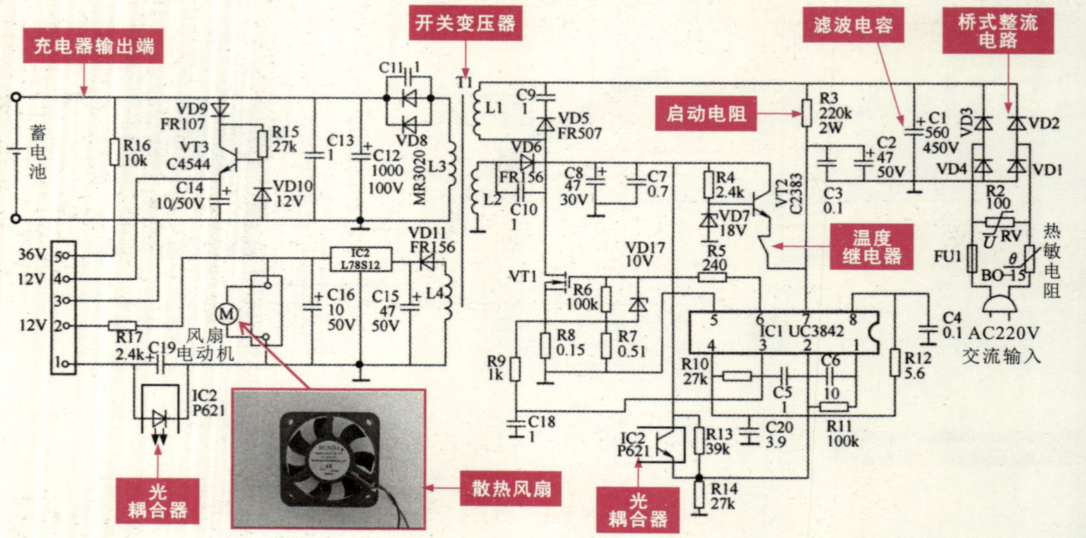

步骤一：检测散热风扇电机供电电压

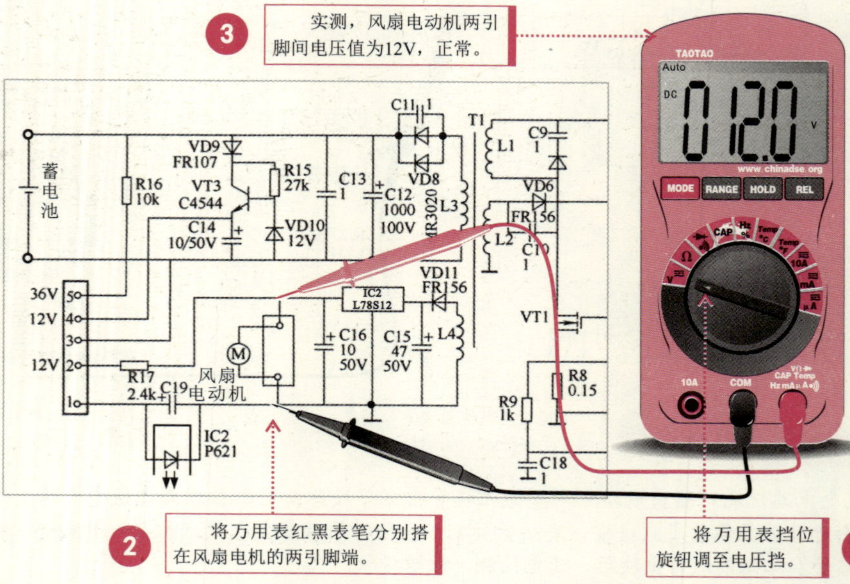

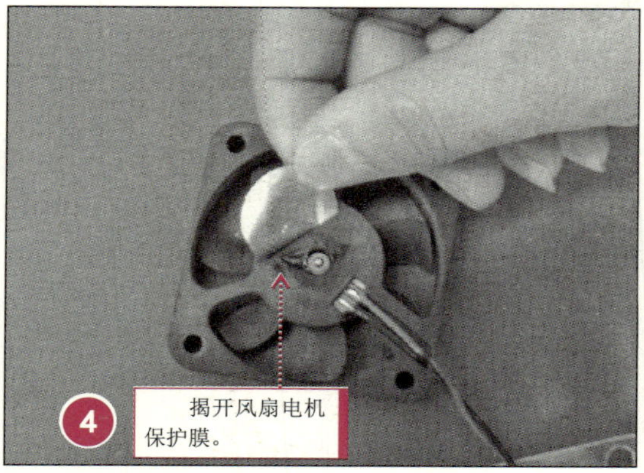

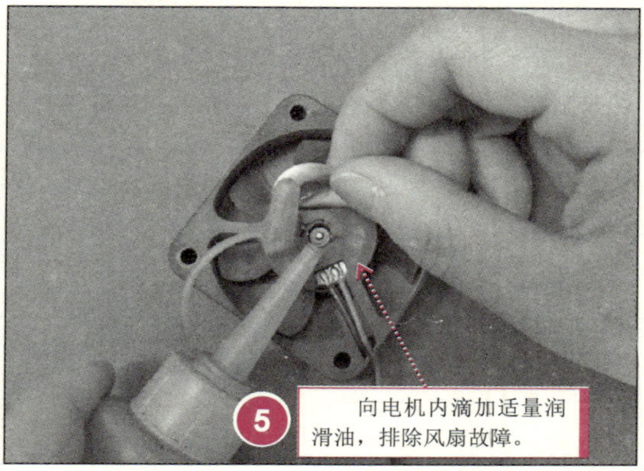

步骤二：检测热敏电阻器

③ 实测，常温下热敏电阻器阻值为100Ω，高温下热敏电阻器阻值为20Ω，正常。

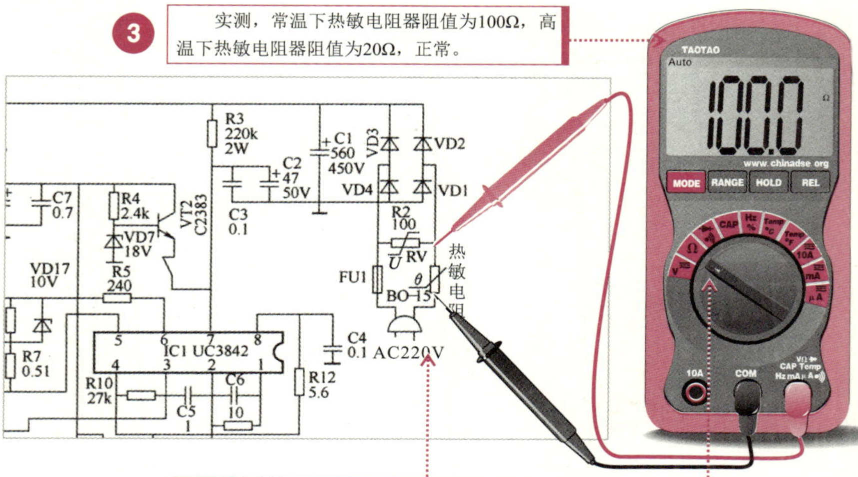

② 将万用表红黑表笔分别搭在热敏电阻器的两引脚端。

① 将万用表挡位旋钮调至欧姆挡。

步骤三：检测温度继电器

② 实测，温度继电器在任何条件下阻值都为0。

① 将万用表红黑表笔分别搭在温度继电器的两引脚端。

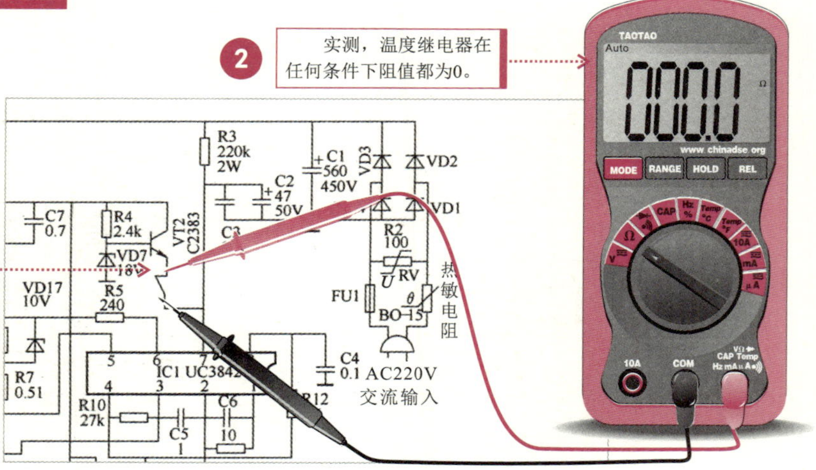

发现温度继电器在任何条件下阻值都为0，怀疑该器件损坏，将其代换后，充电测试，故障排除。

Q191

如何检修充电器不能充电且电源指示灯不亮而内部熔断器完好的故障？

A191

熔断器正常，表明电路中负载部分无明显短路故障，根据维修经验，导致该故障的原因多为开关振荡电路部分未工作，因此我们应根据电路原理顺信号检查可能引起开关振荡电路未工作的原因。

充电器的电路原理图

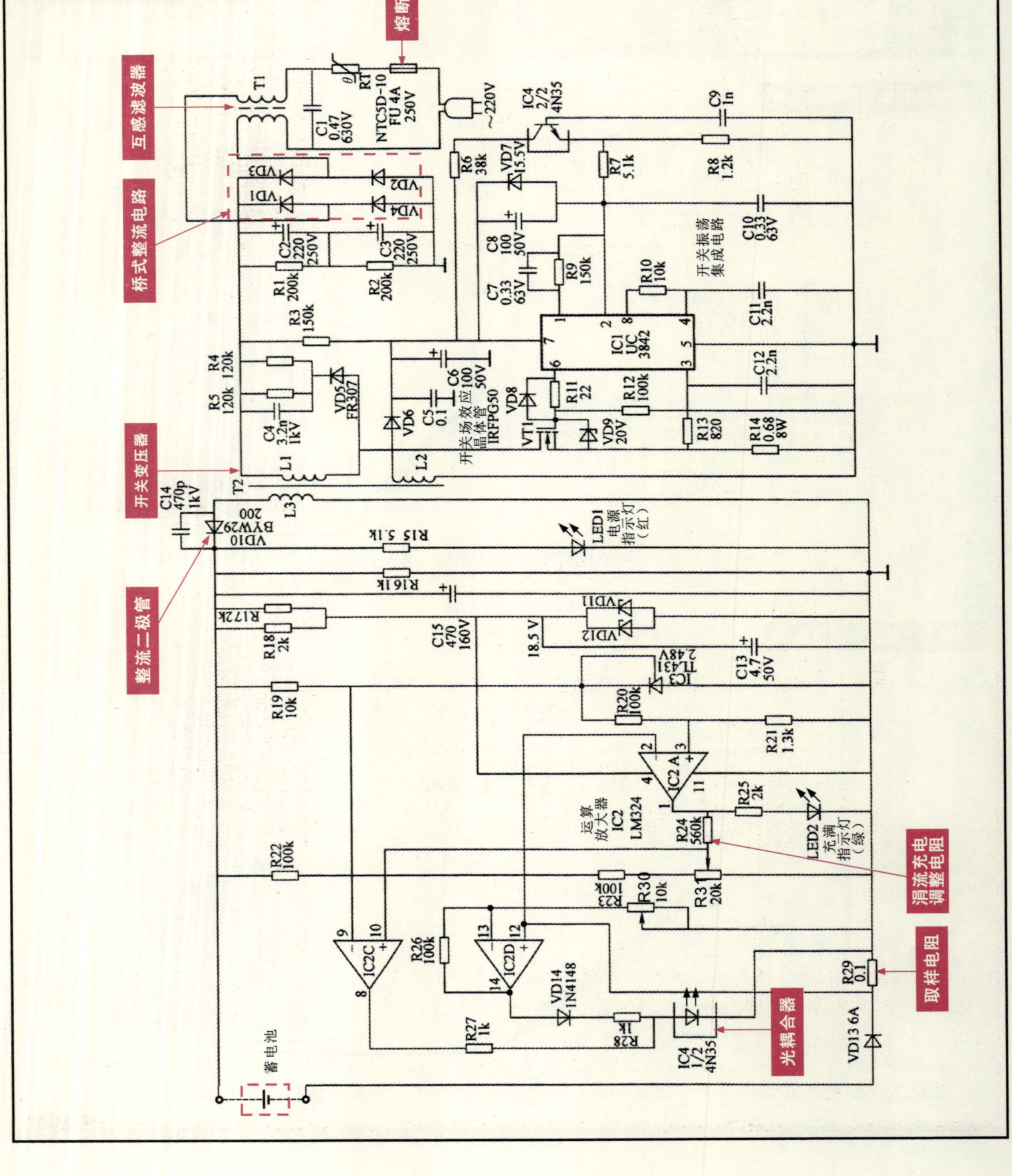

步骤一：判断开关振荡电路是否工作

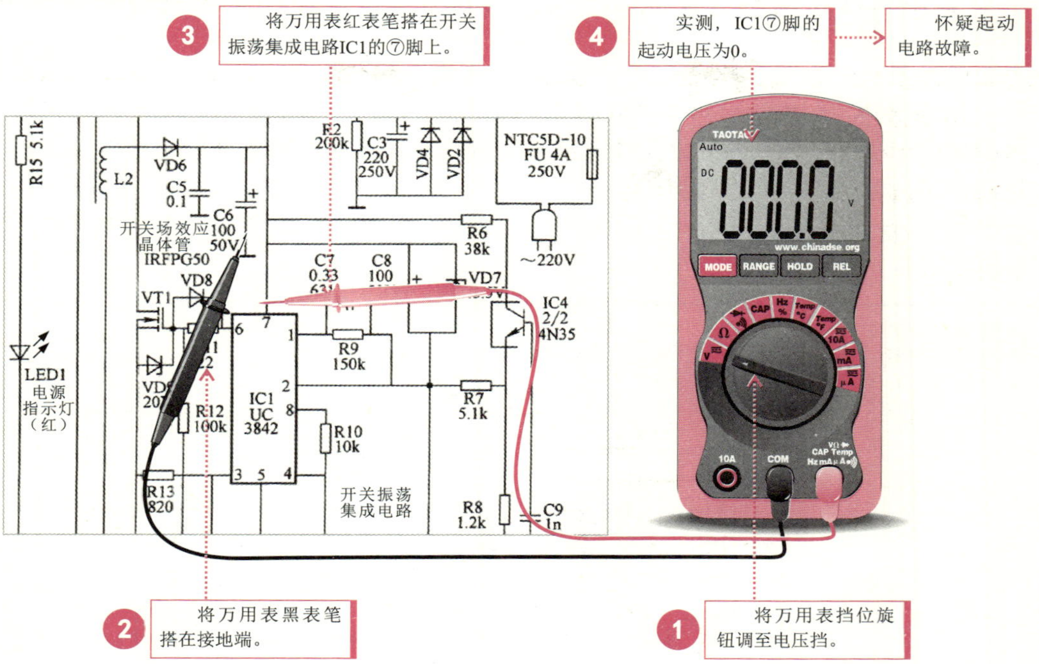

步骤二：查找起动电路故障元件

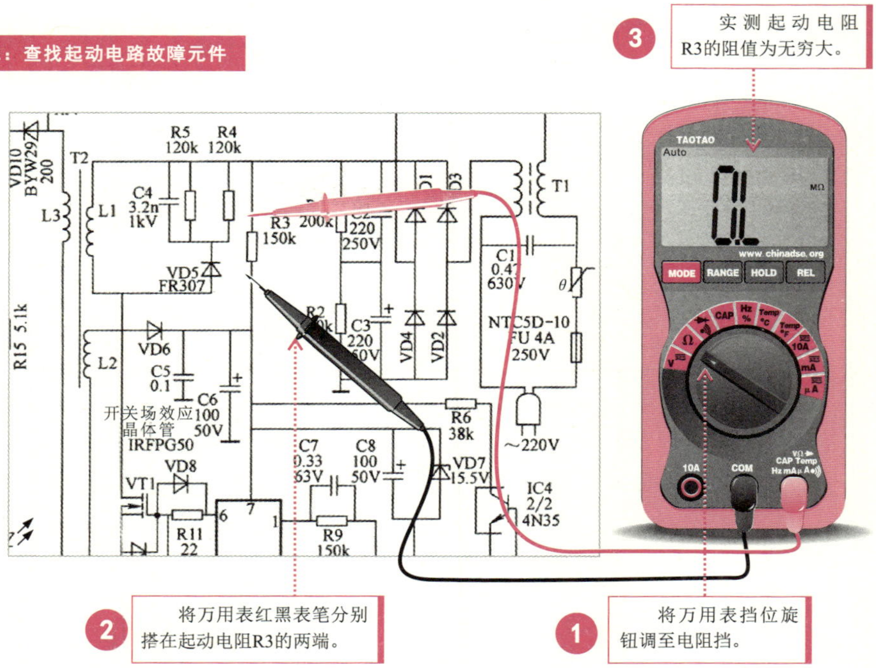

实测起动电阻阻值为无穷大，怀疑电阻器损坏，将其从电路板上焊下后，重新检测，阻值仍为无穷大，说明电阻器已经损坏，用相同材料合格的电阻器进行替换后，通电试验，充电器指示灯亮，故障排除。

若实际检测中，检测到起动电阻正常，则还需对交流输入和整流滤波电路进行检查，直至找到损坏的部件，排除故障。

Q192

如何检修充电器空载输出电压正常而接蓄电池后不能充电的故障?

A192

充电器空载输出电压正常，接蓄电池后不能充电，表明充电器带负载能力变差。一般引起充电器带负载能力差的原因主要有：（1）高压部分400V电源滤波电容开路或容量下降；（2）开关场效应晶体管源极（或发射极）接地电阻变化；（3）输出电路有虚焊；（4）充电器输出极性不同等。

充电器的电路原理图

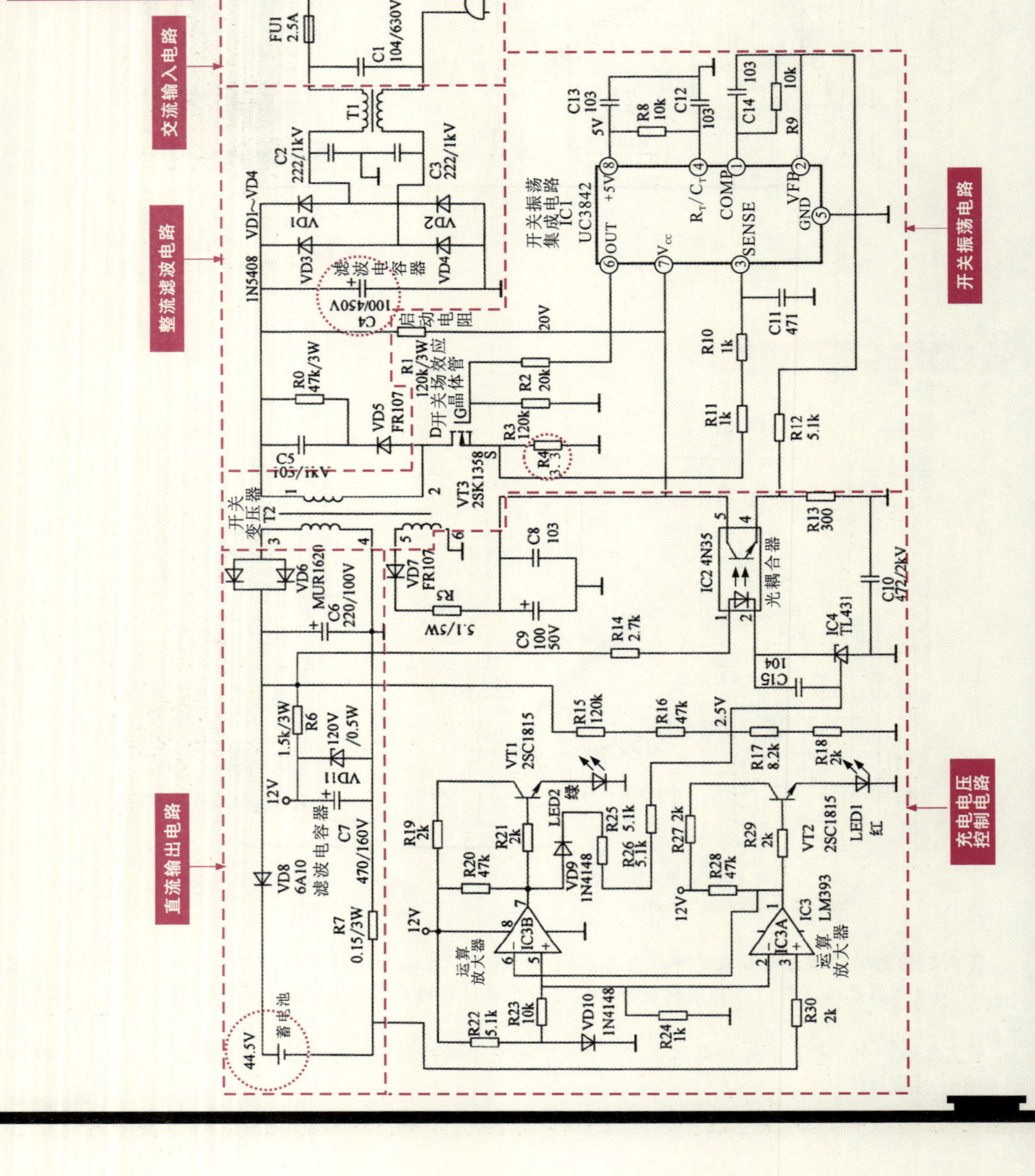

步骤一：检测高压部分400V电源滤波电容

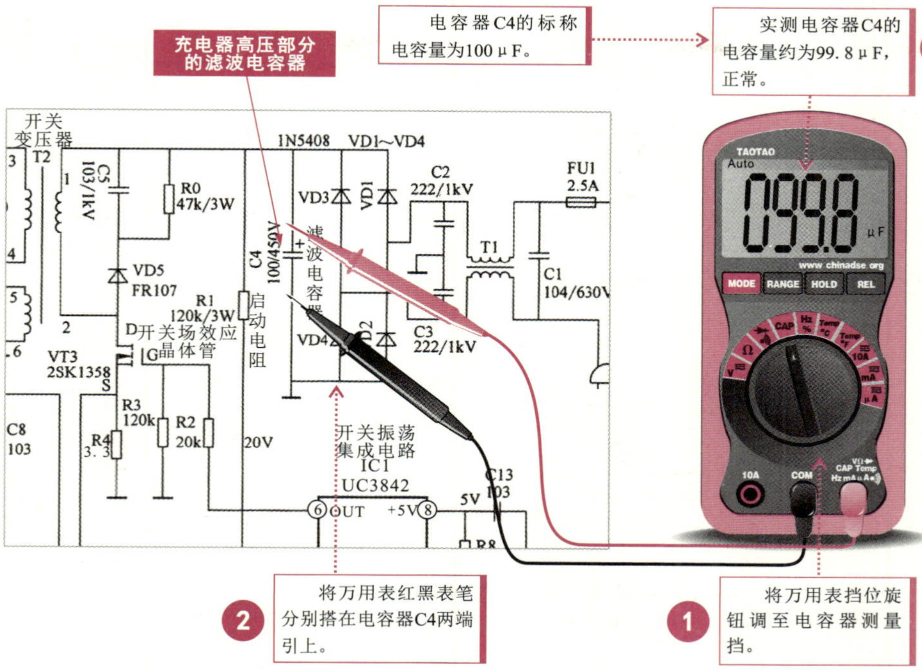

步骤二：检测开关场效应晶体管源极接地电阻

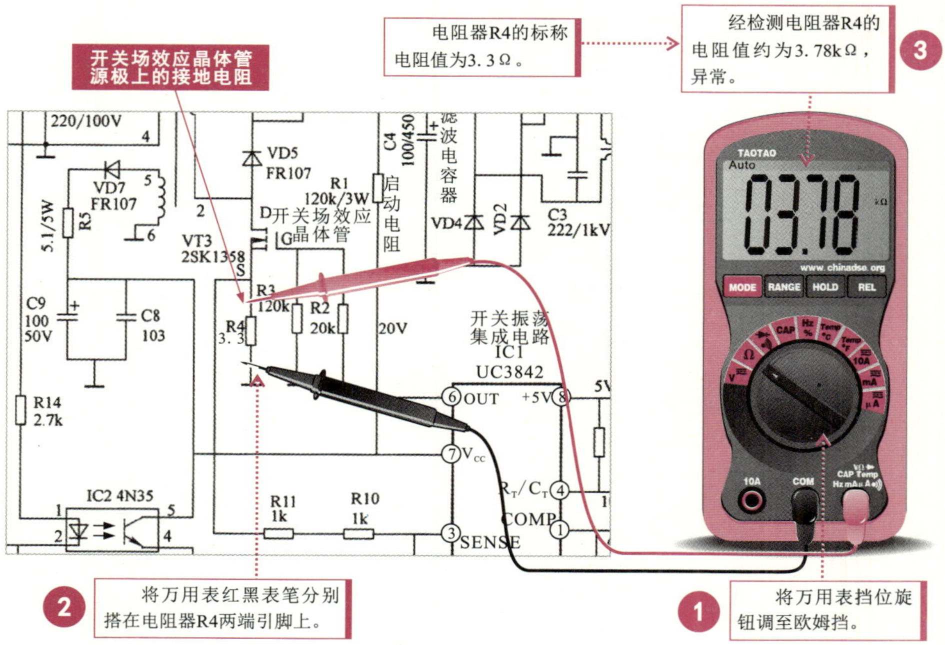

经检测电阻器R4的电阻值为3.78kΩ，与标称值3.3Ω相差较大，怀疑该电阻器损坏引起充电器工作异常，用同规格电阻器代换后，通电测试，故障排除。

若实际检测中，检测到场效应晶体管接地电阻器正常，则还需对其他几个故障原因逐一进行检查，直至找到损坏的部件，排除故障。

Q193

如何检修充电器接电后电源和充电指示灯均亮一下就熄灭的故障?

A193

充电器的电源和充电指示灯应在接通市电后亮，且均为红色，若充电器指示灯亮一下就熄灭，则怀疑充电器内存在短路或断路故障，导致通电便进入保护状态。可能的原因主要有：（1）桥式整流电路中个别整流二极管短路或断路；（2）开关变压器一、二次绕组有短路故障。

充电器的电路原理图

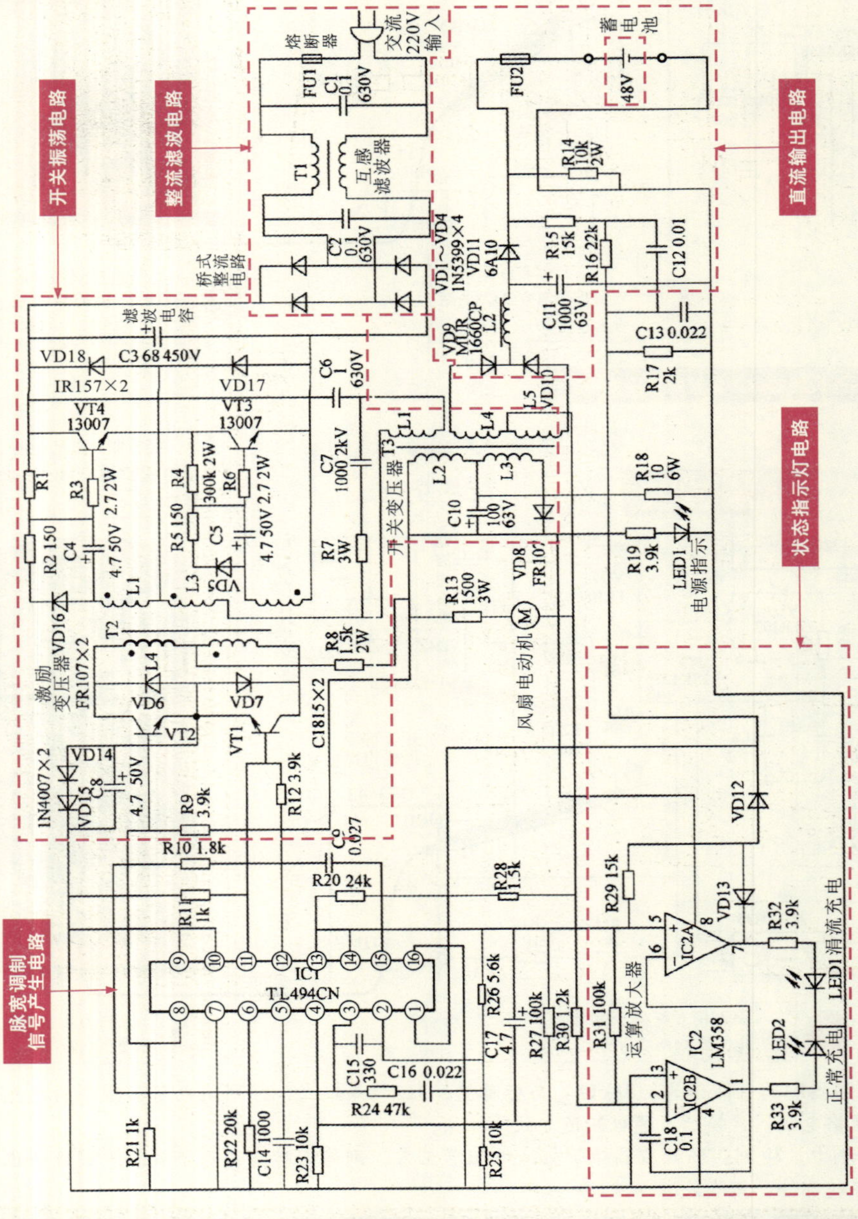

步骤一：检测桥式整流电路

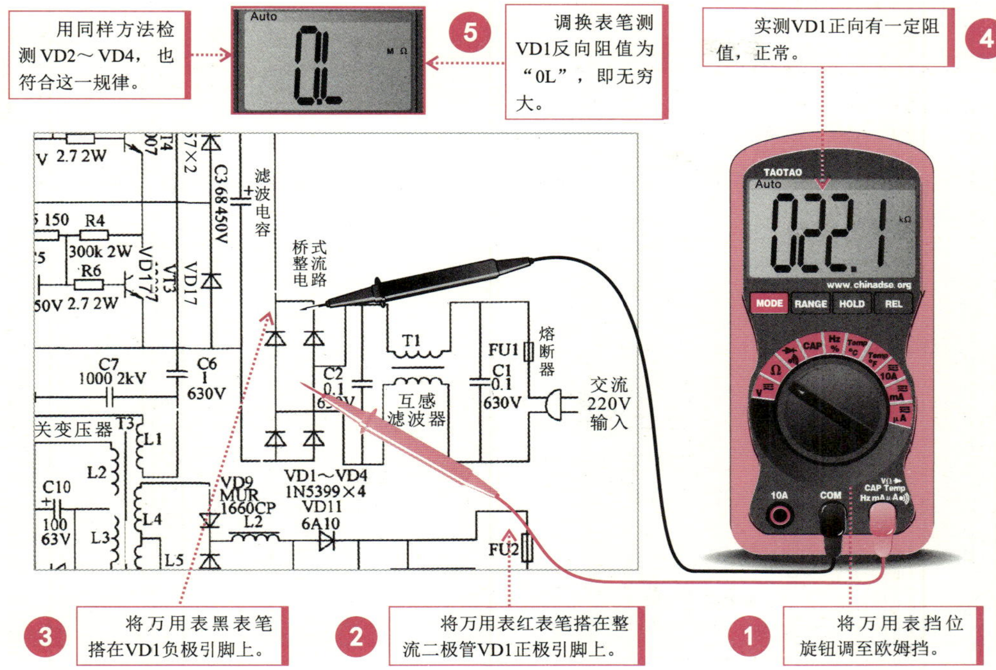

步骤二：检测开关变压器

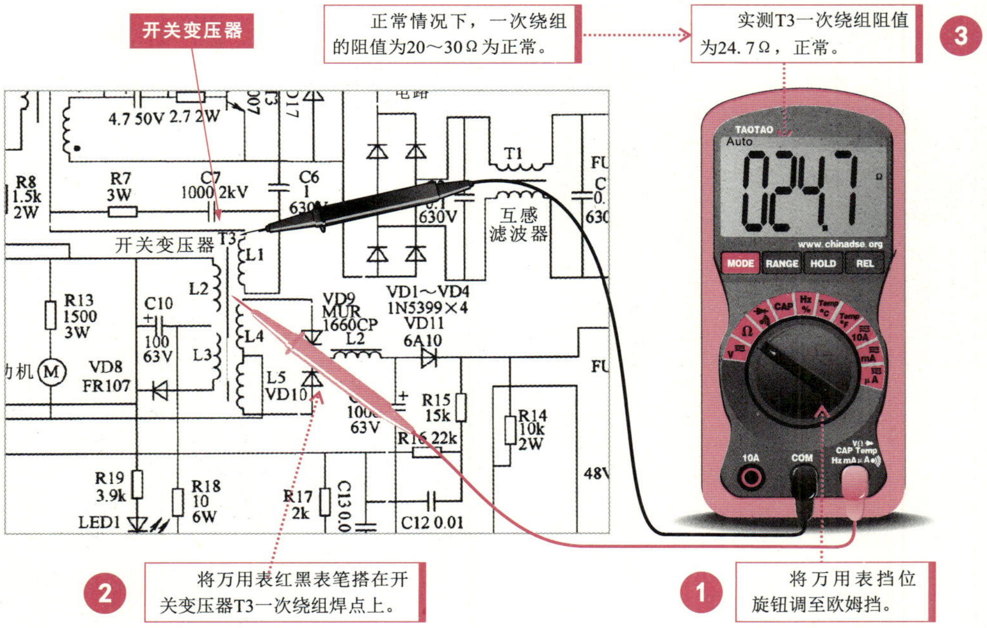

接下来，采用同样的方法，分别检测T3的二次绕组。用同上方法检测可知，开关变压器T3二次绕组的阻值趋于无穷大，怀疑该变压器二次绕组开路故障，用同规格的开关变压器进行代换后，通电检验，故障排除。

Q194

如何检修电动自行车转向指示灯全不亮的故障?

A194

打开电动自行车电源开关，扳动左或右转向开关，转向指示灯都不亮。造成此类故障的原因可能有：（1）转向指示灯烧毁；（2）转向开关严重损坏；（3）闪光器内部严重烧焦、接触不良；（4）转向灯电路的公共部分出现断路、短路；（5）转向指示灯线路异常等。

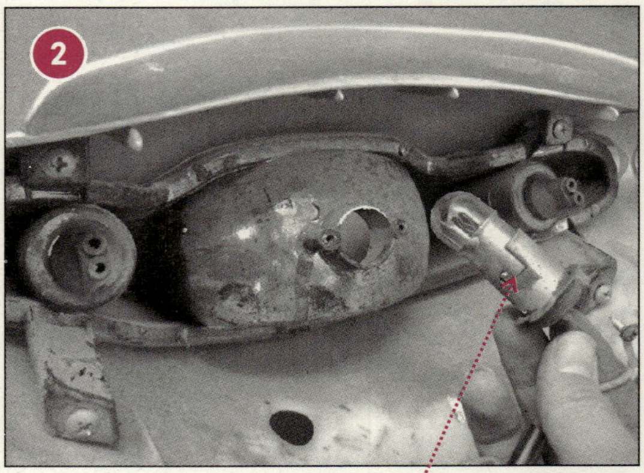

拧下转向指示灯灯泡固定螺钉。

取下转向指示灯灯泡，经检查灯泡正常。

转向指示灯不亮，而灯泡正常，则怀疑闪光器损坏。

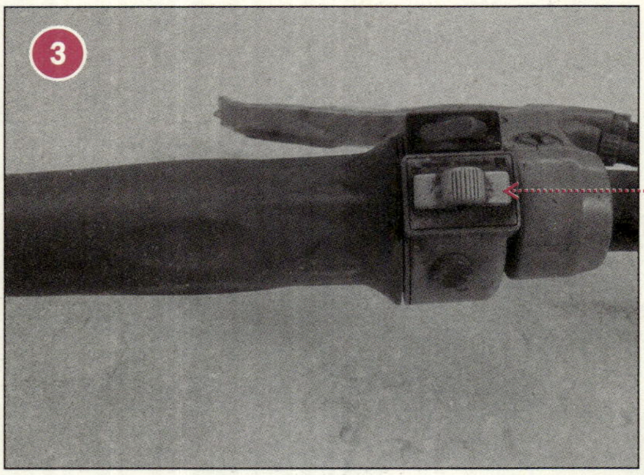

左右波动转向指示灯开关，发现转向提示声正常，但转向指示灯不亮。

转向提示声正常，说明转向控制开关正常。

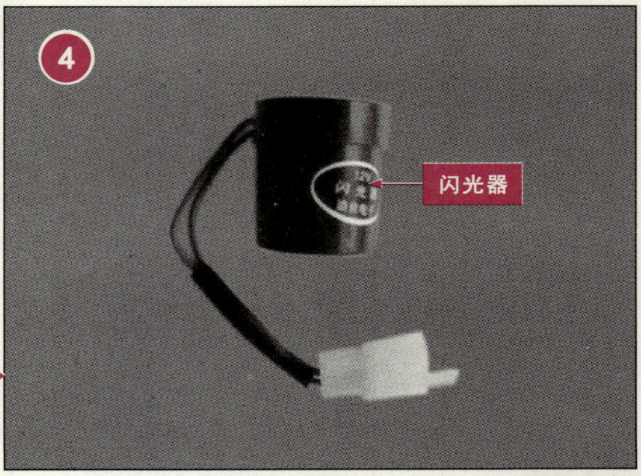

选用新的闪光器更换后故障排除。

闪光器用于转向灯通过闪光器接点交替的通断，使转向灯有规律的闪烁起醒目的警示作用。

Q195

如何检修电动自行车照明灯暗淡的故障？

A195

引起照明灯暗淡的原因有以下几点：（1）蓄电池电量降低；（2）转换器损坏或用电器额定电压与电源不匹配；（3）线路某处有较大的接触电阻；（4）照明灯额定电压过高。

①打开电源开关，转动转把，电动自行车可正常行驶，表明蓄电池电量充足。

②按下喇叭开关。喇叭沙哑，且转向灯发出较弱的光。

③握左、右闸把。控制灯灯光也较弱。

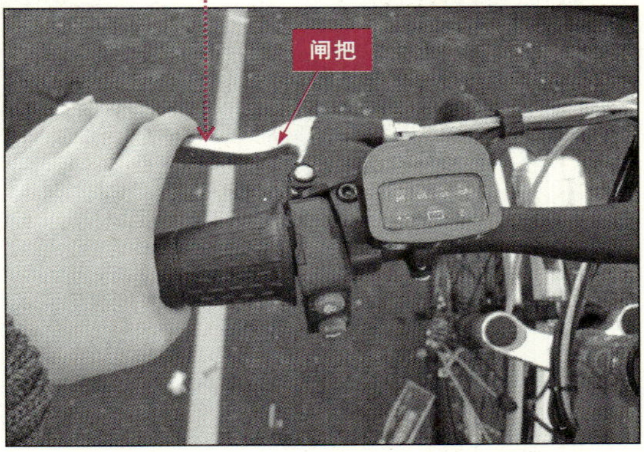

经检查线路没有松动或接触不良，怀疑转换器故障。更换后，全车信号、照明灯正常，故障排除。

Q196

如何检修电动自行车行驶很短路程、仪表盘欠电压指示灯亮的故障？

A196

蓄电池充满电后，只骑行很短的路程便保护，则若排除蓄电池本身故障后，多为控制器中的欠电压取样电路不良造成的。

蓄电池欠电压保护电路原理图

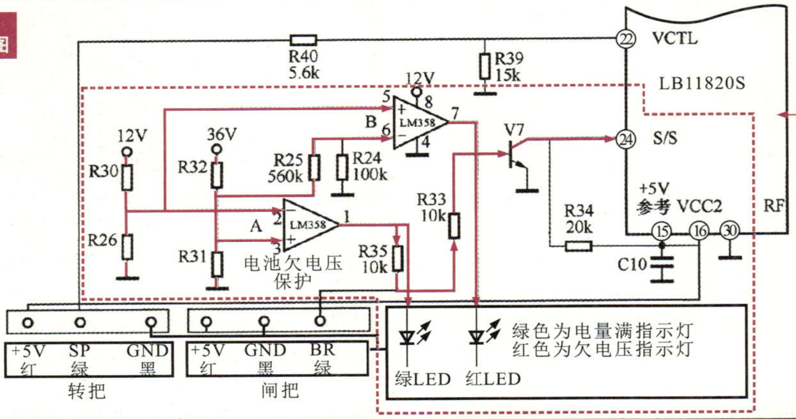

控制芯片

步骤一：检测欠电压保护电路LM358②脚和③脚电压值

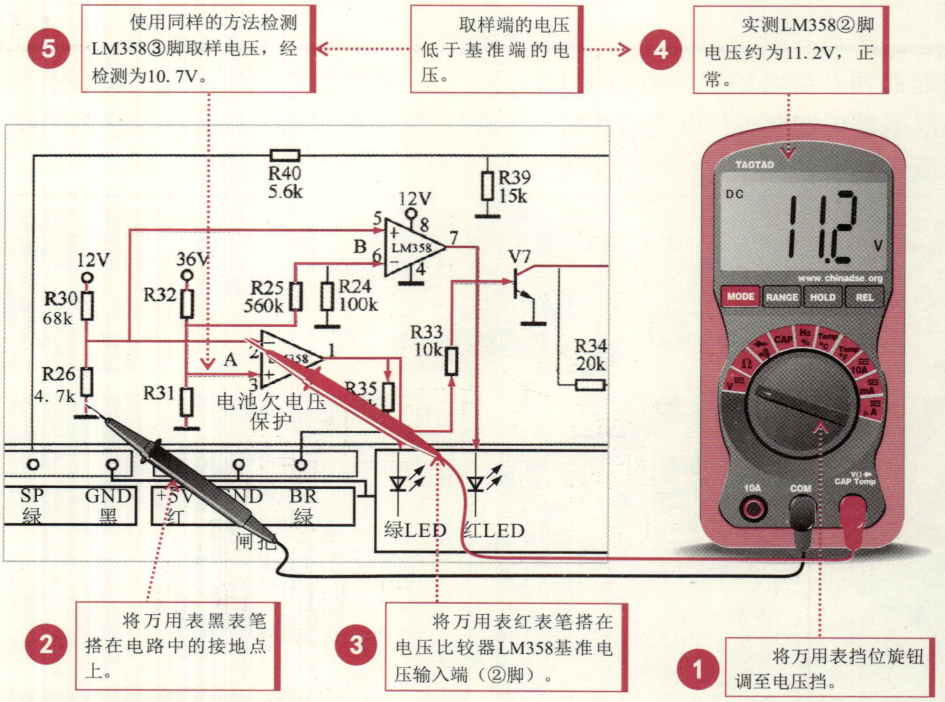

步骤三：检测欠电压取样电阻R32、R31

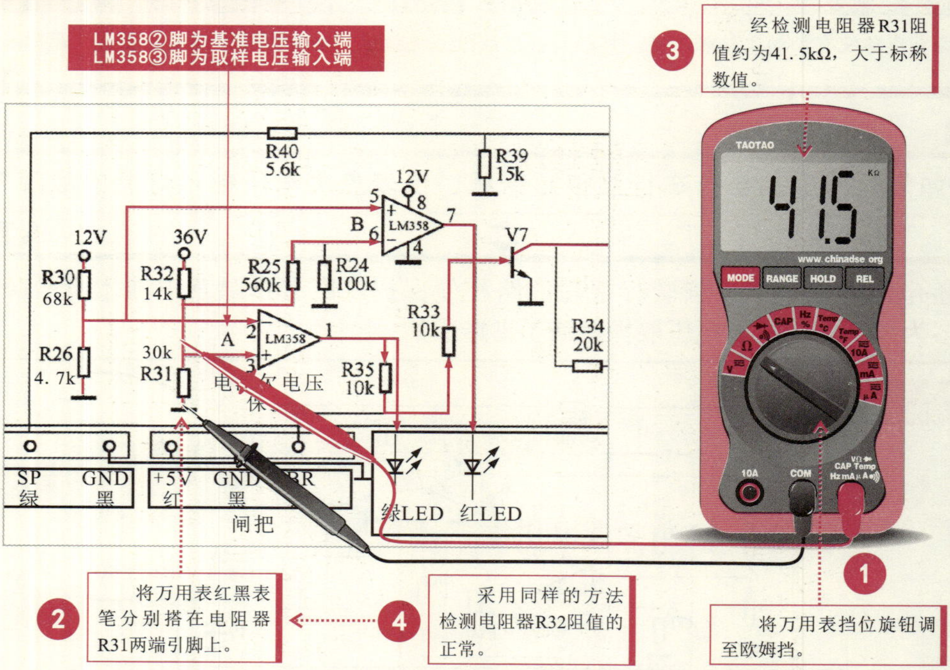

经检测发现，电阻器R31电阻器阻值明显变大，引起欠电压取样点电压降低，至使欠电压保护电路误动作而进入保护状态，将R31用同规格同材料的电阻器更换后，通电试车，故障排除。

Q197

如何检修电动自行车骑行时旋动调速转把无法达到最高速度的故障？

A197

电动自行车在骑行时，旋动转把至最大后，速度没有明显提升，观察仪表盘并未显示蓄电池欠电压，则可能的原因有：（1）转把损坏，无法输出高速控制信号；（2）控制器内部故障，引起输出驱动电流不足等。

无刷控制器电路原理图

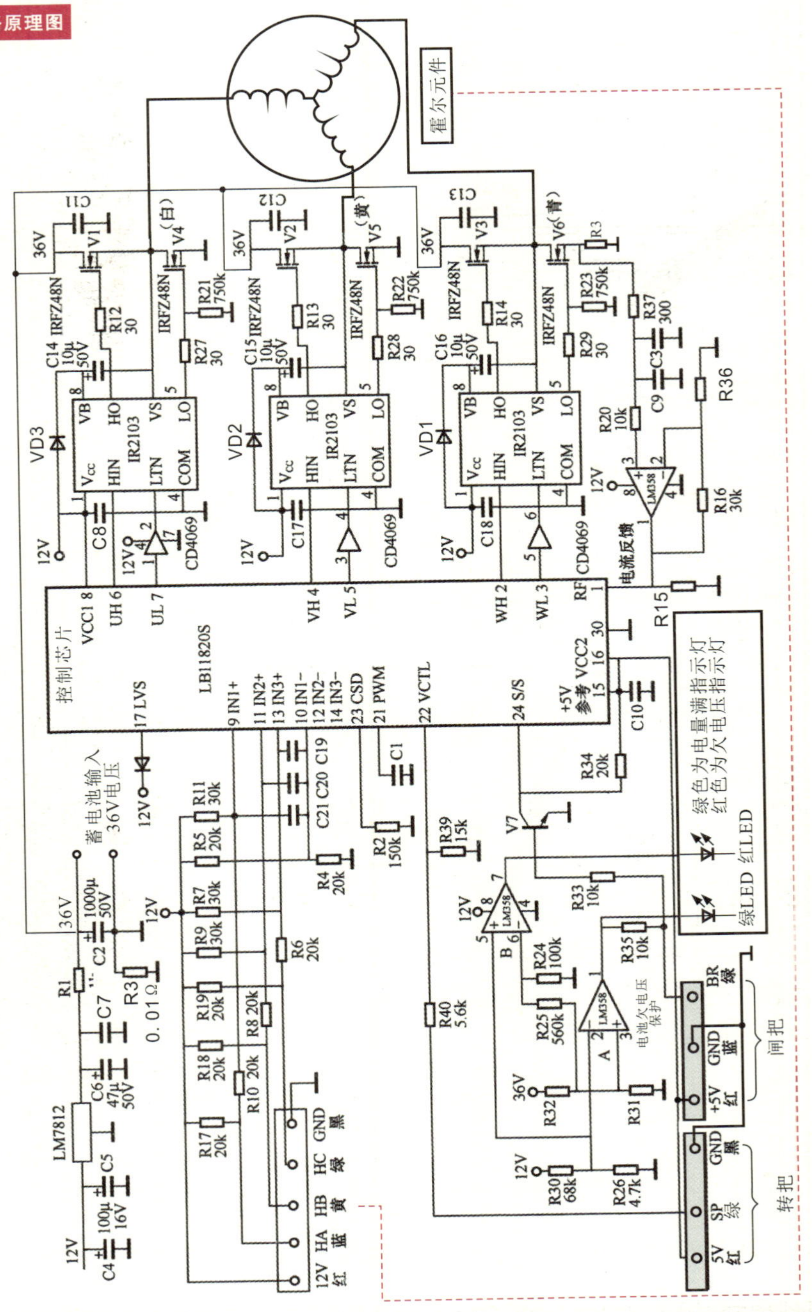

步骤一：检测转把

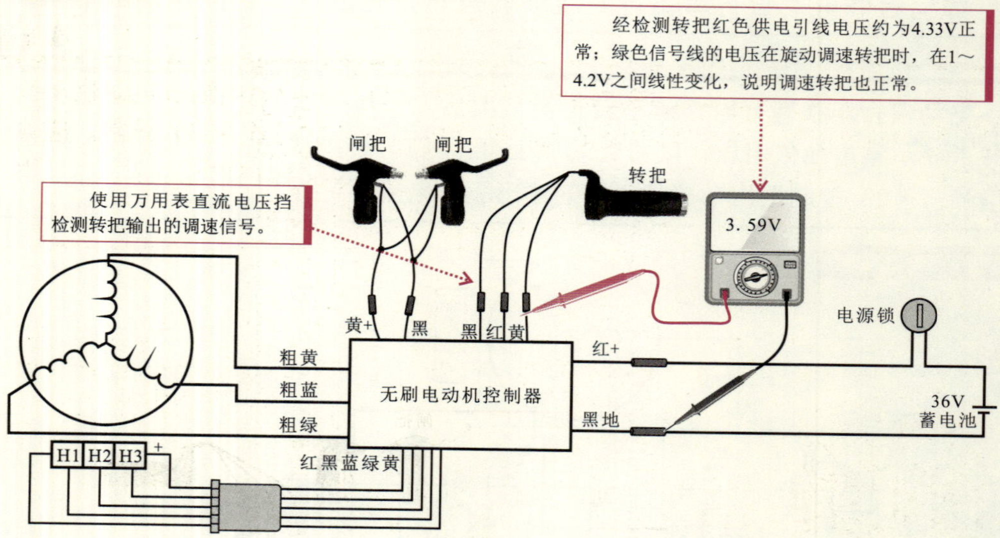

步骤二：检测控制器

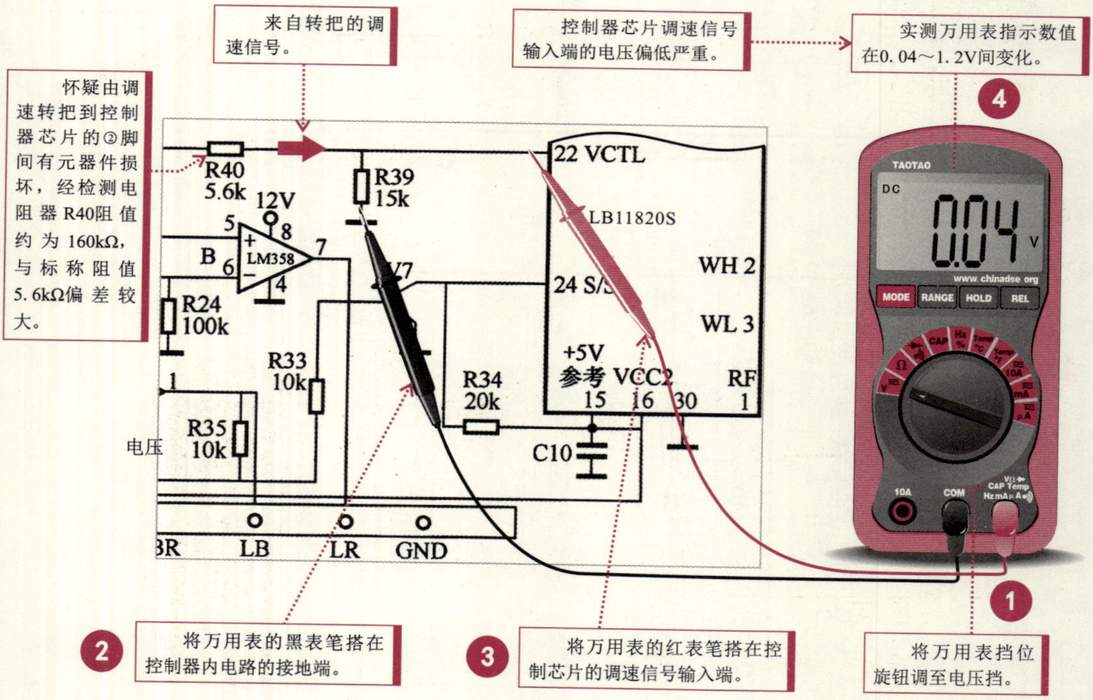

经检测电阻器R40性能不良，用同型号同材料的电阻器更换后，重装控制器，通电试车，故障排除。

若实际检测中，检测到电阻器正常，则还需对控制器中的其他部件进行检查，直至找到损坏的部件，排除故障。

Q198

如何检修电动自行车接通电源显示电量满但电动机不起动的故障？

A198

电动自行车接通电源显示电量满，表明该电动自行车的蓄电池及电源供电线路均正常，而电动机不起动则可能是电动机及其相关的控制电路部分异常，应重点检查：（1）各功能部件的供电电压；（2）各功能部件输出的信号；（3）电动机本身。我们可逐步进行检测，找到故障元器件，排除故障。

步骤一：检查各功能部件的供电电压

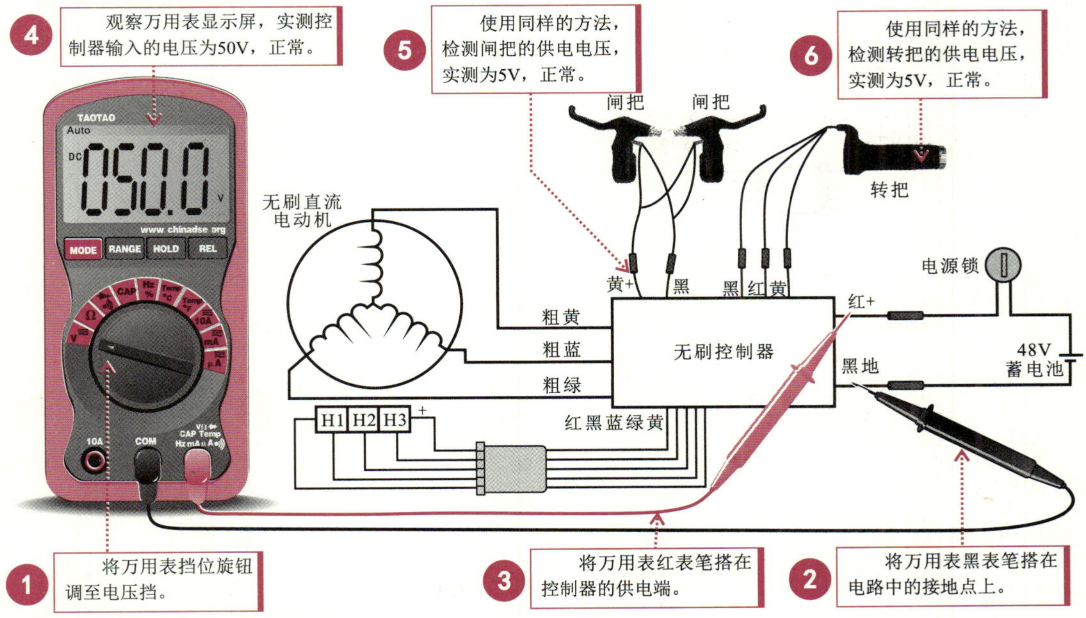

步骤二：检查各功能部件的输出信号

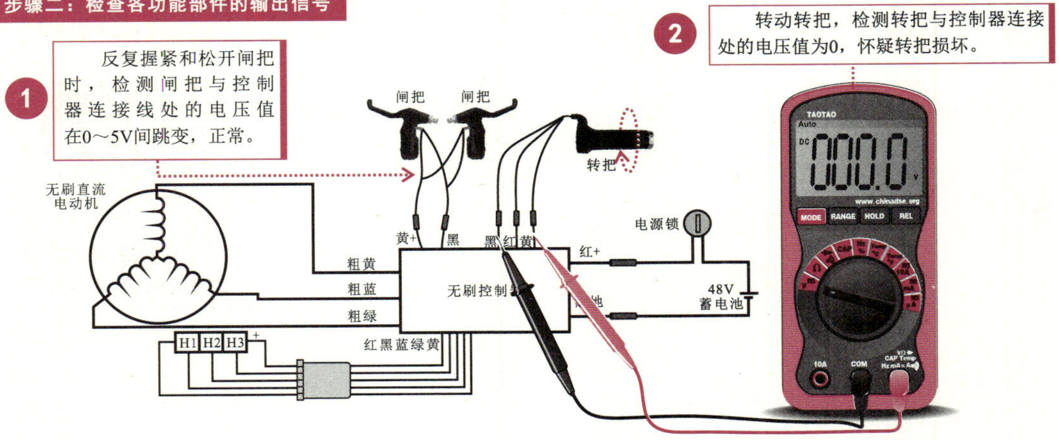

经检测在转动转把时，转把与控制器间的电压值为0V，表明转把存在故障，需对转把进行更换，更换转把后，将电动自行车通电试机，电动自行车运转正常，故障排除。

若实际检测中，检测到转把正常，则还需对其他几个故障原因逐一进行检查，直至找到损坏的部件，排除故障。

Q199

如何检修电动自行车在行驶过程中出现掉链的故障?

A199

链条属于电动自行车的机械部件，引起电动自行车在行驶过程中频繁出现掉链情况的原因主要有：（1）链条过松；（2）链轮、链条和飞轮不在一条直线上；（3）链轮或飞轮中齿部磨损严重。我们可逐步进行检测，找到故障位置，排除故障。

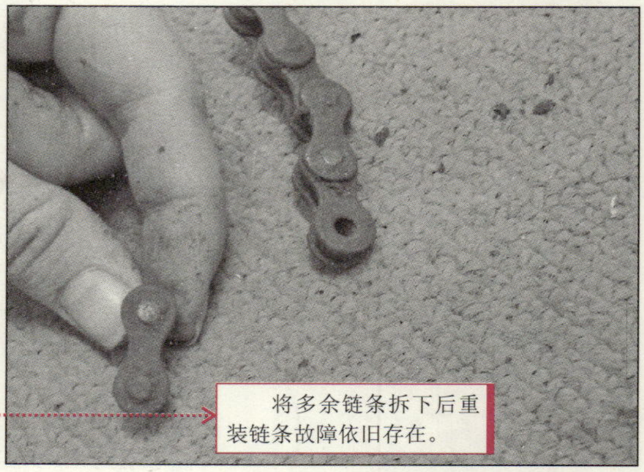

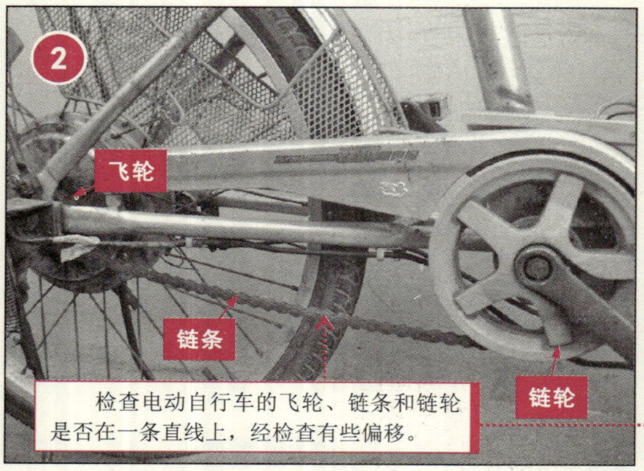

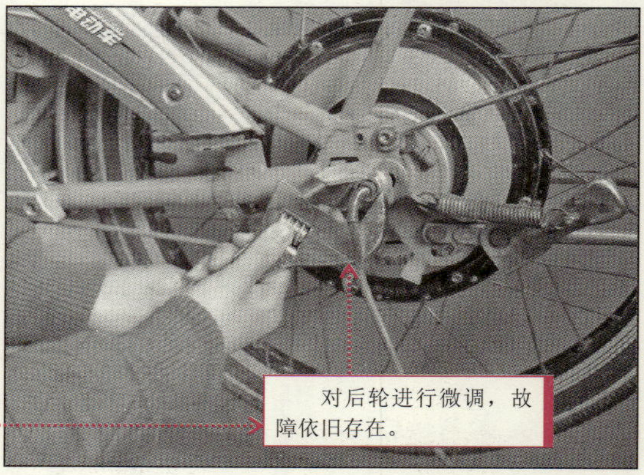

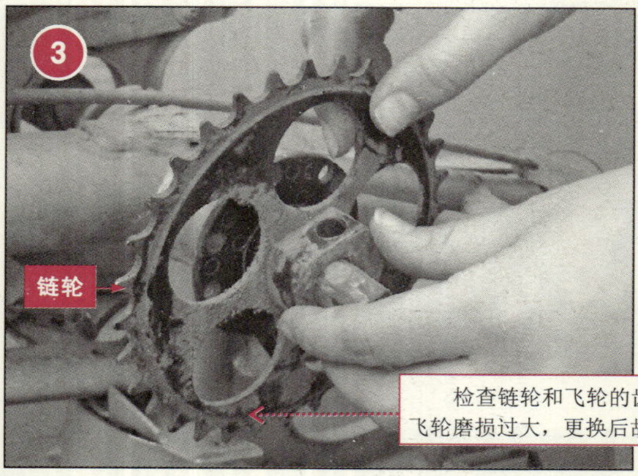

Q200

如何检修电动自行车电动机不起动但能听到内部转动声音的故障?

A200

电动自行车打开电源开关旋动转把时，电动机不起动，但能够听见电动机内部有明显的转动声音，说明电动机的供电正常，而引起该类故障的原因通常为电动机内部故障，我们需对电动机内部进行检查。

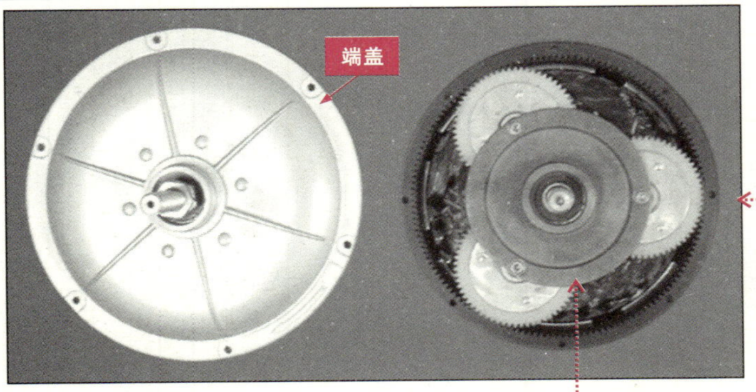

对电动机进行拆解，发现该电动自行车的电动机为有刷有齿电动机。

对电动机内部的齿轮组进行检查。

经检查电动机内部的齿轮组磨损严重。

经检查，电动机内部齿轮磨损较为严重，无法向外传递动力，由此判断，该电动机的电刷与换向器正常工作，电动机能够进行运转，电动机内部齿轮部分失去传动力，无法输出动力，驱动轮毂转动，此时用性能良好的，同型号的减速齿轮进行更换，再进行调整及通电前试验后，通电试车，故障排除。

【知识扩展】

所谓有刷有齿电动机是指通过齿轮减速机构，将电动机转速调低，由于是高速电动机通过齿轮减速，其特点是起动时骑行者感觉动力强劲，而且爬坡能力较强。如下所示为典型有刷有齿高速电动机的内部结构。